하나님 나라 복음

하나님 나라 복음

신구약을 관통하는 하나님의 다스림

김세윤 · 김회권 · 정현구 지음

목차

·· 머리말

본서는 2012년 종교개혁 기념 주간(10월 28일-11월 3일)에 하나님나라 신학연구소(소장 김회권 목사)가 개최한 종교개혁 기념 사경회의 다섯 차례 강좌를 엮어 만들었습니다. 하나님나라 신학연구소는 종교개혁 기념 사경회를 통해 하나님 나라 신학을 널리 보급함으로써 천당구원론과 교회성장학이라는 편협한 전망에 갇힌 한국교회로 하여금 하나님 나라라는 우주적 조망 안에서 교회와 구원 문제를 바라보도록 돕는 데 투신해왔습니다. 이번에는 세계적인 신약학자인 김세윤 박사와 서울영동교회 담임목사 정현구 박사, 그리고 저, 김회권 목사가 "하나님 나라 복음"이라는 주제로 각각 강좌를 맡았습니다. 저는 모세와 예언자들의 하나님 나라 복음, 다윗과 시편의 하나님 나라 복음, 김세윤 박사는 나사렛 예수의 하나님 나라 복음, 사도 바울의 하나님 나라 복음, 그리고 정현구 목사는 주기도문에 나타난 하나님 나라 복음을 강의했습니다. 닷새 밤 동안 서울영동교회에 모여든 300여 명의 참가자들이 보여준 열기와 반응은 놀라울 정도로 뜨거웠고, 강사들 역시 하나님 말씀에 주리고 목마른 청중의 진지함과 간절함에 자못 감격한 시간이었습니다.

  게르하르트 로핑크(Gerhard Lohfink)가 『예수는 어떤 공동체를 원했나』라는 책에서 갈파했듯이, 한국교회에 이식된 서구 기독교는 413-426년경 히포(Hippo)의 감독 아우구스티누스(Saint Augustine)에 의해 집필된 『하나님의 도성』(크리스챤다이제스트 역간, 2002)이 가리키는 영원한 하나님 나라 표상에 갇혀 이 땅에 임하는 하나님 나라에 대한 전망을 잃어버렸습니다. 예수 그리스도와 사도 바울의 하나님 나라는 이 땅에서 주 예수 그리스도를 고백하는 그리스도인들 가운데 형성되는 대안, 대조, 대항 사회를 의미합니다. 세상 질서와 긴장, 충돌을 일으키며 세상을 거룩하게 전복시키고 하나님의 통치 영토를 넓혀가는 공세적이고 세계 변혁적인 동아리를 의미하는 것입니다. 그런데 고트족, 롬바르드족, 그리고 반달족에 의해 부식되어가던 전성기 로마제국의 말기에 태어나 살았던 아우구스티누스의 기독교회 이해는 소극적이고 관조적인 차원으로 퇴보했습니다. 로마제국의 상층부에 진출했으나 성령의 감화감동권에서 이탈하여 세상 기관으로 전락했던 교회의 영적 쇠락기를 살았던 아우구스티누스는 『하나님의 도성』에서 그리스도인과 교회의 시선을 영원한 하나님 나라, 즉 하늘의 은혜로 임하는 하나님의 도성에 집중시킴으로써 기독교의 시발 후 첫 300년 동안 형성된 공세적인 하나님 나라 표상이 흐려지기 시작했습니다. 아우구스티누스 이전의 교부들에게까지 살아 있던 공관복음서의 역동적이고 변혁적인 하나님 나라 표상이 권력기관화된 기독교회 이미지 안에서 증발되어버렸습니다.[1]

---

1) 게르하르트 로핑크, 『예수는 어떤 공동체를 원했나』(분도출판사 역간, 1985). 특히 서문(11-17)과 아우구스티누스의 신앙 유산(301-306)을 비평한 부록을 참조하라.

이번 강좌는 성경에 숨 쉬고 있는 하나님 나라, 즉 아버지 하나님에 의해 꿈꾸어지고, 아들 하나님에 의해 땅에 실현되고, 성령 하나님에 의해 유지되고 새롭게 되며 세상 속으로 육박하는 하나님 나라의 전체 이미지를 살리는 데 주력했습니다. **제1강 모세와 예언자들의 하나님 나라 복음**은 창세기부터 예언서에 이르는 하나님 나라 전망을 다룹니다. 구약성경의 하나님 나라는 천지를 창조하는 순간부터 시작되어 아담 인류에 의해 좌절되고 무력화되었으나 아브라함 이후 다시 땅에 통치 거점을 확보했습니다. 아브라함 이후의 이스라엘 역사는 하나님의 역사 주재와 향도 의지가 뚜렷하게 드러난 장(場)이었습니다. 모세는 아브라함, 이삭, 야곱에게 허락하신 하나님 나라의 표본 공동체, 곧 언약 공동체 형성의 약속을 실현시키는 예언자였습니다. 예언자는 각 시대에 두신 하나님의 뜻, 하나님의 통치 의지를 매개하고 구현하는 중보자입니다. 또, 예언자는 동시대에 당면한 영적 과업을 규정하고, 그 과업을 위해 자신의 시대를 하나님의 통치권으로 소환합니다. 모세 이후에 등장하는 모든 예언자들은 원형 예언자인 모세의 모형 예언자입니다. 모세가 남겨둔 토라를 바탕으로 하나님 말씀을 받고 그 말씀을 동시대 사람들에게 전파한다는 점에서 모세 이후의 예언자들은 토라 의존적, 토라 참조적 중보자들이었습니다. 모세와 예언자들은 하나님의 백성 이스라엘의 이상화된 순종을 꿈꾸며 말씀하시는 하나님 아버지의 전령들입니다. 하나님 아버지는 당신의 맏아들로 입양된 이스라엘 백성에게 이상화된 순종을 기대하시며 부단히 말씀하셨습니다. 모세오경 구원사의 시발점은 아브라함의 후손들을 파라오의 압제 체제로부터 건져내시는 출애굽 구원이며, 중간 결산점은 가나안 정착입니다.

모세와 예언자들이 이루고자 했던 하나님 나라는 이스라엘을 중심에 세우고 온 세상을 견인하는 구심운동형 모형이었습니다. 그들은 이스라엘을 열국 중에서 특별한 돌봄과 감찰을 받는 소유된 백성(סְגֻלָּה, 세굴라), 거룩한 백성(גּוֹי קָדוֹשׁ, 고이 카도쉬), 제사장 나라(מַמְלֶכֶת כֹּהֲנִים, 맘레케트 코하님)로 창조하는 데 전력을 다했습니다. 모세와 예언자들의 이 비전과 꿈은 나사렛 예수 안에서 100% 실현되었습니다. 예수와 바울을 통해 이스라엘은 메시아를 배출하고 세계 만민을 아브라함의 하나님의 구원으로 초청하는 제사장 나라가 되었고, 교회사의 첫 100년 동안 하나님의 복음 통치를 세계적으로 확산시키는 견인차가 되었습니다.[2] 아브라함의 후손 이스라엘은 모든 이방 교회를 견인하는 참 감람나무로 격상되었고 구원사의 뿌리로 공증되었습니다.

　　제2강 다윗과 시편의 하나님 나라 복음은 다윗의 인생과 시편을 통해 드러난 하나님 나라의 다양한 층위와 지상 구현 과정을 더 자세히 해설합니다. 다윗의 인생은 하나님 나라의 성장사를 압축적으로 보여주고, 그의 신앙 유산인 시편은 하나님 나라의 역동적 활동상을 마치 동영상을 보는 것처럼 생생하게 보여줍니다. 다윗 개인에게 임한 하나님 나라, 다윗의 소규모 동아리에 임한 하나님 나라, 다윗의 나라에 임한 하나님 나라, 다윗이 구축한 제국에 임한 하나님 나라가 다윗의 생애와 시편에 다층적으로 드러납니다. 예수는 모세의 글과 예언서, 그리

---

2) 대부분의 교회사(일찍이 가이사랴의 유세비우스의 『교회사』에서부터 20세기의 케네스 라토렛의 『기독교회사』에 이르기까지)는 선교확장사 형식으로 기록되었다. 하나님 나라 복음 선포의 관점에서 2,000년 교회사를 통시적으로 조망하고 개관한 책은 스위스 바젤의 교회사학자 에른스트 슈테헬린(Ernst Staehelin)의 『예수 그리스도의 교회 안에서의 하나님 나라 선포』(*Die Verkündigung des Reiches Gottes in der Kirche Jesu Christi*, F. Reinhardt, 1951-1965) 1-7권이 있다. 이 책은 개인, 교파, 특정 종파 등의 활동에 나타난 하나님 나라 복음의 제양상을 서술하는 데 그치는 한계는 드러내지만, 하나님 나라 운동 관점에서 교회사를 재서술할 수 있는 단초를 제공하고 있다.

고 시편이 각각 당신의 하나님 나라 복음을 증거한다고 단언하셨습니다. **다윗과 시편의 하나님 나라 복음**은 하나님의 통치를 받는 개인과 공동체가 하나님 나라의 지상 확장에 결정적인 통로임을 강조합니다. 특히 시편 103:19-22이 가리키듯이, 시편의 하나님 나라 복음은 천군천사급 성도의 순종을 통해 하나님 나라가 확장된다는 복음입니다. 하나님이 세상을 통치하신다는 진리를 입증하기 위해서는 여호와의 말씀을 청종하고 행하는 일정 수의 천군천사가 반드시 존재해야 한다는 것입니다. 하나님의 전능하심은 성도들의 파편적 순종을 통해서 적분되는 전능하심입니다. 하나님의 전능하심, 편재하심은 각계각층에서 하나님 말씀을 경청하고 그것에 순종하는 성도들의 사소해 보이는 일상적 순종이 합해질 때 증명됩니다. 천군천사와 천군천사급 성도들의 순종을 통해 당신의 전능을 드러내기를 원하시는 하나님은 전능하시지만 또한 겸손하신 하나님이십니다.

　　제3강 나사렛 예수의 하나님 나라 복음은 복음서에 나타난 하나님 나라 복음을 해설합니다. 예수의 하나님 나라 복음 선포를 이해하려면 구약과 유대교의 네 가지 전제를 파악해야 합니다. 첫째, 하나님이 하늘과 땅을 지으셨으므로 당연히 하나님이 온 우주의 주이시고 온 우주를 다스리신다는 창조 사상, 둘째, 아담이 에덴동산 관리와 보존의 사명을 주신 하나님께 등을 돌리고 반란을 일으켜 땅이 사탄의 통치 아래 들어갔다고 보는 타락 사상, 셋째, 피조 세계를 구원하시기 위해 아브라함과 그의 자손 이스라엘을 택하시고 자기 백성 삼아 그들에게 하나님 노릇 하시겠다고 언약을 세우는 언약 사상, 마지막으로 야웨 하나님이 친히 오셔서, 또는 그의 아들 메시아를 보내시어 사탄의 세력과 사탄의 앞잡이 노릇 하는 열방을 깨뜨리고 이스라엘에 다윗 왕조를 재건해서 온 세상을 통치하게 하는 시대가 올 것이라고 믿는 종말 사상입니다.

복음서에 나타난 나사렛 예수의 하나님 나라는 사랑의 이중 계명의 준수 요구로 옵니다. 예수의 가르침의 요체는 하나님 사랑, 이웃 사랑입니다. 하나님 나라는 겨자씨와 누룩같이 점진적·필연적으로 오는데, 하나님의 백성이 하나님 통치를 받는 것이 전제되어 있습니다. 하나님의 통치를 늘 의식하고, 예수의 제자로서 하나님 사랑, 이웃 사랑의 가르침을 받아 따라가는 삶을 살 때 비로소 겨자씨와 누룩 같은 하나님 나라가 역사 속에 도래합니다. 예수의 대속적 십자가 죽음은 그를 영접한 사람들에게 하나님의 성령이 강림해 이 이중 계명이 실현되는 날을 가져오기 위함이었습니다.

제4강 사도 바울의 하나님 나라 복음은 로마서 1:2-4, 고린도전서 15:23-28, 골로새서 1:13-14, 로마서 10:9을 토대로 하나님 아들 나라의 복음을 해설합니다. 예루살렘 교회의 신앙고백인 로마서 1:2-4은 사무엘하 7:12-14에 나오는 나단 신탁에 근거한 신앙고백입니다. 예루살렘 교회는 예수의 죽음과 부활을 체험한 후 예수가 나단 신탁을 성취하여 "하나님 우편에 앉아 하나님 대권을 위임받아 섭정 통치하시는 주(主)"라고 고백합니다. 고린도전서 15:23-28은 로마서 1:3-4의 하나님 아들 나라의 복음을 조금 더 해설한 것입니다. 로마서 1:3-4처럼 시편 110:1을 열쇠로 사용하는 고린도전서 15:23-28도 그리스도가 하나님에 의해 부활되어 하나님 우편에 높여지고, 하나님의 아들로서 하나님으로부터 통치권을 위임(상속)받아 현재 그것을 대행하며 사탄의 잔여 세력들을 소탕해간다고 주장합니다. 골로새서 1:13은 하나님이 우리를 사탄의 흑암 권세에서 건져내서 그의 사랑하는 아들의 나라로 옮

하나님 나라 복음

겼다고 말합니다. 하나님이 사탄의 나라에서 우리를 건져내어 그의 사랑하는 아들의 나라로 옮겼다는 것은 '주권 전이'(Lordship transfer)입니다. 골로새서 1:14에서는 사탄의 나라에서 하나님 나라로 옮긴 것을 구속(救贖)이라고 하며, 구속을 또한 "죄 사함"이라 칭의론적으로 해석합니다. 사탄의 나라에서 건짐을 받고 하나님 나라로 들어와 하나님 통치를 받는 삶을 사는 것이 칭의입니다. 골로새서가 말하는 이 '주권 전이'와 나사렛 예수의 제자도 요구는 같은 것입니다. 바울이 선포한 하나님 나라 복음을 요약하면, 첫째, 칭의는 '주권 전이'입니다. 둘째, 바울의 칭의론은 하나님의 심판대 앞에서 '무죄 선언'을 받는 법정적 칭의를 넘어 관계론적 차원을 포함합니다. 바울의 칭의는 '하나님과의 올바른 관계 회복'입니다. 셋째, 칭의의 현재적 과정에는 하나님의 통치를 받는 삶이 요구되며, 그 결과 사회윤리적 실천이 포함됩니다. 결국 칭의론을 하나님 나라 복음의 인간론적·구원론적 차원에서 이해하면 칭의론의 초점은 우리 삶뿐 아니라 전 사회적·전 세계적·전 우주적인 하나님 나라의 실현에 있음을 알게 됩니다.

제5강 주기도문에 나타난 하나님 나라 복음은 하나님 나라 신학의 관점에서 주기도문을 해설합니다. 주기도문은 하나님을 위한 세 청원과 인간을 위한 세 청원으로 나뉩니다. 주기도문의 시작인 "하늘에 계신 아버지여"라는 부름은 초월자이시면서 기도를 들으실 수 있을 만큼 가까이 계신 하나님을 부르는 부름입니다. "이름이 거룩히 여김을 받으시오며"는 제3계명 "하나님의 이름을 망령되이 일컫지 말라"의 맥락에서 읽어야 합니다. "나라가 임하시오며"라는 간구는 사람을 자유롭고 성숙한 존재로 만들 하나님의 통치를 갈구하는 기도입니다. "뜻이 하늘에서 이루어진 것같이 땅에서도 이루어지이다"는 하나님의 통치가 이 땅에 임하기를 구하는 것이고, "나라가 임하소서"와 "뜻이 이루어지이다"는 기본적으로 이어지는 기도입니다. "일용할 양식을 주소서"의 기도는 경제적인 문제로 고뇌하고 고통받는 삶의 땅에 아버지 하나님의 통치가 임하게 해달라고 탄원합니다. "죄를 용서해주소서"라는 청원은 인간관계 문제가 얽히고설킨 이 실존의 땅을 하나님이 통치해주시기를 기도하는 것입니다. "시험에 들게 하지 마소서"라는 간구의 기도는 유혹이 가득한 이 땅 위에 아버지의 다스림이 임하기를 소원합니다. 결론적으로 말하면, 주기도문은 하나님이 인간의 마음과 모든 사회생활을 통치하시기를 갈구하는 기도입니다.

독자들은 하나님 나라의 거시 전망과 인격적 차원 모두를 아우르는 이 책을 통해 구약성경과 신약성경, 모세와 예언자들, 다윗이 바로 예수와 바울 안에서 무시간적인 대화와 영적 교통을 하고 있음을 깨닫게 될 것입니다. 이 책의 핵심 주장은 성령으로 거듭난 신자의 마음속에 있는 의롭게 되었다는 그 칭의의 확신이 우주적 하나님 나라의 완성에 결정적이라는 진리입니다. 개인의 마음속에 자라는 하나님 나라는 마치 겨자씨와 같습니다. 개인의 마음속에 뿌려진 하나님 나라 씨앗이 자라, 공중의 새들도 깃드는 공적인 하나님 나라로 성장되고 확장될 것입니다.

무엇보다도 이 책은 그동안 제가 집필한 책들과는 다른 의미를 가지고 있습니다. 이 책은 이십여 년 이상 누려온 사랑, 우정, 동역의 선물(膳物)입니다. 존경하고 사랑해 마지않는 선배와 스승, 동료와 함께 만든 덕분에 이 책이 주는 의미가 더욱 남다른 듯싶습니다. 김세윤 박사는 저의 학부 시절(1980년)에 신림2동 녹두거리에 위치했던 7평짜리 관악 ESF의 다락방에 오셔서 무려 다섯 시간 동안이나 하나님 나라에 대한 강의를 해주셨습니다. 저의 신학 입문에 결정적인 영향을 미친 스승이기도 하십니다. 저는 1980년 이후 내내 김세윤 박사의 글과 책, 강의와 설교를 접하며 신학의 위력을 실감했고, 신학 공부에 대한 열망을 키웠습니다. 정현구 목사도 이십여 년 이상 사귀어온 존경해 마지않는 친구요 언제나 신실한 동역자입니다. 정현구 목사가 예일, 밴더빌트에서, 제가 프린스턴에서 공부할 때부터 영적으로 결속된 동역자였고, 지금도 여러 방면에서 사랑과 지지를 주고받는 우정을 누리고 있습니다. 한국교회의 영적 지도자로 우뚝 올라선 정현구 목사는 한국교회에 주신 하나님의 선물이요 위로입니다.

저는, 저를 항상 이끌어주시고 영감을 고취해주시는 초대교회 성도급 교우들에 둘러싸여 살아왔습니다. 하나님나라 신학연구소를 위해 지원을 아끼지 않았던 많은 교회 중 일산은혜교회와 사랑누리교회, 가향교회에 특별히 감사드립니다. 이 교회들과 교우들의 헌신과 지원이 연구소의 운영을 돕는 든든한 버팀목이 되어주었음을 잘 알고 늘 감사하게 생각합니다. 이 책을 읽는 모든 독자들에게 하나님 나라의 복음이 임하기를 간구합니다. 성령의 부단한 감화감동을 받아 일상의 현장에서 하나님의 통치를 받는 하나님의 영토요 백성이 되기를 축원합니다. 이 책을 만드는 데 헌신해주신 새물결플러스 김요한 목사님과 녹취와 편집에 공을 많이 들인 새물결플러스 편집진에게도 깊은 감사를 드립니다. 원고를 마지막까지 읽고 교정하며 더 잘 읽히는 책이 되도록 만들어준 아내 정선희에게 깊은 고마움을 전합니다.

2013년 6월 하나님나라 신학연구소를 대표해

김회권 목사

하나님 나라 복음의
긴급성[1]

한국교회에 **하나님 나라 복음**이 실종되었습니다. 주 예수 그리스도가 선포한 하나님 나라의 복음 대신에 근거 없는 천당구원론과 교회성장론이 맹위를 떨치고 있습니다. 예수 믿고 복 받아 잘 살아보겠다는 기복적 결의와 죽어서는 천당 가려는 소시민적인 열망이 교회를 요란하게 만들고 있습니다. "하나님이 교회와 세상을 통치하신다"는 하나님 나라 복음이 잘 들리지 않고, 이 세상 모두가 하나님 나라 아래 거룩하게 복속될 환상도 보이지 않습니다. 그럼에도 성령의 내주와 인도를 받는 참 그리스도인들은 무장한 주권국가들이 대립하고 각축하는 이 야수 같은 세계가 하나님의 성령감화 통치 아래 비무장 지방단체로 격하될 것이며, 마침내 온 세계가 야웨 하나님을 아는 지식으로 가득 차게 될 것을 굳게 믿습니다. 하나님 나라에서는 사자와 어린 양

---

[1] 이 서론 부분은 실제 강의에는 포함되지 않았으며, 다섯 장의 하나님 나라 복음을 이해하는 데 도움이 되게 하기 위하여 김회권 목사가 따로 집필했다.

이 함께 뒹굴고 놀 것입니다. 예수 그리스도는 제자들에게 이런 하나님 나라의 도래를 간구하게 하셨습니다. "너희는 이렇게 기도하라 '하늘에 계신 우리 아버지여 이름이 거룩히 여김을 받으시오며 나라가 임하시오며 뜻이 하늘에서 이루어진 것같이 땅에서도 이루어지이다'"(마 6:9). 하나님 나라 복음은 하나님이 이 땅과 세상을 직접 다스리신다는 복음입니다. 하나님이 다스리신다는 말은 두 가지 의미를 가집니다. 첫째, 하나님이 아담 후손의 역사 속에 작용하는 죄와 벌의 악순환, 질병과 죽음, 악과 고난의 사슬에서 인간을 해방시켜주신다는 말입니다. 둘째, 하나님의 다스림은 하나님 아들의 순종을 통해 구현된다는 것입니다. 하나님 나라는 아버지 하나님과 아들 하나님의 양두정치로 다스려집니다. 하나님의 자녀들인 그리스도인들은 하나님의 자녀들이면서 아들 하나님의 이름으로 함께 다스리는 자로 부르심 받았기에 인간 역사에서의 하나님 나라는 그리스도인들의 자기희생적 사랑과 섬김의 통치를 통해 구현됩니다.

이 책은 하나님 나라의 복음으로 신구약 전체의 메시지를 압축적으로 강해한 책입니다. 저자들은 하나님 나라 신학으로 복음의 의미를 해명합니다. 하나님 나라 신학이란 하나님 통치의 목적과 의도의 빛 아래서 성경을 읽고 해석하는 신학입니다. 성경에는 오직 하나님 나라 신학만 있습니다. **하나님 나라 신학**(a reign of God theology)은 모든 신앙과 신학의 주제를 하나님의 통치하심 아래 복속시킵니다. 구원론, 교회론, 종말론과 세계 선교, 그리고 기독교 윤리까지 모두가 하나님 나라 신학의 하위 요소들입니다. 하나님 나라 신학은 몇 가지 구체적 명제들로 표현됩니다.

하나님 나라 복음

1. **천지 창조와 인간 창조의 목적은 하나님의 다스림에 있습니다.** 하나님은 이 세상을 다스리시기 위해 창조하셨습니다. 하나님의 다스림은 하나님의 생명 나눔과 베풂이고, 창조된 모든 피조물은 하나님의 생명 나눔 잔치에 초청받은 것입니다. 하나님이 세상을 창조하신 목적이 하나님의 통치에 있다는 점을 강조하는 신학이 하나님 나라 신학입니다. 이 신학에서 말하는 하나님의 통치는 사랑의 교제와 감복을 가리킵니다. 하나님이 감복시킨다는 것과 통치한다는 것은 같은 말입니다. 하나님은 우리를 통치하기 위하여 위협하십니까, 아니면 감화감동하십니까? 하나님은 감화감동하십니다. 히틀러는 통치하기 위하여 탱크로 공격해 타자를 압제했습니다. 하나님 나라를 제외한 모든 국가의 통치 수단은 무력, 폭력, 폭압적 국가기구입니다. 감시와 처벌이 통치의 중심입니다. 하지만 하나님은 통치하시기 위해 어떤 폭압적 권력에도 호소하지 않습니다. 피조물이 스스로 결단해 하나님께 순복하는 것이 하나님을 가장 기쁘게 합니다. 하나님이 아담에게 땅을 정복하고(כָּבַשׁ, 카바쉬), 동물을 다스리라(רָדָה, 라다)고 했을 때, 그것 역시 영적·인격적 감화력에 의한 통치를 의미했습니다. 아담의 땅 정복, 피조물 통치도 감화감동을 통한 도덕적 통치인 것입니다. 이 놀라운 하나님의 창조 목적과 통치 원리 때문에 하나님의 형상을 따라 지음 받은 인간도 영적·인격적 통치에만 순복하도록 창조되었습니다. 인간이 모든 종류의 압제적·폭력적 지배에 저항하는 까닭은 인간 안에 하나님이 새겨두신 고귀한 하나님의 형상이 숨 쉬고 있기 때문입니다.

2. **하나님의 다스림은 하나님과의 교제에 참여할 때 일어납니다**(시 22:3). 인간이 하나님을 신뢰하고 하나님께 순종하며, 찬양을 드리고

기도할 때 하나님의 통치가 일어납니다. "이스라엘의 찬송 중에 거하시는 야웨"(시 22:3)에서 '거하다' 동사의 히브리어는 야샤브(יָשַׁב)입니다. 야샤브는 '앉다', 즉 '보좌에 앉다'라는 말입니다. 우리가 찬송하거나 기도할 때 하나님이 우리 마음의 보좌에 앉아 다스리신다는 의미입니다. 하나님의 다스림은 우리가 신뢰와 순종을 드릴 때, 찬양하고 기도할 때 경험되고 느낄 수 있습니다. 우리는 순종할 때마다 하나님 통치의 위력을 느낍니다. 순종과 신뢰, 일상적 실천과 예수 따름이 하나님의 다스림을 맛보는 핵심 통로입니다. 믿음과 구원도 하나님 통치를 위한 준비 단계에 불과함을 강조하는 하나님 나라 신학은 교회를 세우고 성장하는 데 기여하는 교회성장학이나 교회경영학과는 전혀 다릅니다. 한때 신사참배자들이 신사참배를 통해 '결국 교회를 지켰다'고 강변한 적이 있습니다. 물론 그것은 틀린 말입니다. 그들이 신사참배를 통해 구한 '교회'는 참된 의미에서 그리스도의 몸된 교회가 아니었습니다. 인간들의 종교 사업체로서의 기구였을 뿐입니다. 따라서 신사참배를 통해 '교회를 지켰다'고 주장하는 것은 모순입니다. 신사참배 자체가 그리스도의 몸된 교회를 파기한 행동이기 때문입니다. 이 차이를 깨닫게 해주는 것이 하나님 나라 신학입니다. 오늘날 한국교회는 '그리스도의 몸된 교회'와 신사참배자의 후예들이 구축한 '종교권력집단화된 이세벨교회'로 확연히 나눠집니다.

3. 하나님 통치는 하나님의 맏아들인 이스라엘의 역사를 통해 가장 현저하게, 지속적으로, 기획적으로 나타났고 그 절정이 아브라함의 후손 나사렛 예수를 통해 구현되었습니다. 우리는 아브라함 때부터 예수 그리스도가 오실 때까지 이스라엘 역사에 기획성과 목적성을 띤 하나

님 나라가 주도적 향도(嚮導) 역할을 했음을 명확하게 인지할 수 있습니다. 이스라엘의 형성사, 국가 공동체 구축 과정, 흥망성쇠의 역사 전체가 하나님 나라의 전권대사들인 예언자들에 의해 매개되고 향도되었습니다. 이스라엘 백성의 순종과 불순종 여하에 따라 하나님의 통치 영토가 변동을 띠었으나 이스라엘 역사는 하나님의 말씀에 의해 향도되었으며, 난파되기도 했으나 마침내 회복되고 메시아를 영접하기에 이르렀습니다. 이 하나님 통치는 이스라엘 역사의 총결산인 독생자, 참 맏아들 예수 그리스도의 오심으로 절정에 이릅니다. 예수 그리스도의 오심으로 불순종한 아담 인류와 불순종한 이스라엘의 저주받은 역사가 속량되고 갱생되었습니다. 예수 그리스도는 그 자체가 하나님 나라였습니다. 하나님의 다스림이 100% 구현된 영토요 백성이었고, 그 스스로 하나님 통치권을 매개하고 구현했습니다. 하나님 나라가 예수 그리스도의 나라, 혹은 하나님의 사랑하는 아들의 나라라는 말과 동의어가 된 이유가 여기에 있습니다. 따라서 "하나님 나라의 복음을 믿고 회개하라"는 말과 "주 예수를 믿고 회개하라"는 말은 동일한 말입니다.

4. **하나님 나라는 나사렛 예수를 주(主)로 영접한 사람들에게 성령 내주와 성령충만으로 실현됩니다.** 성령은 하나님께 되돌아간 성자 예수 그리스도가 보내신 또 다른 보혜사 선물입니다. 아들 하나님의 요청으로 아버지 하나님이 보내신 성령만이 하나님 통치를 인간과 역사 속에 구현시킬 수 있습니다. 사도행전 2:33, 36("하나님이 오른손으로 예수를 높이시매 그가 약속하신 성령을 아버지께 받아서…부어주셨느니라…너희가 십자가에 못 박은 이 예수를 하나님이 주와 그리스도가 되게 하셨느니라")이 분명하게 밝히듯이, 십자가에 못 박혀 사흘 만에 부활하시고 사십 일

후에 승천하신 예수가 음부로 굴러떨어지지 않으시고 하나님 우편 보좌에 앉으셨습니다(롬 8:34, "그는 하나님 우편에 계신 자요 우리를 위하여 간구하시는 자시니라"). 하나님 우편 보좌에 앉으셔서 하신 첫 번째 일이 성령을 보내주신 것입니다(요 14:26; 16:7; 행 2:34-36). 예수가 하나님 우편 보좌에 앉자마자 아버지께 요청하여 성령을 제자들에게 부어주셨습니다. 그래서 오순절 다락방에 모여 있던 제자들은 성령을 받자마자 예수 그리스도가 주이시고 그리스도이심을 믿을 수 있었습니다. 결국 성령을 받은 사람들은 예수가 저주받은 죽음을 당하여 음부로 굴러떨어진 것이 아니라 하나님 보좌 우편에 앉아 아버지로부터 통치 대권을 위임받아 세상을 통치하고 계심을 확신하게 된 것입니다(고전 12:3). 하나님 나라 신학은 부활, 승천하신 하나님 아들 예수가 아버지를 대신하여 하나님 우편 보좌에 앉아 세계를 통치하고 계심을 믿는 신학입니다. 이런 점에서 하나님 나라 신학은 삼위일체 신학입니다. 개인의 인격과 삶이 하나님 통치에 편입되는 일은 성령의 내주하심으로 가능해집니다. **성령은 육체 안에 거하는 영이십니다.** 성령은 부피와 질량의 육체를 가진 인간 안에 거하실 수 있다는 점에서 정신과 육체를 매개물로 삼아 자유롭게 활동하시는 거룩한 영입니다. 성령을 받으면 생화학적 반응이 일어납니다. 가장 먼저 절대 안정 보장감이 마음을 지배하기 시작합니다. 성령이 임하여 내주하면 자기를 부인하는 능력이 비약적으로 발전하여 사랑과 희락, 온유와 화평, 절제와 양선의 품성이 창조됩니다. 세상의 한계에 짓눌리지 않는 절대 안정감이 찾아오고, 온유와 화평이 비약적으로 증가하며, 열등감의 완전 극복이 일어납니다. 성령은 마치 바람처럼 생수처럼 우리 마음과 인격에 생화학적·의지적·도덕적 작용을 불러일으킵니다. 또한, 성령은 매우 현실적이면서도 매우 희망적인 사람을 창조합니다. 하나님 나라 신학은 성령 강림과 성령 내주를 통한 갱생과 변혁을 강조하는 신학이기도 합니다. 곧 성부의 성자 파송, 성자의 성부 증언과 성부 순종, 성령의 성자 대리와 증언이 부단한 선순환과 상호 침투를 일으키는 과정을 부각시키는 삼위일체 신학입니다.

그러므로 성령충만한 개인은 교회에 대한 희망을 버리지 않습니다. 세상 언론들이 지상의 개교회를 비난하고 사탄이 흉악한 궤계로 개교회들을 아무리 파괴해도 우주적 공교회는 순결한 그리스도의 신부로 남아 있습니다(계 21:1-2). 개교회는 파괴되고 해체될 수 있을지언정 우주적 공교회는 결코 파괴될 수 없습니다. 하나밖에 없는 우주적 교회는 타락할 수 없습니다. 이 우주적인 교회는 그리스도의 신부이기 때문입니다. 우주적 공교회는 부단한 자기 갱신과 자기 탈피를 통해 꾸준히 성장하고 성숙해가고 있습니다. 이 세상에서 스스로 자기 부인과 자기 개혁을 통해 성숙하고 진보하는 기관은 오직 성령이 인도하시고 통치하시는 '교회'밖에 없습니다. 아무리 고상한 고등종교의 신이라 해도 이처럼 지속적으로 기획적으로 인류의 삶 속에 역사하지 않습니다. 조계종이나 힌두교가 고상하고 부단히 정진하고 분투하는 영혼들의 모임일 수는 있습니다. 어쩌면 그들이 그리스도인들보다 평균적으로 더 고상할 수도 있습니다. 그러나 그들은 성령을 믿지 않고 받지 않았습니다. 아브라함의 종교적 유산을 상속한 적통이라고 주장하는 이슬람과 유대교도 하나님에 대한 순종을 강조하지만 성령의 감화감동을 통한 순종을 모릅니다. 특히 유대교는 삼위일체 하나님에 의해 창발적으로 제공된 은혜를 강조하기보다는 언약 백성인 이스라엘과 인간 일반의 도덕적 분투를 강조합니다. 그런 점에서 유대인의 율법 신학은 **삼위일체 하나님 나라 신학과 다릅니다.** 순종을 가능케 하는 분은 성령이라는 사실을 삼위일체적 하나님 나라 신학에서처럼 그렇게 강조하지는 않습니다. 그에 비하여 그리스도의 십자가의 대속적 죽음과 부활의 결과 그 선물로 성령이 왔다는 진리를 강조하는 하나님 나라 신학은 성령의 부단한 감화감동만이 하나님의 율법에 대한 인간의 순종을 실현시킬 수 있음을 강조합니다. 그러므로 하나님 나라 신학은 철저하게 삼위일체 신학입니다.

5. **마지막으로 하나님 나라는 동심원적 확장 구조를 이루며 성장하고 있습니다.** 하나님 나라는 먼저 개인의 인격과 삶에 임하고, 다음으로 인간관계에 임하고, 가족 안에 임하고, 교회에 임하고, 일반 사회에 임하고, 국가에 임하고, 온 세계에 임하고, 온 생태에 임하고, 마침내 온 우주 삼라만상에 임합니다. 빌립보서 2:10-11은 하나님 나라의 영토가 얼마나 광대무변한가를 보여줍니다. "우주에 존재하는 모든 피조물의 모든 입이 예수 그리스도를 주라 시인하게 될 것입니다." 모든 피조물은, 즉 땅에 사는 피조물, 하늘에 있는 피조물(천사적 존재들), 그리고 죽어 음부에 있는 자들도 예수를 주라고 고백하게 됩니다. 위르겐 몰트만(Jürgen Moltmann)은 여기서 한 걸음 더 나아가 음부에 있는 자까지도 예수를 주라고 고백하는 날은 지옥이 소멸되는 날이라고 주장합니다. 모든 입술이 주를 고백하면 지옥이 없어진다는 것입니다. 몰트만은 지옥이 천국만큼 영원하지 않으며 지옥도 결국 천국에 의해 삼킨 바 되어 그리스도가 영광을 받을 것이라고 예상합니다. 만일 그리스도의 십자가와 부활의 효력이 일부에게는 못 미친다면 그것은 하나님께 충분히 영광 돌리지 못한다고 보는 것입니다.[2]

하나님 나라 신학은 지금도 예수가 하나님 우편 보좌에 앉아 세계를 다스리심을 믿습니다. 하나님의 우편 보좌에 앉으신 성자 그리스도의 통치는 성령을 성도들에게 보내주심으로 시작됩니다. 성자가 보내주신 성령을 받은 성도들은 하나님의 율법을 성취하는 순도 높은 순종을 통해 하나님의 뜻을 실행합니다. 성령을 받은 그리스도인들이 그리스도를 주와 왕으로 모신 곳이 하나님 나라의 영토가 되고 백성 공동체가 되는 것입니다. 그런데 예수가 하나님 보좌 우편에 앉아 계시는 것을 믿지 못하는 이유는 성령의 역사가 없거나 희소하기 때문입니다. 그럼 성령의 역사는 왜 비활성화될까요? 인간의 지속적인 불순종과 불신앙, 하나님 앞에서의 반복된 죄 때문입니다. 그러면 성령은 근심하시다가 당신의 현존을 거두어가십니다. 하나님 백성의 지속적인 완악함과 불순종이 한때 성령이 충만했던 교회를 퇴락시키는 것입니다. 성령 충만을 받지 못한 개인, 가정, 공동체는 영적으로 쇠락하게 되어 있습니다. 오늘날 좋은 설교자가 없고, 좋은 교회가 없는 이유는 성령이 역사하시는 설교자와 교회가 없기 때문입니다. 물론 성령이 인간의 매개 없이는 스스로 역사하시지 않는다는 말은 아닙니다. 다만 성령이 일정한 조건 아래서는 당신의 거룩한 현존을 개인과 교회로부터 철수시킬 수 있다는 것입니다. 성령이 한국교회로부터 철수했다는 것은 한국교회가 스스로 생명 창조나 부흥의 역사를 일으킬 수 없다는 말입니다. 성령의 역사가 없으면 교회 공동체 전체가 자기를 부인하기도 불가능

---

2) 지옥 소멸론을 지지하는 듯한 성경 구절로 베드로전서 3:19-21; 4:6이 인증(引證)되기도 한다. 노아 시대에 죽었던 자까지도 복음 전파를 당했다면 모든 사람이 복음 전파를 당하지 않겠냐는 것이다(위르겐 몰트만, 『오시는 하나님』, 대한기독교서회 역간, 1996).

하고, 그 안에 속한 각각의 신자가 순종하는 일도 불가능합니다.

요한계시록 1-3장에 나오는 아시아의 일곱 교회의 상황은 성령의 현존이 교회를 떠날 수 있는 다양한 조건을 보여줍니다. 주님은 언제 금 촛대를 한 교회에서 다른 교회로 옮기십니까? 교회 안에 니골라당과 이세벨의 교훈이 만연해 성령을 배척할 때입니다. 하나님은 영적 인도와 성화를 주도하는 계시의 금 촛대를 불건전하고 이단적인 교리와 행태가 누적된 교회로부터 철수시키십니다. 에베소 교회가 열심을 다해 회개하지 않으면 금 촛대를 옮기실 것이라는 위협을 받았던 이유가 바로 여기에 있습니다. 사데 교회, 라오디게아 교회는 스스로는 부자라고 자임했지만 벌거벗었다는 평가를 받았습니다. 교회가 영적으로 자만할 때 하나님은 금 촛대를 다른 교회로 옮기심으로 당신의 현존을 교회로부터 거두어가십니다. 요한계시록의 교회 이야기는 성령의 현존이 언제든지 특수한 지역 교회로부터 철수할 수 있다는 사실을 보여줍니다.

오늘날 성령의 역사가 비활성화되어 있기 때문에 좋은 목사님이 희소해져 갑니다. 그 역의 논리도 참입니다. 신령하고 충성스러운 종이 희소해져 가기 때문에 성령의 역사가 희미해져 갑니다. 그 결과 좋은 신학교, 좋은 교회, 좋은 그리스도인들도 희소해져 갑니다. 한국교회 안팎에는 영적 건조증이 극심합니다. 성령의 역사가 없기 때문입니다. 우리의 일상생활 가운데 불순종이 아주 조금씩만 누적된다 하더라도 그것이 임계점에 이르면 성령은 떠나실 수 있습니다. 큰 교회가 세습되는 순간 성령은 떠나시거나 그 역동적 사역이 현저하게 약화됩니다. 당회장직이 세습된 교회는 인간의 종교 보험 사기업으로 전락할 위험으로 스스로를 몰아간 것입니다. 그런데도 교인들은 하나님의 은

닉과 철수를 분별하지 못합니다. 결과적으로 성령이 계시지 않으면, 일어날 수 있는 최악의 사태가 일어나게 되는 것입니다. 음란, 도둑질, 파벌 투쟁, 영적 냉담과 세속화, 이단 교리의 횡행 등이 교회 내에서 일어납니다. 성령이 한 개교회의 주가 되시는 것을 포기했을 때 이 모든 일들이 나타납니다. 성령의 동선을 예민하게 지각하는 성령충만한 신자들은 교계를 비판하는 언론을 보면서 낙심하지 않습니다. 오히려 성령의 권계와 경고를 더 무서워합니다. 교회는 비판 세력과 싸울 것이 아니라 자기를 부지런히 살펴 회개하는 일에 전심전력을 다해야 할 것입니다. 한국교회를 향한 비관적 전망이 우세한 요즘 우리는 빈 들에 마른 풀 같은 우리 자신의 영적 황무함을 하나님 앞에 아뢰어야 합니다. 그런 분투 가운데 우리는 성령충만하지 못하더라도 성령충만한 의인들을 만납니다. 의롭고 신실한 남은 동역자들과 조우할 때 우리는 거룩한 희망을 볼 수 있습니다. 한국교회 전체를 관망해보면 영적 혼탁의 징조와 더불어 희망의 징조 또한 나타나고 있음을 발견합니다. 성령이 우리 안에 거하시면 절망 중에서도 희망을 발견할 수 있는 안목이 생깁니다. 성령충만한 자는 냉소주의를 넘어섭니다.

다만 중요한 것은 온 우주가 하나님 나라의 완성을 위해 움직이고 있다는 확신이 생기기 위해서는 제일 먼저 우리 마음에 하나님 나라가 임해야 한다는 사실입니다. 만약 우리 각 개인의 마음에 하나님 나라가 임하지 않는다면 교회에 냉소하게 되고, 이 세상 모습에는 비판하게 됩니다. 우리는 성령충만을 유지하기 위해 성령충만한 자와 교제하고 성령충만한 공동체의 영향력 안에 머물도록 노력해야 합니다. 성령의 하나 되게 하는 힘으로 유지되는 신령한 교제권 안에 들어와야 합니다.

이와 같이 하나님 나라의 인격 통치를 신학의 제1명제로 삼고 부단히 강조하는 하나님 나라 신학은 진보 신학과 보수 신학을 통합합니다. 개인이 성령충만하면 반드시 사회민주화와 경제민주화에 기여하기 때문입니다. 성령충만한 개인은 거룩한 시민이 되어 사회 발전에 기여합니다. 성령충만한 사람이 어떻게 깨끗한 세상을 만드는 데 일조하지 않을 수 있겠습니까? 어떻게 민주주의에 대한 목마름이 생기지 않을 수 있겠습니까? 정의로운 하나님의 영이 우리 안에 거하시기 때문에 정의로운 세상을 창조할 기개와 용기, 지혜와 지식을 친히 부어 주십니다. 한편 사회의 진보를 원하는 투사적 사회 운동가들은 무엇보다도 먼저 자신의 마음에 임하는 하나님 나라를 경험해야 합니다. 성령의 부단한 칭의와 성화 사역에 노출되어야 합니다. 이처럼 진보 신학과 보수 신학은 서로 돕고 배워야 합니다. 진보주의자가 진짜 보수주의자를 감화시켜야 합니다. 보수주의자가 강조하는 기도에 힘쓰고 술, 담배를 끊어야 합니다. 진보주의자들은 자기 절제와 자기 관리에 힘쓰면서 민주주의를 외쳐야 합니다. 보수주의자는 자신이 그토록 강조하는 개인윤리나 사생활 등에서 모범을 보인 후 진보주의자를 감화시켜야 합니다. 갈등하는 진보·보수의 호전적 전사들은 하나님 나라의 복수 동심원 구조를 잘 이해함으로써 타자의 관점으로 자신의 정체성을 풍요롭게 할 수 있어야 합니다. 성령충만은 반드시 사회민주화·경제민주화·국제 평화를 가져옵니다. 이 모든 것을 하나로 묶고 꿰뚫어 종합하는 생각의 틀이 하나님 나라 신학입니다.

개인에게 하나님의 통치가 일어나면 성령의 열매를 맺고, 가정에 하나님의 통치가 일어나면 생육·번성의 은혜가 임합니다. 이런 복된 가정이 많아지면 국가적으로 성령이 충만해집니다. 국가적으로 성령

하나님 나라 복음

충만해지면 공평과 정의의 정치가 활성화되어 원한 맺힌 사람이 줄어들게 됩니다. 이런 국가들이 주도하는 세계가 성령의 감동에 노출되면 사자와 어린 양이 함께 풀을 뜯는 날이 옵니다. 야웨 하나님의 영광에 대한 인정과 순복이 온 세상에 가득 차고(합 2:14, "이는 물이 바다를 덮음같이 여호와의 영광을 인정하는 것이 세상에 가득함이니라"), 하나님을 아는 지식이 물이 바다를 덮음같이 온 누리를 덮게 될 것입니다(사 11:9). 만군의 여호와의 열심이 하나님 나라를 완성합니다(사 9:7).

1

모세와
예언자들의
하나님 나라 복음

_김회권

구약성경에 약속된 하나님 나라 복음

하나님 나라는 복음(福音)으로 시작되고 복음으로 완성됩니다. 마가복음은 "하나님의 아들 예수 그리스도의 복음의 시작이라"(막 1:1)라는 말로 시작합니다. 마가복음 1:15은 예수의 하나님 나라 복음의 핵심을 압축해 보여줍니다. **"때가 찼고 하나님의 나라가 가까이 왔으니 회개하고 복음을 믿으라."** 헬라어로 복음은 '유앙겔리온'(euangelion)입니다. 유(eu)라는 말은 '좋다', 앙겔리온(angelion)은 '소식'이라는 뜻입니다. 유(eu)+앙겔리온(angelion)은 '좋은 소식', 곧 복음입니다. 신약성경에 등장하여 기독교, 특히 개신교 신앙의 핵심으로 떠오르는 '복음'이라는 말은 구약성경에 이미 등장하고 있습니다. 구약성경에서도 복음은 하나님 나라 복음입니다. 그것은 하나님이 이스라엘과 온 세상을 다스리신다는 절대 선언이었습니다. 구약성경에서 복음은 개인과 공동체에게 다양한 맥락에서 선포되고 있습니다. 하나님 나라 복음은 죄, 악, 고난, 질병과 죽음, 전쟁 패배와 포로살이로부터의 구출과 해방을 알리는 소식을 의미합니다. 복음은 우주의 통치자인 하나님의 왕적 칙령으로서, 하나님 없는 상황이 종식되며 하나님의 생명 통치가 작동할 것이라는 선포입니다. 이 복음은 모세와 예언자들을 통해 선포되었습니다.

첫 조상 아담과 하와에게 가죽옷을 지어 입혀주신 사건이 복음의 시작입니다. 아담의 범죄 이래 진행된 인류 역사를 압축적으로 보여주는 구약은 하나님의 아들 이스라엘 백성의 집단적 불순종과 배교의 이야기로 가득 차 있습니다. 아담과 하와는 죽음의 선고를 받습니다. 그러나 하와는 아들을 잉태하여 생명의 어머니가 되었고 급기야는 여자의 후손이 뱀의 머리를 칠 것이라는 원시 복음을 듣습니다. 이스라엘 모든 세대의 역사는 기다림의 역사라 할 수 있는데 자기 세대의 죄악을 해결해줄 '후손', 즉 이스라엘의 불순종과 실패를 만회할 하나님의 아들, 인자(人子)의 도래를 학수고대한 역사입니다. 바벨론 포로살이를 끝내고 다시 고토 가나안 땅으로 되돌아간 것도 하나님 아들의 출현과 그가 가져올 회복과 구원을 의미합니다.

교부 시대부터 지금까지 모든 주석가들이 한결같이 말했듯이 여자의 후손이 뱀의 후손과 전쟁하되 뱀의 머리에 치명적인 손상을 입혀 승리할 것이라는 예언이 인류에게 들려진 최초의 원시 복음입니다.[1] 노아 시대에는 위로의 아들 노아가 태어나 죄악과 폭력이 관영한 세상이 종식될 날이 올 것이라는 소식이 복음이었습니다. 아브라함 시대에는 본토 친척 아비 집을 떠나는 아브라함에게 위대한 복의 근원 공동체를 창조해주시겠다는 약속이 복음이었습니다. 모세 때에는 아브라함의 자녀들을 이집트 종살이로부터 구출해 젖과 꿀이 흐르는 땅으로 인도해주시겠다는 약속이 복음이었습니다. 앗수르와 바벨론으로 끌려간 포로들에게 하나님의 구속과 해방이 있을 것이라고 선포하는 전령의 소식도 복음이었습니다. 이처럼 인류사나 이스라엘 역사는 멸망 위기의 순간마다 하나님의 통치 개시를 알리는 복음의 영향력으로

---

1) Geerhardus Vos, *Biblical Theology*(Eerdmans, 1948), 41-44. 이 책의 한국어판은 『성경신학』으로, 크리스챤다이제스트에서 2005년에 출간되었다.

하나님 나라 복음

유지되고 존속되었습니다. 특히 하나님 없이 돌봄 받지 못하던 하나님의 백성에게 복음은 어떤 시대든 아무 공로 없이 그저 일방적으로 선포되었고 약속되었습니다. 이사야 40, 52장, 다니엘 2, 7장, 예레미야 31:31-34, 에스겔 36:25-26 등은 구약에서 하나님 나라 복음을 선포하는 대표적인 본문들입니다. 구약에서 하나님 나라 복음이 선포되는 맥락을 잘 파악하면 신약성경의 하나님 나라 복음을 훨씬 깊고 명료하게 이해할 수 있습니다.

죄 사함의 복음

1너희의 하나님이 이르시되 너희는 위로하라 내 백성을 위로하라 2너희는 예루살렘의 마음에 닿도록 말하며 그것에게 외치라 그 노역의 때가 끝났고 그 죄악이 사함을 받았느니라 그의 모든 죄로 말미암아 여호와의 손에서 벌을 배나 받았느니라 할지니라 하시니라 3외치는 자의 소리여 이르되 너희는 광야에서 여호와의 길을 예비하라 사막에서 우리 하나님의 대로를 평탄하게 하라 4골짜기마다 돋우어지며 산마다, 언덕마다 낮아지며 고르지 아니한 곳이 평탄하게 되며 험한 곳이 평지가 될 것이요 5여호와의 영광이 나타나고 모든 육체가 그것을 함께 보리라 이는 여호와의 입이 말씀하셨느니라 6말하는 자의 소리여 이르되 외치라 대답하되 내가 무엇이라 외치리이까 하니 이르되 모든 육체는 풀이요 그의 모든 아름다움은 들의 꽃과 같으니 7풀은 마르고 꽃이 시듦은 여호와의 기운이 그 위에 붊이라 이 백성은 실로 풀이로다 8풀은 마르고 꽃은 시드나 **우리 하나님의 말씀은 영원히 서리라 하라** 9아름다운 소식을 시온에 전하는 자여 너는 높은 산에 오르라 아름다운 소식을 예루살렘에 전하는 자여 너는 힘써 소리를 높이라 두려워하지 말고 소리를 높여 유다의 성읍들에게 이르기를 **너희의 하나님을 보라** 하라 10**보라 주 여호**

와께서 장차 강한 자로 임하실 것이요 친히 그의 팔로 다스리실 것이라 보라 상급이 그에게 있고 보응이 그의 앞에 있으며 11 그는 목자같이 양 떼를 먹이시며 어린 양을 그 팔로 모아 품에 안으시며 젖먹이는 암컷들을 온순히 인도하시리로다(사 40:1-11).

이 단락이 보여주는 하나님 나라 복음의 핵심은 '하나님 백성의 바벨론 유배를 촉발시켰던 그 죄악이 사함 받았다'는 선포입니다. 이것이 바로 복음입니다. 바벨론 포로 생활이 끝나서 이스라엘 백성이 고토로 돌아오는 것이 하나님이 통치하신다는 증거라는 것입니다. 바벨론 유배 동안에는 야웨 하나님이 이스라엘과 세계를 통치하신다는 진리가 흐려졌고 의심되었습니다. 대신에 바벨론 제국의 신 마르둑이 세계를 통치한다는 말이 진실인 양 사람들의 의식을 지배하고 있었습니다. 그런데 마르둑이 통치한다는 명제 대신에 '네 하나님! 이스라엘의 여호와가 통치하신다'는 칙령이 선포된 것입니다. 이 하나님 통치의 첫 증거가 바로 바벨론의 신 마르둑에게 포로로 잡혀 있던 이스라엘 백성이 돌아오는 일이었습니다. 이것이 바로 죄 사함의 복음입니다. **우리 하나님이 통치하시면 죄악과 압제로 점철된 바벨론 감옥에서의 복역이 끝이 납니다. 우리를 악과 고난으로 다스리는 어둠의 세력, 즉 죄가 해결되는 것이 하나님의 통치입니다**(골 1:13-14). 이제 이스라엘은 다시 하나님의 통치를 받아 하나님이 선물로 주신 기업의 땅에서 감미로운 순종을 시작할 수 있습니다. 하나님과의 은혜로운 동행이 다시 시작되었습니다. 결국 이 단락이 말하는 복음은 야웨 하나님이 이스라엘을 호위하시고, 고토로 귀환하는 포로들의 앞잡이가 되어주시겠다는 것입니다. **요약하면, 복음은 ① 죄 사함의 복음, ② 치료와 회복의 복음, ③**

감미로운 순종의 복음, ④ 은혜롭고 자발적인 동행의 복음입니다. 죄 사함, 치료와 회복, 감미로운 순종, 은혜롭고 자발적인 하나님과의 동행, 이런 일들이 하나님이 우리를 통치하신다는 증거입니다.

하나님 통치의 복음

1 시온이여 깰지어다 깰지어다 네 힘을 낼지어다 거룩한 성 예루살렘이여 네 아름다운 옷을 입을지어다 이제부터 할례받지 아니한 자와 부정한 자가 다시는 네게로 들어옴이 없을 것임이라 2 너는 티끌을 털어버릴지어다 예루살렘이여 일어나 앉을지어다 사로잡힌 딸 시온이여 네 목의 줄을 스스로 풀지어다 3 여호와께서 이와 같이 말씀하시되 너희가 값 없이 팔렸으니 돈 없이 속량되리라 4 주 여호와께서 이와 같이 말씀하시되 내 백성이 전에 애굽에 내려가서 거기에 거류하였고 앗수르인은 공연히 그들을 압박하였도다 5 그러므로 이제 여호와께서 말씀하시되 내 백성이 까닭 없이 잡혀갔으니 내가 여기서 어떻게 하랴 여호와께서 말씀하시되 그들을 관할하는 자들이 떠들며 내 이름을 항상 종일토록 더럽히도다 6 그러므로 내 백성은 내 이름을 알리라 그러므로 그날에는 그들이 이 말을 하는 자가 나인 줄을 알리라 내가 여기 있느니라 7 좋은 소식을 전하며 평화를 공포하며 복된 좋은 소식을 가져오며 구원을 공포하며(מַשְׁמִיעַ שָׁלוֹם מְבַשֵּׂר טוֹב מַשְׁמִיעַ יְשׁוּעָה, 마쉬미아 샬롬 므빠세르 톱 마스미아 여슈아) 시온을 향하여 이르기를 네 하나님이 통치하신다(מָלַךְ אֱלֹהָיִךְ, 말라크 엘로하이크) 하는 자의 산을 넘는 발이 어찌 그리 아름다운가 8 네 파수꾼들의 소리로다 그들이 소리를 높여 일제히 노래하니 이는 여호와께서 시온으로 돌아오실 때에 그들의 눈이 마주 보리로다 9 너 예루살렘의 황폐한 곳들아 기쁜 소리를 내어 함께 노래할지어다 이는 여호와께서 그의 백성을 위로하셨고 예루살렘을 구속하셨음이라 10 여호와께서 열방의 목전에서 그의

거룩한 팔을 나타내셨으므로 땅끝까지도 모두 우리 하나님의 구원을 보았도다 11너희는 떠날지어다 떠날지어다 거기서 나오고 부정한 것을 만지지 말지어다 그 가운데에서 나올지어다 여호와의 기구를 메는 자들이여 스스로 정결하게 할지어다 12여호와께서 너희 앞에서 행하시며 이스라엘의 하나님이 너희 뒤에서 호위하시리니 너희가 황급히 나오지 아니하며 도망하듯 다니지 아니하리라(사 52:1-12).

이사야 52:1-12은 죄 사함의 복음이 곧 하나님 나라 복음임을 증거합니다. 죄 사함의 목적 자체가 하나님 통치를 받기 위함이라는 것입니다. 바벨론 포로 시절 동안 시온은 황폐케 된 땅, 곧 하나님 통치 부재의 땅이었습니다. 그러나 죄를 사함 받은 백성이 되돌아와 거주하는 시온은 다시 하나님 통치의 수혜자가 됩니다. 이 점에서 7절이 주목되어야 합니다. "좋은 소식을 전하며 평화를 공포하며 복된 좋은 소식을 가져오며 구원을 공포하며 시온을 향하여 이르기를 네 하나님이 통치하신다 하는 자의 산을 넘는 발이 어찌 그리 아름다운가." 이집트와 앗수르 제국의 종살이를 하는 포로들에게 하나님의 복음은 하나님의 해방과 속량이 시작될 것을 예고하는 전령의 소식입니다. 좋은 소식의 내용은 "네 하나님이 황폐화된 시온을 다스린다"는 것입니다. 황폐케된 시온을 다시금 이집트와 앗수르의 귀환 포로들로 가득 채울 것이며, 하나님의 사랑과 돌봄을 받는 공동체로 만들어주실 것이라는 약속의 선포입니다. 이 단락이 말하는 복음의 내용은 다음과 같습니다.

첫째, 사로잡힌 딸 시온의 속량입니다(1-4절). 사로잡혀간 땅에서 이방인들의 관할을 받으며 사는 시온에게 영적 각성을 일으킵니다. 하나님의 속량에 응답하여 시온도 깨어나 힘을 내어야 합니다. 둘째, 이방인들 가운데 더럽혀진 하나님의 이름을 거룩하게 구별하시는 것입니다(5-6절). 셋째, 복음의 핵심은 황폐해진 시온을 다시 통치하는 것입니다. 예루살렘과 시온에 대한 신원과 구속이 이뤄집니다. 이 시온을 향한 위로와 신원은 열방 앞에서 펼쳐진 야웨의 팔을 통해 이뤄집니다. 복음은 열방의 목전에서 선포됩니다(7-10절). 마지막으로, 하나님의 복음은 하나님의 백성이 부정한 이방 제국을 탈출해야 한다는 요구입니다. 복음에는 분리와 탈출의 요구가 포함되어 있습니다. 하지만 바벨론 탈출은 하나님의 특별 호위를 받으며 탈출하기 때문에 출애굽처럼 황급한 탈출이 아닙니다. 늠름하고 장엄한 탈출입니다.

구약성경에서 하나님 나라 복음을 보다 더 명시적으로 말하는 본문은 다니엘 2장과 7장입니다. 특히 "때가 찼다"는 말을 이해하기 위해서는 다니엘 2장과 7장을 주목해야 합니다.

때가 차서 인간제국을 파쇄하시고
땅에 세워지는 하나님 나라 복음 · 다니엘 2, 7장

마가복음 1:15의 "때가 찼다"는 선언은 하나님이 약속하신 기한이 찼다는 말입니다. 즉 구약의 모든 예언자들이 바라보고 즐거워한 날, 하나님의 완전한 통치가 이 땅에 구현되는 날이 나사렛 예수와 함께 열렸다는 것입니다. 이 "때가 찼다"는 말의 가장 명시적인 맥락이 다니엘 2장과 7장입니다. "때가 찼다"는 말과 하나님 나라가 동시에 나타나는 유이한 본문이 바로 이 두 장입니다.

먼저 다니엘 2:32-45입니다. 32-43절은 하나님이 세우실 한 나라가 등장하기 전까지 세계를 지배하는 네 우상 나라들의 모습을 그림니다. 머리-순금 나라(바벨론 제국), 가슴과 두 팔-은 나라, 배와 넓적다리-놋 나라, 종아리-쇠/발-쇠와 진흙 나라는 손대지 아니한 돌에 의해 분쇄되어 여름 타작 마당의 겨같이 소멸해버립니다(32-35절). 우상을 친 돌은 태산을 이루어 온 세계에 가득하게 됩니다(35절). 마침내 이 여러 왕들의 시대에 **하늘의 하나님이 한 나라를 세우시는데**(מַלְכוּ דִּי לְעָלְמִין יְקִים אֱלָהּ שְׁמַיָּא, 여킴 엘라흐 쉐마야 말쿠 디 러알민) 그 나라는 영원히 망하지도 아니할 것이요 도리어 이 모든 나라를 쳐서 멸망시키고 영원히 설 것입니다(44절). 그 나라는 34절에 등장한 "손대지 아니한 돌"의 나라입니다. 그 돌은 산에서 나와 쇠와 놋과 진흙과 은과 금을 부서뜨릴 것입니다(45절). 주목할 것은 네 열왕들의 나라를 끝장내고 하나님이 세우시는 나라가 등장한다는 것입니다.

다음으로는 다니엘 7:13-27입니다. 13절은 신약성경에서 쉰여덟 차례 등장하는 "인자"(בַּר אֱנָשׁ, 바르 에노쉬)라는 칭호를 소개합니다. "내가 또 밤 환상 중에 보니 인자 같은 이(כְּבַר אֱנָשׁ, 케바르 에노쉬)가 하늘 구름을 타고 와서 옛적부터 항상 계신 이에게 나아가 그 앞으로 인도되매 그에게 권세와 영광과 나라를 주고 모든 백성과 나라들과 다른 언어를 말하는 모든 자들이 그를 섬기게 하였으니 그의 권세는 소멸되지 아니하는 영원한 권세요 그의 나라는 멸망하지 아니할 것이니라"(단 7:13-14). 하나님 나라가 인자에게 위탁된 나라가 됩니다. 18절에서는 이 나라가 다시 성도들에게 위탁됩니다. "지극히 높으신 이의 성도들이 나라를 얻으리니 그 누림이 영원하고 영원하고 영원하리라." 인자와 함께 결속된 하나님 나라의 성민은 바다에서 올라온 짐승, 특히 넷째 짐승과 지상 통치권을 쟁취하기 위하여 혈투를 벌입니다(19-21절). 그 과정에서 하나님의 성도들이 수세에 몰립니다(21절). 이 순간에 옛적부터

하나님 나라 복음

항상 계신 이가 와서 지극히 높으신 이의 성도들을 위하여 원한을 풀어 주시고 때가 이르매 성도들이 나라를 얻습니다(22절). 넷째 짐승에게서 나온 열 뿔 중 마지막으로 나온 뿔이 지극히 높으신 이의 성도를 괴롭게 할 것이며 성도들은 그의 손에 붙인 바 되어 상당 기간 박해를 당할 것입니다(25절). 그러나 심판이 시작되면 그는 권세를 빼앗기고 완전히 멸망할 것이요, 나라와 권세와 온 천하 나라들의 위세가 지극히 높으신 이의 거룩한 백성에게 붙인 바 될 것입니다(26-27절). 그 거룩한 백성에게 위탁된 나라는 영원한 나라이며 모든 권세 있는 자들이 다 그를 섬기며 복종하게 될 것입니다(27절).

이 두 단락의 공통점은 지상 나라들을 대표하는 네 짐승 나라를 격파하고 마침내 하나님, 인자, 그리고 성민이 다스리는 나라가 이 땅에 도래한다는 점입니다. 네 짐승 나라의 마지막 주자인 넷째 짐승의 잔혹한 세계 지배와 성도 박해가 절정에 다다라 이 땅을 유린하고 압제할 때에 하나님이 인자를 통해 이 짐승 나라들을 분쇄한 후에 그 나라를 하나님의 백성에게 위탁하신다는 것입니다. 나사렛 예수의 하나님 나라 선포 중 "때가 찼다"는 말은 인자와 성도가 하나님 나라를 위임받는다는 다니엘서의 맥락에서 명료하게 이해될 수 있습니다. 한 이상적인 순종으로 하나님의 통치가 100% 구현되는 그때가 나사렛 예수 자신이 이 세상에 등장함으로 도래했다는 것을 선포한 것입니다.

'모세의 글'과 '예언서'는 구약성경을 이분할 때 사용하는 말이며, '모세의 글', '예언서', 그리고 '시편'은 삼분할 때 쓰는 말입니다. 모세오경과 예언서는 하나님의 아들이 와서 100% 하나님께 순종함으로 이 땅에 열어젖힐 하나님 나라를 가리키고 있습니다. 모세오경과 예언서의 모든 구절은 이상적인 순종, 이상화된 하나님의 아들(이스라엘의 이상화)의 온전한 순종과 그것이 이 땅에 가져올 하나님의 순도 100%의 직접 통치가 이뤄지는 날을 가리키고 있습니다. 모세와 예언자들이 선포한 모든 약속, 명령은 하나님의 아들 예수 그리스도의 순종과 그것이 가져오는 하나님의 직접 통치를 바라보고, 가리키고 있습니다. 예언자들과 모세의 관계는 신명기 18장에서 알 수 있습니다.

> 15네 하나님 여호와께서 너희 가운데 네 형제 중에서 너를 위하여 나와 같은 선지자 하나를 일으키시리니 너희는 그의 말을 들을지니라 16이것이 곧 네가 총회의 날에 호렙 산에서 네 하나님 여호와께 구한 것이라 곧 네가 말하기를 내가 다시는 내 하나님 여호와의 음성을 듣지 않게 하시고 다시는 이 큰 불을 보지 않게 하소서 두렵건대 내가 죽을까 하나이다 하매 17여호와께서 내게 이르시되 그들의 말이 옳도다 18내가 그들의 형제 중에서 너와 같은 선지자 하나를 그들을 위하여 일으키고 내 말을 그 입에 두리니 내가 그에게 명령하는 것을 그가 무리에게 다 말하리라(신 18:15-18).

여기서 중요한 것은 시내 산의 그 무시무시한 하나님 음성 계시를 중보해줄 합법적인 예언자가 이스라엘 백성의 요청으로 세워진다는 것입니다(16-17절). 예언자는 일반 백성보다 먼저 하나님께 가까이 가서 하나님의 음성을 듣고 백성에게 말해주는 사람입니다(신 5:26). 이런 의미의 모세적 예언자는 왕정이 시작되기 전부터 이스라엘 역사에 등장했습니다. 이스라엘 역사는 모세와, 그의 후계자라고 할 수 있는 모세적 예언자들이 향도하고 계도한 역사였습니다. 각각의 특정한 시대에 출현한 예언자들은 당대의 역사적 위기 상황에서 모세의 사명과 과업을 수행했습니다. 하나님은 각 시대에 모세적 권위를 가진 예언자들을

하나님 나라 복음

일으키셔서 당신의 말씀을 중개하게 하셨고, 그들에게 구속사의 향배를 계시해주셨습니다. 여호수아, 사무엘, 다윗, 엘리야, 엘리사, 아모스, 호세아, 이사야, 미가, 예레미야, 에스겔, 스가랴, 학개, 말라기, 하박국 등은 각각 자신이 살던 시대에 일으켜 세워진 모세적 예언자들이었습니다. 특히 예레미야의 경우 신명기 18:18의 기준에 합당한 모세적 예언자였습니다.

> 9여호와께서 그의 손을 내밀어 내 입에 대시며 여호와께서 내게 이르시되 보라 내가 내 말을 네 입에 두었노라 10보라 내가 오늘 너를 여러 나라와 여러 왕국 위에 세워 네가 그것들을 뽑고 파괴하며 파멸하고 넘어뜨리며 건설하고 심게 하였느니라 하시니라(렘 1:9-10).

이처럼 모세적 예언자는 한 시대의 이스라엘 공동체의 존망에 영향을 미칠 수 있는 결정적인 신탁이나 예언을 전파하고 가르치는 예언자를 가리킵니다. 모세와 예언자들이 증거한 하나님 나라의 복음은 누가복음 24장에 나타나는 부활하신 예수의 성경 강론에 의해 재확증됩니다.

모세와 예언자들의 하나님 나라 복음

누가복음 24:13-49은 스승이자 이스라엘을 해방시킬 메시아로 촉망되던 나사렛 예수의 처형과 죽음에 충격을 받고 엠마오로 내려가던 두 제자의 슬픈 낙향을 보도합니다. 그들에게 죽음은 최종 권세를 가졌습니다. 죽음으로 예수의 하나님 나라 운동, 이스라엘의 회복 희망도 산산이 부서져 버렸습니다. 낙망과 냉담, 냉소주의와 절망이 그들의 여정을 이끌어가고 있었습니다. 그때 부활하신 예수가 그들의 슬픈 여정에 합류하십니다. 자신의 선(先)고난 후(後)영광, 선(先)죽음 후(後)부활의 궤적을 예고한 모세와 예언자들의 많은 예언들의 내적 논리를 이해하지 못하고 죽음 세력의 공격을 받아 비틀거리는 엠마오 도상의 두 제자를 재활·복구시키십니다. 먼저 예수는 구약성경 통독을 인도하심으로써 엠마오 도상의 두 제자에게 자신의 부활을 논리적으로 확신시키려고 하십니다. "모세와 모든 선지자의 글로 시작하여 모든 성경에 쓴 바 자기에 관한 것을 자세히 설명하시니라"(27절). 그 결과 제자들의 마음이 뜨거워졌고 하나님의 아들 나사렛 예수의 선(先)고난 후(後)영광, 선(先)죽음 후(後)부활의 논리적 필연성을 깨닫게 되었습니다.[2] 구약성경은 아주 간단히 말해 하나님의 맏아들로 입양된 이스라엘의 죄와 죽음, 그리고 부활과 갱생의 드라마입니다. 이스라엘의 부활과 갱생이 필연적이듯 이스라엘의 죄를 지고 대속적인 죽음을 당하신 참 이스라엘이자 이스라엘의 언약적 대표자인 하나님의 독생자 나사렛 예수의 부활과 갱생도 필연적이라는 것입니다. 예수의 무기력한 십자가 처형에 충격을 받아 하나님에 대해 냉담해진 채 방황하던 제자들은 예수의 구약성경 통독과 성경 해설에 의해 예수의 부활을 확신하게 되었고, 그 결과 하나님에 대한 열정이 회복되었습니다. "그들이 서로 말하되 길에서 우리에게 말씀하시고 우리에게 성경을 풀어주실 때에 우

---

[2] 부활하신 예수는 자신이 십자가에서 처형되어 죽은 것은 나약함, 무기력의 결과가 아니라 하나님 아버지의 뜻에 대한 절대 복종의 결과였음을 확신시켰다. 예수 자신이 십자가에서 처형된 것은 그리스도일 가능성을 원천봉쇄한 사건이 아니라 정반대라는 것이다. 예수 자신이 '십자가에 못 박혔기 때문에(아버지 하나님께 죽기까지 복종했기 때문에) 그리스도일 수 있다'는 사실을 믿도록 설복시키셨다(아돌프 슐라터, 『누가복음 주석』, 자연출판사 역간, 2005, 356).

하나님 나라 복음

리 속에서 마음이 뜨겁지 아니하더냐 하고"(32절). 여기서 성경을 풀어 주실 때 마음이 뜨거워졌다는 사실이 아주 중요합니다. 마음이 뜨거워 졌다는 말은 감정이 격앙되었다는 말이 아니라 지성, 이해력, 영적 분별력이 복원되어 하나님을 향한 살아 있는 반응이 되살아났다는 말입니다. 하나님의 선(先)고난 후(後)영광, 선(先)죽음 후(後)부활 구원 논리의 장엄함과 지혜에 감격했다는 말입니다. 지성, 감정, 의지가 하나님의 선(先)고난 후(後)영광의 섭리에 설복되었다는 것입니다. 이렇게 마음이 뜨거워진 제자들에게 예수는 증인 사명을 부여하십니다.

> 44또 이르시되 내가 너희와 함께 있을 때에 너희에게 말한 바 곧 모세의 율법 과 선지자의 글과 시편에 나를 가리켜 기록된 모든 것이 이루어져야 하리라 한 말이 이것이니라 하시고 45이에 그들의 마음을 열어 성경을 깨닫게 하시 고 46또 이르시되 이같이 그리스도가 고난을 받고 제 삼일에 죽은 자 가운데 살아날 것과 47또 그 이름으로 죄 사함을 받게 하는 회개가 예루살렘에서 시 작하여 모든 족속에게 전파될 것이 기록되었으니 48너희는 이 모든 일에 증 인이라(눅 24:44-48).

부활하신 예수는 모세오경, 예언서, 그리고 시편 강해를 통해 당신의 부활을 확증시키십니다. 구약성경의 내적 논리에 의거하여 당신 자신 이 먼저 고난당하시고 그 다음 영광을 받으시고 하나님 우편 보좌에 올라 앉으셔야 하는 이유를 설득력 있게 말씀하십니다. 이 내적 논리 는 구약성경 전체의 논리이며, 다음 본문이 가장 명료하게 제시하고 있습니다.

13보라 내 종이 형통하리니 받들어 높이 들려서 지극히 존귀하게 되리라 14전에는 그의 모양이 타인보다 상하였고 그의 모습이 사람들보다 상하였으므로 많은 사람이 그에 대하여 놀랐거니와 15그가 나라들을 놀라게 할 것이며 왕들은 그로 말미암아 그들의 입을 봉하리니 이는 그들이 아직 그들에게 전파되지 아니한 것을 볼 것이요 아직 듣지 못한 것을 깨달을 것임이라(사 52:13-15).

6우리는 다 양 같아서 그릇 행하여 각기 제 길로 갔거늘 여호와께서는 우리 모두의 죄악을 그에게 담당시키셨도다…8그는 곤욕과 심문을 당하고 끌려 갔으나 그 세대 중에 누가 생각하기를 그가 살아 있는 자들의 땅에서 끊어짐은 마땅히 형벌 받을 내 백성의 허물 때문이라 하였으리요…10여호와께서 그에게 상함을 받게 하시기를 원하사 질고를 당하게 하셨은즉 그의 영혼을 속건제물로 드리기에 이르면 그가 씨를 보게 되며 그의 날은 길 것이요 또 그의 손으로 여호와께서 기뻐하시는 뜻을 성취하리로다 11그가 자기 영혼의 수고한 것을 보고 만족하게 여길 것이라 나의 의로운 종이 자기 지식으로 많은 사람을 의롭게 하며 또 그들의 죄악을 친히 담당하리로다 12그러므로 내가 그에게 존귀한 자와 함께 몫을 받게 하며 강한 자와 함께 탈취한 것을 나누게 하리니 이는 그가 자기 영혼을 버려 사망에 이르게 하며 범죄자 중 하나로 헤아림을 받았음이니라 그러나 그가 많은 사람의 죄를 담당하며 범죄자를 위하여 기도하였느니라(사 53:6-12).

결국 예수는 누가복음 24:44-47에서 구체적으로 세 가지를 말씀하십니다. 첫째, 구약성경 전체는 자신의 완전한 순종을 통해 열릴 하나님 나라에 대하여 말한다는 것입니다. 구약성경의 핵심은 그리스도의 선(先)

하나님 나라 복음

고난 후(後)영화, 선(先)죽음 후(後)부활 메시지라는 것입니다. 예수는 자신의 죽음과 부활을 통해 하나님 아들의 도래를 가리키는 모든 구약성경 본문과 그 대지가 성취되었다는 것을 선포합니다. 자신의 굴욕, 고난, 죽음과 부활은 구약성경의 메시아 예언 구절의 논리적 성취이자 절정의 성취였음을 강조하신 것입니다. 둘째, 자신의 대속적 죽음과 부활을 통한 죄 사함의 복음이 예루살렘에서부터 모든 족속에게 전파될 것임을 선포했습니다. 하나님 나라 운동은 곧 회개가 전 세계적으로 확장되는 운동입니다. 그것은 인류를 흑암의 권세에서 건져내어 하나님의 사랑의 아들의 나라로 옮기는 운동, 그리스도를 통한, 그리스도에 의한, 그리스도를 위한 죄 사함 운동입니다(골 1:13-14). 셋째, 하나님 나라 운동은 제자들의 증언 운동입니다. 이 모든 하나님 나라의 죄 사함 복음도 제자들의 대리, 매개, 중보, 증언 활동을 통해 세계로 확산된다는 것입니다.

부활하신 예수가 엠마오 도상에서 낙향하는 두 제자를 위해 인도하셨던 성경 통독은 극적 반전을 일으켜 그들로 하여금 예루살렘으로 다시 돌아가게 만들었습니다. 예수는 모세와 선지자의 글과 시편을 통해 당신 자신이 왜 먼저 고난을 당하시고, 후에 영광을 받으셔서 하나님 보좌에 앉으셔야 하는지를 논리적으로 가르쳤습니다. 성경의 내적 논리를 확신시켜주심으로써 하나님께 완전히 순종하신 그분, 예수 그리스도가 부활하셔야 마땅함을 확신시켜주신 것입니다. 성경을 통독하면, 이처럼 하나님의 섭리에 대한 흔들릴 수 없는 확신이 우리 마음속에 자리 잡게 됩니다. 부활하신 예수는 낙향하는 제자들처럼 죄와 죽음이 지배하는 일상의 현장에서 비틀거리는 자들을 재활시켜주십니다. 거친 고난과 치열한 사명이 있는 땅으로 되돌아가게 만들어주십니다.

부활하신 예수가 우리의 일상생활에 임재하시고 동행하시는 가장 현저한 증거가 성경을 읽을 때 마음이 뜨거워지는 것입니다. 그 예수가 성경을 풀어주실 때 마음이 뜨거워지고 우리가 도망쳐 나온 예루살렘 마가의 다락방으로 한걸음에 되돌아갈 힘이 생깁니다. 성경을 앉은 자리에서 통독 방식으로 읽을 때, 눈이 열려 새로운 영적 관점으로 자신의 인생을 재해석할 수 있고, 자신의 삶의 여정을 반전시킬 상상력이 솟아납니다. 비틀거리며 방황하던 우리 인생에 반전이 일어나고, 완강하던 현상 질서가 위력을 발휘하지 못합니다. 부활하신 예수와 동행할 때 우리는 갱신된 사명감으로 예수의 죽음과 부활을 증언하는 새로운 단계의 사명으로 진입할 수 있습니다.

낙향하는 엠마오 도상의 제자들처럼 인생의 실패자가 되어 초점을 잃고 터벅터벅 걸어가던 그 낙오자의 길이 사명의 길로 재빠르게 전환될 수 있는 가장 큰 이유는 부활하신 예수가 성경을 풀어주셨기 때문입니다. 우리 인생의 도상에 주님이 나타나셔서 성경을 풀어주시고, 우리의 눈을 여시고, 우리 마음을 뜨겁게 해주셔야만 무료하고 권태롭고 뭔가 침몰해가는 것 같은 우리의 일상생활에 대반전이 일어나서 사명의 길로 돌이켜 달려갈 수 있습니다. 우리에게는 '길에서 성경을 풀어주시는 부활하신 예수와의 성경 통독' 시간이 반드시 필요합니다. 길은 현재진행형인 우리 삶입니다. 모든 인간은 아직은 길에 있는, 도상(途上)의 존재입니다. 우리는 출발했지만 아직은 목적지에 이르지 못한 도상의 존재인 것입니다. 우리 인생의 현재진행형 일상의 상황에, 종료되지 않은 문제 상황에, 종료되지 않은 고통의 여정에 부활하신 주님이 나타나셔서 성경을 풀어주심으로 우리 마음을 뜨겁게 해주시길 기도합니다. 성경통독을 통해 예수의 부활을 믿게 해주시고 궁극적으로

하나님 나라 복음

나의 부활과 죄 사함을 확신시켜주시는 역사가 일어나기를 간절히 바랍니다.

성경의 가장 핵심적인 매력은 우리의 지성과 마음을 뜨겁게 하여 우리 삶에 크고 작은 자기 한계를 극복하고 초월하게 만드는 능력을 발출하는 데 있습니다. 하나님의 말씀은 살아 있고 운동력이 있어 좌우에 날이 선 어떤 검보다도 예리하므로 우리의 혼과 영과 및 관절과 골수를 찔러 쪼개며, 우리를 재구성하고 재창조할 수 있습니다. 우리를 완전히 새로운 사람으로 만들 수 있는 능력이 이 말씀 안에 있습니다. 지금은 이 66권의 성경 말씀을 축지법으로 빠르게 독파할 수밖에 없지만, 이번 기회를 통해 더 깊은 말씀 묵상의 기초가 닦여지기를 간절히 바랍니다.

복음: 자유와 하나님의 통치

하나님 나라 복음은 이사야 52:7에 잘 나와 있습니다. "좋은 소식을 전하며 평화를 공포하며 복된 소식을 가져오며 구원을 공포하며 시온을 향하여 이르기를 우리 하나님이 통치하신다 하는 자의 산을 넘는 발이 어찌 그리 아름다운가"입니다. 구약성경과 구약의 헬라어 역본(70인역)으로 각각 읽어보면 이렇습니다.

מַה־נָּאווּ עַל־הֶהָרִים רַגְלֵי מְבַשֵּׂר מַשְׁמִיעַ שָׁלוֹם מְבַשֵּׂר טוֹב מַשְׁמִיעַ יְשׁוּעָה אֹמֵר לְצִיּוֹן
מָלַךְ אֱלֹהָיִךְ: (마-나우 알-헤아림 라글레 므바세르/마쉬미아 샬롬 므바세르 톱/마쉬미아 여수아/오메르 러치온 말라크 엘로하이크)

ως ωρα επι των ορεων ως ποδες ευαγγελιζομενου ακοην ειρηνης ως ευαγγελιζομενος αγαθα οτι ακουστην ποιησω την σωτηριαν σου λεγων σιων βασιλευσει σου ο θεος (호스 오라 에피 톤 오레온 호스 포데스 유앙겔리조메누 아코엔 에이레네스 호스 유앙겔리조메노스 아가싸 호티 아쿠스텐 포이에소 텐 소테리안 수 레곤 시온 바실류세이 수 호 쎄오스)

여기서 말하는 좋은 소식, 이것이 바로 신약성경의 복음(유앙겔리온)입니다. 좋은 소식의 핵심은 하나님이 통치하신다는 것입니다. 하나님이 통치하신다는 것은 '지금 내가 살고 있는 이런 너저분한 포로살이 현실이 끝났다, 나를 옥죄고 있는 유혹은 끝났다, 나를 지배하는 부당한 권력의 위협과 압력은 끝났다'는 것입니다. 왜냐하면 하나님의 통치가 시작되었기 때문입니다. 이런 대반전, 완전한 자기 초월을 가능케 하는 것이 하나님 나라 복음입니다. 그래서 하나님 나라의 복음은 현상 타파, 현상 재구축과 재구성의 원천입니다. 쳇바퀴 도는 듯한 일상생활의 악순환, 즉 죄 짓고 죄책감에 침몰하다가 회개하고 새롭게 된 듯하지만 다시 죄에 빠지는 악순환이 끝났다는 것입니다. 밤늦게까지 야동 같은 영상물에 심취하는 음란물 중독, 알코올 중독, 쇼핑 중독, 게으름과 남 탓하는 악습에 인이 박이는 중독 등 모든 정체된 현상을 타파할 수 있게 만드는 것이 하나님 나라 통치입니다. 하나님이 우리 인격과 삶의 반경을 통치하신다는 사실은 벌써 기존의 우리 삶의 체제를 흔들어버립니다. 하나님이 내 인생을 통치한다는 말은 사실 진술에 그치지 않고 그 이상을 말합니다. "네가 그동안 살아왔던 삶의 방식을 완전히 재구성해야 한다. 날림 공사로 지은 가건물 같은 네 인생을 철두철미하게 재건축해야 한다"는 요구입니다. 이것은 선언이면서 동시에 요구입니다. 그래서 마가복음 1:15, "때가 찼고 하나님 나라가 가까이 왔

하나님 나라 복음

으니 회개하고 복음을 믿으라"에도 선언과 회개 요구가 연이어 나오는 것이 당연합니다. 하나님이 통치하신다는 이 복된 소식을 들은 사람은 이미 회개를 요청받은 사람입니다. 현상 타파가 가능한 시대가 열렸음을, 새로운 삶이 시작됨을 기쁨으로 기대하라는 말을 들은 것과 똑같습니다. 그러므로 여러분, 하나님 나라 복음을 영접하십시오. 여러분의 인생 영토는 이제 하나님이 통치하십니다. 하나님의 통치와 더불어 여러분은 새로운 삶의 단계로 진입합니다. 이 하나님 나라 복음 영접은 여러분의 회개를 도와줄 것입니다. 회개는 이전에는 맛보지 못했던 신적 견인과 영적 부양이 주도하는 새로운 삶의 단계가 시작되었음을 믿고 따르는 것입니다. 하나님이 통치하시면 우리를 지배하는 죄와 악과 고난과 엄청난 중독의 힘과 반복적인 죄의 힘이 분쇄되어 더 이상 우리의 자유와 주체성을 박탈하지 못합니다. 하나님 사랑과 계명 순종 안에 머무를 수 있는 자유가 임하기 때문입니다. 하나님의 계명을 어기지 않고도 행복할 수 있는 자유가 임합니다. 자유는 하나님 통치의 조건이자 결과입니다.

하나님은 우리를 자유케 하신 후에 통치합니다. 이 세계의 모든 사탄적 지배자는 우리의 자유를 빼앗아서 지배합니다. 히틀러, 모택동, 스탈린, 칭기즈칸 등 세계의 모든 압제적 통치자들은 피지배자와 피정복민의 자유를 박탈한 후에 통치하고 지배합니다. 그런데 우리 하나님은 정반대입니다. 우리의 주체성을 100% 살리신 후에, 즉 우리를 완전한 의미에서의 자유인으로 만들어주신 후에 다스리십니다. 하나님이 우리를 통치하는 과정은 꽤 복잡합니다. 히틀러와 모택동, 스탈린 같은 사람들은 탱크의 힘으로 24시간 또는 72시간 안에 자기의 핏빛 제국을 완성할 수 있습니다. 그런데 우리 하나님은 우리를 자유하게 하고, 우리의 개성을 100% 존중하시면서 당신의 나라를 세우시기에 시간이 정말 많이 걸립니다. 우리의 모든 의사 결정을 천천히 하나하나 기다리면서 우리를 통치하기를 원하셔서, 즉 우리를 온전히 자유하게 한 후에 통치하시기 때문에 하나님 나라 건설에는 너무 긴 시간이 걸립니다. 심지어 하나님 나라는 건설되고 있지 않는 것처럼 보입니다. 왜일까요? 하나님은 당신의 나라를 완성하기 위하여 사람들에게 일일이 다 묻고 다니시기 때문입니다. "전도의 미련한 방법"으로 당신의 나라에 참여할 시민을 모집하시기 때문입니다. 문밖에 서서 마음의 문을 두드리시면서 문을 여는 사람에게만 당신의 통치 깃발을 꽂기 때문에 하나님 나라는 스탈린과 히틀러, 알렉산더 대왕 같은 자들이 만든 나라와 너무나 다릅니다. 자유하게 한 후에야 우리를 통치하시는 하나님, 그분은 우리를 죄와 악과 고난으로부터 해방시킨 후에 우리를 비로소 통치하십니다. 그래서 하나님 나라 건설은 더디고 진척되지 않는 프로젝트처럼 보입니다. 하지만 하나님 나라는 지금도 인간의 양심과 세계의 모든 공적 영역에서 작동하고 있습니다. 그 효과는 개인의 죄 사함, 거룩한 사랑으로 운영되는 공동체 형성, 그리고 하나님 나라를 구현하기 위한 문명사적 방향 전향 등에서 경험됩니다. 하나님이 다스린다는 말과 자유케 하신다는 말은 거의 같은 말이기에 하나님 나라는 이 세상 모든 나라들의 통치와는 정반대의 양상으로 운영됩니다. 성령의 감화감동과 부단한 설복을 맛본 사람들은 하나님의 자유케 하시는 통치가 무엇인지 실감할 수 있습니다. "그러므로 이제 그리스도 예수 안에 있는 자에게는 결코 정죄함이 없나니 이는 그리스도 예수 안에 있는 생명의 성령의 법이 죄와 사망의 법에서 너를 해방하였음이라. 율법이 육신으로 말미암아 연약하여 할 수 없는 그것을 하나님은 하시나니 곧 죄로 말미암아 자기 아들을 죄 있는 육신의 모양으로 보내어 육신에 죄를 정하사 육신을 따르지 않고 그 영을 따라 행하는 우리에게 율법의 요구가 이루어지게 하려 하심이니라"(롬 8:1-4). 생명의 성령의 법이 죄와 사망의 법에서 우리를 해방시키는 사역을 실존적으로 맛본 사람들만이 하나님 나라의 우주적 완성에 대한 기대감을 가질 수 있습니다.

하나님 나라의 현존이 안 느껴지는 것은 성령의 격려를 내적으로 받지 못하기 때문입니다. 성령의 감화감동에 노출되지 못한 사람들에게는 하나님 나라 건설 현실이 눈에 보이지 않습니다. 그러나 성령 안에 사는 사람들, 하나님의 감미로운 통치를 일상적으로 경험하는 사람들의 경우는 다릅니다. 그들의 시야에는 지금 세계의 모든 사태 가운데서, 그리고 그 너머에서 하나님 나라가 조금씩 점진적으로 완성되어가는 모습이 잡히기 마련입니다. 그게 참 중요합니다. 그러한 사람들은 우리 주님이 지금 하나님 우편 보좌에 앉으셔서 세계를 통치하고 계시며 이렇게 너저분한, 도덕적 슬럼 지대로 전락해가는 한국교회도 여전히 통치하고 계심을 믿을 수 있습니다. 죄와 욕망, 온갖 탐심과 잔혹한 범죄가 들끓어 절망적으로 어두워진 세계도 여전히 주님의 손안에 있다는 것을 확신하게 됩니다. 한국 사회도, 한반도 운명도 우리 주님이 그 손을 붙들고 계심을 확신하게 됩니다. 여러분, 이것이 바로 하나님 나라의 은닉성과 종말론적인 유보입니다. 하나님 나라는 히틀러나 알렉산더 대왕 같은 세계 지배자들이 순식간에 만들어버린 그런 나라와는 너무 달라서 감각 경험권에는 잘 포착되지 않습니다. 심지어 하나님 나라가 움직이지 않는 것처럼 보이고, 하나님이 동면 상태에 들어간 것처럼 보일지라도 하나님 나라는 건설되고 있습니다. 누구의 눈에 하나님 나라가 감지되고 감촉되고 만져집니까? 성령 안에서 하나님께 복종하는 사람에게 하나님 나라가 만져집니다. 성령의 감화감동으로 말미암아 하나님께 복종하지 않고, 자신의 일상생활이 하나님의 영토 안에 편입되지 않은 사람들은 하나님 나라의 완성에 대해 회의를 품게 됩니다. 그러나 자신의 일상적인 삶의 자리가 하나님의 영토 안에 들어와 있고, 하나님의 통치를 일상적으로 부단히 경험하면, 하나님이 세계를 기필코 당신의 나라로 만들어가실 것을 확신하게 됩니다.

오늘 여러분의 마음을 가장 뜨거워지게 만드는 내용은, 여러분 인생이 하나님 나라의 통치 안에 들어왔음을 확신하는 것입니다. 이 확신에서 오는 뜨거움은 지성을 밝히고, 의지를 하나님 뜻대로 조련합니다. 여러분의 뜨거워진 마음에서 한국교회나 한국 사회, 더 나아가 온 세계가 하나님의 통치권 안에 완전히 들어올 것을 믿는 우주적 확신이 파생됩니다. 이런 뜨거워지는 마음이 일어날 때 우리 인생은 하나님 나라에 투신하게 됩니다. 하나님 나라는 영속적인 가치와 영원히 진동하지 않는 가치, 즉 사랑과 자비, 공평과 정의의 기초 위에 세워진 나라입니다. 영속적으로 존속될 멋진 대의명분에 인생 전체를 던지는 것이 바로 하나님 나라에 투신하는 것입니다. 여기에 가끔 영악한 이해타산이 필요합니다. 영원한 가치와 덧없는 욕망 사이에서 어떤 삶이 더 좋은지를 이해타산해야 합니다.

15이 세상이나 세상에 있는 것들을 사랑하지 말라 누구든지 세상을 사랑하면 아버지의 사랑이 그 안에 있지 아니하니 16이는 세상에 있는 모든 것이 육신의 정욕과 안목의 정욕과 이생의 자랑이니 다 아버지께로부터 온 것이 아니요 세상으로부터 온 것이라 17이 세상도, 그 정욕도 지나가되 오직 하나님의 뜻을 행하는 자는 영원히 거하느니라(요일 2:15-17).

하나님 나라 복음

16그러므로 우리가 낙심하지 아니하노니 우리의 겉사람은 낡아지나 우리의 속사람은 날로 새로워지도다 17우리가 잠시 받는 환난의 경한 것이 지극히 크고 영원한 영광의 중한 것을 우리에게 이루게 함이니 18우리가 주목하는 것은 보이는 것이 아니요 보이지 않는 것이니 보이는 것은 잠깐이요 보이지 않는 것은 영원함이라(고후 4:16-18).

회개란 이 이해타산에 기초한 숙고와 성찰의 결과입니다. 그래서 하나님은 오늘 하나님 나라를 영접하여 회개한 사람들 각각의 무기력하고 수구적인 삶과, 벗어날 수 없는 죄책감으로 침몰하는 삶에 대반전을 일으켜 자유하게 된 자의 멍에를 덧씌워주십니다. 율법의 멍에는 그리스도 이전의 유대인들이 경험했던 억압 기제를 가리키지 않습니다. 여기에서는 자유하게 된 자의 거룩한 부담감, 설레는 사명감을 의미합니다. 거룩한 부담감과 설레는 사명감, 그것을 능히 감당할 수 있게 만드는 성령의 감화감동을 동시에 느낄 때 여러분은 하나님 나라에 들어온 것입니다.

하나님 나라에 들어온 사람들은 성경을 펼 때 어떤 효과가 일어날까요? 하나님 나라가 그 마음에 임한 사람, 하나님 나라의 영토 안에 들어와 사는 사람, 즉 그 일상생활이 하나님 나라의 감미로운 지배를 받는 사람들은 아침에 성경을 펼칠 때 어떤 현상이 일어날까요? 그들에게는 꼭 실천 가능한 명령만 들려옵니다. 반면 하나님 통치 바깥에 있고, 짜증내고 회의하면서 불가지론적 완악함으로 사는 사람들에게는 전혀 쓸데없고 양심을 짓누르기만 하는 우주적 사명감만 쇄도합니다. 자기가 전혀 책임질 수 없는 사명감에 주눅이 듭니다. 자기 삶의 자리와 전혀 상관없는 말씀만 들려오고 결국은 할 일이 아무것도 없다는 결론에 이르게 됩니다. "하나님! 차라리 날 죽이시오"라고 대들고 싶은 마음만 일어납니다. 하나님께 냉담하게 저항하는 마음만 일어납니다. 그러나 하나님의 감미로운 통치 아래에 있는 사람들에게는 하나님이 정말 구체적인 사람을 지목하셔서 이웃을 사랑하게 도와주십니다. 실상 인류라는 애매한 집단을 사랑하는 일보다 구체적인 이웃을 사랑하는 일이 더 어렵고 고단합니다. 가까이에 있는 이웃을 사랑하는 것은 순교자적 자기 부인을 요구할 때가 많습니다. 하나님의 통치 바깥에 있는 사람들에게는 갑자기 온 아프리카 인류가 다 사랑해야 할 대상으로 나타납니다. 그런데 그것은 좌절감만 강요하는 이웃 사랑의 과제입니다. '결국은 나보고 이웃을 사랑하지 말라는 말이구나' 하고 생각하게 만듭니다. 그러나 하나님의 감미로운 통치 안에 사는 사람에게는 하루에 사랑해야 할 이웃이 딱 한 명씩만 나타납니다. 하나님의 우주적 통치 안에 들어간 사람들은 쓸 만한 예산을 갖고 있을 때 거룩한 낭비를 촉발시키는 사람이나 사건을 만납니다. 그러나 하나님의 통치를 전혀 맛보지 못한 사람들은 벌써부터 반발하기 시작합니다. "그래 내 돈 다 빼가라, 뭐 어떻게 하자는 말이야? 김회권 목사 당신 설교를 들으면 이웃 사랑하다가 알거지로 살아가라는 압박이 느껴져요. 그래 나보고 어쩌란 말이오? 내가 집 한 채 갖고 사는 것이 그렇게 죄가 된단 말이오?" 저는 예언자적 이웃 사랑에 대한 설교를 하다가 청중들에게 가끔 이런 반발을 불러일으킵니다. 이웃 사랑의 권면을 성령의 감화 속에서 듣지 못하는 사람들은 그런 고귀한 권면을 들은 것 자체가 하나님의 은총임을 깨닫지 못하고, 그것을 자신의 재산을 강탈하려는 히틀러나 모택동의 훈시처럼 들어버리는 것입니다. 설교자의 설교는 성령의 미세한 조정과 소통을 통해 듣는 사람 각각에게 다양한 수준으로 해

하나님 나라 복음

석되고 영접됩니다. 성령의 역사가 섬세하지 못할 때는 급진적 이웃 사랑을 촉구하는 설교가 듣는 사람을 심각하게 압박하고 다치게 하는 수가 있습니다. 성령에 민감한 설교자가 성령의 음성에 민감한 청중들에게 급진적인 이웃 사랑과 회개를 촉구하는 설교를 할 수 있습니다.

그러나 분명한 것은 우리 하나님은 우리 돈을 빼앗아 가시는 분이 아니라는 것입니다. 우리 하나님은 우리의 기쁨을 극대화하기 위하여 작은 일상적 이웃 사랑의 명령만 주시기 때문에 우리는 갑자기 알거지로 전락하지 않습니다. 이웃을 사랑하다가 알거지로 전락한 사람은 아직까지 한 사람도 없습니다. 우리 하나님은 화평의 하나님이자 상식과 질서의 하나님입니다. 지극히 일상적이고 실천 가능한 명제만 아침마다 듣는 사람은 하나님 나라의 영토에 와 있는 사람입니다. 반면에, 온 인류의 죄를 자기 혼자 다 지고 가야 할 듯한 압도적인 부담감에 사로잡히는 경험은 성령의 역사와 상관없는 노이로제 현상입니다. 아프리카의 에티오피아, 수단, 소말리아의 모든 빈민들을 다 책임지고 먹이겠다는 허황된 사명감은 하나님이 주시는 것이 아닙니다. 신앙이 마치 불가능한 과업을 짐 지우는 강압인 것처럼 꼬드기는 악한 유혹자의 시험입니다.

우리 하나님은 절대로 각 개인과 단체의 사정, 기도의 질과 양, 헌신의 수준과 잠재력에 맞는 실천 가능한 계명만 주십니다. 어린아이에게는 젖을 빨게만 하십니다. 그러나 스물네 살의 청년은 부모님의 과업에 동참하여 희생하게 하십니다. 그리스도의 정병이 되게 합니다. 스물네 살의 기독 청년에게는 그리스도의 정병이 되어 요한일서 2:13-14의 말씀처럼 흉악한 자를 이기는 말씀으로 무장하기를 기대하십니다. 그러나 이제 막 신령하게 태어난 아이 같은 신자에게는 아침마다 말씀을 읽고 암송하고 섭취하는 것 자체가 그 사람에게 주시는 거룩한 사명이자 과업입니다. 어린아이가 가정 부채를 걱정하는 부모님의 대화를 엿듣고 "아버지 제가 피를 뽑아서, 혹은 장기를 팔아서 빚을 갚을까요?"라고 제안한다면 그것은 너무 충격적인 자학이자 성장 장애 현상이 아닐 수 없습니다. 네 살도 안 된 아이가 부모의 채무 변제 의무를 생각하면 안 됩니다. 우리가 하나님 자녀가 되자마자 갑자기 서울역 노숙자를 다 책임질 수는 없습니다. "이 땅에 존재하는 노숙자들을 다 먹이고 재우기 전까지는 내 양심이 편하지 못하다"라고 말하면 안 됩니다. 하나님은 서울역 노숙자를 한 사람의 양심에 무한한 부담으로 짐 지우지 않으십니다. 일상적 삶의 현장에서 그리스도의 십자가 사랑을 미분적으로 실천하는 하나님 백성의 공동 과업으로 서울역 노숙자 돌봄을 맡기십니다. 서울역 부근의 동자동에 하숙하는 어떤 그리스도인 청년에게 "너는 노숙자를 보고도 양심이 편하고, 노숙자를 보고도 만두가 입에 넘어가고, 노숙자를 보고도 술이 넘어가냐?"라고 갑자기 책망하시면서 옥박지르는 하나님이 아닙니다. 자학적인 죄책감을 심어주고 이웃 사랑을 실천케 하시는 하나님이 아닙니다. 그리고 이제 막 예수 믿어 세례 받은 지 6개월밖에 안 된 사람에게 "탤런트 김혜자가 쓴 글도 안 읽어보았느냐? 피골이 상접한 아프리카의 어린아이 사진도 보지 않느냐? 이웃 사랑을 하지 않으려거든 차라리 먹지도 말라"라며 압박하는 하나님이 아닙니다. 하나님은 세례 받은 지 6개월밖에 안 된 청년에게 아프리카의 엄청난 기근과 불행에 대한 죄책감을 고취시켜 신앙생활의 기쁨도 누리지 못하고 자학하도록 만들지 않습니다. 하나님의 통치 안에 사는 사람들이 아침에 말씀을 펼 때마다, 놀랍게도 우리 하나님은 적합한 실천 명제만 그들의 귀에 들려주십니다. 실천 가능한 말씀이 잘 들어오는 사람, 그는 하나님 나라의 영토에 와 있는 사람입니다. 실천 가능한 명제는 전혀 들어오지 않고 추상적 거대 담론만 쇄도해 양심이 흐려지는 사람은 아직도 하나님 나라의 영토에 와 있지 않은 사람입니다. 하나님을 짜증나게 여기고 하나님에 대해서 불만을 갖게 만드는 모든 말씀들로 아침마다 공격당하는 사람, 그는 종교적 냉혈한인 사탄의 영토에 와 있는 사람입니다. 하나님에 대해 감미로운 감정을 느끼지 못하게 만들고, 하나님은 불가능한 것을 요구하는 전제군주 같다고 느끼게 만드는 그런 말씀의 쇄도는 하나님이 아니라 사탄에게서 오는 것입니다.

여러분 그래서 아침에 말씀을 펼 때 기대하십시오. 순종하려는 사람에게는 딱 한 말씀만 들려올 것입니다. 제 경험에는, 대개 한 말씀이 가슴 깊이 타전되어 옵니다. 예를 들어 갑자기 백만 원이 생기면 실제로 며칠 안에 그 돈이 필요한 사람이 나타납니다. 그래서 예기치 않게 생긴 돈은 미리 은행에 입금하지 않습니다. 왜냐하면 입금하는 순간 이웃 사랑을 실천하기가 힘들어지기 때문입니다. 그래서 현금을 가만히 그대로 가지고 있으면 딱 문자가 옵니다. "목사님 상담할 것이 있습니다." 상담의 첫 40분 동안에는 내담자가 자신의 문제의 핵심을 말하지 않습니다. 그럴 경우 "그럼 제가 우선 백만 원을 헌금하면 되겠습니까?" 그러면 10분 후에 보통 상담이 성공리에 끝납니다. 그런 일은 대개 그 사람이 기도했기 때문에 일어납니다. 하나님은 저를 통해서 그 사람의 기도에 응답하신 것입니다. 시간, 재능, 물질 등 모든 것은 그런 식으로 배포되고 배달되기 때문에 하나님의 영토 안에 사는 사람들의 기도 시간은 고도의 영적 감응이 일어나는 현장입니다. 아침마다 말씀의 인도를 받으면 하나님이 세계를 거시적으로 통치하실 뿐만 아니라 매우 미세한 차원으로도 우리를 통치하심을 실감하게 됩니다. 하나님은 아침 기도 시간마다 우리의 관계를, 우리의 욕망을 미세하게 조정해가시면서, 우리의 시야를 약간씩 늘려가시면서 세계를 통치해가십니다. 이런 방식으로 섬세한 영적 감응 체계를 작동시켜 세계 만민을 다 돌보시는 분이 하나님입니다. 우리 하나님은 온 세계를 통치하시기 위해 아침마다 황인종을 깨우시고 흑인종, 에스키모인들, 웨일즈 농부들도 깨우십니다. 이 모든 일을 하나님이 한꺼번에 하십니다. 이렇게 멋지고 섬세하신 우리 하나님께 우리가 마땅히 찬미의 박수를 드려야 하지 않겠습니까? 우리 하나님은 필요와 소용과 헌신의 우주적 네트워킹을 최대한으로 가동하셔서 세상의 필요와 기도 요청에 응답해가십니다. 당신의 순종하는 백성을 중심으로 NGO 단체를 만들어서 이렇게 엄청난 우주를 다 연결해주시고 계십니다. A대륙에서 부르짖으면 B대륙에서 응답을 합니다. 이러한 놀라운 영적 감응의 세계, 필요와 필요의 연락과 충족, 필요와 응답의 감응들, 소명과 소명을 부르짖는 자의 감응들을 통해 우리 하나님은 소리 없이 세계를 통치하십니다. 탱크의 힘 없이 감화력 하나로, 인격적인 설득 하나로 우리 하나님은 세계를 통치하십니다.

우리 하나님 나라는 세계 전제군주들의 나라 건설 과정과는 그 건설 방식이 너무 다릅니다. 우리 하나님은 우리를 100% 자유인 되게 만드신 후 통치하고자 하시기 때문에, 우리를 죄로부터 해방하여 하나님 통치를 감미롭게 받을 수 있는 상태로 만드신 후에 당신의 영토 안에 초청하셔서 통치하십니다. 우리 하나님은 사탄적 전제군주와는 달리 우리의 주체성을 조금도 훼손하지 않으십니다. 그래서 우리 하나님은 우리에게 착한 일, 거룩한 일마저도 강요하지 않으시고, 우리가 자원하

하나님 나라 복음

도록 기다리십니다. 그것이 우리 하나님의 세계 통치의 본질입니다.

그래서 우리 하나님의 성품을 알면 목회자가 독자적으로 성도들을 급박하게 착하게 만들려는 야심을 포기하게 됩니다. 저도 목회를 해보면서 우리 하나님 마음과 목사 마음이 너무나 다르다는 것을 알았습니다. 목사들은 자기가 정한 기간 안에 성도를 착하게 만들고 일정 수준으로 성장, 성숙시키려고 작정합니다. 목회자는 각각의 성도를, 죄를 완전히 극복한 전사로 만들려고 하지만 우리 하나님은 성도 개개인의 개성을 너무 존중하십니다. 그래서 목사는 때때로 하나님보다 훨씬 조급해지고 거칠어집니다. 그래서 하나님의 음성이 아닌데 하나님의 음성 비슷한 목소리를 가지고 성도들을 압박하고 위협합니다. "까불면 죽는다", "안식일 어기면 교통사고 당한다", "십일조 떼먹으면 사업 망한다", "새벽 제단 안 쌓으면 자녀 대학 입시가 어려워진다"라며 성도들을 압박할 때가 있습니다. 목사님들 마음은 이해하지만 목사의 조급한 성과주의는 하나님의 마음이 아닙니다. 우리 하나님은 매우 겸손하셔서 문제 많은 성도들에게 절대로 저주의 언어를 가지고 "죽는다"라는 식으로 말씀하지 않으십니다. 참아주십니다. 그런데 '인간' 목회자에게는 저주 시편인 109편을 문자로 날려주고 싶은 사람이 있습니다. 나와 불화 중인 교우에게 고대 수메르의 원수 저주 탄원문을 닮은 "시편 109편을 세 번 읽어보세요"라고 문자를 보내고 싶을 수도 있습니다. 시편 109편은 "교통사고 당해라", "낙태나 해라" 등의 저주 기원 목록이 주저리주저리 나오는 시편입니다. 목회자들은 설령 자신의 말을 듣지 않는 교인들에게 그렇게라도 혼내주고 싶을지 모르지만 하나님은 절대로 그런 분이 아닙니다. 그래서 안식일에 교통사고가 나거나 접촉사고를 좀 당했다 해서 그것이 하나님의 벌이라고 쉽게 단정해서는 안 됩니다. 하나님은 안식일 안 지킨 성도가 접촉사고 당하게 하시는 죄와 벌의 일대일 응징자가 아닙니다. 안식일을 어기고 놀러 가다가 교통사고가 났다 하더라도 그것을 보고 안식일을 성수하지 않는 자에게 하나님이 살아 계심을 드러내신 것이라고 공언할 수 없습니다.

이런 점에서 제가 하나님 나라에 관해 가장 강조하고 싶은 것은, 우리 하나님은 자유하게 하신 후에 통치하신다는 사실입니다. 하나님이 우리를 구원하시는 목적은 자유케 된 사람의 통치에 있다는 것입니다. 우리 하나님이 우리를 죄의 노예 상태로부터 풀려나게 하시는 목적은 통치하심에 있다는 대명제, 이것이 제가 오늘 말씀드릴 핵심 주제입니다. 출애굽기 19:1-6이 바로 이 명제를 선포합니다.

출애굽기 19:1-6에 나타난 구원의 목적: 자유, 하나님의 통치

1 이스라엘 자손이 애굽 땅을 떠난 지 삼 개월이 되던 날 그들이 시내 광야에 이르니라 2 그들이 르비딤을 떠나 시내 광야에 이르러 그 광야에 장막을 치되 이스라엘이 거기 산 앞에 장막을 치니라 3 모세가 하나님 앞에 올라가니 여호와께서 산에서 그를 불러 말씀하시되 너는 이같이 야곱의 집에 말하고 이스라엘 자손들에게 말하라 4 내가 애굽 사람에게 어떻게 행하였음과 내가 어떻게 독수리 날개로 너희를 업어 내게로 인도하였음을 너희가 보았느니라 5 세계가 다 내게 속하였나니 너희가 내 말을 잘 듣고 내 언약을 지키면 너희는 모든 민족 중에서 내 소유가 되겠고 6 너희가 내게 대하여 제사장 나라가 되며 거룩한 백성이 되리라 너는 이 말을 이스라엘 자손에게 전할지니라(출 19:1-6).

하나님 나라 복음

특히 4-6절이 참 중요합니다. 4-6절이 오늘 우리가 선포할 "모세와 예언자들의 하나님 나라 복음"입니다. 모세와 예언자들은 이스라엘의 정체성을 삼중적으로 규정합니다. 그들은 이스라엘 백성을 하나님의 소유된 백성, 거룩한 백성, 제사장 나라라는 세 가지 정체성에 묶어놓기 위하여 활동한 언약 중보자들입니다. 여러분, 이 세 가지 정체성, 열국 중에 소유된 백성, 거룩한 백성, 제사장 나라라는 세 가지 근본 전제를 갖고 모세와 예언자들은 이스라엘 백성을 질타하고 비판하고 심판의 예언을 퍼부었습니다. 이스라엘 백성이 제사장 나라가 되고 거룩한 백성이 되고 열국 중에서 하나님의 특별 보호를 받는 백성이 된 것을 입증하기 위하여 예수가 이 세상에 오셨습니다. 제사장 나라라는 말은 무엇입니까? 온 세계가 하나님께 속하였기 때문에 하나님께 특별히 속한 백성, 하나님과 가장 가까운 백성인 이스라엘은 덜 거룩한 백성을 하나님께로 이끌고 인도하기 위해 선교적 사명을 수행하는 나라라는 말입니다. "거룩한 백성"에서 "거룩"의 뜻은 '전체로부터 구별된', 그리고 '전체의 유익을 위하여 구별된'입니다. 물론 온 세계가 하나님께 속했습니다. 그러나 이스라엘 백성은 특별한 의미로 하나님께 속했다는 말입니다. 배타적인 친밀감을 가지고 하나님의 명령과 규례에 집중적으로 순종하여 이 세상의 나라들과는 전혀 다른 나라를 건설할 사명을 부여받았다는 뜻입니다. 이스라엘은 그런 배타적 친밀감을 가지고 하나님께 속했기 때문에 하나님의 특별 보호도 받지만 하나님의 특별 심판도 받는 백성이 되었습니다. 그러니까 하나님과 가까운 거리에서 하나님의 직접 관할을 받고 통치를 받는 백성이 되었다는 뜻입니다. 하나님께 배타적으로 통치받기 위하여 영토적·국가적 독립성이 보장되어야 했기에 땅이 필요했습니다. 따라서 가나안 땅은 거룩한 백성을 형성시키기 위해 하나님이 주시는 필수적 선물이었습니다. 가나안 땅을 기업으로 주시는 목적은 야웨의 율법에 순종하여 하나님 통치를 100% 반영하고 실행하는 독자적인 공동체를 이루기 위함이었습니다 (시 105:44-45).

이스라엘이 이렇게 거룩한 백성이 되어 하나님과 동행해야 할 목적이 무엇입니까? 제사장 나라가 되기 위함이 거룩한 백성으로 존재해야 할 이스라엘의 과업이자 목적입니다. 우리 하나님은 이런 거룩한 목적을 이루고자 이집트의 노예로 전락한 아브라함의 후손을 이집트 땅에서 끌어냈습니다. 우리가 구원받는 목적은 이처럼 하나님 나라에 들어가기 위한 것입니다. 우리가 노예 상태에서 해방되고 속량되는 목적은 하나님의 통치를 받기 위함입니다. 출애굽기 15:17-18과 골로새서 1:13-14은 각각 하나님의 구원과 해방 목적을 무엇이라 말하고 있습니까?

> 17주께서 백성을 인도하사 그들을 주의 기업의 산에 심으시리이다 여호와여 이는 주의 처소를 삼으시려고 예비하신 것이라 주여 이것이 주의 손으로 세우신 성소로소이다 18**여호와께서 영원무궁하도록 다스리시도다** 하였더라 (출 15:17-18).[3]

---

3) 창세기 족장 전승에서는 하나님 통치, 하나님 나라 개념이 거의 나타나지 않다가 출애굽기에 와서야 비로소 하나님 나라 사상이 등장하게 된 이유는 '고이 카도쉬'로 불리는 일련의 백성이 가나안 땅이라는 물리적 영토를 확보했기 때문이다. 하나님 나라 신학은 실제로 가나안 정착 이후에 생긴 신학 사상이라고 보는 게 타당하다(Werner H. Schmidt, *Alttestamentlicher Glaube in seiner Geschichte*, Neukirchener Verlag, 2007, 154).

하나님 나라 복음

13그가 우리를 흑암의 권세에서 건져내사 그의 사랑의 아들의 나라로 옮기셨으니 14그 아들 안에서 우리가 속량 곧 죄 사함을 얻었도다(골 1:13-14).

죄 사함 곧 속량(贖良)은 몸값을 지불하고 노예 상태로부터 해방시키는 것입니다. 돈을 주어 양민(良民)의 신분을 획득케 한다는 것입니다. 모세를 통해 하나님 통치의 복음, 곧 하나님 나라의 복음이 전파되기 전까지 이스라엘 백성은 이집트 전제군주 파라오의 노예였습니다. 파라오는 히브리 노예들의 주체성을 박탈하고 극악무도한 고역을 통해 그들의 생명력을 파괴하고 있었습니다. 자, 파라오의 노예로 사는 이스라엘 백성의 운명은 무엇입니까? 생명의 소진과 죽음입니다. 히브리 노예들은 너무나 고달파서 하나님께 아우성쳤습니다. 하나님은 아브라함과 맺은 언약에 근거해서 히브리 노예들의 간고를 친히 목도하셨습니다.

여러분, 자신의 주체성과 자유를 빼앗긴 채 낮 시간의 대부분을 일터에서 보내는 CEO나 회사원 모두 실상은 히브리 노예들의 처지와 별반 다를 게 없습니다. 하루에 열다섯 시간 이상 직장에 갇혀 주말도 없고 안식도 없이 사는 인생은 하나님께 아우성쳐야 합니다. 회사의 사장을 넘어 하나님께 호소하여야 합니다. 자신의 노예살이 인생은 하나님이 선물로 주신 그런 인생이 아니라고 소리치는 히브리 노예들에게 하나님은 반드시 응답합니다. 이유 없이 매 맞고 학대당하고, 온몸에 상처를 입고 구타당하며 사는 배우자, 모욕당하며 일하는 종업원들, 인권을 유린당하며 사는 청소년들의 삶의 현장이 하나님께 긴급하게 아우성쳐야 할 히브리 노예들의 삶입니다. 왕따당해서 자살하는 중학교 2학년, 가계 빚을 갚지 못해 자신의 몸을 파는 여인들, 가족을 먹여 살리기 위해 온갖 굴욕을 참으며 직장 생활을 감당해가는 가장들이 또한 하나님의 총체적인 공명을 촉발시키는 히브리 노예들입니다. 모든 인간은 정도의 차이는 있지만 하나님의 통치를 받기 전에는 이런 아우성에서 자유롭지 못합니다. 이런 상태로는 더 이상 못 살겠다는 인류의 아우성은 그침이 없습니다. 하나님의 응답은 무엇이었습니까? 하나님 나라 복음을 선포해주셨습니다.

모세를 통해 선포된 하나님 나라 복음

절대 압제자 파라오의 철권통치 밑에서 쉴 새 없이 고역에 시달리고 주체성을 완전히 박탈당한 노예들이 소리를 질렀을 때 하나님은 아브라함과 맺은 언약을 기억하시고 모세를 보내주셨습니다. 여러분, 지금도 하나님의 원리는 동일합니다. 부르짖으면 반드시 하나님이 하감하시고 공명하시며 마침내 구원자를 보내주십니다. 출애굽기 2:21-25을 보십시오. 히브리 노예들, 아브라함의 후손이 못 살겠다고 부르짖으니 "그들의 고역과 아우성이 상달"되었습니다. 이에 하나님은 아브라함의 언약을 기억하사 권고하셨습니다. 출애굽기 3:1부터 하나님의 구원사는 급발진합니다. 레위인 중 한 사람이 장가들더니 아이가 태어났습니다. 그가 바로 모세입니다. 경우에 따라 시차가 있기는 합니다만 하나님의 자녀들이 부르짖으면 그 사태를 타개할 만한 하나님의 중보자, 예언자가 반드시 나타납니다. 예언자는 밑바닥 기층 민중이 못 살겠다고 부르짖으면 그 부르짖는 음성을 대신하여 듣고 하나님 마음으로 해결해주는 사람입니다.

여러분 그래서 삶의 조건이 히브리 노예처럼 바닥에 떨어진 사람

하나님 나라 복음

들은 부르짖어야 합니다. 부르짖어야만 모세 같은 중보자가 나타나고 예언자가 나타납니다. 이 부르짖음을 한 번으로 그쳐서는 안 됩니다. 부르짖었을 때 하나님이 모세를 통하여 하나님 나라 복음을 선포해주십니다.

> 6또 이르시되 나는 네 조상의 하나님이니 아브라함의 하나님, 이삭의 하나님, 야곱의 하나님이니라 모세가 하나님 뵈옵기를 두려워하여 얼굴을 가리매 7여호와께서 이르시되 내가 애굽에 있는 내 백성의 고통을 분명히 보고 그들이 그들의 감독자로 말미암아 부르짖음을 듣고 그 근심을 알고 8내가 내려가서 그들을 애굽인의 손에서 건져내고 그들을 그 땅에서 인도하여 아름답고 광대한 땅, 젖과 꿀이 흐르는 땅 곧 가나안 족속, 헷 족속, 아모리 족속, 브리스 족속, 히위 족속, 여부스 족속의 지방에 데려가려 하노라 9이제 가라 이스라엘 자손의 부르짖음이 내게 달하고 애굽 사람이 그들을 괴롭히는 학대도 내가 보았으니 10이제 내가 너를 바로에게 보내어 너에게 내 백성 이스라엘 자손을 애굽에서 인도하여 내게 하리라 11모세가 하나님께 아뢰되 내가 누구이기에 바로에게 가며 이스라엘 자손을 애굽에서 인도하여 내리이까 12하나님이 이르시되 내가 반드시 너와 함께 있으리라 네가 그 백성을 애굽에서 인도하여 낸 후에 너희가 이 산에서 하나님을 섬기리니 이것이 내가 너를 보낸 증거니라(출 3:6-12).

하나님의 구원은 사람을 통해 옵니다. 모세는 하나님의 통치와 구원을 역사 속에 실행시킬 사람으로 부름받았습니다. "모세야! 네가 가서 이스라엘 백성을 내 이름으로 건져내라. 나는 아브라함과 이삭과 야곱의 자손들이 내지른 아우성을 정녕 듣고 보았다. 나는 그들의 조상 아브라함, 이삭, 야곱과 언약을 맺었다. 그들의 후손을 가나안 땅으로 인도해 그 땅을 그들에게 천부불가양의 보금자리로 하사하기로 약속했다. 아브라함의 후손들이 지르는 아우성은 나로 하여금 이 언약을 상기하게 했다. 이제 그들을 가나안 땅으로 인도해다오. 모세야! 이제 네가 내 이름으로 가서 그들을 건져내어 젖과 꿀이 흐르는 땅으로 인도해라." 이것이 하나님의 원칙입니다. 우리 하나님은 우리가 속수무책으로 고난을 당할 때 내버려두지 않으십니다. 부르짖으면 반드시 그 부르짖음에 응답하는 중보자를 보내주십니다. 여러분 이것을 믿으십니까? 여러분도 지금 부르짖어보세요.

하나님은 아브라함 후손들의 신음 소리를 들으시고 기억하사 모세를 보냅니다. "내가 정녕히 보고 듣고 직접 경험해보니 그들은 이집트인의 손에서 즉각 구출되지 않으면 안 되는 민족 전멸의 위험에 처했다. 그래서 내가 모세 너를 보낸다." 우리 하나님의 구원 역사는 놀랍게도 사람을 통해서 나타납니다. 모세라는 사람이 하나님 마음과 합하여졌을 때 하나님의 부름이 임한 것입니다. 하나님의 권념이 모세에게 공감과 이해를 불러일으키지 않았다면 하나님의 명령이 모세를 통해 집행될 수가 없었습니다. 모세 또한 아브라함의 후손을 젖과 꿀이 흐르는 땅으로 데려가야 한다는 사명감에 어느 정도 눈을 뜬 상태에서 이런 사명을 부여받았다고 봐야 합니다. "그들의 아우성이 내게 상달했다, 그들의 고난의 극심한 지경을 나는 다 보았다. 네가 파라오의 손에서 내 백성 이스라엘을 끌어내어 젖과 꿀이 흐르는 땅으로 가라." 이것은 하나님의 마음인 동시에 모세의 마음이기도 했다는 것입니다. 특정 사태의 중보자적 해결자가 되려면 문제의식을 먼저 공유하고 그것에 대한 선(先)이해와 예비적 공감을 구비하고 있어야 합니다. 하나님

하나님 나라 복음

의 명령 자체를 파악하고 공감하는 데 실패한다면 하나님 나라 복음의 선포자가 될 수 없습니다. 한 시대의 중심 과제를 설정하고 그것을 전체적으로 파악하는 역사의식, 사회의식을 갖추고 그 문제를 해결하려는 간절함과 그 문제로 고통당하는 구체적인 사람들에 대한 공감과 동정으로 단련된 사람들에게 모세적 사명이 하달됩니다.

이 원리는 한국교회나 한국 사회 모두에 적용될 수 있습니다. 여러분 한국교회를 위해서 기도하십시오. 잘못된 목사님들을 저주하고 그들을 가십거리로 삼는 열정이 있다면 모여서 기도해야 됩니다. 기도하면 하나님이 반드시 파라오 같은 죄악 된 지도자 밑에 시달리는 하나님 백성을 건져주기 위해서 모세 같은 자들을 파송해주십니다. 우리 하나님의 역사 주재 원리는 지금도 동일합니다. 지금도 우리 하나님은 히브리 노예 같은 비참한 인생에 묶여 있는 사람들의 곤경을 정녕히 듣고 보고 아십니다. 출애굽기 3:7에서 세 번이나 연쇄적으로 나열되고 있는 하나님의 거룩한 지각 동사를 보세요. "여호와께서 이르시되 내가 애굽에 있는 내 백성의 고통을 분명히 **보고** 그들이 그들의 감독자로 말미암아 부르짖음을 **듣고** 그 근심을 **알고**…." 우리 하나님은 지각하시고 들으시며, 연대하시고 동참하시는 분입니다. 그런데 보낼 사람이 없을 때 하나님 나라의 구원과 해방 사역은 정체되거나 일어나지 못합니다. 하나님이 듣기는 하시지만 정작 모세 같은 준비된 사람이 없기 때문에 구원 역사가 지체되는 것입니다. 모세가 등장할 때까지 기다리신 것입니다. 마침내 때가 차서 모세가 그 시대 중심 과업의 현장으로 뚜벅뚜벅 걸어들어왔을 때에 하나님은 모세를 부르셨습니다. 모세를 통하여 하나님 나라 복음을 선포하시고 하나님 나라를 일으킬 작정을 하신 것입니다. 주체성을 박탈당한 채 압제의 상징인 이집트의 전제군주 아래에서 속절없이 인생이 소멸되어가던 히브리 백성을 건져내기 위해 모세를 파라오에게 보냈습니다. 절대군주 파라오에게 가는 행위 자체가 매우 위험한 과업이었습니다. 히브리 노예들을 이집트 파라오의 손아귀에서 빼내는 것도 위험하지만 구중궁궐에 유폐되어 있다시피 감춰진 제왕에게 비무장 민간인, 그것도 노예 백성의 한 사람이 다가서는 것 자체가 고난의 역정이었습니다.

　그래서 모세가 자신의 힘만으로 갈 수 없습니다. 모세는 입술이 뻣뻣해서 말을 못합니다. 이것은 문장 구성력이 떨어지거나 어휘가 부족하다는 말이 아닙니다. 혹은 혀에 외과적인 문제가 있어 발성에 어려움이 있다는 말도 아닙니다. 절대군주 앞에서 목소리를 밖으로 내지 못하는 극도의 심리적 위축을 의미합니다. 담력과 기개가 없다는 말입니다. 누가 감히 절대군주 파라오 앞에서 하나님의 이름으로 '내 백성을 보내라'고 말할 수 있겠습니까? 모세가 이 한 마디를 못하겠다고 하소연한 것입니다. 절대군주에게 가서 무언가를 부탁하는 것도 아니고 명령하는 일이 결코 간단한 일이 아닙니다. '내 백성을 보내라'고 명령하는 것 자체는 파라오를 온갖 면에서 압도하는 더 강력한 절대 제왕만이 내릴 수 있는 명령입니다. 그러나 모세는 40년 동안 미디안 광야의 목자로 살았고 궁중정치나 외교적 언사에 전혀 익숙하지 않았습니다. 그가 극도로 위축되었을 가능성은 충분합니다. 파라오를 만나기 위해서 가는 과정도 엄청나게 복잡했을 것입니다. 옛날이나 지금이나 대통령 혹은 최고 권력자를 직접 만나는 것은 고단하고 위험한 일이 아닐 수 없습니다. 그 옛날 중국에서 어떤 민간인이 황제를 직접 만날 수 있었겠습니까? 따라서 모세는 파라오의 궁궐 입구 사무처에서 다음과 같은 조사를 받았을 것입니다. 하급 접수 관리가 "무슨 용건이오?"라고 물었겠지요. 모세가 아마 "꽤 복잡한 이야기입니다. 파라오 황제를 직접 알현하고 말씀드려야 할 문제입니다"라고 대답했겠지요. 관리가 이렇게 대꾸했을 것입니다. "그것은 궁중 법도상 안 됩니다. 우리 황제께는 하루에 1분 1초도 낭비할 시간이 없습니다. 반드시 용건을 적어야 합니다. 궁내청 장관이 당신이 접수한 용건을 심사하고 판단한 후에 알현 여부를 결정합니다. 당신은 여기서 일주일 이상 기다려야 합니다." 모세가 이렇게 적어 접수처에 넘겼을 것입니다. "파라오 황제, 당신에게 긴히 드릴 말이 있습니다. 당신이 아브라함의 후예인 히브리 노예들을 즉각 시내 산으로 보내 하나님을 예배하게 하지 않으면 당신의 제국은 초토화될 것입니다. 히브리 노예들의 하나님이 파라오 당신의 제국을 정벌하러 길을 떠났습니다. 나는 그의 특명 전권대사입니다. 나는 평화로운 철수를 원합니다. 내가 히브리인들의 하나님 야웨의 특명 전권대사인지 아닌지는 곧 알게 될 것입니다. 이집트의 나일 강이 핏빛으로 바뀌는 날이면 이미 너무 늦었습니다. 나는 하나님의 특명 전권대사임을 입증할 수 있는 표적과 기사의 능력을 보유하고 있습니다. RSVP. 모세."

이처럼 비무장 혈혈단신으로 파라오의 궁궐에 가서 '내 백성을 보내라'고 말하는 과정은 험난했을 것입니다. 일단 파라오 알현 청원 건의 접수 자체가 어려웠을 것입니다. 그러니 모세가 파라오를 직접 만나 '내 백성을 보내라'는 하나님의 말씀을 선포하기가 얼마나 복잡하고 어려웠겠습니까? 상당한 개인기(표적, 기사)와 카리스마가 필요했을 것입니다. 그래서 하나님은 모세에게 표적과 기사를 행할 능력을 부여하셨습니다. 몇 명의 보초를 제치기 위해, 지팡이를 던져 뱀을 만들고 손을 호주머니에 넣으면 문둥병에 걸렸다가 빼면 낫는 위력도 보유하게 하셨습니다. 이렇게 이적을 몇 번 보이자 겹겹의 방호벽을 쌓던 관리들과 보초들이 차례로 문을 열어줬을 것입니다. 그러나 정작 파라오 앞에서 지팡이를 던져 뱀을 만들었더니 파라오의 종들도 그 정도는 이미 하고 있었습니다. 지팡이를 던지고 뱀을 만드는 것은 파라오를 경악시키기에는 역부족이었습니다. 모세의 개인기가 순식간에 다 무력화됐습니다. 또한 모세가 손을 호주머니에 넣어 하얀 손꽃이 핀 모습, 즉 문둥병에 걸린 모습도 보여주었으나 이미 이집트의 술사 중에서도 그 정도 이적을 행하는 사람이 있었습니다. 지팡이를 가지고 뱀을 만들어도, 멀쩡한 손을 문둥병 걸린 손으로 변화시켜보아도 소용이 없었습니다. 어쨌든 모세는 파라오에게 아브라함, 이삭, 야곱의 이야기부터 시작해서 히브리인들이 고센 땅에 정착하게 된 역사, 요셉 사후에 갑자기 노예로 전락하게 된 역사에 호소해 히브리 노예들의 안식을 허락해달라고 간청했습니다. 히브리 노예들이 원래 자유 이주민이었음을 강조하고 그들에게 상속된 가나안 땅으로 그들이 되돌아가야 할 이유를 자세히 설명했을 것입니다. 그러나 파라오는 마음을 강퍅하게 하고 히브리 노예들을 절대로 보내지 않겠다고 공포했습니다.

마침내 하나님은 열 가지 재앙을 통하여 파라오 체제를 세세하게 심판하십니다(출 7-12장). 끝까지 회개하지 않고 이스라엘 백성을 보내주려고 하지 않는 파라오에 대한 심판이 시작됩니다. 파라오는 인격화된 죄의 권세를 상징합니다. 우리를 노예처럼 부리는 죄가 우리를 바로 그런 식으로 놓아주지 않습니다. 흑암 재앙과 장자 재앙을 겪고 나서야 마침내 파라오는 히브리 노예들을 풀어줍니다. 하나님 나라는 죄악의 노예로 사는 우리를 절대적 지배권을 가진 파라오의 장악에서 건져주시는 해방의 나라입니다. 마침내 히브리 노예들은 모세의 영도 아래 홍해를 건너 가나안으로 진군하게 되었습니다. 하나님과 동행하는 하나님의 백성으로 자라갈 도정에 들어선 것입니다(출 14-15장). 하지만 철병거를 타고 추적하던 파라오는 홍해에 빠져 죽었으나 히브리 노예들의 마음속에 똬리를 틀고 있는 지배자 파라오는 죽지 않고 광야까지 따라왔습니다. 이처럼 우리 안에 내면화된 죄악 권세는 쉽게 죽지 않고 파라오 같은 절대군주적 지배력을 행사합니다. 로마서 6:11-20, 요한복음 8:31-36은 이 원리를 정확하게 설명합니다.

11 이와 같이 너희도 너희 자신을 죄에 대하여는 죽은 자요 그리스도 예수 안에서 하나님께 대하여는 살아 있는 자로 여길지어다 12 그러므로 너희는 **죄가 너희 죽을 몸을 지배하지** 못하게 하여 몸의 사욕에 순종하지 말고 13 또한 너희 지체를 불의의 무기로 죄에게 내주지 말고 오직 너희 자신을 죽은 자 가운데서 다시 살아난 자같이 하나님께 드리며 너희 지체를 의의 무기로 하나님께 드리라 14 **죄가 너희를 주장하지** 못하리니 이는 너희가 법 아래에 있지 아니하고 은혜 아래에 있음이라…16 너희 자신을 종으로 내주어 누구에게 순종하든지 **그 순종함을 받는 자의 종이 되는 줄**을 너희가 알지 못하느냐 혹은 죄의 종으로 사망에 이르고 혹은 순종의 종으로 의에 이르느니라 17 하나님께 감사하리로다 너희가 본래 **죄의 종이더니** 너희에게 전하여 준 바 교훈의 본을 마음으로 순종하여 18 **죄로부터 해방되어** 의에게 종이 되었느니라 19 너희 육신이 연약하므로 내가 사람의 예대로 말하노니 전에 너희가 너희 지체를 부정과 불법에 내주어 불법에 이른 것같이 이제는 너희 지체를 의에게 종으로 내주어 거룩함에 이르라 20 너희가 죄의 종이 되었을 때에는 의에 대하여 자유로웠느니라(롬 6:11-20).

34예수께서 대답하시되 진실로 진실로 너희에게 이르노니 **죄를 범하는 자마다 죄의 종이라** 35종은 영원히 집에 거하지 못하되 아들은 영원히 거하나니 36그러므로 아들이 너희를 자유롭게 하면 너희가 참으로 자유로우리라(요 8:34-36).

우리가 죄 가운데 있으면 파라오가 우리를 지배하는 것이 느껴지지 않습니다. 그러나 우리가 자유인이 되려고 하면 우리를 지배하는 죄의 장악력을 실감하게 됩니다. 열 가지 재앙을 당하고도 우리를 보내주지 않으려고 하는 강력한 기득권자, 우리를 옛날처럼 부려 먹기 원하는 강력한 주인이 있습니다. 파라오, 인격화된 죄악 권세입니다. 파라오는 하나님의 요구와 명령을 묵살하고 배척하다가 열 가지 재앙을 당했습니다. 그중에서 가장 크고 치명적인 재앙은 아홉 번째 재앙인 흑암 재앙과 열 번째 재앙인 장자 전멸 재앙입니다. 장자 재앙은 파라오 체제의 영구적 멸망을 의미합니다. 장자는 원래 계승자입니다. 따라서 장자 재앙을 당한 이집트 사회는 계승할 만한 가치가 없는 사회라는 심판을 받은 것입니다. 하나님은 이집트 파라오 체제, 노예제 사회를 산산조각 내신 후 이스라엘 백성을 건져내십니다. 이것이 하나님 나라의 복음입니다. 하나님 나라의 복음은 우리의 옛 주인을 무력화하고 무장해제시킨 후 우리를 구원하십니다. 우리를 장악하는 거대한 죄와 악한 습관을 무력화한 후에 우리를 끌어내십니다.

출애굽기 19:4에서 하나님의 강권적인 구원 방법을 한번 주목해보십시오. 어미 독수리가 새끼를 업듯이 야웨 하나님이 이스라엘 백성을 강권적으로 인도했습니다. 이 말은, 절대주권적인 방식으로, 우리가 충분히 동의하지 않았을지라도 하나님은 우리를 강권적으로 구원하신다는 말입니다. 독수리 날개로 업었다는 비유를 이해하기 위해 이집트-팔레스타인 지역 독수리의 생태를 알아야 합니다. 팔레스타인, 시리아 일대의 독수리는 새끼 독수리에게 날개로 나는 방법을 가르치기 위해, 날 수 있는데도 둥지에 남아 어미 독수리가 가져다주는 먹이에 의존하는 새끼들을 다소 거친 훈련으로 내몰아갑니다. 둥지를 세차게 흔들어 둥지의 나무 꼬챙이 등이 새끼 독수리의 몸을 아프게 찌르게 합니다. 그럴 때 새끼들은 어디론가 날아 도망칠 수밖에 없습니다. 이때 어미 독수리가 새끼를 업어 공중 높이 던졌다가, 새끼들이 땅에 떨어지려고 하는 바로 그 순간에 다시 낚아채서 공중에 집어던집니다. 이런 자유낙하 훈련을 숱하게 시켜 날게 하는 것입니다. 공중에 집어던졌다가 땅에 떨어질 듯할 때 다시 낚아채서 공중에 들어 올리시는 방식으로 이스라엘을 이집트에서 끌어내 시내 산까지 데려오셨다는 것은, 이스라엘이 숱한 위기 가운데서 하나님의 강권적인 도움으로 하나님의 산까지 올 수 있었다는 것입니다. 이처럼 독수리 새끼 자유낙하 훈련 방식으로, 즉 절대주권적으로 하나님이 이스라엘을 백성을 광야를 거쳐 시내 산까지 데려왔습니다.

이것이 출애굽기 14-15장에서 가장 선명하게 드러납니다. 이스라엘 백성이 바알스본 맞은편, 홍해 건너편에 배수진을 쳤습니다. 앞은 죽음의 물결 홍해요 뒤는 무섭게 추격해오는 이집트의 육백 승 철병거 부대입니다. 이 상황에서 이스라엘 백성이 또 죽겠다고 소리를 질렀습니다. 그때 모세가 백성을 안심시켰습니다. "너는 절대 안심하라. 야웨 하나님이 하나님 되심을 볼지어다. 잠잠히 기다려 하나님의 하나님 되심을 볼지어다." 과연 하나님은 홍해를 갈라 마른 땅을 내셔서 이스라엘 백성이 안전하게 건너가게 하셨습니다. 독수리가 공중에서 자유낙하 훈련 중인 새끼를 업는 방식, 즉 새끼가 땅에 떨어져 죽기 직전에 다시 낚아채는 방식으로 하나님이 구원하셨습니다. 이런 방식으로 훈련시키는 것을 우리는 '하나님이 독수리가 새끼를 업듯이 이스라엘 백성을 인도하였다'고 말합니다. 독수리 날개로 업었다는 말은 구체적으로 세 가지 방식으로 구원하셨다는 말입니다. 첫째, 하나님이 이스라엘 백성을 반전과 위기와 문제 상황의 한복판에 집어던졌다가 자유낙하 훈련하듯이 데려왔다는 의미입니다. 둘째, 강권적으로 데려왔다는 뜻입니다. 마지막으로, 이스라엘 백성이 예상하지 못한 방법으로 데려왔다는 뜻입니다. 홍해 물을 가른 것은 이스라엘 백성이 생각지 못했던 방식입니다.

홍해에서 세례를 받은 신약 시대 성도들의 구원과 율법 순종

하나님이 이스라엘로 하여금 홍해 물을 통과하게 만든 사건은 신약성경 용어를 사용해서 말하자면 '그리스도인의 세례 사건'을 예표한다고 할 수 있습니다. 고린도전서 10:1-2을 보십시오. "형제들아 나는 너희가 알지 못하기를 원하지 아니하노니 우리 조상들이 다 구름 아래에 있고 바다 가운데로 지나며 모세에게 속하여 다 구름과 바다에서 세례를 받고…."

바울에게는 세례 받는 것이 바로 홍해를 건넌 것과 같습니다. 바울은 홍해 도강 때 이스라엘이 집단 세례를 경험했다고 본 것입니다. 노예근성을 가진 이스라엘 백성은 홍해 강에서 빠져 죽었다는 뜻입니다. 이스라엘 백성은 홍해에서 노예근성, 죄악 된 자아를 벗어버리고 새로운 백성으로 거듭났습니다. 하나님의 능력을 경험하고 하나님에 대한

하나님 나라 복음

신심을 회복한 새 백성이 태어났다는 것입니다. 홍해를 건널 때, 하나님의 보호를 전혀 경험하지 못한 채 파라오의 채찍 아래 소멸되어가던 그 노예는 죽고, 자유인 이스라엘이 살아났다는 것입니다. 그래서 홍해 도강이 세례 사건으로 해석됩니다. 바울은 이것을 모든 그리스도인의 수세(受洗) 사건으로 보편화시킵니다. 세례를 받을 때 옛 자아가 죽고 새로운 자아로 다시 사는 원리가 여기서 나옵니다. 여러분, 이처럼 모든 사람은 하나님 나라에 들어가기 위해 옛 자아의 죽음을 포함하는 세례를 받아야 합니다. 옛 자아가 십자가에 못 박혀 죽고 하나님 앞에서 홍해에 침잠하여 익사해야 됩니다. 로마서 6:3-4과 갈라디아서 2:20이 바로 이 진리를 정확하고 명료하게 표현합니다.

> 3무릇 그리스도 예수와 합하여 세례를 받은 우리는 그의 죽으심과 합하여 세례를 받은 줄을 알지 못하느냐 4그러므로 우리가 그의 죽으심과 합하여 세례를 받음으로 그와 함께 장사되었나니 이는 아버지의 영광으로 말미암아 그리스도를 죽은 자 가운데서 살리심과 같이 우리로 또한 새 생명 가운데서 행하게 하려 함이라(롬 6:3-4).

> 20내가 그리스도와 함께 십자가에 못 박혔나니 그런즉 이제는 내가 사는 것이 아니요 오직 내 안에 그리스도께서 사시는 것이라 이제 내가 육체 가운데 사는 것은 나를 사랑하사 나를 위하여 자기 자신을 버리신 하나님의 아들을 믿는 믿음 안에서 사는 것이라(갈 2:20).

여기서 우리는 구원 경험의 본질을 봅니다. 하나님의 구원과 해방의 본질은 우리 옛 사람의 죽음을 반드시 포함한다는 것입니다. 우리 옛 자아가 그리스도와 함께 십자가에 못 박혀 함께 장사되고 함께 죽었다가 부활해야만 하나님의 통치를 받을 수 있다는 것입니다. 여러분, 이 것은 개별적으로 각자가 경험해야 합니다. 여러분이 개별적으로 경험해야 하는 가장 놀라운 사실은, 여러분의 옛 자아, 죄악 된 자아가 십자가에 못 박히고 홍해라는 그 바닷가에서 죽었다가 살아나 하나님 통치 안에 들어가는 것입니다. 그러니까 하나님의 기적적 구원, 혹은 구원의 기적을 몸서리치게 경험해야만 홍해를 건너게 된다는 말입니다. 홍해를 건넜다고 할 만한 결정적 전환을 가져온 하나님의 능력을 맛보아야 합니다. 나를 향한 하나님의 구원을 몸서리치게 경험하는 것을 두고 우리는 홍해를 건넜다, 세례를 받았다고 말합니다. 결국 홍해를 건너는 도중 맛본 세례는 우리 옛 자아의 익사를 경험하는 것입니다. 몸서리치는 하나님의 사랑, 주체할 수 없고 부인할 수 없는 하나님의 사랑을 경험했다는 말입니다. 하나님의 감미로움과 내 인생을 향한 신적 호의를 경험했다는 것입니다. 이것이 바로 세례를 받았다는 뜻입니다. 누가 하나님의 통치를 받을 수 있습니까? 하나님께 구원받고 해방된 사람이 하나님 통치를 받고 하나님 나라에 들어갑니다. 하나님이 나를 위해 홍해 바닷물을 여시고 나로 마른 땅을 지나가게 만들었다고 느낄 만큼 처절하게 하나님 사랑을 직관하고 온몸으로 경험하고 믿을 때 세례를 받았다고 말합니다. 이 세례 받는 사건은 매우 직관적인 경험이고 순식간에 일어나는 일입니다.

물론 그 영 단번의 세례 사건이 일어나기 전에 긴 준비 기간, 예열 시기가 요청될 수도 있습니다. 성경공부 시간이 차곡차곡 쌓였다가 어느 순간 대도약적 영적 변화를 동반하는 세례 사건이 일어날 수도 있습니다. 하지만 세례 사건 자체는 순식간의 경험입니다. 따라서 세례

받았다는 것을 아는 것은 매우 직관적인 인식을 통해서입니다. 홍해를 건넌 사건이 일회적이듯이 옛 자아가 죽고 그리스도와 합하여 함께 부활하는 것도 일회적입니다. 그리스도를 주로 고백하고 성령의 내주를 경험하는 것, 그것이 바로 성령세례를 받는 것입니다. 결국 성령세례는 무엇입니까? 나를 위해 우리 하나님이 부인할 수 없는 큰 사랑을 보이셨다는 것을 영접하는 것입니다. 하나님이 죄 없는 독생자 예수 그리스도, 100% 순종하는 독생 성자 예수 그리스도를 내 너저분한 인생을 되살리기 위하여 십자가에 못 박았다는 사실을 순식간에 깨닫고 부인할 수 없는 하나님의 호의를 깨달을 때, 우리는 세례를 받았다고 말합니다. 이렇게 세례 받고 광야로 들어와서야 하나님의 율법에 차근차근 순종하도록 훈육과 연단을 받게 됩니다.

여러분, 이처럼 모세와 예언자들의 하나님 나라 복음은 선(先)구원 후(後)순종 구조입니다. 모세와 예언자들은 줄곧 두 가지 논리를 구사했습니다. 첫째는, 먼저 구원받은 사람만이 율법을 지킬 수 있는 능력이 있다는 것입니다. 둘째는, 먼저 받은 구원을 유지하기 위하여 하나님 율법을 지속적으로 지켜야 한다는 것입니다. 다시 말해, 구원받고 나서야 하나님의 통치를 경험하고 하나님의 다스림을 받을 수 있으며, 하나님의 다스림, 즉 구원의 감격을 부단히 유지하고 존속시키기 위하여서는 율법의 멍에를 지고 감미로운 순종을 계속 드려야 한다는 것입니다. 먼저 받은 구원을 100% 누리기 위해 부단한 순종의 필요성을 강조한 것, 이것이 바로 모세와 예언자들의 하나님 나라 복음입니다. 예수는 당신 자신의 하나님 나라 복음이 바로 모세와 예언자들의 복음을 완성시키는 복음이라고 정의했습니다. "내가 율법이나 선지자를 폐하러 온 줄로 생각하지 말라. 폐하러 온 것이 아니요 완전하게 하려 함이라"(마 5:17). 예수는 보혜사 성령을 보내주심으로써 모세와 예언자들의 강령을 지킬 능력을 주시고, 그 강령을 완성케 하십니다.

출애굽기 19:1-6이 바로 선(先)구원, 후(後)순종 구조를 그대로 드러냅니다. 하나님은 히브리 노예들을 먼저 자유민으로 만드신 후 그 자유를 지킬 수 있도록 율법의 멍에를 메게 하십니다. 야고보 사도는 이 율법을 "자유케 하는 율법"이라고 말했습니다. "자유롭게 하는 온전한 율법을 들여다보고 있는 자는 듣고 잊어버리는 자가 아니요 실천하는 자니 이 사람은 그 행하는 일에 복을 받으리라"(약 1:25). 하나님은 히브리 "노예들"에게 언약의 율법이나 십계명을 지키라고 요구하지 않았습니다. 구원받은 이스라엘이 "자유민"이 되고 나서야 언약을 지킬 것을 요구하십니다. 이스라엘이 하나님 나라 백성이 되는 길은 홍해를 건넌 사건만으로는 충분하지 않습니다. 그들은 자유인의 멍에인, 자유케 하는 율법의 멍에를 지는, 언약에 속박된 백성이 되어야 했습니다. 하나님의 언약에 속박되는 것이 자유의 시작입니다(요 8:31-32). 하나님이 주시는 구원의 감격 속에서 이스라엘은 하나님의 언약을 지키고 그 언약을 유지하기 위한 율법을 지키도록 초청받은 것입니다. 출애굽기 19:5을 보면, "세계가 다 내게 속하였나니 너희가 내 말을 잘 듣고 내 언약을 지키면 너희는 모든 민족 중에서 내 소유가 되겠고"라고 말하고 있습니다. "너희가 내 말을 잘 듣고 내 언약을 지키면"이라는 이 조건이 충족될 때 '너는 열국 중에서 내 특별 보호를 받는 백성이 될 것이며 하나님과 수십 억 광년 떨어져 있는 하나님을 모르는 백성을 하나님께로 이끌어오는 제사장 백성, 선교사 백성이 될 것이며, 세상 만민에게 그들이 하나님으로부터 얼마나 멀리 떨어져 있는가를 순식간에 일깨워주는 거룩한 백성이 될 것이다.' 이스라엘 백성은 영

단번에 받은 구원에 더하여, 하나님의 언약적 속박에 추동되어 부단한 율법 준수를 통해 제사장 나라와 거룩한 백성으로 변화되어가야 한다는 것입니다. 제사장 나라와 거룩한 백성은 세상 만민을 하나님께로 이끌어가기 위해 강력한 영적 흡인력, 영적 자력을 발출하는 나라입니다. 제사장 백성은 자기희생적 삶을 통해, 거룩한 백성은 고도로 높은 선과 의의 삶을 통해 거룩하지 못한 만민을 하나님께로 끌어가는 천국 향도 백성입니다. 이 제사장 나라와 거룩한 백성은 군사력이 아니라 강력한 영적 자력을 발출해 세계 만민을 하나님께로 이끌 사명을 부여받았습니다. 제사장 나라의 특징은 하나님과 멀리 떨어진 죄인들을 하나님과 화해시키는 능력을 발출하는 데 있습니다. 왕 같은 제사장 교우의 말은 하나님을 모르는 사람들의 심장에 하나님께로 돌아가고픈 소원을 불러일으킵니다. 하나님을 순식간에 떠올리게 만드는 양심 진동자입니다. 제사장 나라, 거룩한 백성 사명은 이스라엘의 이상화된 순종 완성자인 나사렛 예수 안에서 100% 구현되었고, 오순절 성령강림 이래 성령의 영적 교도권 아래 있는 교회와 그리스도인들에게 100% 계승되었습니다.

그래서 사도 바울은 스스로를 복음의 제사장이라고 했습니다. "이 은혜는 곧 나로 이방인을 위하여 그리스도 예수의 일꾼이 되어 하나님의 복음의 제사장 직분을 하게 하사 이방인을 제물로 드리는 것이 성령 안에서 거룩하게 되어 받으실 만하게 하려 하심이라"(롬 15:16). 왜 사도 바울은 자신을 복음의 제사장이라고 불렀습니까? 고린도전서에서 이렇게 말하고 있습니다. "내가 너희 가운데 거할 때에 약하고 두려워하고 심히 떨었노라. 내 말과 내 전도함이 설득력 있는 지혜의 말로 하지 아니하고 다만 성령의 나타나심과 능력으로 하여 너희 믿음이 사람의 지혜에 있지 아니하고 다만 하나님의 능력에 있게 하려 하였노라"(고전 2:3-5). 이 단락을 좀 더 간략하게 풀어서 쓰면 아마 다음과 같이 될 것입니다. '나는 사람의 구변이나 지혜로 하지 않고 성령의 능력과 성령의 나타남으로 복음을 전하여 사람들을 그리스도께로 이끕니다. 나는 두렵고 떨림으로 복음을 전파하지만 하나님의 능력은 가감없이 발출됩니다. 내가 두렵고 떨리고 위축된 마음으로 하나님 말씀을 전할 때라 할지라도, 내가 말하자마자 성령이 역사하여 사람들의 양심을 하나님께로 소환시키는 능력이 나타났습니다.' 바울의 간증입니다. 여러분 성령충만한 사람 옆에 있으면 성령의 통치를 간접적으로 경험하게 됩니다. 제사장 나라와 거룩한 백성은 강력한 영적 흡인력을 발출하고 강력한 영적 자력을 발생시켜 하나님을 모르는 사람들을 하나님께로 데려오고 하나님과 화해시키는 사명자 백성입니다.

이 거룩한 백성다움, 제사장 나라다움을 구현하기 위해 부단한 율법 순종이 필요합니다. 이스라엘로 하여금 하나님 통치 안에 머물게 만들어주는 그 율법이 바로 십계명과 시행 세칙입니다. "내 말과 내 언약"은 출애굽기 20-23장까지 나오는 십계명과 시행 세칙 율법들을 가리킵니다. 구약성경의 율법은 모두 613가지입니다. 그 613가지 계명을 압축하면 십계명이 됩니다. 십계명을 두 으뜸 계명으로 압축하면 '네 하나님을 온 마음과 뜻과 힘을 다하여 사랑하고 네 이웃을 네 몸처럼 사랑하라'입니다. 이 두 가지 긍정 계명을 하나로 압축하면 '쉐마'가 되는데, 이는 "이스라엘아 들으라. 우리 하나님 여호와는 한 분이시니 너는 마음과 뜻과 힘을 다하여 네 하나님을 사랑하라"입니다. 바로 시내 산 언약에 나오는 "내 말과 내 언약"입니다. 이 세상 모든 국가의 형법, 민사소송법 등 모든 실정법과 관습법은 십계명이라는 대강령 아래

하나님 나라 복음

서 생겨난 법입니다. 하지만 그것들은 모두 다 십계명의 요구보다 더 낮은 수준으로 인간 행동을 규제합니다. 훨씬 더 낮은 기준, 즉 도덕적 하한선을 예상하고 만들어진 법들입니다. 십계명은 어떤 국가의 법보다도 높은 수준의 법이기 때문에 십계명을 지켜버리면 모든 국가의 법을 지킬 필요가 없는 내적 자유에 이르게 됩니다. 국가의 법을 초과 준수한 셈이 되는 것이기 때문입니다. 그렇기 때문에 여러분이 십계명을 지킨다면 우리 대한민국 형법을 지킬 필요가 없습니다. 십계명을 지키면, 인간의 죄악 된 경향성을 억제하기 위해 만들어진 법조문을 집행하는 폭압적이고 강제적인 국가 기구가 필요 없게 된다는 말입니다. 감시와 처벌을 목적으로 존재하는 폭압적이고 강제적인 행정 기구가 더 이상 필요하지 않게 된다는 것입니다. 거룩한 율법을 스스로 지키는 사람이 많아질수록 폭압적으로, 강제적으로 무장한 국가의 존재 필요성이 그만큼 줄어들게 되고 마침내 하나님을 아는 지식이 온 세상 사람들의 상식이 될 때 감시와 처벌을 강행하는 국가는 존재할 필요가 없게 됩니다. 모든 무장 국가들은 무장해제당하고 율법을 지키는 그리스도인 시민의 자율 역량에 의해 국가가 운영될 것입니다. 이웃 사랑을 위해 기꺼이 십일조 생활을 감당하는 자율 시민 공동체에는 국세청도, 검찰청도 필요 없게 됩니다.

예를 한번 들어볼까요? 어떤 마을에 127년 만에 처음으로 폭행 사건이 일어났습니다. 그것이 이 마을이 경험한 가장 잔인한 범죄였습니다. 127년 동안 그 마을에는 어떠한 민·형사상의 범죄도 발생하지 않았다고 생각해봅시다. 그런 마을에 무슨 국가 기구가 필요했겠습니까? 경찰, 법원, 교도소 등은 필요 없는 기관들입니다. 국가 공무원을 먹여 살리기 위한 무거운 세금 징수도 요청되지 않았겠지요. 이와 유사한 마을이 인도네시아 발리에 있습니다. 인도네시아 발리에는 블림빙사리(Blimbingsari)라고 불리는 기독교인 마을 공동체가 있습니다. 1932년에 발리 그리스도인들이 회교도들, 힌두교도들에게 핍박을 받고 피신해와서 세운 마을입니다. 기독교인들은 공격과 박해를 피해 덴파사르(Denpasar)의 외딴 늪지대를 개척해 이 마을을 만들었습니다. 지금도 존속되고 있는 이 마을은 이제 발리의 명품 기독교 마을이 되었습니다. 인도네시아 정부가 인정하는 마을입니다. 범죄가 전혀 일어나지 않는 마을입니다.[4] 행정병, 전투경찰도 필요 없고 규정된 세금보다 더 많이 내려는 이웃 사랑의 정신이 지배하는 공동체입니다.

우리가 국가에 세금을 내고 또 십일조를 내는 것은 국민의 납세 의무를 훨씬 초과한 이웃 사랑의 실천입니다. 교회는 이론적으로 국세청을 필요 없게 만드는 기관입니다. 왜일까요? 우리 크리스천 시민들은 국가에 세금 내고, 지방세 내고, 교부세 내고, 양도세를 내고도 또 십일조와 감사 헌금을 하나님께 바치기 때문에 그리스도인의 사회 기여가 얼마나 큰지 상상하기 어렵습니다. 돈의 양을 계산해보면 여러분이 하나님께 바치는 모든 헌금과 헌물은 얼마나 굉장한 헌신인지요? 성도 여러분은 지금 얼마나 손해 보는 인생을 사는지 모릅니다. 여러분은 하나님 나라에 갈 것을 믿고 헌금하지만 어쨌든 간에 그것은 엄청난 헌신입니다. 그래서 우리나라 교회에 들어오는 헌금은 상상을 초월합니다. 우리나라의 국가 예산이 340-350조입니다. 우리나라 교회에 들어오는

---

4) 이 블림빙사리 마을이 로핑크(G. Lohfink)가 말하는 대안, 대조, 대항 공동체로서의 하나님 나라 표상을 드러낸다(『예수는 어떤 공동체를 원했나』, 분도출판사 역간, 1985, 260-261). 존 스토트(John R. W. Stott)의 『에베소서 강해』(IVP 역간, 2007)와 『존 스토트의 산상수훈』(생명의말씀사 역간, 2011) 둘 다 대항, 대안 공동체로서의 교회 표상을 부각시키고 있다.

하나님 나라 복음

모든 돈이 50조에서 100조 사이가 됩니다. 50조에서 100조 사이면 아프리카 어떤 나라의 예산보다도 많은 돈입니다. 그러니까 한국교회는 예산 규모로 말할 때는 보통 크기의 제3세계 국가와 맞먹는 것입니다. 그리고 목사님들은 총칼 없이 설교만으로 성도들로 하여금 돈 내게 하기 때문에 일종의 비무장적인 영적 제후와 같습니다. 월급 한 푼 받지 않고 교회를 위해 무한 노동하는 수만 명의 성도들이 움직이는 시민 자발적 조직, 그것이 교회입니다. 어떤 돈도 요구하지 않는 끊임없는 재능 기부를 통해 운영된다는 것은 교회가 보유하는 엄청난 힘입니다.

이런 교회 같은 조직이 온 세상에 퍼져버리면 이 세계는 비무장 시민 사회, 마을 공동체 단위로 나누어집니다. 강력하고도 압제적인 중앙 정부가 집행하는 법령에 묶인 나라가 아니라 성령충만한 주민의 자치·자율 시대가 도래하는 것입니다. 이러한 고도 민중의 자치·자율 시대가 성경이 그리는 하나님 나라의 근사치적 모습입니다. 로마서 13:8-10은 이것을 가리켜 "사랑은 율법의 완성"이라고 말합니다. 주 예수 그리스도를 모방하여 하나님 사랑과 이웃 사랑을 전폭적으로 실천하면 이웃의 것을 탐내지 말고, 살인하지 말고, 간음하지 말라는 계명들을 강제로 지키도록 요구하는 억압적 국가 체제가 불필요해진다는 것입니다. 하나님의 말씀만으로 이 세상 사람들이 모두 하나님 사랑과 이웃 사랑에 투신하게 되는 시민 자율 공동체가 탄생한다면 국가 행정 기구가 더 이상 필요 없어지는 것은 당연합니다. 이런 나라가 바로 구약의 예언자들과 우리 주님, 그리고 사도 바울이 생각했던 하나님 나라의 근사치적 미래상입니다.

여러분 이런 미래가 그려지지 않나요? 사실 우리나라는 지금 워낙 강력 범죄가 많이 일어나니까 강압적 국가 권력 행사를 쉽게 용인합니다. 제가 잠깐 살았던 뉴저지 주(New Jersey)의 한 도시에서는 강력 범죄가 전혀 일어나지 않았습니다. 그 도시의 인구는 7만 명밖에 되지 않습니다. 인구 7만 도시의 중심 거주지에 사는 사람은 18,000명가량이었습니다. 1994년에 그 도시에 놀라운 강력 범죄가 일어났습니다. 16살 청소년이 술 한 병을 가방에 들고 가다가 경찰에 잡힌 사건입니다. 그 사건이 지역 신문에 아주 큰 사건으로 보도됩니다. 청소년이 술 한 병을 들고 가다 잡힌 사건을 보고 뉴저지 주 시민은 '우리 동네 큰일 났다'면서 걱정합니다. 그때 우리 대한민국에는 토막 살인부터 해서 온갖 종류의 살인, 폭력 범죄가 발생했습니다. 그 후 그 도시에서는 네 개의 (일종의) 구청 단위 시민 자치 위원회가 모여 중요한 결의를 하나 했습니다. 아무나 담배를 살 수 있는 담배 자동판매기를 영원히 추방하는 시 조례를 만든 것입니다. 그런 도시의 특징은, 시민이 다 깨어서 자율적으로 주민의 안전한 삶을 지키고 염려하기 때문에 폭압적 경찰을 볼 수 없다는 데 있습니다. 물론 술을 마실 수 있습니다. 그러나 술을 사려면 40분 동안 시속 60마일을 달려가야 됩니다. 술 취해서 타락 좀 하려면 40분을 달려가야 되니까 타락하기도 힘듭니다. 그러니까 죄 짓기 힘든 사회입니다. 그런 사회였기 때문에 미성년자가 술을 가방에 넣고 간 사건이 지역 신문에 크게 보도되고 그로 인해 온 시내가 난리가 날 정도였습니다.

그 다음 그 도시에서 일어난 사건은 은행 강도 미수 사건이었습니다. 범인은 사람은 한 명도 안 죽였고 총 들고 그저 은행을 강탈하는 시늉만 하다가 잡힌 것입니다. 그 도시 300년 역사에 처음으로 일어난 강력 범죄 사건이었고 그 도시에 수치감을 안겨준 사건입니다. 그런데 강도질했던 아이를 가르쳤던 지역 초등학교 선생님이 고해성사를 하

하나님 나라 복음

면서 "내가 저 아이의 초등학교 선생인데, 내가 잘못 가르쳤다" 하면서 회개하는 장면이 나왔습니다. 이 일화는 낮은 범죄율은 시민 자치 역량에 비례한다는 것을 예증합니다. 물론 이 도시의 시민 자치 역량이 기독교 정신에서 연원되었다는 것을 입증하는 통계 지표를 확인한 것은 아니지만 기독교 문화권에서 형성된 이 도시의 시민 자치 역량이 기독교 신앙의 공적 표현임은 분명하며 공적으로 표현된 기독교 신앙이 낮은 범죄율의 원인이 되었다는 것을 추정할 수 있습니다. 기독교적 이웃 사랑의 증가는 시민 자치 능력의 증대를 가져오고 시민 자치 능력의 성숙이 폭압적 국가기구 해체를 가져온다는 것은 분명합니다.

하나님의 은혜로 개개인의 성품이 그리스도의 형상으로 화하면 그런 개인들이 이루는 사회에서는 형사 범죄나 민사 범죄가 일어날 가능성이 거의 사라집니다. 하나님의 말씀으로만 감동받고 사회생활을 해도 전혀 문제가 없는 것입니다. 교회는 바로 구원받은 하나님의 백성이 하나님 나라가 완성될 것임을 확신시켜주는 앞당겨진 종말적 사랑, 급진 윤리를 실험하는 현장입니다. 교회에서 이루어지는 공동체 생활을 보고, 하나님의 말씀만 듣고도 고도의 자율·자치 사회를 이루는 것이 가능하다는 것을 깨닫게 해주는 것입니다.

우리가 하나님께 구원받고 나서 하나님께 부단히 순종하여 거룩한 백성이 되고 제사장 나라를 이루면 그것의 세계적 파급은 상상을 초월할 것입니다. 하나님과 멀리 떨어져 죄와 허물로 죽었던 죄인들을 하나님과 화해시켜주는 제사장 공동체가 존재하면 그 주변 사회가 입는 혜택은 얼마나 클까요? 하나님과 밀접하게 교제하는 사람이 얼마나 멋진 삶을 사는가를 시범으로 보여주는 강력한 사랑 자력 공동체가 탄생하면 폭압적·파라오적 전제군주권을 휘두르는 국가가 더 이상 필요 없다는 것을 알게 하는 효과가 얼마나 클까요? 이것을 실험하기 위해 서는 큰 도시가 필요하지 않을 수도 있습니다. 아니 작은 마을에서부 터 기독교적 종말 윤리와 이웃 사랑 실험이 가능할 것입니다. 인구 30 만 명 정도 되는 도시에서 교회가 주축이 되어 주변 사회를 변화시키 면 그 선교적 파급력은 엄청날 것입니다. 7만 명 주민이 사는 작은 도 시에서 하나님 나라에 속한 교회 공동체가 탄생하고 도시 전체에 강제 적 행정이 필요 없게 만들 만큼 강력한 사랑을 실천하면 그 도시 전체 가 하나님 나라 통치의 수혜자가 될 것입니다. 7만 명 도시에서 성취 되고 실현된 하나님 나라라면 70만 도시에서도, 700만 도시에서도 가 능할 것입니다. 이렇게 확산되고 확장되는 사랑과 자율·자치의 운동이 바로 하나님 나라 운동입니다.

출애굽기 19:5이 말하는 이스라엘의 세 가지 정체성 중 첫째 정체 성, '하나님께 특별하게 소속된 백성'은 바로 하나님의 친정 통치와 보 호를 받는 백성이라는 뜻입니다. 하나님의 친정 통치를 받는 백성이 란, 성령의 감화감동으로 하나님께 순종하여 폭압적 국가 기구들과 그 것을 중심으로 포진한 외래적 지배자들을 몰아내는 고도의 성령추동 적 자율·자치 공동체라는 말입니다.[5] 그래서 모세와 예언자들은 '이 스라엘이 먼저 구원받은 까닭은 하나님 통치에 감미롭고 자유롭게 복

---

[5] 일찍이 19세기 공리주의자였던 존 스튜어트 밀(J. S. Mill, 1806-1873)은 『자유론』(문예출판 사 역간, 2009)에서 이상적인 자유를 단지 외적 압제의 부재가 아닌, 다른 사람들의 행복을 손 상시키지 않는 한도 안에서 자기 행복을 추구할 자유로 보았다. 밀 자신은 의식하지 못했지만 이런 자유는 성령에 의한 죄 사함을 통해 주어지는 하나님의 선물이다. 마르틴 루터는 『그리 스도인의 자유』(동서문화사 역간, 2010)에서 다른 사람들을 위해 사랑의 종 노릇하고, 자발적 사랑과 섬김의 노예가 될 정도로 자유로울 때 비로소 그리스도인의 자유가 실현된 것이라고 본다.

하나님 나라 복음

속되기 위함'이라는 큰 진리를 가르쳤습니다. 그들은 한결같이 이스라엘 백성이 하나님께 받은 구원, 곧 하나님께 소속됨을 유지하려면, 부단한 율법 준수가 있어야 한다고 가르쳤습니다. 여기서 우리는 19세기 말 율리우스 벨하우젠이 주창하여 대중화된 구약 율법 멸시 사상,[6] 즉 구약 율법은 억압이라는 계몽주의자적 반감과 편견을 극복해야 합니다. 율법은 억압이라는 생각은 계몽주의 시대에 교회에 극심한 반감을 가졌던 사람들이 퍼뜨린 생각입니다. 물론 나쁜 교회에 노예처럼 붙들려 사는 것보다 인간의 자유를 옹호하는 것은 제한적으로 의미가 있습니다. 그러나 하나님이 율법을 주셔서 우리의 자유를 심화시키시고 점점 하나님의 심장에 가까워지도록 우리를 인도하신다면, 율법 순종은 노예살이로 되돌아가는 것이 절대 아니며 오히려 자유의 양과 질을 확장시키는 것입니다.

계몽주의자들은 하나님 율법에 순종하라고 하면 금방 율법주의라고 반발합니다. 심지어 교회 안에서도 율법 순종을 강조하면 그것은 신약 시대에 와서 다 끝난 것이 아니냐며 반문하는 사람들이 있습니다. 이 질문은 잘못 제기된 질문입니다. 왜냐하면 신약 성도들은 구약 율법의 심화 격상 버전(version)인 그리스도의 법을 지켜야 할 의무 아래 놓인 자들이기 때문입니다. 그리스도의 법은 전적인 하나님 사랑과 전적인 이웃 사랑의 법입니다. 구약의 모든 율법은 한층 더 급진적으로 재해석되어 그리스도의 법으로 격상되었습니다. "너희가 짐을 서

---

6) J. Wellhausen, *Prolegomena to the History of Ancient Israel*(Meridian Books, 1961). 예언자적 윤리적 유일신 사상을 율법보다 더 오래된 사상이라고 보면서 율법을 폄하하고 예언자의 윤리적 유일신 사상을 구약종교의 중심에 두는 저작이다.

로 지라 그리하여 그리스도의 법을 성취하라"(갈 6:2; 참고. 마 5:17-21).
그리스도의 법은 모든 금지어로 이루어진 구약 율법을 완성하는 급진
적 이웃 사랑 계명입니다. 우리 하나님은 한 번도 율법을 지키지 않아
도 된다고 말씀하시지 않았습니다. 사도 바울이나 다른 사도들이 할례
법, 제사 관련 의례법을 지키지 말라고 한 것은 맞습니다. 하지만 십계
명과 같은 법을 지키지 말라고 한 적은 없습니다. 오히려 십계명 같은
율법의 경우 예수는 산상수훈에서 그것의 문자적 준수보다 훨씬 더 높
은 차원의 준수를 촉구하셨습니다(마 5:21-48). 그리스도인이 더 이상
율법 아래 있지 않고 성령 아래 있는 것은 율법의 요구를 무시하는 것
이 아니라 그것이 요구하는 것보다 초과하여 하나님 율법을 성취하는
것을 의미합니다. 율법에 매이지 않는 자가 됐다는 말은 율법을 지킬
필요가 없는 자가 된 것이 아니라 그런 율법 조문의 강요나 명령이 필
요 없는 자가 되었다는 뜻입니다. 왜일까요? 그런 율법 조문이 요구하
는 것보다 훨씬 더 수준 높은 순종을 하나님께 드리기 때문입니다. 그
런 점에서 성령의 감화감동 아래 사는 사람들은 율법으로부터 풀려났
다고 말합니다. 이 말은 율법의 요구로부터 자유롭게 됐다는 것이 아
니라 율법의 요구를 훨씬 초월하여 살기 때문에 풀려났다는 뜻입니다.
그것이 바로 율법을 지키지 않아도 된다는 말이 의미하는 바입니다.

출애굽기 19:5을 다시 한 번 보십시오. "너희가 내 말을 듣고 내 언
약을 지키면"이라는 조건절을 주목해보십시오. 하나님이 제시하는 이
스라엘의 미래상은 이 조건이 충족되어야만 실현됩니다. "모든 민족
중에서 **내 소유**가 되겠고 너희가 내게 대하여 **제사장 나라**가 되며 **거
룩한 백성**이 될 것이다"(출 19:5-6). 히브리 노예들의 경우 하나님께 배
타적으로 소유되고 통치되는 경험, 제사장 나라 사명 수행, 거룩한 백

성으로서의 공동체 생활 실현은 미래상입니다. 아직 다 이루어진 일이 아닙니다. 하나님께 특별하게 소유된 백성, 제사장 나라, 그리고 거룩한 백성 정체성 향유는 하나님의 말씀과 언약을 잘 지킬 때 맛보게 될 완전한 구원입니다. 요한복음 8:31-32과 요한복음 15:4-7이 바로 이 구조를 닮았습니다. "그러므로 예수께서 자기를 믿은 유대인들에게 이르시되 너희가 내 말에 거하면 참으로 내 제자가 되고 진리를 알지니 진리가 너희를 자유롭게 하리라"(요 8:31-32). 여기서도 마찬가지입니다. 진리 인식(진리에 의한 포박)과 자유 획득을 위한 조건이 있습니다. "너희가 내 말에 거하면", 즉 진리에 의해 거룩하게 포박되고 사로잡힌 사람이 자유를 맛보게 됩니다.

> 4내 안에 거하라 나도 너희 안에 거하리라 가지가 포도나무에 붙어 있지 아니하면 스스로 열매를 맺을 수 없음같이 너희도 내 안에 있지 아니하면 그러하리라… 6사람이 내 안에 거하지 아니하면 가지처럼 밖에 버려져 마르나니 사람들이 그것을 모아다가 불에 던져 사르느니라 7너희가 내 안에 거하고 내 말이 너희 안에 거하면 무엇이든지 원하는 대로 구하라 그리하면 이루리라 (요 15:4-7).

요한복음 15장 본문이 강조하듯이 예수 안에 거하는 제자가 열매를 맺습니다. 예수께 포박된 제자가 자유를 누립니다. 율법과 언약은 하나님의 심장에 우리의 심장을 붙들어 매주는 거룩한 포박입니다. 하나님께 속박되는 것을 기뻐하는 사람은 율법 순종이 감미로운 경험이 되고 그 결과 받은 구원이 심화됩니다. 자, 구약성경에서 한 가지만 예를 들겠습니다. 사사기는 하나님의 언약 백성이 어떻게 자유를 잃어가고 되찾는가를 도식적으로 잘 보여줍니다. 사사(師士)란 지역 재판관 또는 임시로 뽑은 군사 지도자를 가리킵니다. 사사기는 왕이 등장하기 전에 열두 사사가 이스라엘의 각 지역을 다스리며 분투한 기록입니다. 사사기를 펴자마자 가장 많이 반복되는 것은 무엇입니까? 우상숭배→이방 민족의 압제와 침략으로 나타나는 하나님의 심판→이스라엘의 부르짖음→사사를 보내 이스라엘을 곤경에서 구출해주시는 하나님의 은혜가 반복됩니다. 특히 사사기에서 반복되는 사건은 이스라엘의 바알과 아세라 숭배가 이스라엘의 자유를 박탈하는 과정입니다. 하나님이 범죄한 이스라엘을 미디안, 모압, 블레셋 등 인근 이방 족속의 피압박 민족으로 팔아버렸습니다. 기껏 모세의 영도 아래 출애굽 구원을 경험하고 젖과 평화의 꿀이 흐르는 자유의 가나안 땅에 왔는데 다시 노예 백성으로 전락한 것입니다. 출애굽 해서 가나안 땅에 왔는데 출애굽 하지 않은 것과 같은 효과가 나타났습니다. 왜인가요? 이방인 혹은 이방인을 닮은 힘 있는 자의 압제가 시작되고 그 결과 경제적 약자가 된 하층 동포들이 다시 아우성치는 사태가 벌어졌습니다. 사사기 6장에는 풍요의 우상신을 섬기는 이스라엘을 하나님이 미디안 족속의 손에 넘기자 미디안 족속이 이스라엘 곡창 지대를 다 점령하는 장면이 나옵니다. 풍요를 원하던 이스라엘에게 궁핍과 환난이 찾아왔습니다. 기드온이 등장하기 전 이스라엘은 7년간이나 굶주렸습니다. 드보라가 등장하기 전에도 이스라엘은 굶주렸습니다. 못 살겠다고 아우성치자 하나님은 사사 구원자들을 보내십니다. 왜 이런 일이 반복됩니까? 우상숭배 때문입니다. 우상숭배는 모든 구원 경험과 구원 역사를 망각의 늪지대에 매몰시키는 무서운 정신적 함몰입니다. 풍요와 다산을 부추기는 가나안 종교에 빠진 이스라엘은 집단 망각에 빠집니다. 마치 출애굽 사

　　　　　　　　　　　　　　　　　　　　　하나님 나라 복음

건이 일어나지 않은 것처럼, 구원받지 못한 백성처럼 살아버립니다. 이스라엘 백성은 출애굽 구원의 감격 같은 것은 전혀 들어보지도 못한 자들처럼 보입니다. 사사기 2장과 6장에서 하나님이 파송하신 사자는 출애굽 구원 감격과 가나안 땅 하사 감격을 이스라엘 백성이 다시금 기억하게 하려고 애씁니다(2:1-15; 6:7-10).

사사기 6:1을 보면, 하나님이 우상을 섬기는 이스라엘 백성을 미디안의 손에 팔았습니다. 미디안이 7년 동안 이스라엘 백성을 괴롭히고, 이스라엘 곡창 지대를 약탈하고 유린했습니다. 이에 히브리 백성이 부르짖었습니다. 부르짖자마자 이 환난의 원인을 깨우치는 질책 예언자가 나타나 이야기합니다. "왜 미디안 세력이 너희를 지배하는지 아느냐? 왜 미디안의 압제자가 너희를 다시 치는지 아느냐? 너희가 바알과 아세라 우상을 숭배하기 때문이다. 너희는 힘 있는 동포가 빈곤 동포를 짓밟는 세상을 만들었다. 너희는 이미 이집트의 파라오 같은 자들과 노예 같은 자들로 나뉘었다. 너희에게는 출애굽 구원 역사가 망각되고 무효가 되었다. 너희가 율법을 지키지 않고 하나님의 말씀을 착념치 않고 다시 바알과 아세라를 섬기면서 출애굽 구원이 일어나지 않은 것처럼 살기 때문에 이집트 파라오의 아바타 같은 세력들, 곧 미디안의 압제가 등장했다."

여기서 한 가지 깨닫는 것은, 우리가 하나님의 율법에 불순종하면 외부의 압제 세력이 나타난다는 것입니다. 하나님 말씀에 부단히 순종하지 않으면 우리가 받은 구원과 자유를 무효화시켜버리는 외부적 압제 세력이 등장합니다. 우리의 자유는 박탈당하고 우리는 다시 동포 중 파라오 같은 유력자들에게 노예로 팔려버린다는 것입니다. 이것이 참 중요합니다. 구원파라는 이단이 문제가 되는 이유는, 그들이 영

단번의 구원을 하나님의 자유보다 더 큰 원리로 보기 때문입니다. 구원파는 '우리가 한 번 구원을 받으면 구원은 우리의 운명이 된다. 우리 구원은 아무도 손댈 수 없다. 우리가 구원받기로 예정된 자라면 살인을 해도 구원은 끝나지 않는다'라고 믿으며 구원 결정을 하나님처럼 여깁니다. 그러나 하나님은 당신의 구원 결정, 구원 예정보다 크십니다. 우리 하나님은 인간의 별자리 운명보다 크십니다. 하나님이 한번 구원하시기로 결정하면 하나님도 구원을 빼앗아갈 수 없다는 생각은 이단 사상입니다. 우리가 받은 구원보다 우리 하나님이 더 크고 자유로우시고 의로우십니다. 우리가 하나님께 구원받았지만 이론적으로 죄를 지을 수 있는 가능성이 원천 봉쇄된 것은 전혀 아닙니다. 구원은 받았지만 구원의 감격을 앗아갈 수 있는 숱한 유혹이 있는 광야가 우리 앞에 놓여 있습니다. 우리가 젖과 꿀이 흐르는 가나안 땅에 들어가지만 여전히 이방인들은 광야 여정 내내 우리 곁에 다가와 우리의 올무가 되고 유혹자가 됩니다. 민수기 25장의 바알브올 사건을 보세요. 가나안 땅 입구에 와서 이스라엘 남자들이 미디안 여인들과 행음하고 바알브올 제의에 빠져버리지 않습니까? 이 말은 우리가 구원받았지만 여전히 우리의 구원을 냉각시키거나 구원의 감격을 앗아가거나 하나님의 자유의 멍에를 지지 못하도록 우리를 끊임없이 이탈시키는 세력들이 남아 있다는 뜻입니다.

그래서 부단하게 율법을 지키는 것이 중요합니다. "너희가 내 말을 듣고 내 언약을 지키면"이라는 이 조건이 참 중요합니다. 우리 하나님은 우리를 구원하시자마자 우리 단계에 맞는 언약의 말씀들, 계명들을 반드시 주십니다. 우리로 홍해를 건너게 하시고 우리 옛 자아가 십자가에 못 박히는 세례를 받게 하신 분이, 그 뒤에 아무런 말씀을 주지 않으시며 우리를 방치하실 리가 없다는 사실을 아셔야 합니다. 이것은 참 중요합니다.

성화, 성령충만에 이르게 하는 광야 훈련

우리 하나님은 우리로 홍해를 건너게 하신 후에 자유인의 품성을 갖추도록 긴 훈련과 연단 기간을 거치게 하셨습니다. 이스라엘에게 있었던 40년의 광야 여정과 같은 세상살이를 거쳐 하나님 나라에 들어가게 하십니다. 이것이 참 중요합니다. 40년의 광야 생활은 의롭게 된 성도가 거룩한 성도로 화하는 데에 필수적인 교육과정입니다. 구원은 영 단번의 경험입니다. 홍해를 건넌 경험은 영 단번에 일어났습니다. 세례 받아 하나님의 자녀로 출생하는 사건은 한 번 일어났습니다. 맞습니다. 그런데 세례 받은 후, 홍해를 건넌 후 40년이라는 과도기를 거친 후에야 젖과 꿀이 흐르는 땅으로 들어간다는 사실도 똑같이 중요한 진실입니다. 이 말은, 우리가 구원받은 후에 하나님 통치를 온전히 받기 위해서는 매우 긴 훈련이 필요하다는 뜻입니다. 예수 믿고 구원받았지만 죄지을 수 있는 가능성을 영원히 박탈당한 것은 아닙니다. 예수 믿고 구원받았지만 여전히 시험에 넘어져 쓰러질 수 있고 징계를 받을 수 있습니다. 그게 바로 광야 여정의 의미입니다.

출애굽 구원은 법적 구원과 존재 자체가 변화되는 품성적 구원으로 이루어져 있습니다. 법적 구원은 감옥에서 풀려나는 것입니다. 만약 어떤 사람이 마약 사범 혹은 상습 도박범으로 투옥되었다고 합시다. 형기를 마치면, 혹은 특별 감형을 받으면 감옥에서 풀려날 수 있습니다. 풀려나면 법적인 인신의 자유를 얻습니다. 그렇지만 그가 도박판이나 카

지노 광고판이 빙빙 돌아가는 것을 보고 손이 경련을 일으키거나 이제는 돈을 딸 수 있을 것 같은 환상에 사로잡혀 다시 집을 담보 잡히고 10억을 빌려 도박판으로 질주한다면 그는 자유롭지 못한 것입니다. 감옥에서는 풀려났지만 품성적으로 도박에서 자유로운 사람이 아닙니다. 출애굽기에서 신명기까지 이어지는 긴 광야 여정은 법적으로 자유하게 된 하나님 백성이 품성적으로도 자유로운 백성으로 탈바꿈하는 과정이었습니다. 이스라엘 백성에게는 어떤 유혹을 받아도 죄악 된 충동으로부터 자유할 수 있는 훈련을 받는 과정이 40년이나 필요했습니다. 이는 품성적 자유인이 되는 데는 매우 긴 기간이 필요하다는 것을 보여줍니다. 요즘은 우리 인생이 짧기 때문에 40년의 광야 훈련 기간은 너무 깁니다. 예수 믿자마자 40년 동안 전갈과 뱀에 물리고 지진에도 막 쓰러지는 광야 생활을 문자적으로 40년을 감내하는 것은 불가능한 과업일 것입니다. 다만 한 세대가 다음 세대로 교체되는 데 소요되는 40년이라는 기간을 통해 옛 자아가 완전히 새로운 자아로 거듭나야 한다는 의미로 보면 될 것입니다. 오늘날에도 구원받은 후 광야에서 품성적인 자유를 획득하는 과정에서 많은 대가를 치르는 사람이 적지 않습니다.

다시 말씀드리지만, 우리가 기억할 것은 이것입니다. 우리가 예수 그리스도를 믿고 영 단번에 홍해를 건넜지만 우리가 아직까지 속량되지 못한 '몸'을 가지고 살고, 구원받지 못한 환경 안에 살기 때문에 우리는 유혹받을 수 있고 구원받지 못한 것처럼 하나님께 징계와 책망을 받을 수 있다는 사실입니다. 하나님의 자녀는 광야에서 구원을 확신하지 못할 정도의 엄혹한 징계와 연단, 훈육 어린 책망을 받을 수 있습니다. 그래도 이것은 구원을 잃게 만드는 징계나 책망이 아닙니다. 우리가 구원받지 못했을 때는 죄를 지으면 죄책감으로 침몰합니다. 죄

하나님 나라 복음

를 지으면 이왕 버린 몸이니 더 타락해보자며 자포자기하는 상황에 빠져버립니다. '이왕 버린 몸'이란 말은 죄책감이 낳는 가장 치명적인 자존감 파괴 언동입니다. 이러한 자존감을 파괴하는 언동이 죄책감에 찌든 사람들로 하여금 점점 더 나쁜 행동을 하도록 몰아갑니다. 그러니까 죄의 경험이 가중될수록 점점 악해지고, 극한까지 죄를 짓는 실험을 하게 됩니다. 그런데 홍해를 건넌 이후, 즉 한 번 죄 사함을 받은 이후에는 죄를 짓더라도 전혀 다른 방식으로 영향을 미칩니다. 구원받은 후에도 성도들은 여전히 크고 작은 실수와 죄를 범하지만 그런 경우 죄와 허물은 자기 파괴적인 죄책감을 심어주기보다는 성화를 촉진시킵니다. 구원받은 성도들이 짓는 죄는, '내가 하나님의 부단한 돌보심과 사랑의 감미로운 터치를 당하지 않으면 혼자서는 도저히 율법을 지킬 수 없는 존재구나, 내가 거룩하게 성화되지 않으면 안 되겠구나, 내가 성령충만을 받지 않으면 안 되는구나'라는 각성을 일으켜 성화의 필요성을 확신시켜줍니다. 이 경험은 왕왕 쓰라린 징계를 동반하기도 합니다. 하지만 그것은 구원받은 새 자아를 무너지게 하거나 파괴하는 죄책감을 강요하지는 않습니다. 오히려 구원받은 성도를 성화시키고 구원을 이루게 하는 후회와 근심을 자아냅니다.

구원을 이루게 하는 후회와 근심은 무엇입니까? 성령의 책망을 받으면서 성화되는 경험입니다. 그래서 광야 여정 가운데 율법을 지키지 못하는 경우에도 우리가 구원을 잃지 않습니다. 그러면 어떻게 그것을 알 수 있습니까? 자기 자신이 홍해 도강이 끝나고 광야의 성화 훈련 과정 중임을 어떻게 압니까? 이스라엘의 역사(신 8장)와 먼저 간 믿음의 선진들의 발자취(히 11장)를 통해 알 수 있습니다. 그리고 마지막으로 성령의 내적 확신과 우리 가운데 맺히는 삶의 열매로 알 수 있습

니다. 모세오경의 네 책(출애굽기-신명기)이 보여주듯이 홍해 도강이 끝
난 이스라엘은 40년간의 광야 생활 동안에 죄짓고 징계를 받았으나,
결국 가나안 땅에 들어갔습니다. 히브리서 11장이 증거하듯이 믿음의
선진들은 하나님의 아들로서 받는 징계와 연단 속에서 채찍을 맞아가
면서도 의의 연달한 평화를 맛보았습니다. 우리 자신의 신앙생활을 잘
살펴보면, 우리가 주 안에 살면서도 죄와 허물을 범할 때 우리 안에 내
주하시는 성령은 근심하시고 탄식하며 우리를 위해 중보하신다는 사
실을 알 수 있습니다. 성령충만을 갈구하는 기도로 이끄십니다. 우리가
자주 넘어지는 그 지점에서 우리를 항상 일으켜 세우십니다. 우리 자
신의 연약한 점을 이기게 만드는 새로운 환경으로 인도하십니다. 영적
분별력을 가진 성도들에게는 이런 내밀한 성령의 보혜사 사역이 감지
됩니다. 우리가 주 안에서 범한 죄와 허물이 성화를 촉진시킨다는 것
을 또한 우리의 인격과 삶 속에서 맺히는 성령의 열매를 통해 확신할
수 있습니다. 예수 안에서 하나님 자녀의 품성을 획득하는 과정에서도
어쩔 수 없는 죄의 관성에 의해 죄를 짓는 하나님의 자녀들을, 성령은
종국에는 성화를 촉진하는 방향으로 이끄십니다. 그리하여 죄를 점진
적으로 이겨가도록 도우십니다.

따라서 성도들은 이런 자기 조롱에 빠지면 안 됩니다. '내가 기도
를 한두 번 했어? 그런데 내가 또 도박판에 갔어! 팔을 잘라버리든지
해야지.' '아, 정말 스타크래프트 할 때는 미친 듯이 움직이는 이 손이
문제로구나. 손을 잘라야 돼.'[7] 이런 경우 도끼를 사서 손을 잘라도 죄

---

7) 도둑질하다가 잡혀온 제자가 자기 오른손으로 도둑질하다 들킨 왼손을 내리치는 장면을 묘사
한 도종환의 〈돌아온 아이와 함께〉를 보라. 죄와 싸우는 소년의 피울음을!(김웅교, 『그늘』, 새
물결플러스, 2012, 144)

는 죽지 않습니다. 남은 손목으로 도박을 하게 됩니다. 죄와 죄책감의 악순환은 죄인 스스로 벗어날 수 없습니다. 어떤 자기 조롱도 극복해야 합니다. 주 안에서 죄와 혈투를 벌이는 우리를 불신자 친구들이 조롱할 수 있습니다. "야, 너는 죄 짓고 또 교회 가냐? 네 하나님 참 속도 좋네. 똑같은 죄를 그렇게 고백하고도 또 같은 짓을 하는 너를 받아주시다니!" 이 조롱은 사탄의 조롱입니다. 성도들을 참소해서 성도들이 거룩해지는 것을 좌절시키려는 사탄의 참소입니다. 성도들은 자기 조롱뿐만 아니라 타자의 조롱도 이기고 오로지 하나님의 은혜에 호소해야 합니다. 일곱 번 쓰러지고 여덟 번 일어나면서도 기도해야 하는 것입니다. 칠전팔기!(미 7:8) 남들은 쉽게 조롱할지 몰라도 칠전팔기 하는 것이 보통 힘든 게 아닙니다. 같은 죄를 짓고 또 같은 기도를 하는 것, 결코 쉬운 게 아닙니다. 남들이 볼 때는 죄짓고 또 기도하고 죄짓고 기도하고, 죄짓고 또 기도하는 것이 쉬운 일처럼 보이지만 그 과정도 하나님의 강권적인 은총이 없이는 힘듭니다. 기도하고 죄짓고 또 기도하고 하는 것마저도 굉장히 복잡한 사유를 거쳐서 일어나는 일입니다. 결코 쉬운 게 아니지요. 하나님께 속해보려고 발버둥쳐보지 않은 사람들은 이 파라오의 죄성이 얼마나 끈질기게 우리를 따라다니는가를 모릅니다. 자기 죄가 얼마나 운명처럼 본성처럼 자신을 따라다니는지 모릅니다. 파라오의 채찍에 맞고도 살아내던 그 노예 근성이 얼마나 견고하게 인간성의 일부가 되었는가를 처절하게 아는 사람, 하나님과 온전히 하나가 되기 위해서 숱한 밤을 기도로 새워본 사람만이 죄의 힘이 얼마나 강한가를 압니다.

19내가 원하는 바 선은 행하지 아니하고 도리어 원하지 아니하는 바 악을 행하는도다 20만일 내가 원하지 아니하는 그것을 하면 이를 행하는 자는 내가 아니요 내 속에 거하는 죄니라 21그러므로 내가 한 법을 깨달았노니 곧 선을 행하기 원하는 나에게 악이 함께 있는 것이로다 22내 속사람으로는 하나님의 법을 즐거워하되 23내 지체 속에서 한 다른 법이 내 마음의 법과 싸워 내 지체 속에 있는 죄의 법으로 나를 사로잡는 것을 보는도다(롬 7:19-23).

1859년에 찰스 스펄전(Charles Spurgeon)이 이 본문을 갖고 투쟁하는 두 마음(The Warring Heart)에 대해 설교를 한 적이 있습니다.[8] 칼 마르크스(Karl Marx)가 영국 런던 도서관에서 계급투쟁을 통한 유토피아 건설을 논하는 『자본론』(비봉출판사 역간, 1996)을 쓸 때, 찰스 스펄전 목사가 인간성 안의 투쟁하는 두 마음을 직관하는 통찰력 넘치는 설교를 했습니다. 로마서 7장에 관한 설교인데 스펄전은 이 본문이 구원받은 성도들의 내적 투쟁을 다룬다고 단언합니다. "어떤 사람들은 이 본문이 사도 바울의 예수 믿기 전의 경험이라고 말합니다. 또 어떤 사람들은 '내 마음의 법과 내 육신의 법이 싸우면 내 마음의 법이 항상 패배하여 죄와 사망의 음침한 골짜기로 굴러떨어진다'는 이 비참한 고백은 사도 바울의 경험이 아니라 연약한 신자의 가상적인 경험을 바울이 일인칭으로 써준 것이라고 말합니다. 어떤 사람들은 바울이 바리새인들의 경험을 대변했다고 말합니다. 그러나 저는 이런 주장들에 동의하지 않습니다. 이 본문은 정확하게 성령충만을 받기 전 바울 자신이 경험한 내적 투쟁이라고 봅니다." 찰스 스펄전은 19세기에 이미 2-3만 명의 청중에

---

8) C. H. Spurgeon, 〈The C. H. Spurgeon Collection〉(Ages Software, 1998), "The Dual Nature and the Duel Within", I, 800, 297, 4307, 1-5.

하나님 나라 복음

게 설교하던 설교의 거장이었습니다. 마이크도 없던 때 2-3만 명을 끌어들여 설교를 듣게 만든 사람이니까 그의 영적 파워가 얼마나 대단했을지를 짐작할 수 있습니다. 수풍 수력발전소급의 에너지를 발출했던 사람입니다. 3만 명을 모아서 하나님의 말씀을 선포해 청중에게 템스 강으로 달려가 죄를 씻고 싶은 마음을 불러일으켰던 스펄전이 한 다음 말이 더 놀랍습니다. "이 경험은 바로 저의 경험입니다. 여러분은 믿지 못할지 몰라도 제 안에 바로 이런 무시무시한 싸움이 있습니다. 제가 거룩해지려고 애를 썼기 때문에 이제까지 벌인 싸움이 바로 로마서 7장의 싸움입니다."

로마서 7:19-23은 그저 죄 가운데 살며 죄와 아름답게(?) 동역하는 사람들은 알 수 없는 심연 같은 마음의 신비를 다룹니다. 죄와 불편함 없이 그냥 동거하는 사람들은 이 마음속의 투쟁을 알 수 없습니다. 프롤레타리아와 자본가계급의 계급투쟁도 이 투쟁에 비하면 별것 아닙니다. 하나님 앞에서 제사장 백성이자 거룩한 백성으로서 살려고 발버둥치자마자 우리는 우리 인생에 작용하는 엄청난 죄의 인력을 느낍니다. 강력하고도 끈질긴 죄의 법이 얼마나 구체적으로 역사하는지를 알게 됩니다. 그러니까 여러분이 '아! 성령충만으로 무장하지 않으면 나는 기독교인으로 살 수 없겠구나!'라고 느낀다면 실로 여러분은 성숙한 신자입니다. 우리가 로마서 7:19-23의 경지를 잘 모르는 이유는 우리 중에 누구도 바울처럼 그렇게 하나님 법을 지키며 살려고 분투하지 않고 그냥 사탄을 우리 편으로 두고 피아를 구분하지 못하며 살아왔기 때문입니다. 이렇게 고백해보세요. "하나님 제가 정말 성령충만하여 하나님께 100% 순종하며 살기를 원합니다. 하나님! 제가 감미로운 순종을 드려서 하나님의 영토에 소속된 지체임을 확신하고 싶습니다"

라고 하면 그때서야 비로소 치명적인 죄성이 작동하기 시작할 것입니다. 성화를 이루는 데 방해가 되는 약점과 습관, 자주 넘어지게 만드는 성격적 결함이나 유혹적인 환경이 자신의 발목을 잡는 것을 경험하게 될 것입니다. 성령 안에서 민감하게 순종해보지 않은 사람들은 대체로 본인은 괜찮다고 생각합니다. 하지만 실상 우리는 대체로 괜찮지 않습니다. 어떤 사람은 "나는 질투심이 없다. 충분히 잘생겼기 때문에 누가 나타나도 평정심을 유지할 수 있다"라고 말합니다. 혹은 "나는 충분한 돈이 있기 때문에 웬만하면 돈이 많은 사람이 부럽지 않다. 부자가 나타나도 질투하지 않을 수 있다"라고 말할 수도 있습니다. 그러나 이런 생각은 착각입니다. 아무리 잘생긴 사람도 더 잘생긴 사람이 나타나면 그냥 하늘이 갑자기 노래지면서 내가 하나님께 무슨 죄를 지어서 이렇게 못생겼는가라고 생각할 수 있습니다. 사람은 강한 주체성, 독립성, 비할 수 없는 고유한 존엄성으로 살아야 하는데 우리는 그렇게 살지 못합니다. 죄가 우리의 강한 주체성, 고유 존엄성을 파괴해 남과 비교하면서 열등감과 우월감이라는 냉·온탕을 오가며 살도록 몰아갑니다. 인간의 마음은 깊이를 알 수 없는 복합 감정의 심연입니다.

이스라엘 초대 왕 사울이 얼마나 위대했습니까? 사무엘상 14장의 마지막 단락(47-52절)을 보면 그의 군사적 업적은 굉장히 탁월했습니다. "사울이 이스라엘 왕위에 오른 후에 사방에 있는 모든 대적 곧 모압과 암몬 자손과 에돔과 소바의 왕들과 블레셋 사람들을 쳤는데 향하는 곳마다 이겼고 용감하게 아말렉 사람들을 치고 이스라엘을 그 약탈하는 자들의 손에서 건졌더라"(47-48절). 그는 실로 팔레스타인 거의 전체를 평정한 위대한 장군이었습니다. 우리가 잘 아는 광개토대왕급 왕이었습니다. 사울의 인생은 다윗이 나타나기 전까지 너무 좋았습니다. 늘 찬송이 넘쳤습니다. 하지만 다윗이라는 신동을 만나자마자 모든 것이 다 힘들어졌습니다. 사울은 천천을 죽인 위대한 장군이었으나 만만을 죽이고 개선하는 젊은 장군 다윗이 등장하자 순식간에 상황이 바뀌었습니다. "여인들이 뛰놀며 노래하여 이르되 사울이 죽인 자는 천천이요 다윗은 만만이로다 한지라. 사울이 그 말에 불쾌하여 심히 노하여 이르되 다윗에게는 만만을 돌리고 내게는 천천만 돌리니 그가 더 얻을 것이 나라 말고 무엇이냐 하고 그 날 후로 사울이 다윗을 주목하였더라"(삼상 18:7-9). 사울은 질투심, 우울증, 자기 불운을 남 탓으로 돌리는 인격 장애에 시달렸습니다.

우리를 순식간에 초라하게 만들 수 있는 사람들과 환경에 노출될 때에도 질투심에서 자유롭다고 말할 수 있어야 참으로 자유한 것입니다. 탐욕에서 자유롭다고 하는 사람들이 있는데 그 말도 검증되지 않은 주장일 뿐입니다. 탐욕에서 자유로운 사람은 비교적 돈이 없는 사람들입니다. 돈의 위력을 경험하고 돈이 무엇인지 알면서도 그런 말을 할 수 있는 것이 참으로 탐심에서 자유한 것입니다. 어쩌면 돈도 만져보지 않고 권력도 가지지 않고 그냥 자유롭게 사는 사람들은 행운아입니다. 로마서 7장의 두 마음 투쟁에 연루되지 않았기 때문입니다. 그러나 그런 사람들도 어느 순간 욕망에 눈을 뜨면 순식간에 혈투를 벌이는 지경에 이릅니다. 로마서 7장은 받은 구원을 유지하기 위해 자신의 몸을 의의 병기로 드리고 자신을 죄에 대하여 죽은 자로 여기기로 결단한 사람의 내적 투쟁을 보여줍니다. 바울은 로마서 6-7장에서 성령으로 새로운 피조물이 된 성도들은 더 이상 율법 아래 있지 않고 성령 아래 있다고 주장했습니다. 성령의 강력한 추동과 지지, 격려와 견인이 없으면 로마서 7:19-23의 상태로 굴러떨어집니다. 출애굽기 19:5-6이 보여주듯이, 우리가 여호와의 율법을 지키지 않으면 받은 구원을 유지할 수가 없습니다. 하나님께 소유된 백성의 계약적 친밀감, 제사장 나라 백성의 선교적 사명, 거룩한 백성으로서의 윤리·도덕적 격조를 맛보지 못한다는 것입니다. 우리 그리스도인의 가장 큰 약점은 십계명 같은 율법의 준수는 이미 끝난 문제라 생각하는 것입니다. 기독교인들은 근거도 없이 십계명 준수 의무는 예수 믿는 순간 끝났다고 생각합니다. 도덕률 폐기론으로 쉽게 흘러갑니다. 하지만 하나님은 이스라엘을 구원하신 후 자유인의 멍에인 십계명과 그 시행 세칙을 허락하십니다(출 20:1-17). 십계명은 자유인의 멍에로서 진리의 속박입니다. "나는 너를 애굽 땅, 종 되었던 집에서 인도하여낸 네 하나님 여호와니라"(출 20:2).

십계명 자체가 얼마나 놀라운가를 알면 십계명 준수가 이미 끝난 문제라고 그렇게 쉽게 말하지 못할 것입니다. 신약 성도들은 그리스도의 법에 십계명의 문자적 준수를 초월하는 요구가 들어 있다는 것을 알고 있었을 것입니다. 십계명은 대한민국 등 세계 200여 국가의 모든 법보다 더 탁월하고 우월한 법입니다. 세상 모든 나라는 아주 낮은 도덕적 수준을 기준으로 법을 제정합니다. 목적은 공동체의 존립 자체입니다. 그러나 십계명은 하나님의 성품을 닮게 하고 하나님께 인격적으로 결속시키는 데 초점을 둔 법입니다. 한번 보십시오. 하나님 외에 다른 신을 두지 말라, 우상숭배 하지 말라, 하나님 이름을 함부로 쓰지 말라, 안식일을 지키라, 즉 노동 생산성을 믿지 말고 은혜의 절대 가치를 믿으라, 부모를 공경하라, 살인하지 말라, 간음하지 말라, 인신 납치 하지 말라, 거짓 증언 하지 말라, 이웃의 재산이나 배우자를 탐내지 말라는 명령입니다.

바리새인이나 서기관처럼 이 계명들을 문자적으로 지키는 것은 쉬

하나님 나라 복음

울 수 있으나 예수가 산상수훈에서처럼 재해석한 십계명을 지키는 것은 쉬운 것이 아닙니다. "나 하나님 외에는 다른 신을 두지 말라"는 돈을 신처럼 섬기는 자본주의 체제 아래서 결코 쉬운 과업이 아닙니다. 부모 공경 계명은 미성년의 어린 자녀에게 부모를 공경하라고 하는 것이 아닙니다. 성인 자녀가 노동력을 상실한 연로한 부모를 경제적으로 봉양하라는 말입니다. 젊은이들이 국민연금을 부어 어른들을 먹여 살리라는 뜻입니다. "살인하지 말라"는 타인의 존엄성을 파괴하는 욕설이나 저주를 하지 말라는 말입니다. 간음 금지 계명은 음욕을 품고 아내 외의 다른 여자를 쳐다보지 말라는 것입니다. 이웃의 재산을 탐내지 말라는 계명은 광고와 선전에 무방비로 노출된 채 사람들의 호화주택이나 고급차를 부러워하거나 탐내지 말라는 것입니다. 이처럼 예수가 요구하는 십계명 준수는 바리새인과 서기관의 의보다 더 나은 의를 실천하기 위한 필요조건입니다. 이 점에서 한국교회는 마태복음과 야고보서를 로마서, 갈라디아서와 동시에 똑같은 비중으로 읽고 묵상해야 합니다.

한국교회 성도들은 이미 십자가에 달려 죽으셔서 우리의 죄를 대속하신 예수를 믿는 순간 모든 계명을 지킬 의무가 끝났다고 생각합니다. 십자가의 대속적 효력을 믿는 것이 예수가 그토록 강조했던 격상된 의미의 십계명 같은 율법을 지키지 않아도 되게 하는 일종의 면죄부가 되어버렸습니다. 우리 개신교(프로테스탄트)는 믿음의 미신화에 맞서다가 탄생했습니다. 당시 돈으로 면죄부를 사고팔았기 때문에 1517년 루터의 종교개혁이 일어난 것입니다. 현재 한국교회는 믿음을 천국에 자리를 예약해주는 면죄부처럼 팔아, 1517년의 교회가 되어버렸습니다. 이런 상황에서 어떤 신자들은 이렇게 생각합니다. "십계명

그거 너무 쉽지, 그건 내가 벌써 초월했어! 주 예수의 보혈을 믿는 순간, 나는 십계명의 모든 요구를 다 성취했어!" 그렇지 않습니다. 이런 사람이 도덕률 폐기론자입니다. 성령은 우리에게 십계명을 지키지 않아도 된다는 양심의 방종을 허락하기보다는 십계명의 참 정신에 걸맞게 굉장히 정밀하게 순종하도록 격려하시고 견인해주십니다.

이스라엘 백성에게 '언약을 지킨다'는 말은 '십계명과 십계명의 시행세칙들에 해당되는 부대 율법들(출 20-23장)을 지킨다'는 뜻입니다. 즉 십계명을 지키면 모든 민족 중에서 하나님의 소유가 되고 제사장 나라가 된다는 것입니다. 역사적으로 이스라엘 백성이 이 십계명을 가장 잘 지켰습니다. 세계에서 하나님 율법을 집단적으로 제일 잘 지킨 민족은 이스라엘 백성입니다. 이스라엘 백성은 아브라함부터 예수 그리스도까지 1500년간 하나님의 율법을 지키려고 분투에 분투를 거듭했습니다. 그 율법 준수의 분투, 좌절, 그리고 희망을 기록한 책이 모세오경입니다. 이스라엘 백성이 율법을 지키는 과정에서 받은 위로와 소망이 구약성경 여기저기에 흩어져 있습니다. 세계의 어떤 민족도 이스라엘 민족만큼 수준 높게 집단적으로 순종하지 못했습니다. 이탈리아(로마), 프랑스, 독일, 영국, 미국 등 어떤 나라도 구약성경의 이스라엘 백성이 보여준 율법 순종의 10분의 1 수준에도 미치지 못했습니다. 이스라엘 백성은 가나안 사람이 안식일에 배가 고파 남의 밀밭에 들어가서 사유재산권을 침해해도 벌하지 않았습니다. 사나흘 굶은 사람은 무엇이든지 채취해 먹을 수 있다고 본 것입니다. 가난한 사람들도 헌법적 안전 보장을 받았습니다. 그러니까 장발장 같은 사람이 이스라엘에 태어났으면 빵 한 조각을 훔쳤다고 감옥에 갈 일이 없었을 것입니다. 사나흘 굶은 빈민이 빵을 훔쳐 먹는 죄보다 그런 빈민을 두고도 돌보

하나님 나라 복음

지 못한 공동체 전체의 죄가 더 크다고 본 것입니다. 1862년에 나온 빅
토르 위고의 『레미제라블』(민음사 역간, 2012)은 프랑스 대혁명 이후 사
유재산권 신성불가침 사상이 만연하여 사유재산을 조금이라도 훼손한
사람을 바로 중죄인 취급하던 천박한 시대를 비판합니다. 이스라엘 백
성은 7년에 한 번씩 종살이하는 동포들을 풀어줬고 50년에 한 번씩은
부채 탕감, 원 소유지 되찾아주기 운동을 펼쳤습니다. 세계에 존재했던
어떤 민족도 이스라엘 민족만큼 이렇게 극단적으로 집단적 율법 준수
를 실험해보지 않았습니다. 도올 김용옥이 구약성경을 비판하면서 '구
약성경에 있는 그 지저분한 이야기를 생각하면 정말 치가 떨린다. 구
약은 일본서기와 같다. 구약을 다 찢어 없애야 한다'라고 말했습니다.
너무 철이 없고 어리석은 사람의 피상적 논평입니다.[9]

그래서 구약성경은 실패한 이스라엘의 이야기를 통해 언젠가 하나
님의 율법을 이상적으로, 가장 완벽하게 순종할 사람과 그의 시대를
내다보며 말합니다. 구약성경의 모세와 예언자들은 이상적인 이스라
엘 공동체를 학수고대하며 그들의 이상적인 순종과 향도를 예언합니
다. 이스라엘의 삼중적 정체성(하나님께 소유된 백성, 제사장 나라, 거룩한
백성)을 실현시켜줄, "내 말을 잘 듣고 내 언약을 지킬" 개인과 공동체
의 출현을 대망하고 대망한 것입니다. 하나님은 구약성경의 모든 구절
에서 이스라엘의 이상적 순종을 설정하고 말씀하시기 때문에 결국 구
약성경 전체는 하나님 마음에 100% 순종할 이스라엘을 염두에 두면서
말씀하신 셈이 됩니다. 모세를 통해 주신 하나님의 대강령은 무엇입니

---

9) 도올 김용옥의 기독교 및 구약성서 비평에 대한 자세하고 체계적인 비판을 보려면, 김회권,
"도올 김용옥의 기독교 성서 이해 자세히 읽기"(「기독교사상」, 2008년 6-8월호)를 참조하라.

까? "너희가 내 말을 잘 듣고 내 언약을 지키면 너는 모든 민족 중에서 내 소유가 되겠고 너는 내게 대하여 제사장 나라가 되며 거룩한 백성이 된다." 누군가 하나님 말씀을 완벽하게 순종하여 말씀을 성취하는 자가 나온다면 이스라엘 민족은 세계만방을, 세계 만민을 하나님께로 이끄는 그런 제사장 나라가 된다는 말입니다. 구약성경은 이런 조건적 성취 구조를 가진 말씀들로 가득 차 있기 때문에 예수는 구약성경을, 종말에 이상적이고 완벽한 순종을 바칠 이스라엘에 관한 예언이라고 보신 것입니다. 결국 구약성경 중 이스라엘 백성의 완벽한 순종에 관한 모든 말들은 다 독생자 나사렛 예수 자신에 관한 말이 되는 것이지요. 그래서 예수는 모세의 율법과 선지자의 글과 시편에 자신을 가리켜 기록된 모든 것이 이뤄져야 한다고 말씀하셨습니다.

이것이 바로 예수 그리스도처럼 구약성경을 읽는 방식입니다. 즉, 자신에게 순종의 부담을 지우며 읽는 것입니다. '내가 오늘 읽는 이 말씀은 나를 통하여 성취되고 순종되어야 할 말씀'이라고 생각하면서 읽는 읽기입니다. 예수 그리스도의 순종에 준하는 순종과 성취를 기대하는 말씀들이 나에게 떨어졌다고 믿고 읽는 것입니다. 성경을 읽을 때 '오늘 이 말씀이 내 귀에 응하였고 내게 실천의 부담을 안겨주는구나'라고 생각하고 읽으면 그 사람은 이미 하나님의 영토에 와서 다스림을 받고 사는 하나님 백성입니다. 그것이 바로 독생 성자급 순종을 드리는 하나님 백성의 삶입니다. 그런 사람을 통하여 비로소 구약성경과 신약성경은 하나님 말씀이 되어 이 세상에 하나님의 다스림을 구현하고 매개합니다. 성경에 구체적 문장으로 적힌 말씀은 하나님 나라의 잠재태입니다. 누군가가 그 말씀에 순종하며 실천하면 하나님 나라가 구현됩니다. 말씀의 현실태는 하나님의 다스림입니다. 따라서 하나님의 자녀가 하나님의 말씀을 듣고 그 언약 말씀을 지킬 때 비로소 말씀은 세상을 바꾸고 재구성하는 능력(롬 1:16)이 됩니다. 그러므로 순종하는 사람은 이 성경책 속에 감춰져 있는 능력을 실제로 살아 있는 능력이 되게 만들어주는 중보자인 셈입니다.

다양한 수준에서 경험되는 하나님 나라: 개인, 소규모 교제권, 교회, 사회, 온 우주

신앙생활의 알파와 오메가는 "내 말을 듣고"에 달려 있습니다. "말씀을 듣는다"는 이해한다, 설복된다, 그리고 순종한다는 뜻입니다. 이 과정에 성령의 역사가 왕성하게 일어납니다. 우리는 우리를 설복한 논리에만 순종할 수 있습니다. 여러분도 말씀에 설복되면 반드시 실천할 힘을 얻게 됩니다. 말씀을 듣고 언약을 지키면 어떻게 됩니까? 하나님의 특별 소유, 제사장 나라, 거룩한 백성이 됩니다. 하나님이 내게 예정한 모든 꿈이 성취됩니다. 하나님 말씀을 듣고 언약을 지킬 때에만 내가 창조된 목적이 100% 구현됩니다. 내게 주신 하나님의 뜻은 나의 순종 여부에 달려 있습니다. 언약 백성이 된 우리가 하나님의 언약 말씀을 듣고 하나님의 율법을 지키려고 분투하다 보면 내게 두신 하나님 뜻이 성취됩니다. 우리는 제사장 백성이 되고 거룩한 백성이 되고 특별한 보호를 받고 임재를 경험하는, 하나님께 특별한 수준으로 소유된 백성이 됩니다. 이런 경험을 개인 단위로 해야만 우리 교회가 하나님 나라가 될 것에 대한 믿음이 생기고, 더 나아가 온 세계가 하나님 나라가 될 것에 대한 믿음이 생기는 것입니다.

마태복음 18:20과 누가복음 17:20-21이 이 사실을 강조합니다. 마태복음 18:20에서 주님은 "두세 사람이 내 이름으로 모이면 내가 그들 가운데 함께할 것이다"라고 약속하십니다. 두세 사람이 모이는 그 거룩한 동아리 교제권에서 하나님 통치가 실제로 경험됩니다. 두세 사람으로 모이는 거룩한 교제권에 속한 사람은 하나님 통치에 세밀하게 순종하는 셈이 되는 것입니다. "또 여기 있다 저기 있다고도 못하리니 하나님의 나라는 너희 안에 있느니라"(눅 17:21). 하나님 나라가 여기에 있다 저기에 있다 하는 말에 현혹되어서는 안 됩니다. 하나님 나라는 우리 가운데 있기 때문입니다. 두세 사람보다 좀 더 많은 수가 모인 교회, 믿음의 동아리, 순종하는 동아리 안에서 하나님 나라는 경험될 수 있습니다. 다시 말해서, 우리가 속한 교회 안에서 하나님 통치를 경험하지 못하면 하나님 나라의 우주적 완성에 대한 확신이 생겨나지 않습니다.

하나님 통치는 순종을 유발하는 말씀 사역, 권징과 영적 정화(죄를 이겨가는 경험), 그리스도의 몸으로 통합되는 성만찬적 성례 등으로 나타납니다. 지상 교회에서 하나님의 통치는 "회개하라, 두려워 말라, 전진하라, 순종하라, 자기를 부인하라" 등의 명령과 요구로 전달될 때가 많습니다. 이런 의미의 하나님의 다스림이 이루어지지 않으면 교회 간판을 걸어도 그것은 교회가 아닙니다. Anti-church(반교회)가 됩니다. 교회 안에서 하나님 나라 통치를 경험하지 못하는 사람은 이 세상이 하나님 나라로 창조적으로 흡수·통일될 것에 대한 기대(계 11:15)도 가질 수가 없습니다. 비록 지금 여러분이 출석하는 교회의 지휘부가 좀 와해되고 함몰되었다 하더라도 내가 속한 구역이나 속회 등에서 하나님의 통치를 세밀하게 경험한다면 여전히 희망이 있습니다. 그런 신령한 소집단에 속한 개인 신자는 영적으로 성장 가능한 사람입니다. 그래서 지금 대한민국 사회에서 하나님 통치를 경험한다는 것은 예수 이름으로 모이는 두세 사람의 동아리에 들어가 있다는 말입니다. 이러한 교제권이 반드시 있어야 합니다. 두세 사람 사이는 부부가 될 수도 있고 작은 교회 조직이 될 수도 있으며, 여러 가지 형식의 소모임일 수도 있습니다.

예수 이름으로 모인 두세 사람 사이에서나 교회 공동체 안에서 하나님의 통치는 두 가지 사건을 통해 경험됩니다. 죄 사함의 경험과 부단한 율법 성취의 경험입니다. 골로새서 1:13-14와 로마서 8:1-4은 개인적 차원의 죄 사함이 곧 하나님 나라로의 이주 사건임을 강조합니다. "그가 우리를 흑암의 권세에서 건져내사 그의 사랑의 아들의 나라로 옮기셨으니 그 아들 안에서 우리가 속량 곧 죄 사함을 얻었도다"(골 1:13-14). 출애굽 구원을 십자가 안에서 맛본 구원으로 재해석한 구절입니다. 속량(贖良)이란 말은 노예 상태에서 해방시킨다는 뜻입니다. 골로새서 1:13-14은 출애굽 구원과 예수의 구원을 등치시켰습니다. 그가 우리를 흑암의 권세, 즉 파라오의 권세에서 건져내어 그의 사랑의 아들의 나라로 이주시켜주셨습니다.

사랑의 아들의 나라, 그것이 곧 하나님 나라이며 지상에서는 교회 공동체입니다. 이때 아들이란 말은 특권을 누리는 자가 아닌, 순종의 무한한 부담을 진 자를 가리킵니다. 사랑의 아들의 나라로 옮겼다는 말은 사랑하는 독생자의 무한 책임의 나라, 무한 부담의 나라로 옮겨주셨다는 말입니다. 아버지 나라를 계승하기 위하여 순종할 부담을 안은 사람들의 나라로 옮겨졌고, 파라오의 채찍 아래에 살던 인생에서 십계명이라는 거룩한 멍에를 메고 아버지 하나님께 순종하여 아버지 하나님과 동화되는 그런 길로 들어섰다는 뜻입니다. 우리가 들어간 하나님 나라는 독생 성자 예수가 느끼는 그 감미로운 순종의 부담이 있는 나라입니다. 아버지의 다스림에 친히 자신을 드리고 하나님 아버지의 뜻에 즐겁게 복종하는 일이 넘치는 나라로 이주했다는 말입니다. 특권과 영광만 누리는 나라로 들어간 것이 아닙니다.

하나님 나라는 아버지 하나님과 동화되고 예수를 닮아가는 나라입니다. 예수를 닮아가는 운동 그것이 바로 하나님 나라 운동입니다. 예수 그리스도처럼 십계명의 멍에를 지고 율법에 순종하려고 아침마다 성경을 펴는 사람들은 반드시 그분을 닮게 됩니다. "그가 우리를 흑암의 권세에서 건져내사 그의 사랑의 아들의 나라로 옮기셨으니 그 아들 안에서 우리가 속량 곧 죄 사함을 얻었다." 이때 이 아들은 바로 유월절 어린양, 모든 사람이 양처럼 제 길로 달려갔으나 아버지 하나님의 뜻을 성취하기 위해 자기 부인, 자기희생의 길로 걸어가신, 세상 죄를 지고 가신 어린양 예수입니다. 이집트의 모든 장자가 마지막 열째 재앙에서 죽어갈 때 히브리인들의 장자만 죽지 않고 살아났습니다. 문설주에 유월절 어린양의 피를 발랐기 때문입니다. 바로 유월절 어린양의 피가 우리를 하나님의 진노로부터 건져냈습니다.

내가 애굽 땅을 칠 때에 그 피가 너희가 사는 집에 있어서 너희를 위하여 표적이 될지라 내가 피를 볼 때에 너희를 **넘어가리니** 재앙이 너희에게 내려 멸하지 아니하리라(출 12:13).

여호와께서 애굽 사람들에게 재앙을 내리려고 지나가실 때에 문 인방과 좌우 문설주의 피를 보시면 여호와께서 그 문을 **넘으시고** 멸하는 자에게 너희 집에 들어가서 너희를 치지 못하게 하실 것임이니라(출 12:23).

하나님 나라 복음

너희는 이르기를 이는 여호와의 유월절 제사라 여호와께서 애굽 사람에게 재앙을 내리실 때에 애굽에 있는 이스라엘 자손의 집을 **넘으사** 우리의 집을 구원하셨느니라 하라 하매 백성이 머리 숙여 경배하니라(출 12:27).

요한복음 19:33을 보면 뼈가 꺾이지 않은 채 십자가에 못 박혀 죽으신 예수가 바로 뼈가 꺾이지 않고 죽임 당한 어린양임을 알 수 있습니다. 유월절 어린양을 방불케 하는 예수의 그 피가 바로 출애굽기 12장에 나오는, 이스라엘 장자들을 살렸던 피입니다. 유월(逾越)이란 말은 넘어갈 유(逾), 넘을 월(越)로, 못 본 체 넘어가는 것을 의미합니다. 유월절은 용서해주고 묵과해주는 절기입니다. 출애굽 구원을 받은 백성은 누구의 피로 구원받는 것입니까? 유월절 어린양의 피입니다. 그 피는 원래 누구의 피였습니까? 그 피의 원본은 예수의 피였습니다(빌 2:6-11; 요 1:1-4). 유월절 어린양의 피의 효력은 예수가 흘린 피의 효력을 앞당겨 쓴 것이지요? 예수의 피는 주전 13세기에 흘려졌던 유월절 어린양의 피보다 시간적으로는 훨씬 후에 흘려졌지만 논리적으로는 먼저 흘려졌습니다. 가장 먼저 어린양 예수 그리스도의 **죽기까지** 바친 순종 때문에 아담 인류가 창조되었고, 아브라함부터 시작된 이스라엘 역사도 가능했습니다. 그리스도의 태초의 순종 때문에 하나님의 인류 구속의 역사가 시작되었습니다. 따라서 이스라엘 백성은 하나님의 어린양 예수의 먼저 뿌려진 피를 대신하고 예표하는 유월절 어린양의 피로 구원받았기 때문에 예수의 피로 구원받은 셈입니다. 모세 시대의 이스라엘이나 신약 시대 이후의 모든 성도들도 어린양 예수의 보혈로 구원받았습니다. 이 어린양 예수의 피 복음을 개인적으로 경험하지 못하면 우리 안에 있는 하나님 나라와 교회 안에 있는 하나님 나라에 대한 믿음이 생기지 않습니다. 결과적으로 온 세계가 하나님의 통치 아래 복속될 것에 대한 믿음이 생기지 않는다는 말입니다.

앞서 말했듯이 하나님 통치의 두 번째 표징은 성령의 감화감동을 통한 율법 순종입니다.

> 1 그러므로 이제 그리스도 예수 안에 있는 자에게는 결코 정죄함이 없나니 2 이는 그리스도 예수 안에 있는 생명의 성령의 법이 죄와 사망의 법에서 너를 해방하였음이라 3 율법이 육신으로 말미암아 연약하여 할 수 없는 그것을 하나님은 하시나니 곧 죄로 말미암아 자기 아들을 죄 있는 육신의 모양으로 보내어 육신에 죄를 정하사 4 육신을 따르지 않고 그 영을 따라 행하는 우리에게 율법의 요구가 이루어지게 하려 하심이니라(롬 8:1-4).

여러분 우리가 성령충만을 아직 충분히 경험하지 못했다 할지라도, 거울로 보듯이 희미하게 보일지라도 그것을 거룩하게 사모하면서 일단은 성령충만과 하나님 나라의 내적 연관을 이해해야 합니다. 하나님의 다스림 안에서는 죽음을 가져온 정죄와 심판은 더 이상 힘을 쓸 수 없습니다. "그러므로 이제 그리스도 예수 안에 있는 자에게는 결코 정죄함이 없다." 정죄함이 없다는 말은 '너는 글렀어, 너는 죽었어' 등의 최후 통첩적 정죄함이 예수 그리스도 안에서는 없다는 의미입니다. 예수 그리스도 안에 있는 사람들도 죄를 지을 수 있지만 최후 통첩적 정죄 선언을 받지는 않습니다. 예수 그리스도 안에 있는 생명의 성령의 법이 죄와 사망의 법에서 우리를 해방했기 때문입니다. 성도가 예수 안에서 죄를 지어도 그것이 죄와 사망을 가져오지는 않습니다. 죄와 사망의 법은 로마서 7:19-23이 말하는 악순환입니다. '두 마음의 싸

하나님 나라 복음

움-죄의 법의 승리-죄책감의 포로살이-아우성의 사슬'이 죄와 사망의 법입니다. 하나님의 다스림은 이 죄와 사망의 법에서 우리를 해방시켜 하나님의 율법을 즐거워하고 주야로 묵상하게 만들어줍니다. 하나님의 율법을 즐거워하는 마음의 법과 내 육체의 지체 속에 역사하는 법의 싸움에서 이전에는 2:8 정도로 후자의 기세가 훨씬 강했다면 이제는, 즉 그리스도 예수 안에서는 더 이상 아니라는 것입니다. 그리스도 예수 안은 은혜의 감동이 지배하는 장입니다. 죄 사함의 감격과 은혜가 나를 사로잡아가는 그 죄와 육신의 법, 사망의 법에서 해방하였기 때문입니다.

로마서 7:19-23에서 벌어진 혈투 현장에서 죄의 법 아래로 끌려갈 때 우리는 이렇게 소리칩니다. "오호라 나는 곤고한 사람이로다 이 사망의 몸에서 누가 나를 건져내랴!"(롬 7:24) 예수 그리스도 안에 있는 생명의 성령의 법이 로마서 7:24이 말하는 그 사망의 몸에 역사하는 사망의 법에서 우리를 해방합니다. 생명의 성령의 법, 참으로 간절하고 고귀한 이름입니다. 생명의 성령의 법의 도우심을 간구하기 위해서 우리는 우리 안에 벌어진 두 법의 혈투를 인정해야 합니다. "내 속 곧 내 육신에 선한 것이 거하지 아니하는 줄을 아노니 원함은 내게 있으나 선을 행하는 것은 없노라. 내가 원하는 바 선은 행하지 아니하고 도리어 원하지 아니하는바 악을 행하는도다"(롬 7:18-19). 이것이 1859년에 스펄전이 토로했던 바로 그 상태를 경험하는 것입니다. "만일 내가 원하지 아니하는 그것을 하면 이를 행하는 자는 내가 아니요 내 속에 거하는 죄니라"(롬 7:20). 홍해에 빠져 죽었다고 추정되던 파라오가 아직까지 나를 따라와 나의 옛 자아 속에 똬리를 틀고 나와 싸움을 벌이고 있다는 것입니다. 파라오 같은 폭군적 열정의 죄가 하나님의 법을 즐거워하는 구원받은 새 자아를 도발해 혈투를 벌이고 플레이오프를 거쳐 결승전에 진출했습니다. "만일 내가 원하지 않는 그것을 하면 행하는 자는 내가 아니요 내 속에 거하는 파라오 죄니라. 그러므로 내가 한 법을 깨달았노니 곧 선을 행하기 원하는 나에게 악이 함께 있는 것이로다. 내 속사람으로는 하나님의 법을 즐거워하되 내 지체 속에는 한 다른 법이 내 마음의 법과 싸워 내 지체 속에 있는 죄의 법으로 나를 사로잡아 가는 것을 보는도다. 오호라 나는 곤고한 사람이로다 이 사망의 몸에서 누가 나를 건져내랴"(롬 7:20-24).

이 사망의 법에서 누가 우리를 해방시킵니까? 예수 그리스도 안에 있는 생명의 성령의 법입니다. 임상 경험으로 말할 때는 죄와 사망의 법이 우리를 지배하는 것처럼 보일지라도 예수 안에 있는 생명의 성령의 법이 홍해를 건넌 우리를 죄와 사망의 법에서 해방합니다. 죄와 사망의 법에서 풀려난 이 상태를 우리는 성령 세례라고 말하고 성령의 인도에 지속적으로 따르고 순종하여 율법의 요구를 능히 감당할 수 있는 상태를 성령충만이라고 합니다. 물론 성령충만의 상태가 되었다 하더라도 인생이 만사형통한 것은 분명히 아닙니다. 성령충만해도 굶을 수 있습니다. 성령충만해도 배가 파선하여 14일 동안 달과 별이 안 보일 수도 있습니다. 성령충만하지만 마흔에 하나 감한 매를 다섯 번 맞을 수 있습니다. 성령충만하지만 자지 못함과 먹지 못함과 길의 위험과 강도의 위험에서 완전히 벗어난 것은 아닙니다. 성령충만한 사도 바울이 그렇게 먹을 것을 달라고 해도 하나님이 주지 않으셔서 자지 못하고 먹지 못하는 고통을 겪었습니다. 고린도후서 11장을 보면 성령충만이 만사형통을 보증해주지 않는다는 것을 알 수 있습니다. 성령충만의 마지막은 무엇입니까? 죽기까지 바치는 순종입니다(행 21:14). 사

하나님 나라 복음

도행전 21장에서 빌립의 딸이 사도 바울의 혁대를 풀어 포박하는 시늉을 하면서 "예루살렘으로 올라가면 이런 운명이 당신을 기다리고 있습니다, 체포됩니다"라고 말했습니다(행 21:11-12). 성령충만한 바울의 마지막이 포박과 체포입니다. 하나님이 바울에게 그렇게 암시를 줬건만 바울은 끝까지 고집을 피워서 드디어 체포됩니다.

그러니까 성령충만하다고 위험한 길을 안 가는 것도 아니고, 아주 순해지는 것도 아니고, 구름 위에 사는 것 같은 인생이 시작되는 것도 아닙니다. 보통 모든 경험을 다 합니다. 다만, 성령충만하면 죄와 사망의 법에서 우리를 해방하는 힘이 죄의 힘보다 조금씩 커져가는 것을 경험한다는 뜻입니다. "율법이 육신으로 말미암아 연약하여 할 수 없는 그것을 하나님은 하시나니 곧 죄로 말미암아 자기 아들을 유월절 어린양 죄 있는 육신의 모양으로 보내어 유월절 어린양의 육신에 죄를 정하사 육신을 따르지 않고 그 영을 따라 행하는 우리에게 율법의 요구가 이루어지게 하려 하심이니라"(롬 8:3-4). 4절이 제일 중요합니다. 여기서 "그 영을 따라 행하는 우리에게 율법의 요구가 이루어지게 하려 한다"는데 율법의 요구는 무엇입니까? 그리스도가 준수의 부담을 가졌던 모든 법입니다. 하나님의 요구와 뜻을 총칭하는 말입니다. 마음의 법과 육신의 법이 싸울 때 우리가 생명의 성령의 법에 의지하여야 합니다. 성령의 도우심 없이 내 지체 속에 역사하는 죄의 법과 그냥 일대일로 맞대결해서는 안 되고, 율법의 요구를 행하게 만드는 성령에 아멘하고 순종할 때 죄의 법을 이길 수 있다는 것입니다. 이것은 굉장히 미묘한 설명입니다. 성령께 복종한다는 것에 관한 자세한 설명이 로마서 8장의 시작부터 16절까지 나옵니다. 성령의 요구에 따른다는 말은 성령을 따라 행하는 것을 의미합니다. 성령을 따라 행하는 사람에게 십계명과 부대 조항의 요구가 이루어집니다. 우리 자신에게 하나님의 요구가 이뤄지고 하나님 통치가 실현되는 것을 볼 때에 하나님 나라에 대한 비전이 일어납니다. 여러분의 일인분 인생이 하나님 통치를 경험하지 못하면 하나님 나라의 복음에 대한 비전이 말짱 헛것이 됩니다.

제 경험으로도 이것을 확인해보았습니다. 제가 성령충만한 가운데 있을 때는 세계의 모든 신문 기사, 심지어 악당들의 활동마저도 하나님 나라의 전망과 비전에서 해석이 다 됩니다. 그러나 제가 성령충만하지 않은 가운데서 짜증과 분노를 일으키는 사람을 하루 종일 묵상하거나, 바둑 등 오락을 한참 즐기고 나면 하나님 나라의 완성 비전에 대한 열정이 식고 냉소하게 됩니다. 싸늘한 냉소와 함께, 열심히 찬양하는 사람들을 보면서 '저 확신이 과연 언제까지 지속될 수 있을까?'라는 의심이 일어납니다. 하나님 나라 비전에 대한 냉소가 일어나면 믿음 유지도 어렵습니다. 목사인 저도 지금 믿음을 간신히 유지하는 시대입니다. 다행히 제 옆에는 좋은 동역자, 선후배들이 포진해 있어 믿음을 유지하고 있습니다. 선하고 의로운 동역자들의 존재 자체가 내가 가는 길이 바르다는 확신을 줄 때가 있습니다. 만일 제가 지금 망우리에 있는 김 목사나 신림 사거리 대형 교회의 목사 같은 교인들에게 둘러싸여 있으면 '내가 뭔가 크게 잘못됐구나'라는 생각이 들 수도 있을 것입니다.

이처럼 우리의 믿음은 자명하고 당연하게 지켜지는 것이 아니라 매우 의도적인 인간관계의 엮임 속에서, 분투 속에서 지켜집니다. 우리를 둘러싼 환경에 따라 우리의 마음은 하나님과 하나님 나라에 대해서 싸늘해질 수 있습니다. 아침에 찬양을 하려고 해도 마음속 깊은 곳으로부터 가락과 신명으로 북돋아진 하나님 찬미가 나오지 않을 수 있습니

하나님 나라 복음

다. 하나님을 찬양하고 싶기는커녕 오히려 마음이 가라앉을 때가 있습니다. 복음 전도하고 싶지도 않고, 설교하고 싶지도 않고, 메시지 쓰고 싶지도 않고, 성도에게 메일 답변하기도 싫고 모든 게 다 싸늘해집니다. 문제는 우리 마음이 매우 순식간에 그렇게 될 수 있다는 것입니다. 옛날 1980년대에 불렀던 찬양들과 가요들이 입술을 타고 흥얼거려집니다. "혀 짤린 하나님," "금관의 예수" 생각이 날 때는 찬양보다는 "임을 위한 행진곡", "솔아 솔아 푸르른 솔아", "상록수" 같은 노래들이 떠오릅니다. 이 노래들은 하나님 찬미가 아니라 역사 속의 무기력한 대중과 자신들을 일깨웠던 민중 각성형 가요들입니다. 물론 이런 가요들은 의미 없는 찬양보다 낫습니다. 하나님을 찬미해도 하나님의 감미로운 통치가 피부에 감지되지 않고, 몹시 분투하고 상상에 상상을 거듭해야만 간신히 하나님이 이 세계를 다스린다고 느껴지면 영적 건조주의보가 발령되어야 합니다. 성령충만이 필요한 상황입니다. 마음이 싸늘해지고 냉랭해질 때 우리는 "빈 들에 마른 풀 같은 시들은 나의 영혼"이라는 찬양부터 시작해서 성령충만 갈망 찬송을 쉼 없이 불러야 합니다. 가슴은 성령의 잉걸불로 타올라야 합니다. 영을 따라 행하는 삶은 성령의 불길로 데워진 사람들의 삶을 가리킵니다.

영을 따라 행하는 사람은 구약 용어로 말하면 '하나님 말씀을 잘 듣고, 하나님의 언약을 잘 지키는 사람'입니다. 영을 따라 행하는 자는 그리스도를 닮아가고, 그의 삶과 인격과 주변에 하나님의 통치 증거가 열매로 나타나기 시작합니다. 영을 따라 행하는 자는 하나님 아버지의 뜻을 따라 죽기까지 복종하신 하나님의 아들, 그리고 아들이 아버지께 요청하여 보내주신 보혜사 성령의 구원 섭리를 집중적으로 묵상해 하나님의 은혜에 감동받은 상태를 유지하는 사람입니다. 영을 따라 행하는 사람은 하나님의 절대주권적 다스림, 아들 하나님의 순종, 그리고 성령의 증언과 감화감동의 역사 속에 자신을 부단히 노출시킵니다. 의로운 순종을 일삼는 영적 선배, 자신의 영혼을 정결케 하는 사람들의 일생에 주목하며 도전과 격려를 받습니다. 자신의 동정과 자비를 촉발시키는 사람들을 보고 하나님의 살아 계심을 믿습니다.

반면에 육신의 생각은 자기 죄, 세상 죄, 자기 주변 사람들의 죄와 불순종을 종일 묵상하는 것입니다. 죄악 된 욕심-죄-사망(악과 고난, 죽음과 질병)의 악순환을 중심으로 묵상을 전개하면 육신의 생각에 따라 행하게 됩니다. 자기의 치명적 죄, 자기의 더러운 인간성을 오랫동안 묵상하면서 비관주의에 빠집니다. 죽은 조상들의 망령된 행실을 생각하면서 자신의 죄악 된 삶을 조상 탓으로 돌리기도 합니다. '우리 증조할아버지는 술을 엄청 많이 마셨지. 우리 할아버지도 많이 마셨지. 우리 아버지도 알코올 중독자였지. 아아, 내가 이렇게 술고래가 된 것은 숙명이었구나. 에라 모르겠다. 내일 뒤지더라도 오늘 실컷 마시자.' 이런 생각이 육의 생각입니다. 죄악을 부추기거나 정당화하는 생각, 죄악이 행복을 가져다준다고 착각하는 사람은 육신의 생각을 따르는 자입니다. 육신의 생각은 덧없는 것, 거짓된 것에 집착하는 생각입니다.

육신의 일을 생각하지 말라는 것은 자신의 죄악 시나리오를 따라 묵상을 오래 하지 말라는 뜻입니다. 영의 일을 생각하라는 말은 거룩한 설렘과 영적 고양을 지각시키는 사람과 사건 중심으로 생각하라는 뜻입니다. 성경 인물 중에서는 가룟 유다를 오랫동안 생각하면 안 됩니다. 또 엘리사의 비서로서 뇌물 먹다가 문둥병에 걸린 게하시 같은 사람을 오래 묵상하지 말아야 합니다. 거짓 예언자 발람을 부러워하거나 길게 묵상할 필요가 없습니다. 우리 주변에 있는 최악의 기독교인

하나님 나라 복음

들이나 목사들의 범죄·비리 기사를 너무 오랫동안 탐독하지 말라는 것입니다. 육신의 생각을 하지 말고 영의 생각을 해야 합니다. 영의 생각은 성령에 의해 촉발된 사유와 성찰에 집중하는 것입니다.

더 나아가, 성령의 고양된 사역, 즉 성령이 사람과 문화를 변화시키는 장면을 묵상하라는 뜻입니다. 그래서 신문 기사를 날것 그대로 읽으면 안 됩니다. 신문은 악인들의 동정 기사에 의해 마음이 흐려지지 않는 성자만이 읽을 수 있습니다. 신문을 읽고도 전혀 영향을 받지 않고 인간들의 죄악 때문에 상처받지 않을 사람만 신문을 읽어야 합니다. 저를 포함한 우리는 대부분 신문 읽을 자격이 없습니다. 신문 대신에 성경을 많이 읽으십시오. 신문은 돌아가시기 직전인 한 95세 된 성자들만 읽어야 합니다. 신문을 읽는 순간 바로 여러분이 힘들어하는 비리 정치인들이나 고관대작들, 흉악범들이 마음의 뜰 안으로 뚜벅뚜벅 걸어들어 오지 않습니까? 그렇게 되면 마음이 많이 불편해집니다. 그래서 저는 신문을 읽지 말자고 주장합니다. 인터넷 포털 뉴스도 읽지 맙시다. 영의 생각은 하나님께 드릴 순종을 북돋우는 생각, 순종을 북돋우는 거룩한 성자의 삶을 생각하는 것입니다. 성경에서부터 교회사에 이르기까지 하나님께 드린 순종으로 하나님의 생명력을 발출한 사건들과 인물들을 많이 사유하고 생각하고 추적합시다. 히브리서 11장이 좋은 예입니다. 셋, 에노스, 에녹, 아브라함, 이삭, 야곱, 요셉, 모세, 사무엘, 다윗, 엘리야, 엘리사, 예언자들 등 거룩한 순종의 화신들을 많이 생각해야 합니다. 육신의 생각은 자신의 치명적 죄, 짜증나게 하는 환경, 나쁜 영향을 끼친 사람 등을 생각하는 것입니다. 육신의 생각은 우리의 도덕적·영적 감성지수를 하향 조정합니다. 하나님의 비전에 대한 공감과 동의를 옅게 만듭니다. 그래서 육신의 생각은 하나님과 원수가 되게 합니다. 가장 대표적인 육신의 생각이란 우리 마음의 도덕적 커트라인을 낮추는 사람들에 관한 생각이기 때문입니다. 사기꾼, 흉악 범죄자, 성범죄 사건 등을 묵상하는 것은 하나님과 원수가 되게 만드는 육의 생각입니다. 영의 생각을 많이 하는 사람이 성령충만한 사람이 됩니다. 성령충만한 사람이 하나님의 통치를 자신의 인격과 삶에서 생동감 있게 경험할 수 있습니다.

영의 생각은 영적 고양감을 일으키는 사람들, 성자들의 삶, 신학 및 신앙 서적의 내용, 그리고 성경 구절을 생각하는 것입니다. 특히 시편이 영의 생각을 훈련하는 데에 제일 좋습니다. 제 경험으로는 시편 기도문이야말로 영을 따라 행동하는 데 가장 큰 도움이 되었습니다. 시편에 나오는 기도문은 육신의 생각을 막아주는 가장 좋은 구절들이기 때문입니다. 시편의 멋진 구절들을 암송하는 것이야말로 영의 생각을 전개하는 데 가장 좋습니다. 영의 생각을 촉진시키는 또 다른 매개물은 영적으로 신선한 충격을 주는 성도의 교제권입니다. 거룩한 교제권, 우정만큼 영의 생각을 효과적으로 촉진시키는 통로는 없을 것입니다. 다음으로는 앞서 살았던 믿음의 선진들의 언행록 묵상입니다. 영적 고양감을 높이고 성화시킬 수 있는 위인들의 삶을 생각하는 것도 아주 좋은 영의 생각입니다. 그렇게 영의 생각을 심화시켜가면 하나님께 순종하는 일이 쉬워집니다. 동시대의 영적 우정 동아리와 세대를 넘어선 통시적 우정의 동아리에 참여하는 것은 성령 아래 사는 삶을 내면화하는 데 좋은 훈련입니다. 성령충만한 교회에 다니면 영 안에 있는 것입니다. 성령충만한 교제권 안에 머무르면 영 안에 있는 것입니다. 거룩한 습관, 거룩한 시간과 장소에 내 몸을 맡기면 영 안에 있는 것입니다. 그래서 범죄·비리 기사를 다루는 신문부터 읽지 마시고 성경부터 읽으시길 바랍니다. 특히 사기 쳐서 감옥 가는 악인들의 기사는 절대로 읽지 마시고 시편부터 읽으시기 바랍니다. 웬만한 악행 기사를 읽어도 마음에 흙탕물이 일지 않는 사람만 신문을 읽으시기 바랍니다.

이처럼 영의 생각에 집중하다 보면 성화에 대한 확신이 생겨날 것입니다. 마침내 여러분이 장차 부활할 것을 믿게 됩니다. "예수를 죽은 자 가운데서 살리신 이의 영이 너희 안에 거하시면 그리스도 예수를 죽은 자 가운데서 살리신 이가 너희 안에 거하시는 그의 영으로 말미암아 너희 죽을 몸도 살리시리라"(롬 8:11). 영의 생각이 생명과 평안을 가져다준다는 것은 영의 생각이 바로 부활의 확신을 가져다준다는 뜻입니다. 죄와 혈투를 벌이는 나의 옛 자아가 드디어 부활한다는 확신이 듭니다. 그래서 그때부터는 무서워하는 종의 영을 받지 않고 양자의 영을 받았으므로 하나님을 아바 아버지라 부르면서(롬 8:15) 기도합니다. 풍요로운 기도 생활에 입문하는 것입니다. 마침내 이 혈투는 16절에서 해피엔딩으로 끝납니다. 성령이 친히 우리 영으로 더불어 우리가 하나님 자녀인 것을 증거합니다. 이제 가장 중요한 것은 하나님 자녀라는 확신을 갖는 것을 넘어 하나님 나라를 상속한다는 의식을 갖는 것입니다. 이것이 하나님 나라 신학의 중간 결론입니다. 하나님 나라 신학은 성도들로 하여금 하나님 나라를 상속하도록 돕고 견인하는 신학입니다. 이 신학은 하나님 나라가 양자의 영을 받은 사람들의 부르짖는 기도와 실천을 통하여서만 가능함을 강조합니다. 출애굽기 13:2에 따르면 이스라엘 백성의 초태생은 다 하나님의 것입니다. 초태생이 심판으로부터 구원받았기 때문에 이스라엘 백성의 모든 초태생은, 그중에서도 맏아들은 하나님의 것입니다. 우리는 유월절 어린양의 피로 살림 받고 구원받은 하나님의 초태생들입니다. 그 초태생의 핵심 과업은 양자의 영을 받아서 하나님 아버지라고 부르짖는 것, 하나님 나라를 상속하기 위하여 드리는 간단없는 기도와 영적 교통입니다.

결국 하나님 나라를 상속하기 위하여 우리는 그리스도와 함께 고난을 받아야 합니다. 하나님 나라 상속 과정에는 그리스도의 고난에 동참하는 것이 포함되어 있습니다. 그것은 우리 옛 자아를 십자가에 못 박는 고난을 감수할 뿐만 아니라 다른 사람이 받을 죄값을 고난으로 치르는 고통에 동참한다는 것을 의미합니다. 우리 겉사람은 부패하나 속사람은 날로 새로워집니다. 우리가 이 세상에서 썩어 없어질 이생의 자랑과 육신의 정욕과 안목의 정욕들을 포기하는 고난을 상속하여 마침내 하나님 나라를 상속한다는 것을 의미합니다. 잠정적인 것, 비영속적인 것, 부패 가능한 것을 포기하고 불멸의 가치를 획득하는 것이 바로 고난입니다. 이 세상을 대신할 하나님 나라를 상속받기 위해 세상에 대한 애욕과 집착을 거부하고 배척하는 이 엄청난 주체 의식, 주인 의식을 가지는 것이 하나님 자녀의 가장 확실한 징표입니다. 하나님 나라 신학은 하나님 나라를 구현하기 위한 하나님 자녀들의 무한한 책임 의식을 강조합니다. 하나님 나라는 덧없고 잠정적인 욕망과 자랑을 거부하고 영원하신 하나님의 성품에 걸맞는 가치와 덕으로 건축된 나라입니다. 하나님 나라의 복음은 상실의 영성이 아니라 엄청난 상속의 영성입니다. 이것은 말로 다 할 수 없는 복음의 비밀입니다. 제가 여러분들로부터 무슨 헌신을 이끌어내기 위해서 하는 말이 아닙니다. 목사니까 하는 말도 아닙니다. 복음 진리이기 때문에 선포하는 것입니다. 하나님의 나라를 상속한다는 의식이야말로 하나님 나라 신앙, 하나님 나라 복음의 핵심입니다. 불멸하는 하나님의 사랑에 결속되고 하나님의 사랑을 실천할 때에 영원히 없어지지 않는 하나님 나라를 상

하나님 나라 복음

속한다는 확신이 듭니다.

지금까지 한 모든 논의는 성령의 해방 사역을 경험한 성도에게만 의미가 있습니다. 구속받은 새 자아와 혈투를 벌이는, 죄와 사망의 법에서 우리를 해방시키는 성령의 내밀하고도 지극히 개인적인 역사(役事)를 맛본 사람에게야 이 모든 논의가 의미 있는 것입니다. 그것을 맛보지 못한 사람, 즉 옛 자아가 십자가에 못 박히는 것을 경험하지 못한 사람들에게는 지금 이런 모든 논의들이 그림의 떡이 될 것입니다. 그러나 여러분, 한 가지는 확신하시기 바랍니다. 흑암의 권세에서 여러분을 건져내사 그의 사랑의 아들의 나라로 옮겨주신 하나님은 우리를 구원하신 후에 절대 포기하거나 광야에 버려두지 않습니다.

칼 바르트(Karl Barth)는 우리의 옛 자아를 부수기 위해 부단한 성령 감동으로 흔드시고, 제한하시고, 거룩하게 고양시키는 사역을 그리스도인의 성화를 위한 하나님의 세 가지 방편이라고 말합니다.[10] 먼저 성령은 진동하지 않는 하나님 나라를 상속받도록 하기 위하여 모든 잠정적인 것들에 집착하는 성도의 삶을 흔드십니다. 죄와 사망의 법에서 해방시키기 위해 우리를 세차게 요동케 하십니다. 영속적이지 않은 모든 세상 것들로부터 정을 떼게 하기 위해서 우리를 흔드십니다. 우리는 그것을 성령의 동요 사역이라고 말합니다. 성령의 두 번째 성화 사역은 제한 사역입니다. 호세아 2:6-7에 따르면 하나님은 우리가 세상 우상이나 죄악 된 옛 습관을 따라가는 길을 걸을 때 그 길을 가시 담벼락으로 막으십니다. 옛날에 파라오의 채찍 아래 있던 것처럼 하등 욕망을 따라가는 삶의 앞길을 가시로 방벽으로 방해하셔서 우리의 욕망 실현을

---

10) 이정석, 『하나님의 흔드심』(새물결플러스, 2010), 201-272.

좌절시키십니다. 충분히 성화되지 못한 단계에서는 가시와 담이 나타나서 우리 인생을 방해하는 것처럼 보이는 하나님의 거룩한 제한 사역이 있습니다. 하나님은 때로는 우리를 동요시키시고 제한하셔서 마침내 우리 영혼을 고양시키십니다. 거룩하게 동요되고 제한당할 때 성도의 관심은 비로소 위에 있는 것을 향하게 됩니다. "그러므로 너희가 그리스도와 함께 다시 살리심을 받았으면 위의 것을 찾으라 거기는 그리스도께서 하나님 우편에 앉아 계시느니라. 위의 것을 생각하고 땅의 것을 생각하지 말라"(골 3:1-2). 그리스도의 통치에 참여하는 삶으로 이끄는 사역, 이것이 성령의 고양시키는 사역입니다.

결론

우리가 하나님 나라의 우주적 비전이나 사회 변혁 비전 등 거대 담론을 아무리 논해본들 우리 각각의 개인이 죄와 사망의 법에서 해방시키시는 생명의 성령의 법에 노출되지 못하고, 성령의 사역이 왕성한 거룩한 교제권 내에 속하지 못하고, 성령충만한 교회 안에서 성령의 바람에 흔들려보고, 제한당해보고, 고양되어보지 못한다면 그런 거대 담론은 아무 소용이 없습니다. 우리 각자가 성령의 지극히 내면적이고 인격적인 위로, 돌봄, 책망, 권계, 조명과 인도, 고양과 환상 고취를 맛보지 못한다면 우주적·사회적 비전은 증발될 수밖에 없습니다. 예수 그리스도 안에서 생명의 성령의 해방시키고 속량시키는 능력을 한 번이라도 몸서리치게 경험한 사람들은 영에 속한 사람이 되고 그 영을 따라 행하는 사람이 됩니다. 영을 따라 행하는 사람들의 거룩한 동아리는 엄청난 헌신을 합니다. 이것이 무섭습니다. 성령을 따라 행하는 사람들의 시간의 헌신, 물질의 헌신, 인생 전체를 바쳐버리는 그 급진적 투신이 한데 모여 움직이면 이 세상은 깜짝 놀랍니다. 그리스도인들은 집단 순교자가 되고 거룩한 사랑의 집단 화신이 되어 하나님을 모르고 흑암의 권세에 시달리는 사람들을 건져내는 기적이 일어납니다. 홍해를 가르는 역사가 도처에서 동시다발적으로 일어날 수밖에 없는 것입니다. 우리 하나님은 지금도 흑암의 권세 아래에서 주체성을 박탈당한 채 죄악 된 행동을 반복하는, 자기 존엄성을 파괴하는 숱한 죄에 연루된 사람들을 건져내셔서 그의 사랑의 아들의 나라로 옮겨주십니다. 속량된 개개인의 신자들을, 언약 율법을 이해하고 납득하고 지키는, 순종의 기쁨을 아는 성도들의 동아리로 소속케 하십니다. 모세와 예언자들의 하나님 나라 복음은 파편화되고 노예화된 개인들을 속량하셔서 하나님의 소유된 백성, 제사장 나라, 거룩한 백성으로 성장시켜주실 것이라는 기쁜 소식입니다. 모세와 예언자들은 죄악 된 노예 체제로 되돌아가려는 이스라엘 백성이 하나님 나라의 통치 아래 머물며 하나님을 좇도록 언약을 중보하고, 율법을 중개하고 가르치고, 책망하고, 위로하고, 권계하였습니다. 어떤 전제군주도 하나님께 속한 언약 백성을 마음대로 압제하지 못하도록 경고했습니다.

모세와 예언자들의 복음은 첫째, 선(先)구원 후(後)순종의 복음입니다. 부단한 순종을 통해 하나님의 비전을 성취해가야 할 부담을 안고 가는 구원입니다. 구원 감격은 감미로운 순종으로 승화되어야 합니다. 둘째, 파편화된 개인들은 제사장 나라와 거룩한 백성 공동체를 이룰 과업을 부여받습니다. 셋째, 개인 단위로 성령의 감화감동과 그로 인한 율법 순종을 맛보지 못한다면 하나님 나라 비전 자체가 무의미해집니다. 넷째, 모세와 예언자의 하나님 나라 복음은 이상적인 순종을 바친 독생자 예수 그리스도를 통해 이 땅에 실체화되었습니다. 모세와 예언자들이 말한 속량은 나사렛 예수의 십자가 대속의 죽음으로 이뤄졌고 성령으로 거듭난 신자들 안에서 실현되었습니다. 모세와 예언자들이 예고한 죄 사함과 속량의 실체는 그리스도 예수 안에 있는 성령의 해방 사역과 교회 창조 사역을 통해 나타났습니다. 모세와 예언자들의 영도와 중보 아래 이스라엘 백성이 맛본 구원과 속량은 신약 성도들이 맛볼 속량과 구원의 예표였습니다.

하나님 나라 복음을 영접하셔서 다시는 돌이킬 수 없는 구원의 반환점을 찍기를 바랍니다. 다시는 이집트의 가마솥으로 퇴행하지 않고 앞에 있는 푯대를 향해, 하늘 상급을 바라보고 정진하는 하나님 나라 백성이 되기를 바랍니다. 마침내 우리 낮은 몸의 형체를 영광스러운 몸의 형체로 바꾸실 예수 그리스도의 제자로 살아가기로 결단하시기를 바랍니다. 물론 우리가 푯대를 향해 아무리 전진에 전진을 거듭하더라도 완전에 이르지는 못합니다. 그리스도의 형상을 닮기 위하여 하늘 푯대, 하늘 상급을 향해 정진한다 하더라도 우리가 동원하는 결심과 수련은 우리가 거룩하게 변화되는 데에는 역부족입니다. 우리 비천한 몸의 형상을 영광스럽게 바꾸게 하실 분은 오직 하늘로부터 오는 구세주, 예수 그리스도입니다(빌 3:14-21). 하늘로부터 오는 예수 그리스도가 지금 일상생활에서 하늘 푯대를 향해서 조금씩 미세하게 전진하는 성도들의 그 누추한 삶을 영광스럽게 바꾸실 줄 믿습니다. 하나님 나라 영토에서 깨어나 아침을 맞고 말씀을 펴자마자 매우 구체적인 계명들을 받는 성도가 되시기를 바랍니다. 추상적이고 비현실적인 신앙적 의무감으로 짜증내는 사람, 하나님의 비전에 공감하지도 못하면서 자신이 마치 하나님 나라의 첨병인 것처럼 행세하는 사람들은 누구입니까? 하나님 나라 영토에 들어오지 못한 채 바깥 어두운 데서 슬피 이를 가는 사람(후회하는 사람)입니다. 그러나 하나님 나라 영토에서 아침을 맞는, 깨어나서 성경을 펼치자마자 영의 일을 생각하게 만들어 주는 신령한 구절을 전광석화처럼 만나는 성도는 하나님의 명령과 부탁, 호소와 요청을 받아들인 사람입니다. 한 번 보고 암송한 구절이 뇌리에 박혀서 일주일 내내 그 심비에 새겨진 말씀의 신비를 묵상하면서 하나님의 가슴 깊숙이까지 접근하는 사람은 복된 하나님의 자녀입니다. 자신의 영혼과 육체를 하나님 보좌로 견인하는 영적 흡인력을 경험하면서 설렘과 감격 속에서 점점 신앙생활의 묘미를 알아가는 성도입니다. 하나님 나라의 복음으로 대반전이 일어나 다시 사명의 땅 예루살렘으로 되돌아갈 만큼 마음이 뜨거워지기를 간절히 바랍니다.

2

다윗과
시편의
하나님 나라 복음

_김회권

예수 그리스도의 성경 읽기와 하나님 나라

우리는 앞에서 누가복음 24:27-47에 나오는 그리스도의 독특한 구약 성경 읽기를 자세히 살펴보았습니다. 예수는 모세의 글과 예언서, 그리고 시편이 각각 당신의 하나님 나라 복음을 증거한다고 단언하셨습니다. 누가복음 24:27, 32, 44-48을 연속적으로 읽습니다.

> 27이에 모세와 모든 선지자의 글로 시작하여 모든 성경에 쓴 바 자기에 관한 것을 자세히 설명하시니라…32그들이 서로 말하되 길에서 우리에게 말씀하시고 우리에게 성경을 풀어주실 때에 우리 속에서 마음이 뜨겁지 아니하더냐 하고(눅 24:27, 32).

> 44또 이르시되 내가 너희와 함께 있을 때에 너희에게 말한 바 곧 모세의 율법과 선지자의 글과 **시편에 나를 가리켜 기록된 모든 것이 이루어져야 하리라** 한 말이 이것이라 하시고 45이에 그들의 마음을 열어 성경을 깨닫게 하시고 46또 이르시되 이같이 그리스도가 고난을 받고 제삼일에 죽은 자 가운데서 살아날 것과 47또 그의 이름으로 죄 사함을 받게 하는 회개가 예루살렘에서 시작하여 모든 족속에게 전파될 것이 기록되었으니 48너희는 이 모든 일에 증인이라(눅 24:44-48).

그리스도는 구약성경의 모든 구절들, 즉 모세의 글과 예언자의 글과 시편의 글이 당신 자신을 가리킨다고 말씀했습니다. 이것은 매우 중요한 읽기입니다. 이러한 구약성경 읽기의 절정은 히브리서 10장에 나타납니다.

> 5그러므로 주께서 세상에 임하실 때에 이르시되 하나님이 제사와 예물을 원하지 아니하시고 오직 나를 위하여 한 몸을 예비하셨도다(시 40:6 이하) 6번제와 속죄제는 기뻐하지 아니하시나니 7이에 내가 말하기를 하나님이여 보시옵소서 두루마리 책에 나를 가리켜 기록된 것과 같이 하나님의 뜻을 행하러 왔나이다 하셨느니라 8위에 말씀하시기를 주께서는 제사와 예물과 번제와 속죄제는 원하지도 아니하고 기뻐하지도 아니하신다 하셨고 (이는 다 율법을 따라 드리는 것이라) 9그 후에 말씀하시기를 보시옵소서 내가 하나님의 뜻을 행하러 왔나이다 하셨으니 그 첫째 것을 폐하심은 둘째 것을 세우려 하심이라 10이 뜻을 따라 예수 그리스도의 몸을 단번에 드리심으로 말미암아 우리가 거룩함을 얻었노라(히 10:5-10).

6절이 결정적으로 예수의 성경 읽기를 예시합니다. 하나님 말씀이 '자신의 순종을 지시한다'고 믿는 읽기입니다. 성경에서 하나님은 불순종하는 사람이 아닌, 이 말씀에 100% 순종할 이상적인 이스라엘 백성을 염두에 두면서 말씀하셨습니다. 모든 하나님의 말씀은 근본적으로 이 말씀에 순종할 이상적인 하나님의 자녀, 이상적인 하나님의 아들을 염두에 두면서 선포된 말씀이라는 것입니다. 마치 예수 그리스도의 완전한 순종을 겨냥하면서 말한 것과 같기 때문에 모든 성경 구절은 완벽한 순종을 바쳤던 그리스도 예수 자신에 관한 말씀이 되어버린 것이지

하나님 나라 복음

요. 그런 뜻에서 모세와 예언자, 시편의 글은 예수 그리스도를 향한, 예수 그리스도를 가리키는, 예수 그리스도에게 인격적으로 들려진 말씀이 되었던 것입니다. 말씀하시는 하나님께 이상적인 순종을 바칠 것을 결심하면서 성경을 읽는 것은 옛날에 무슨 일이 일어났는가를 알고자 하는, 지적 호기심을 충족시키는 읽기와는 전혀 다릅니다. 옛날에 일어난 사실을 확인하려는 읽기와 지금도 유효한 하나님 말씀을 경청하려는 읽기는 그 목적과 지향이 전혀 다릅니다. 우리가 하나님 말씀을 읽을 때 이 말씀의 능력이 순종하는 나를 통하여 어떻게 구현될 것인가를 설레는 마음으로, 기대하는 마음으로 읽을 때, 그리스도처럼 성경을 읽는다 말할 수 있습니다.

앞에서는 모세와 예언자들의 하나님 나라 복음에 대해 나누었습니다. 모세와 예언자들의 하나님 나라 복음은 선(先)구원 후(後)순종을 요구하는 복음입니다. 선(先)구원 후(後)순종을 통해 하나님 나라를 구현하는 과업에 복무토록 하는 복음입니다. 모세와 예언자들의 하나님 나라 복음은 구원받은 후 부단한 순종을 통해 약속된 하나님 나라를 삼중적으로 구현해가라는 요구였습니다. 하나님께 특별 소유된 백성, 제사장 나라, 거룩한 백성의 정체성은 약속된 미래였습니다. 아브라함부터 예수 이전까지 이 하나님 나라의 비전은 불충분하게 성취되거나 좌절되었으나 나사렛 예수 안에서 100% 성취되고 실현되었습니다.

모세와 예언자들은 전범(典範)과, 전범을 연쇄적으로 승계하는 모형(模型)의 관계입니다. 모세와 예언자들은 이스라엘을 위해 하나님의 언약을 중보하고 갱신하며 이스라엘로 하여금 그 언약 관계를 지키도록 격려하고 견인하는 중보자입니다. 사역의 범위는 달라도 사역의 성격 면에서 그들은 모두 동급입니다. 모세와 예언자의 관계를 신명기

18:15-18은 이렇게 말합니다. "네 하나님 여호와께서 너희 가운데 네 형제 중에서 너를 위하여 **나와 같은 선지자**를 일으키시리니 너희는 그의 말을 들을지니라…내가 그들의 형제 중에서 **너와 같은 선지자** 하나를 그들을 위하여 일으키고 내 말을 그 입에 두리니 내가 그에게 명령하는 것을 그가 무리에게 다 말하리라." 결국 예언자는 모세의 역할을 계승하는 일종의 모세 분신들, 아바타들입니다. 구약성경은 원 모세와 제2대 모세, 제3대 모세의 중보 활동의 기록입니다. 여호수아가 제2대 모세요, 사무엘 시대에는 사무엘이 모세의 아바타입니다. 예레미야 때에는 예레미야가 모세의 아바타가 되는 것입니다. 예언자들은 모세의 분신적 존재입니다. 그래서 모세와 예언자들은 결국은 같은 하나님 나라 메시지를 전하는 사람들입니다.

모세와 예언자의 메시지는 무엇입니까? 하나님 나라 복음입니다. 이스라엘은 하나님의 통치를 받아 온 세계에 이 하나님 통치를 확장하기 위해 존재합니다. 하나님의 통치를 받는다는 것은 십계명과 그 부대 율법들을 지키는 것입니다. 모세와 예언자들은 먼저 구원의 은혜로 감동되지 않고는 하나님께 순종할 수 없다는 것을 잘 알고 있었습니다. 그래서 하나님은 히브리 노예들을 이집트 파라오의 손에서 해방시킨 후에야 십계명을 주십니다. 먼저 구원해주신 후, 즉 먼저 감동시킨 후에야 순종과 응답을 기대하신다는 뜻입니다. 두 번째 메시지는, 우리가 받은 구원을 지속적으로 유지시키고 심화시키기 위해서는 부단한 순종이 필요하다는 것입니다. 하나님은 우리의 순종 없이도 모든 일을 다 하실 수 있지만 당신의 능력 일부를 억제하셔서 마치 사람의 순종이 없으면 하나님의 역사가 일어나지 않고 하나님 나라가 건축되지 않는 것처럼 보이게 만듦으로써 사람의 순종을 유발하십니다. 이런 하나님의 역사 운행 섭리 때문에 인간의 순종은 우주적으로 너무 중요한 모멘텀(momentum)이 됩니다. 그래서 회개, 갱신, 변화, 그리고 부단한 순종을 강조합니다. 구약성경에서는 율법의 멍에를 지고 사는 삶을 자유민의 특징으로 봅니다. 율법의 멍에를 지는 것이 자유라는 것입니다. 구약 성도들에게 율법은 자유를 위한 속박이었습니다. 진리에 속박된 사람만이 자유롭다는 사실, 참 역설적입니다. 이것을 야고보서 1:25은 "자유하게 하는 율법", 즉 우리의 자유를 점점 증대시키고 신장시키는 율법이라고 말했습니다.

출애굽기 19:4-6은 히브리 노예들을 자유민으로 만들기 위해 하나님과의 언약에 초청하는 장면인 '시내 산 언약 구절'입니다. 하나님은 히브리 노예들을 참 자유케 하시기 위해 그들을 당신 자신의 심장에 맵니다. 하나님은 독수리 날개로 업듯이 이스라엘 백성을 이집트의 강력한 지배 아래서 건져내신 후 이스라엘의 미래의 순종을 토대로 다음과 같은 약속을 했습니다. '너희가 내 말에 거하고 내 언약을 지키면 너희는 내게 특별하게 소유된 백성이 되겠고 제사장 나라, 거룩한 백성이 되리라.' '너희가 내 언약의 말을 잘 듣고 지키면 너희는 세계 만민을 내게로 이끌어오는 선교하는 국가, 제사장 국가, 중보자 국가가 될 것이며 세계 만민의 죄를 들추어내며 그들이 하나님 앞에서 죄인임을 순식간에 자각하게 하는 거룩한 광채를 발하는 백성이 되게 만들어주겠다'고 약속했습니다.

그런데 이스라엘 민족에게 주신 이 사명은 결국 누구를 통해서 완성됐습니까? 시내 산에서 이스라엘 백성에게 주셨던 이 말씀은 결국 누구를 상대로 한 말씀이 되었습니까? 누가 이 말씀을 듣고 아멘으로 응답했습니까? 이스라엘 민족에게 집단적으로 위탁되었던 이 제사장 나라의 사명, 거룩한 백성의 사명을 누가 성취했습니까? 하나님의 아들 나사렛 예수가 응답했고 이 과업을 성취했습니다. 그렇기 때문에 출애굽기 19:4-6은 종말에 오실, 완전한 순종을 바치신 독생 성자의 순종을 가리키면서 선포된 말씀이 됩니다. 그 말씀을 들었던 이스라엘 백성은 현실적으로 쓰러지고 넘어지는 죄인이었지만 그 말씀은 폐하여지지 않았습니다. 예수 그리스도가 이 말씀에 100% 전심으로 응답하고 순종했기 때문입니다(사 55:10-11). 이처럼 모든 성경 말씀은 한 완전한 순종자와 그 완전한 순종자의 순종 시점을 가리키고 있습니다. "이 모든 모세의 글과 시편의 글과 예언자의 글이 나를 가리키고 있다"는 말은 바로 이런 뜻입니다. 모세의 글, 시편, 예언자의 글은 한 이상적인 순종의 때를 가리키고 있다는 말입니다. 이상적인 순종을 바칠 하나님의 독생 성자의 완벽한 순종을 지향하며 기대하고 있다는 말입니다.

그래서 예수는 이스라엘에게 위탁된 사명, 즉 제사장 나라 사명, 거룩한 백성 사명을 당신 자신이 성취하기 위해 40년 동안 광야에서 방황했던 이스라엘 백성의 그 경험을 리트랙킹(retracking, 역추적)합니다. 40년을 상징하는 40일 동안 광야에서 시험받았습니다. 40년 동안 시험받았던 이스라엘 민족의 불순종과 죄를 상쇄시키기 위하여 40일 동안 굶주리면서 마귀에게 시험받았으나 이스라엘 민족과 달리 예수는 마귀의 시험을 이겨냈습니다. 그래서 예수는 마태복음 4:1-11의 마귀를 물리치는 장면에서 신명기 말씀을 인용할 수밖에 없습니다. 신명기 말씀은 무엇입니까? 광야에서 시험당할 때 이스라엘 백성이 넘어졌던 기록입니다. 시험에 넘어지는 이스라엘 백성과는 달리 완전한 순종자, 하나님 말씀을 듣고 완벽하게 순종하시는 하나님의 아들 예수 그리스도는 신명기 8:3, 신명기 6:13, 16 등으로 마귀의 세 시험을 다 이겨버립니다. 돌로 떡을 만들라는 시험, 성전에서 뛰어내리라는 시험, 천하 만국의 영광을 줄 테니 마귀에게 경배하라는 시험을 신명기 말씀으로 물리칩니다. 즉 광야에서 시험받던 이스라엘 백성의 자리로 똑같이 가서 마귀를 이기고 시험을 이김으로 이스라엘 민족의 불순종을 완벽하게 상쇄하셨습니다. 이스라엘의 불순종이 하나님께 끼친 손해보다 예수 그리스도의 순종이 끼친 이익이 훨씬 더 컸습니다(롬 5:15, "그러나 이 은사는 그 범죄와 같지 아니하니 곧 한 사람의 범죄를 인하여 많은 사람이 죽었은즉 더욱 하나님의 은혜와 또한 한 사람 예수 그리스도의 은혜로 말미암은 선물은 많은 사람에게 넘쳤느니라"). 예수 그리스도의 순종이 아담 인류의 불순종보다 훨씬 더 큰 보상을 가져왔기 때문에 아버지 하나님은 넘치는 은혜로 우리를 구원하셨습니다. 이것이 바로 예수가 모세와 시편, 예언자가 자기를 가리킨다고 말할 때 의도했던 것입니다.

예언서 중 예수가 자신을 가리키는 본문이라고 생각했던 대표적인 구절은 예레미야 31:31-34, 에스겔 36:25-26입니다. 이 구절들은 신약성경 누가복음 22:20에 나오는 '새 언약' 시대를 예고합니다. 이런 구절은 암송해야지 새삼 찾아서 확인해야 할 구절이 아닙니다. 암송해서 심비에 새겨야 할 말씀입니다. 암송되지 않은 성경은 성경이 아니라고 말할 수 있습니다. 암송된 성경만 나에게 성경이 된다는 생각을 하시고 암송을 즐겨하시길 바랍니다. 예레미야 31:31-34과 에스겔 36:25-26 두 본문 다 이스라엘 백성 각 사람의 마음속에 하나님의 영이 임하여 율법을 지킬 수밖에 없는 능력이 가득 차게 될 것이고, 서로 "너는 이 율법 지키지 않으면 안 돼"라며 율법을 강제로 지키게 하려고 압박하는 일은 없어질 날이 올 것이라고 예언합니다. 아울러 하나님이 맑은 물로 각자의 양심을 씻어주고 하나님의 법에 순종할 수밖에 없는 감미로운 상태를 만들어주실 날이 도래한다고 말합니다. 이 새 언약, 성령의 감화를 통한 율법 순종 시대는 누구를 통해 열렸습니까? 예수 그리스도를 통해 열렸습니다. 이 두 단락 모두 예수 그리스도가 가져올 새 언약 시대를 가리키고 있습니다. 모세와 예언자들의 말씀의 궁극적 지향은 완전한 순종자였기 때문에 그 말씀들은 예수 그리스도를 가리키고 있다고 볼 수 있습니다. 다시 말해서 모세와 예언자들은 예수 그리스도가 이스라엘의 모든 누적된 불순종을 상쇄하고 무효화시킬 만큼 위대한 순종을 바칠 그날을 가리키고 있었습니다. 그래서 예수 그리스도 안에서 하나님의 모든 약속은 '예'(Yes)가 되었습니다. 긍정되었고 100% 순종되었고 성취되었습니다.[1]

예수의 위대한 순종 때문에 성령이 폭포수처럼 임하여 보편적인 성령의 강림 시대가 열렸습니다. 그래서 김알지 64대 경주 김씨의 머리에도 성령이 임하고 덕수 장씨에게도, 전주 이씨에게도, 이 땅의 모든 장삼이사에게도 성령이 임했습니다. 예수 그리스도가 십자가에서 하나님께 바쳤던 그 보혈 덕에 보편적 성령 강림 시대가 열렸습니다. 예수 그리스도의 대속적인 죽음과 부활, 승천 때문에 세계 만민 가운데 성령의 동시다발적인 강림 역사가 나타났고 그 결과 하나님께 순종하는 순결한 백성들이 일어나고 있으며 천사는 마지막 날 순종하는 예수 그리스도의 인 맞은 백성을 추수하듯이 모을 것입니다. 마침내 예수 그리스도가 세상의 모든 나라를 비무장 지방자치단체 수준으로 만들고 세계의 주권국가들은 예수 그리스도의 나라에 창조적으로 흡수·병합되는 시

---

1) Karl Barth, *The Epistle to Romans*(6th ed.; Oxford University Press, 1972), 177-178.

하나님 나라 복음

대가 올 것입니다. 예수 그리스도 안에서는 칼과 창이 필요 없게 됩니다. 그래서 세계 만민이 전쟁을 연습하지 않고, 토라를 공부하고 평화를 배우며, 사자와 어린 양은 함께 뒹굴게 됩니다(사 2:1-4; 11:1-9).

그렇게 멋진 날을 예수 그리스도가 열었기 때문에 모세와 예언자들과 시편의 모든 글은 완전한 순종의 시대를 여신 예수 그리스도를 가리켰습니다. 그래서 예수는 이렇게 말합니다. '때가 찼다. 구약성경의 모든 구절이 먼 미래의 일로 가리켰던 그 이상적인 순종의 때가 나로 말미암아 시작되었다.' 때가 차서 하나님 나라가 손에 닿을 만큼(at hand, within reach) 가까이 왔습니다. 마가복음 5:30에서 예수는 '누가 내 옷에 손을 대었느냐? 누군가가 내 옷에 손을 대는 바람에 능력이 나에게서 빠져나가 엄청난 현기증을 느꼈다'라고 말씀하셨습니다. 12년간 혈루증으로 앓아 온 여인이 예수의 옷자락을 뒤에서 만졌을 때 예수가 빈혈로 현기증을 느꼈습니다. 깜짝 놀랐습니다. 단순히 스친 것이 아니라 여인이 믿음으로 옷자락을 만졌을 때 예수의 능력이 빠져나갔던 것입니다. 그 결과 12년 동안 혈루증을 앓던 여인은 치유되었고 반면에 예수는 그 순간 그 여인의 현기증을 집중적으로 느꼈습니다. 그래서 온몸의 중심이 흐트러졌고 깜짝 놀랐습니다. 그래서 누가 내 옷을 믿음으로 만졌다고 주장했습니다. 이처럼 하나님 나라는 예수를 통해 손에 닿을 만큼 가까이 왔습니다.

마가복음 1:15의 '때가 찼다'는 선언은 하나님의 아들 예수 그리스도의 이상적인 순종을 통하여 보편적인 하나님 나라가 열리는 시대가 도래했다는 말입니다. 세계 만민이 동시다발적으로 하나님의 통치를 경험하게 되는 시대, 즉 예수 그리스도의 하나님 나라 시대가 왔다는 것입니다. 그래서 그리스도를 많이, 또 깊이 묵상해보셔야 됩니다.

그분을 많이 묵상하면 세계가 완전히 새롭게 재구성됩니다. 그분을 알고 나면 이 세상을 보는 눈이 완전히 바뀌게 되고 우리가 거주하는 영토가 달라집니다. 우리는 하나님 나라 영토에 거하는 백성이 됩니다. 그리스도를 많이 묵상할수록, 많이 닮을수록 우리는 이 땅이 하나님의 통치 아래로 서서히 접수되고 있음을 더욱 실감나게 깨닫게 됩니다. 성령의 감화감동을 받고 사는 사람들은 지금 이 세계 속에 건축되고 있는 하나님 나라를 확실하게 감지하고 감촉할 수 있습니다.

하나님 나라가 현재 건축되고 있으며 완성을 향해 전진하고 있다는 사실을 못 믿으면 우리나라 독립을 믿지 못해 1938-1945년에 집단으로 배교해버렸던 친일파처럼 됩니다. 만주사변이 일어났을 때, 중일전쟁이 일어났을 때, 중국이 25만 명의 일본 관동군에게 속절없이 무너지는 것을 볼 때 조선 사람들은 '이제 일본의 세계가 100년은 존속될 것이다, 일본이 앞으로 100년은 아시아를 지배할 것이다'라는 믿음 때문에 다 친일파가 됐습니다. 오랫동안 참고 참았던 민족주의자들이 1938년경에 전부 다 보국대, 징용·징병을 칭찬하면서 '일본 만세'를 부르기 시작했습니다. 일본이 상하이와 난징을 지배하고 점령할 때 민족주의자들이 일본의 천하가 왔다고 믿어버려 친일파가 되어버렸듯이 우리도 성령충만하지 않으면 무신론자가 되어버립니다. 예수 그리스도의 통치가 이 땅에 작동하고 있다는 것을 느끼지 못하는 사람들은 영적 친일파가 되어 변절해버리게 됩니다. 그러므로 우리가 하나님 말씀을 읽고 성령에 민감할 때 이 세상의 모든 사건은 그리스도 예수의 통치를 돕는 통로가 됨을, 이 세계 역사의 중심에 예수 그리스도의 나라가 꿈틀거리며 작동한다는 것을 알게 되고 확신하게 됩니다.

하나님 나라 복음

다윗과 시편의 하나님 나라 복음

이번에는 시편의 하나님 나라 복음을 증거하려고 합니다. 다윗의 인생은 하나님 나라의 성장사를 압축적으로 보여주고, 그의 정신적 영토를 그려놓은 듯한 인상을 주는 시편은 하나님 나라의 역동적 활동상을 보여줍니다. 다윗 개인에게 임한 하나님 나라, 다윗의 소규모 동아리에 임한 하나님 나라, 다윗의 나라에 임한 하나님 나라, 다윗이 구축한 제국에 임한 하나님 나라가 다윗의 생애와 시편에 다층적으로 잘 드러납니다. 이번에는 "시편에 나를 가리켜"라는 구절을 묵상하고자 합니다. "또 이르시되 내가 너희와 함께 있을 때에 너희에게 말한 바 곧 모세의 율법과 선지자의 글과 시편에 나를 가리켜 기록된 모든 것이 이루어져야 하리라 한 말이 이것이라 하시고"(눅 24:44). 이 구절의 요점은 시편 전체가 예수 그리스도를 가리킨다는 것입니다.

시편은 일백오십 편의 시, 다섯 권으로 구성되어 있습니다. 1권은 1-41편입니다. 주로 다윗의 생애사와 관련된 시편이 많이 나옵니다. 2권은 42-72편으로, 제2성전 시기의 찬양단을 구성했던 고라 자손이 편집한 악곡들입니다. 3권은 73-89편으로 제2성전 시기의 찬양단을 구성했던 아삽 자손이 관여한 악곡들입니다. 4권의 90-106편은 표제어가 거의 없고, 책임 편집자가 누구인지 명시되지 않은 공(公)예배용 시편들입니다. 하나님의 통치 사상이 가장 명시적으로 드러난 부분입니다. 5권은 107-150편으로 절기나 공(公)예배 시에 불렸던 찬양들로 구성되어 있으며 특별히 120-134편은 "성전에 올라갈 때 부르는 시편"이라는 표제어(songs of ascent)가 붙어 있습니다. 시편이 다섯 권으로 재구성된 이유 중 하나는 시편이 모세오경과 맞먹는 권위를 가졌다는 편집 의도를 드러내기 위함이라는 말이 있을 정도로 시편은 모세오경과 예언서에 전개된 이스라엘 구원사를 운율과 곡조로 되살려냅니다. '모세오경이 다섯 권이냐? 시편도 다섯 권이다. 모세오경만 토라냐? 시편도 토라다'와 같은 의도를 나타내는 것입니다.

시편의 내용은 아브라함부터 제2성전 시기(에스라-느헤미야)까지 일어난 하나님의 구원사 음송(吟誦)입니다. 하나님의 천지 창조, 열조들의 선택과 언약, 표적과 기사를 통한 출애굽 구원, 광야 인도, 시내 산 언약, 가나안 땅 정복, 사사 시대를 끝내고 왕정을 도입한 다윗의 신정 통치, 열왕 시대의 반역과 패역으로 인한 멸망과 바벨론 유수, 고레스 칙령으로 인한 포로 귀환, 성전 재건축과 봉헌, 성전 순례를 통한 야웨 신앙 부활과 재건이 노래되거나 회상되고 있습니다. 인물로 보면 이 모든 노래의 중심에 다윗이 있습니다. 이스라엘 구원사의 시조 아브라함, 중간 시조 모세, 그리고 중간 종결자이자 성전 건축자 다윗, 그리고 이스라엘과 유다의 몰락을 넘어 다시 구원사를 개시할 메시아 등이 시편에서 노래되는 인물들입니다. 토라는 좁게는 모세오경을 가리키는 말이지만 넓게는 이스라엘 구원사(史)를 담은 구약성경 전체를 가리키는 말입니다. 따라서 시편을 압축적으로 '토라 찬미송'이라고 말해도 무방합니다.

특히 시편 1, 19, 119편은 토라 찬미송입니다. 시편 1편은 토라를 즐거워하고 묵상하는 자, 음송(吟誦)하는 자가 누리는 복을 선언하고, 토라를 거부하는 자는 악인의 꾀에 빠져 죄인의 길에 들어섰다가 악인의 자리에 앉을 자라고 단정해버립니다. "복 있는 사람은 악인의 꾀를 좇지 아니하며 죄인의 길에 서지 아니하며 오만한 자의 자리에 앉지 아니하고 여호와의 율법을 즐거워하여 그 율법을 주야로 묵상하는 자로다. 그는 시냇가에 심긴 나무처럼 그 잎사귀가 마르지 않으며…." 시편에는 토라에 대한 태도에 따라 선악, 흑백, 정사진위(正邪眞僞)가 갈라진다고 보는 흑백논리가 지배합니다. 시편에 따르면 모든 인간은 토라를 배척하는 악인 아니면 토라를 즐거워하고 음송하는 의인입니다. 중간층이 없습니다. 미시·거시경제학에서는 중간층이 매우 좋은 말입니다. 그런데 신학적으로는 안 좋은 말입니다. '나는 여호와의 율법을 즐거워하지도 않고 주야로 묵상도 안하지만 그렇다고 내가 악인의 꾀를 따르거나 오만한 자의 자리에 앉는 것도 아니고 그냥 25평 국민주택에 앉아 살고 있다. 그렇다면 나는 뭘까?' 시편 1편에 따르면 이런 사람은 바로 악인입니다. 적극적으로 의인의 회중에 들지 못한 사람은 전부 다 악인 또는 악인의 잠재적 동맹 세력, 악인 보충 예비대로 봅니다. 결국 시편은 한마디로 음악 기호가 붙어 있는 모세오경입니다. 히브리어 성경에는 시편 음송을 돕는 아주 세부적인 음악 연주용 혹은 음송용 음악 부호(musical notations)가 붙여져 있습니다.

시편이 원래 찬양과 기도의 노랫말이라는 사실이 중요합니다. 시편 가사를 보면 비둘기 곡조로 노래하라, 관악기를 써서 반주하라, 타악기로 반주하라, 현악기를 두드려 반주하라 등의 각각 다른 연주용 지시 노트가 있습니다. 어떤 시편에는 "영장을 위하여"(to the music master)라는 지시가 있는데 그것은 영장(지휘자)이 편곡하거나 영장의 지휘에 따라 다소 신축성 있게 불러도 된다는 말입니다. 예를 들어 현악기를 가지고 연주하라는 지시가 있는 시편은 실내악적인 시편이며, 절대로 드럼으로 반주하면 안 된다는 뜻입니다. 그런데 어떤 노래는 드럼을 치면서 터키 행진곡처럼 불러야 합니다. 시편 84편은 헝가리 광시곡이나 터키 행진곡처럼 4분의 2박자로 불러야만 합니다. 너무 슬픈 시편

13편이나 51편은 눈물을 주룩주룩 흘리면서 부르는 노래로 첼로와 바이올린 같은 현악기 연주가 적합합니다. 이처럼 시편에는 다양한 곡조 이름이 붙여져 있고 더러는 지휘자가 마음대로 편곡할 수 있는, 혹은 지휘할 때 약간의 변주를 할 수 있는 여지를 두기도 했습니다.

많은 시편이 "다윗의 시편"이라 되어 있습니다. 이 표제어는 다윗이 저작한 시편이라는 뜻이면서 동시에 다윗에게 돌려진 시편, 혹은 다윗과 관련된 주제의 시편이라는 뜻도 됩니다. 다윗이 쓴 시편은 Mizmor David입니다(시 18, 51, 57편 등). 글자 그대로 다윗의 시입니다. 여기에는 소유격 '의'가 들어갔습니다. 또 다른 많은 시편들은 Mizmor le David, '다윗에게 바쳐진 시편'이라는 뜻의 표제어를 갖고 있습니다. A Song to David 혹은 A Song concerning David이라는 뜻입니다. 시편 150편 중 약 30편만 A Song of David, 다윗이 쓴 시편입니다. 다윗의 인생 주제가 모티브가 된 노래인 '다윗에게 바쳐진 시편'의 경우 아삽 자손과 고라 자손이 주로 지었습니다. 고라 자손과 아삽 자손은 제 2성전 시기에 성전에서 섬기던 레위인들로 유급 찬양대원이었습니다. 음악 길드의 구성원들이었습니다. 하급 성직자들로서 월급을 받으면서 찬양하는 사람들입니다. 갈릴리를 비롯한 원근 각처의 사람들이 괴나리봇짐을 싸서 예루살렘 성전에 예배드리러 올 때 노래를 불러 격려하던 음악대원들이 고라 자손과 아삽 자손이었습니다. 이들이 다윗의 인생 전기에서 모티브를 발굴해 노래를 지었기 때문에 전부 다 "다윗에게 바친 노래"라고 되어 있습니다.

시편의 주제는 단연코 하나님 나라 복음입니다. 시편은 이스라엘이 과거에 경험했던 하나님 나라의 위엄과 영광을 노래하고 장차 나타날 하나님 나라의 다양한 면모를 찬양합니다. 또한 하나님의 통치가 사라

하나님 나라 복음

진 현실에서 하나님의 통치 권능을 다시 보여주시기를 구하는 간청과 탄원입니다. 구체적으로 보자면 시편의 주제는 이 두 가지입니다. 그중에서도 한 가지만 뽑으라고 한다면 하나님의 통치가 충분히 실현되지 않은 세상에서의 부르짖음입니다. 시편의 주인공들은 부재중인 하나님 나라에 살면서 하나님의 보좌를 향해 온갖 종류의 간구와 탄원, 감사와 찬양, 결심과 각오를 올려드립니다. 시편에서 하나님의 말씀은 하나님으로부터 온 말씀이 아니라 하나님께 올려드리는 인간의 기도, 찬양, 항의, 탄식, 불평입니다. 하나님께 드려진 인간의 이 모든 기도, 찬양, 탄식 언어도 하나님 말씀이라는 것입니다.[2] 시편 기도는 하나님의 심장으로 빨려 들어가는 기도 언어, 찬양 언어, 불평과 탄식, 저항과 의심 언어의 진수를 보여줍니다. 시편은 부재중인 하나님 나라에 사는 하나님 자녀들의 영적 생존 분투록입니다. 하나님을 향한 마음이 냉정해지고 심드렁해진 사람들이 하나님과의 감미로운 친밀감을 회복하는 데 가장 유익한 책이 시편입니다. 하나님의 통치 흔적이 사라진 팍팍한 현실에서 기도 언어가 끊어져 빌 바를 알지 못하는 탄식에 눌릴 때 시편은 위력을 발합니다. 그래서 여러분 시편을 사랑하고 많이 암송할수록 기도가 잘 되고 기도가 잘 될수록 모든 일을 절대주권적 섭리로 받아들이고 해석할 수 있는 능력이 신장됩니다. 결국 모든 일이 잘 됩니다. 물론 이 마지막 말은 정교한 해석이 필요합니다. '하나님 보시기에' 잘 된다는 말입니다. 하나님 보시기에 잘 되기 때문에 내가 보기에

---

2) 시편의 양식 비평적 연구 중 가장 자세한 저작은 패트릭 D. 밀러(Patrick D. Miller)의 *They Cried to the Lord*(Fortress, 1994)인데 이 책의 68-86쪽은 시편 언어의 독특성, 특히 대듦의 언어, 항의와 불평의 언어가 갖는 신학적 차원을 규명하고 있다.

는 잘 안 될 수도 있습니다. 그러나 이 말에는 하나님이 보시기에 좋은 일이라면 기꺼이 받아들일 만큼 성숙해진다는 뜻도 들어 있습니다.

시편에서 현실을 지배하는 세력은 악인이며 악인 때문에 고난당하는 사람은 부재중인 하나님 나라에 대한 믿음으로 사는 사람입니다. 눈에 안 보이지만 이 세계를 통치하는 하나님과 망명정부 같은 하나님 나라를 믿고 그것에 충성을 바치는 사람이 의인입니다. 시편이 그리는 세계에는 의인과 악인 밖에 없습니다. 시편의 악인은 사울, 바벨론 제국, 이집트 제국, 율법을 부정하면서도 부자로 사는 자들, 죄악을 일삼으면서도 형통한 자들, 하나님 백성의 환난을 이용해 밑천을 잡으려는 자들, 하나님 백성을 조롱하는 자들입니다. 악인은 토라를 기준으로 살지 않고, 이익, 기회주의적 처세, 힘과 탐욕 숭배, 권력 숭배, 자기 주장, 자기 의지로 살아가는 자들입니다. 의인은 하나님만 믿고 살다가 가난케 된 자요, 토라를 지키고 신앙 양심을 지키기 위해 불의한 이(利)를 멀리하는 자이며, 환난과 죄책감으로 붕괴를 경험하고 조롱을 당해도 하나님 은혜의 대반전적 복원력을 믿는 자들입니다(시 15편). 이들은 고독하지만 종국에는 의인의 회중에 들어갈 자들입니다. 시편에서 부재중인 하나님 나라에 속한 의인은 세 가지 경험을 하는 사람들입니다. 첫째, 자신의 죄 때문에 고난받고 강한 심판자에 의해 추격당하는 자입니다. 죄악의 창수로 인한 엄몰을 경험하는 자입니다(시 69편). 자기 죄로 인해 고난받는 사람이 시편에 많기 때문에 대부분의 시편을 읽어보면 누군가가 곧 터질 듯한 내 복장(腹臟)에 들어와서 내 마음을 다 알고 대변한다는 느낌이 들 때가 많습니다. 실로 시편에는 폐부를 찌르는 말이 많습니다. 두 번째는 하나님이 주권적으로 허락하신 고난을 겪는, 상대적으로 죄 없는 자들의 고난입니다(시 22편). 욥 같은 의인

하나님 나라 복음

들이 공연히 당하는 고난입니다. 사울에게 쫓기며 박해받던 청년 다윗처럼 자신의 죄와 상관없이 추격당하고 박해받는 사람이 시편의 중심음조를 대변합니다. 이 두 유형의 인물이 시편의 주인공들입니다. 세 번째는 자기가 속한 공동체가 범한 죄 때문에 고난당하는 자의 경험입니다. 자신은 의롭지만 동포의 패역과 죄악을 참아내며 하나님의 언약 파트너로 남은 자의 고난입니다. 그 남은 자는 자기 동포들의 범한 죄가 아무리 극악무도하더라도 하나님이 이스라엘과 맺은 언약은 파기 불가능할 것이라는 종말론적 확신을 보유합니다. 슬픈 단조로 끝나는 시편도 있지만 대부분의 노래는 하나님의 유보된 은총, 유예된 자비와 은총의 날을 기다리며 마무리됩니다. 하나님의 백성이 사는 시온이 처참하고 황무해져 지나가는 사람들에게 조롱과 야유의 대상이 될 때에도 하나님의 시온 복귀, 시온을 통한 하나님의 세계 통치에 대한 믿음이 이런 시편들의 노랫말과 곡조에 묻혀 있습니다. 이 세 번째 유형의 고난을 겪는 자가 바로 시편에 나타난 그리스도입니다. 시편은 죄 없는 자가 죄인을 대신해 부르짖는 메시아적 대속 고난의 저음에 익숙합니다. 예수 그리스도는 이사야, 시편, 창세기, 신명기 순으로 구약성경을 애독하셨고 즐겨 인용하셨습니다. 마태복음의 산상수훈 중 8복 선언은 시편 메시지의 가장 아름다운 압축본입니다. 시편 신학의 진수를 담는 "복되도다…하는 이여"(אַשְׁרֵי־הָאִישׁ אֲשֶׁר לֹא הָלַךְ בַּעֲצַת רְשָׁעִים, 아쉬레 하이쉬 아쉐르 로-할라크 바아차트 러샤임)의 구문은 구약에서는 시편에서만 나옵니다. 나사렛 예수는 로마제국과 분봉 왕 헤롯, 예루살렘 종교 권력자들이 담합해 압제적 지배를 일삼던 시대에 이스라엘 갈릴리에서 일생을 보내셨습니다. 거기서 그가 맛본 것은 역동적인 하나님 나라가 아니라 부재중인 하나님 나라였습니다. 믿음과 고요한 기다림 속에서 향유된 하나님 나라였습니다. 시편에 나오는 부재중인 하나님 나라를 묵상하고 묵상하던 나사렛 예수에게 부재중이던 하나님 나라가 복귀했습니다. 예수의 온몸과 영, 그의 삶이 이뤄지던 갈릴리 일대가 예수의 몸과 영에 강림한 하나님 나라의 역동적 분출과 현존을 목격했습니다. 나사렛 예수도 부재중인 하나님 나라의 갈릴리 지방민으로 사실 때 시편을 음송하시고 인용하시며 십자가 죽음을 기꺼이 감수했습니다.

여러분, 이처럼 부재중인 하나님 나라에 사는 의인들은 시편 언어 속에서 하나님을 믿는 믿음을 유지할 수 있습니다. 이것은 실험해보면 압니다. 눈을 딱 감았을 때 갑자기 실어증에 걸린 것처럼 기도의 말이 한마디도 안 떠오르는 사람이 있죠. 눈 뜰 때는 말이 나오는데 눈만 감으면 말이 안 나오는 사람은 시편을 오랫동안 안 읽어서 그렇습니다. 시편을 거부하면 눈을 감을 때 블랙아웃(암전)을 경험하게 됩니다. 영적 황무함과 건조함이 극에 달한 것입니다. 이런 때에는 하나님이 상상력을 탁 건드리실 때 나오는, 영적인 설렘을 고양시키는 언어가 가슴에서 터져 나오지 않습니다. 전혀 기도하고 싶지 않습니다. 그러나 눈을 감았을 때 자신 안에서 자신도 모르는 시적 언어가 계속 단테의 『신곡』처럼 터져 나오면 하나님의 보좌로 영혼이 상승되는 느낌이 듭니다. 시편 언어가 주는 영적 견인력과 부양력 때문입니다. 시편 언어는 우리 영혼을 모든 눌림으로부터 건져냅니다. 그러므로 시편의 언어를 모르면 이런 기도 자체를 할 수가 없습니다. 신문에서 본 말들, 인터넷 포털이나 카카오톡에서 본 말들은 우리 영혼을 견인하거나 부양하는 데 아무런 도움이 되지 않습니다. 시편의 언어에는 정통하지 않으면서, 시정인들의 일상 담화에서 들려오는 전혀 시적이지도 않고 운율도 없고 영감도 없는 말들만 떠오르는 사람은 부재중인 하나님 나라에서 아예 떨어져나가지 않을까를 걱정해야 합니다.

그러나 시편은 부재중인 하나님 나라에 대한 믿음과 기대를 존속시키는 데 유익합니다. 예를 들어, 시편 103편을 한번 읽고 묵상해보세요. "내 영혼아 여호와를 송축하라 내 속에 있는 것들아 다 그의 거룩한 이름을 송축하라." 시편을 많이 읽은 사람들에게는 친숙한 운율과 대구입니다. A-B-B'-A'의 교차 대조 구조입니다. 이렇게 음악적인 운율을 따라 말하는 방법을 터득하는 사람들은 만민의 사랑을 받을 가능성이 큽니다. 그런데 어휘가 지루한 사람, 사용 단어가 600단어 이하인 사람은 우정을 만드는 데 어려움을 겪을 수도 있습니다. 일상생활에서 600단어 이하로 대화하는 사람들은 지난 3년 내내 좋은 책을 한 권도 읽지 않았다고 할 수 있습니다. 600단어 구사자는 대개 구석기 시대의 네안데르탈인 수준의 어휘력으로 살게 됩니다. 대개 7,000-8,000단어를 구사하는 사람은 일주일에 책을 한두 권씩 계속 읽는 사람입니다. 7,000-8,000단어를 구사하면 아주 높은 경지입니다. 대개 사람들은 1,500단어에서 2,000단어를 사용합니다. 어떤 사람이 사용하는 단어나 어휘를 잘 분석해보면 이 사람이 지금 몇 달째 책을 읽지 않았는지, 혹은 몇 권의 책을 읽었는가를 대강 알 수 있습니다. 한 5분만 대화해보면 이 사람이 한 7년째 책을 한 권도 안 읽었다는 것을 짐작할 수 있습니다. 어떤 사람이 자신도 모르게 언니라는 말을 많이 쓰면 유흥업소 출입이 잦은 사람이라는 의심을 사고, 형님이라는 말을 남발하면 조폭 혹은 조폭적 인맥에 얽혀 있다는 의심을 삽니다. 사람의 언어생활을 보면 대강 그 삶의 자리가 다 드러납니다. 그런데 지금 우리는 인터넷 포털의 상업적·자극적 언어에 감염되어 살기 때문에 기도 몰입에 아주 큰 어려움을 겪습니다. 다시 말해 영감이 깃든 언어, 시편 언어를 상실했기 때문에 자기 영혼의 그 답답함을 말로 표현할 수 있는 예술적 기교를 상실하여 기도도 못하게 되고 찬양도 못하게 됩니다.

시편 언어는 셰익스피어의 희곡들이나 주전 675년경 쓰였다고 믿어지는 『오디세이』(Odyssey), 『일리아드』(Iliad) 등의 작품과는 완전히 다릅니다. 호메로스의 『일리아드』는 헬라어로 정형화된 운율이 맞춰져 있습니다. 셰익스피어의 희곡 대사도 운율이 맞춰져 있습니다. 마지막에 다 압운(rhyme)이 붙어 있습니다. 모든 영어 시나 독일어 시는 압운이 맞춰져 암송하기에 적합합니다. 일부 히브리어 시편도 『일리아드』나 영시처럼 규칙화된 압운이나 각운은 아니지만 일종의 운율을 가지고 있습니다. 예를 들어, 시편 119편은 176절로, 각 연은 모두 8절로 구성되어 있습니다. 히브리어 알파벳 22자가 각 연의 첫 자음입니다. 첫 연은 히브리어 알렙(א)으로, 마지막 스물두 번째 연은 타우(ת)로 시작됩니다. 첫 연의 여덟 절은 이렇게 읽습니다. ¹아쉬레 터미메-다렉(דָרֶךְ), ²아쉬레 노쳐레 에도타이브(אַשְׁרֵי נֹצְרֵי עֵדֹתָיו), ³앞 로-파알루 아빌라(אַף לֹא-פָעֲלוּ עַוְלָה), ⁴아타 치뷔타 피쿠데카(אַתָּה צִוִּיתָה פִקֻּדֶיךָ), ⁵아할라이 이코누 드라카이(אַחֲלַי יִכֹּנוּ דְרָכָי), ⁶아즈 로-예보쉬(אָז לֹא-אֵבוֹשׁ), ⁷오드카 브요쉐르 레밥(אוֹדְךָ בְּיֹשֶׁר לֵבָב), ⁸엣-후쿼카 에쉬모르(אֶת-חֻקֶּיךָ אֶשְׁמֹר) 입니다. 마지막 연은 이렇게 읽습니다. ¹⁶⁹티크랍 린나티 러파네카 아도나이(תִּקְרַב רִנָּתִי לְפָנֶיךָ יְהוָה), ¹⁷⁰터보 터힌나티 러파네카(תָּבוֹא תְּחִנָּתִי לְפָנֶיךָ), ¹⁷¹타바으나 세파티 터힐라(תַּבַּעְנָה שְׂפָתַי תְּהִלָּה), ¹⁷²타안 리쇼니 이므라테카(תַּעַן לְשׁוֹנִי אִמְרָתֶךָ), ¹⁷³터히-야드카 러오즈레니(תְּהִי-יָדְךָ לְעָזְרֵנִי), ¹⁷⁴타압티 리슈아터카 아도나이(תָּאַבְתִּי לִישׁוּעָתְךָ יְהוָה), ¹⁷⁵터히-나프쉬 부터할레카(תְּחִי-נַפְשִׁי וּתְהַלְלֶךָּ), ¹⁷⁶타이티 커쉐 오베드(תָּעִיתִי כְּשֶׂה אֹבֵד) 입니다.

이 압운은 토라 찬미 시편 전체가 암송되어야 될 언어이지 산문처럼 읽고 지나가는 언어가 아니라는 것을 강조합니다. 시편 전체에서 자주 반복되는 단어는 히브리어 하가(הָגָה)인데 이것은 암송, 낮은 음조로 읊조리는 것을 의미합니다. 시편의 찬미와 기도는 암송되어야 한다는 것을 강조하는 또 하나의 언어적 표현입니다. 시편 언어를 암송하면 눈을 감았을 때 드디어 하나님의 심장으로 빨려 들어가는 듯한 기도 언어를 터뜨릴 수 있습니다. 부재중인 하나님 나라에서 절대 고독과 버림받았다는 신적 유기감으로 괴로워하는 영혼은 시편 언어를 읊조리면서 영적 갱신과 회복을 맛봅니다. 자신의 기도 언어가 영감의 사닥다리를 타고 하늘로 급타전된다는 느낌을 받습니다. 야곱의 사닥다리 환상 같은 경험을 할 수 있습니다. 야곱의 사닥다리는 야곱과 하나님 사이를 중개하는 천사들의 우주 통로였습니다. 야곱의 사정을 하나님께 아뢰고 야곱을 인도하시는 하나님의 비전을 가슴에 전달해주는 천사들의 역할을 시편 언어가 대신합니다. 현대의 언어철학자들이 잘 밝혔듯이 언어는 사유를 매개합니다. 하나님께 이르는 기도 언어가 보충되지 않으면 하나님의 역사하심에 대한 상상력이 생기지 않습니다. 시편 언어가 내 속에 역동적으로 노니면 부재중인 하나님 나라에 대한 상상력이 발동합니다. 부재중인 하나님 나라를 향한 꿈도 굉장히 커집니다. 그런데 시편 언어가 우리의 사유를 매개하지 않고 상상력 발동을 도와주지 않으면 기도는 공허하고 맹목적인 말들의 자맥질이 됩니다. 언어 없는 상상력은 존재하지 않습니다. 시편 언어가 없이는 이 세상의 레미제라블에 대한 동정심도 생기지 않고 하나님의 아픔에도 공감할 수 없습니다. 시편은 부재중인 하나님 나라, 은닉과 동면 모드로 역사 깊은 곳에 잠적한 것처럼 보이는 하나님을 불러내는 제의(祭儀)

를 주장합니다. 부재중인 하나님 나라를 가깝게 느낄 수 있도록 영적 상상력을 북돋아줍니다. 이처럼 시편 언어는 자기 죄 때문에 고난받는 자, 타인의 죄 때문에 고난받는 자의 언어입니다.

이제 우리는 앞에서 말한 세 번째 종류의 의인의 고난 경험에 초점을 맞추고자 합니다. 여러 시편 중 그리스도를 가리키는 가장 적실한 사례는 바로 이런 종류의 의인들이 내지르는 시편일 것이기 때문입니다. 남의 죄를 대속하기 위하여 고난받는 의인의 시편이야말로 그리스도를 가리키는 시편입니다. 마르틴 루터(Martin Luther)나 클라우스 베스터만(Claus Westermann) 같은 학자들은 그리스도의 기도는 앞의 세 가지 고난의 주인공 모두를 위한 기도겠지만 마지막 경우의 기도야말로 그리스도의 기도라고 말합니다. 내가 내 죄 때문에 소스라치게 놀라서 기도하는 시편 기도는 그리스도가 내 죄를 대신해서 기도하는 것이 되고, 내가 죄도 없는데 고난받으면 죄 없는 그리스도가 고난받는 자를 위해 중보 기도를 해주는 셈이 되고, 나에게는 죄가 없으나 가족이나 친구 중 누군가의 죗값을 치르는 고난 속에 아우성치는 기도를 드린다면 그것은 바로 그리스도의 인류 대속을 위한 기도가 되는 셈입니다. 누군가가 유익을 경험하는 고난, 누군가의 죄 사함을 위한 준(準)대속적 고난을 겪을 때 드리는 기도는, 대속적인 고난을 겪으신 예수가 우리를 위해 대신 중보 기도하는 셈이 될 것입니다. 이처럼 시편은 우리 삶의 자리에서 너무나 중요한 영적 광통신망을 구축하는 데 결정적인 언어와 가락과 곡조의 세계입니다.

시편 일백오십 편의 기도와 찬양 언어를 자유자재로 구사하면 분명히 기도 생활이 무척 풍요로워집니다. 시편을 자유자재로 암송하고 회상하고 성찰할 수 있다면 로빈슨 크루소처럼 무인도에 떨어져 고립

된다 하더라도 살아날 수 있습니다. 시편에 통달하고 공감할 수 있다면 우리는 이륙하는 속도가 매우 빠른 비행기가 됩니다. 독수리가 날개 치며 올라가듯이 하늘 보좌로 비상할 수 있습니다.

다윗의 심장을 관통하여 들리는 시편 가락과 곡조, 새벽을 깨우는 찬미와 기도

시편 안에는 다윗의 굽이치는 파란만장한 인생 모티브가 기승전결의 구조로 나타나 있기 때문에 다윗을 이야기할 수밖에 없습니다. 다윗의 기승전결의 인생 가운데 나타나는 하나님의 은총의 발자국이 시편 장르에 다 나타나기 때문에 우리는 다윗의 생애를 배경으로 시편 언어를 묵상할 수밖에 없습니다.

다윗은 십대 시절 하나님의 부름을 받고 거룩한 회오리바람에 휩쓸려 순식간에 이스라엘 역사의 심장부로 진입합니다. 사무엘상 16:1-13에서 다윗은 지극히 우발적인 과정을 통해 하나님으로부터 미래의 왕으로 점지됩니다. 베들레헴의 유력자였던 이새의 여덟째 아들 다윗은 나이가 너무 어려서 사무엘 선지자가 왕을 뽑을 때 아예 면접에도 들어가지 못했습니다. 형들이 선지자 사무엘 앞에서 면접을 보고 있을 때에도 그는 형들이 맡겨둔 아버지의 양 떼를 지키고 있었습니다. 그런데 일곱째 아들까지 면접을 봤지만 미래의 왕이 될 인물은 나타나지 않았습니다. 첫째, 둘째 아들은 사무엘 선지자의 마음에는 들었으나 하나님의 마음에는 들지 않았습니다. 사무엘 선지자가 이 집안에 이제 아들은 더 이상 없느냐고 이새에게 묻자 막내가 있는데 그리 총명한 아이가 못 된다는 식으로 이새가 심드렁하게 대답했습니다. "저기

양 떼를 돌보는 막내아들 다윗밖에 없습니다." 선지자는 즉시 그 아이를 들여보내라고 했습니다. 사무엘 쪽으로 걸어오는 아이는 얼굴이 아름답고 눈동자가 맑아 보였습니다. 바로 그 순간에 전광석화 같은 조명과 계시의 영이 사무엘에게 임했습니다. "바로 그다." 그래서 사무엘은 이유를 설명치 않고 형들이 보는 앞에서 다윗의 머리에 기름을 부었습니다. 사무엘이 소년 다윗의 머리 위에 기름을 붓자마자 여호와의 영이 다윗에게 강력하게 임했습니다(רֽוּחַ־יְהוָ֜ה אֶל־דָּוִ֗ד מֵהַיּ֤וֹם הַהוּא֙ וָמָ֔עְלָה וַתִּצְלַ֨ח, 봐티츨라흐 루아흐-아도나이 엘-다윗 메하욤 하후 봐말라). 야웨의 영이 강력하게 임했다는 뜻입니다. '찰라흐'(צָלַח) 동사는 지배하듯이 강력하게 사로잡았다는 의미입니다. 야웨의 영이 강력하게 임했는데 이것이 나중에 골리앗과의 전쟁에서 큰 위력을 발휘했습니다. 야웨의 영이 다윗에게 강력하게 임하자 다윗의 구변이 좋아졌습니다. 일상에 갑자기 불어닥친 여호와의 영이 함께하자마자 다윗은 모략과 재능이 뛰어난 사람이 되었습니다. 또한 나중에 군대에 있는 형들을 면회하러 갔을 때 적장 거인 골리앗을 보고 맞설 수 있을 정도로 용감무쌍해졌습니다. 다윗이 사울 왕 앞에서 '사자와 곰과도 일대일로 맨주먹으로 싸워서 양 떼를 지켜냈다'라고 말합니다. 사자와 곰이 양을 잡아먹으려고 접근했을 때 맨손으로 때려잡을 정도로 용감해졌다는 것입니다. 여기서 우리는 왕이 될 사람들은 문무를 겸비해야 함을 엿볼 수 있습니다. 강도가 지나가는데 두려워 다리를 떨면서 119에 전화만 하고 주먹 한 번 쓰지 못하면 왕은커녕 줄반장도 될 수 없습니다. 오늘날 문무를 겸비한 지도자가 매우 긴요합니다. 다윗은 성령을 받고 나서 이런 무용과 언변 능력이 생긴 것으로 보입니다. 이 사건이 있고 한동안 세월이 지난 후 골리앗 참살 사건이 나옵니다(삼상 17장). 사무엘상 17장에서 다

하나님 나라 복음

윗이 골리앗과 일대일 혈투를 벌입니다. 여호와의 영이 다윗에게 임한 때가 그의 어린 시절이었다면, 이때는 소년에서 청년으로 가는 과도기였을 것입니다. 다윗은 물맷돌 하나로 골리앗을 때려눕혔습니다. 그 사건을 계기로 다윗은 사울 왕을 처음으로 정식 알현하고 자신을 소개했습니다. 그러고 나서 어느 날 다윗은 사울 왕의 조울증을 치료할, 수금을 잘 타는 궁중 음악 치료사를 청빙한다는 광고를 보고 지원해 뽑혔습니다. 백 대 일의 경쟁률을 뚫고 다윗이 수금 연주 공개 오디션에서 1등을 한 셈입니다. 다윗의 수금 연주를 듣자마자 사울을 괴롭히던 악신이 물러갔고, 다윗이 수금을 그치면 악신이 다시 사울을 덮쳤습니다.

다윗은 사무엘의 은밀한 도유(塗油), 골리앗 참살 결투, 그리고 사울의 음악 치료사 지원을 통해 사울 권력의 심장부로 급작스럽게 진입했습니다. 골리앗과의 전투 이후 다윗은 사울의 왕위를 위협하는 정적으로 부상했고, 다윗의 인기와 무공은 사울을 능가하기 시작했습니다. 이때부터 다윗은 사울의 단창을 피하여 굽이치는 골짜기 아래로 굴러떨어집니다. 다윗의 인생은 하나님의 은혜가 임하여 기세 있게 일어나는 기(起)의 단계에서 구변과 무용을 갖춰서 사울 왕의 신하가 됨으로써 승(承)의 단계로 전환됩니다. 사울 왕의 사위가 되면서 정적이 되고 다윗은 긴 망명 시대로 들어갑니다. 이것이 비극적 반전(反轉)입니다. "사울이 죽인 자는 천천이요 다윗이 죽인 자는 만만이라"(삼상 18:7)는 당시의 유행가는 다윗을 사울에게 미움받는 정적으로 만들어버렸습니다. 그때부터 다윗은 국경 남방 끝자락 블레셋으로 도망쳐 최소 12년, 최장 15년간의 망명 생활을 했습니다. 그 망명 시절에 다윗은 사설 경호 용역 업체를 만들어 부하를 먹여 살리거나 용병으로 전쟁에 참여해 먹고 살아갑니다. 도덕적으로 애매모호한 이 기간을 보낸 후 33세에 헤브론의 유다 왕이 되고 40세에 드디어 이스라엘 통일 왕국의 왕이 됩니다. 이것이 결(結)입니다. 다윗의 시편들은 승, 전, 결의 단계에서 저작됩니다. 고라 자손과 아삽 자손이 다윗의 생애 중 시편의 저작 모티브를 도출하는 부분도 바로 이 단계들입니다.

그런데 다윗의 시편은 결(結)의 단계에서 일어나는 비극적 전락과 연단의 사건들에서도 착상됩니다. 다윗의 결(結)은 절정의 해피엔딩이 아니라 또 다른 파란만장한 드라마를 시작하는 서곡에 불과했음이 드러납니다. 다윗은 왕이 되고 위대한 업적을 성취한 이후에 드디어 자신의 진면목을 유감없이 드러내며 추락합니다. 이 극적 반전과 결말 너머에 있는 인생의 정점에서 다윗은 밧세바를 범한 죄 때문에 자신의 인생과 가정이 송두리째 파괴되는 경험을 하게 됩니다. 극한 순수에서 시작된 인생은 가장 처참한 전락으로 종료될 것처럼 끝없는 심연으로 추락을 거듭합니다. 영광스러운 절정의 순간을 견디지 못하고 타락해버립니다. 사무엘하 11장에서 수도경비사령관의 아내인 밧세바의 샤워 장면을 지켜보다가 불륜을 범하게 되고, 수도경비사령관을 최전선에 보내 전사케 합니다. 살인, 간음, 도적질, 이웃의 소유에 대한 탐심, 야웨 이름 남용 등 십계명 중에서 다섯 가지 계명을 범합니다. 그런데 이 아버지의 죄를 그대로 본받는 자가 맏아들 암논입니다. 그는 자기 이복누이 다말을 성폭행했다가 다말의 친오빠이자 자신의 이복동생인 압살롬에게 살해당합니다. 다윗의 살인죄를 방불케 하는 살인죄를 넷째 아들 압살롬이 범합니다. 압살롬은 맏형을 죽이고 3년 동안 외갓집에 가서 망명 생활을 하고 돌아옵니다. 그리고는 2년 후에, 망명 정부를 구성했던 세력으로 왕위 찬탈을 꾀하는 쿠데타를 일으켜 약 3년 동안 왕권을 휘두르다가 요압에게 살해당합니다.

하나님 나라 복음

그러니까 다윗은 인간이 경험할 수 있는 가장 극한 순수, 극한 고난, 극한 영광, 극한 좌절과 범죄를 다 경험했습니다. 자신의 죄로 인해 초래된 모든 나락을 다 경험했기 때문에 다윗의 인생 사이클은 죄 아래 사는 만민에게 공감을 자아냅니다. 이런 다윗의 경험이 시편의 모티브가 되었다는 것은 우리 하나님이 극한 순수, 극한 타락의 중간에 있는 모든 사람의 인생을, 즉 그들의 폐부와 심정을 다 이해하고 다 포섭하는 가락을 시편 안에 묻어놓았다는 뜻입니다. 그러므로 시편은 만민에게 공감을 불러일으킵니다. 시편을 읽었는데도 전혀 공감이 되지 않는다면 여러분은 사람이 아닙니다. 모든 사람은 시편이 말하는 극한 순수와 극한 타락의 중간에 있기 때문에 시편 일백오십 편 중 적어도 몇 편은 자신의 인생 사이클과 완벽하게 일치하게 되어 있습니다. 내 인생의 각본과 같은, 즉 내 인생의 청사진과 같은 본문이 시편 어딘가에 있다는 말입니다.

시편에서 드러나는 죄인의 바닥 인간성, 그 죄인을 사랑하시는 하나님의 신비한 사랑

시편을 꼭 읽으셔야 합니다. 여러분 중에서 복수심에 가득 찬 사람, 죄책감으로 잠들지 못해 파리해져 가는 사람, 열등감과 수치심으로 어찌할 바를 모르는 사람들은 시편 언어와 곡조, 음률과 가락에서 위로를 받으시기 바랍니다. 증오심에 가득 찬 사람을 돕는 시편이 있습니다. 간단한 '문자' 하나로 원수에게 한방 날릴 수 있게 만드는 시편도 있습니다. 3년 묵은 체증을 뚫어주어 속이 시원하게 만드는 구절도 많습니다. 대표적으로 너무 미운 사람, 지금 당장 이 지구를 떠났으면 싶은 사람에게는 시편 109:8-9을 문자로 날려주면 됩니다. "○○님, 시편 109:8-9을 드립니다." 이렇게 하면 문자를 받은 그 사람은 어서 그 구절을 펴보겠지요? 그 내용이 무엇입니까? "그의 연수를 짧게 하시며 그의 직분을 타인이 빼앗게 하시며 그의 자녀는 고아가 되고 그의 아내는 과부가 되며 그의 자녀들은 유리하며 구걸하고 그들의 황폐한 집을 떠나 빌어먹게 하소서." 이런 내용이 시편에 있습니다! 인간이 얼마나 추잡하고 옹졸해질 수 있는가를 보여주는 구절이자 인간 감정의 극한적 야만성을 고스란히 표현하는 구절입니다.

시편 109편과 137편 같은 것은 고대 수메르나 바벨론의, 원수 겨냥 저주 기도문 같은 데서나 볼 수 있는 기도문입니다. 이렇게 흉악무도한 인간성을 대면하고서도 우리 하나님은, 그리고 성경은 인간 구원을 포기하지 않습니다. '그의 자손이 끊어지게 하시고 후대에는 그 이름이 도말되게 하시며 여호와는 그의 조상들의 죄까지 지워버리지 마시고 지옥에서 부관참시 당하게 하시며'라고 기도했던 시편의 주인공이 자신을 위해서는 "그러나 주 여호와여 주의 이름으로 말미암아 나라를 선대하소서 주의 인자하심이 선하오시니 나를 건지소서"라고 기도합니다. 이런 말도 안 되는(?) 기도문이 시편 109편입니다. 시편은 인간의 극단적 죄성을 파고들어 대면하고 폭로합니다. 하나님이 마주 대하는 인간의 진면목이 이렇습니다. 하나님은 이렇게 치사하고 옹졸한, 자기중심적 죄인을 구원하시려고 인간의 역사 속에 연루되시고 참여하십니다. 인간을 구원하시기 위해 인간의 마을로 내려오셔서 인간의 폭력과 배척의 사정권에 자신의 현존을 들여놓으신 것입니다.

시편 137편에는 이것보다 더 기가 막힌 기도문이 있습니다. "멸망할 딸 바벨론아 네가 우리에게 행한 대로 네게 갚는 자가 복이 있으리

하나님 나라 복음

로다. 네 어린 것들을 바위에 메어치는 자는 복이 있으리로다"(8-9절).
이렇게 기도하는 심정이 바로 우리의 본성입니다. 복수심에 불타는 이
기도문은 하나님께 인간이 어떤 수준인가를 여실하게 보여주기에 성
경에 기록되어 있습니다. 성경은 인간에 대한 환상을 여지없이 깨어버
립니다. 인간은 자신의 어린아이를 반석에 메어친 원수에게 동해동량
(同害同量)의 보복을 원합니다. 바벨론의 어린아이들을 메어치는 자가
복되다고 선언할 정도로 복수심은 실제적이고 비례적입니다. 하나님
은 우리의 야만적이고 원시적인 보복 감정을 칭찬하지는 않으시나 들
으시고 경청하시고 공감하십니다. 시편에 등장하는 이 숱한 아우성이
바로 우리 주님이 중보하시고 구원하셔야 할 죄인들의 참 모습입니다.
시편은 다윗처럼 극한 순수에서 극한 추함으로 굴러떨어져 자기 존엄
에 대한 확신을 빼앗겨본 사람들의 얼을 포용하고 있습니다.

여러분 이 세상에서 자기의 죄 때문에 처참하게 무너져본 사람은
예수가 얼마나 놀라운 하나님의 복음이요 선물인지를 압니다. 자기 죄
때문에 죽음의 문턱까지 굴러떨어져 본 사람에게는 갈라디아서 3:13
이 힘 있게 다가올 것입니다. "그리스도께서 우리를 위하여 저주를 받
은 바 되사 율법의 저주에서 우리를 속량하셨으니 기록된 바 나무에
달린 자마다 저주 아래에 있는 자라 하였음이라." 특히 "율법의 저주
에서 우리를 속량하사"라는 표현이 가슴에 확 파고듭니다. 납덩이처
럼 무거운 죄책감으로 깊은 바닷속으로 침몰하는 듯한 사람에게는 예
수가 우리 죄를 용서하셨다는 말이 아주 크게 들어옵니다. 영적 감수
성이 예민하고 자기 영혼을 살피는 능력이 탁월한 사람들, 식물인간
처럼 되어서 한 발짝도 하나님과 동행할 수 없는 무기력 상태에 빠져
본 사람들에게는 마가복음 2:5의 '소자여 네 죄가 용서받았다. 너는 일

어나 걸으라'라는 말씀이 큰 소리로 들립니다. 그러나 자기 죄가 얼마나 참혹하고 가증스러운지를 전혀 모르는 영적 무감각자들은 예수가 죄를 용서하는 장면을 보고도 아무 감동을 느끼지 못합니다. 자기 영혼을 살피는 능력이 심히 쇠패하고 모자란 사람들은 시편 언어 하나하나, 우리 주님의 언어 하나하나가 전혀 가슴에 와 닿질 않습니다.

우리 주님의 언어는 고민이 깊어 임계점에 도달한 모든 사람을 순식간에 구원해버리는 말씀입니다. 여러분이 죄 때문에 12년 내내 몸의 원기가 다 빠져나가는 것 같은 엄청난 현기증을 느껴보았다면 마가복음 5장의 그 혈루증 앓던 여인처럼 주님의 옷자락을 잡기 위해서 필사적으로 접근할 것입니다. 필사적으로 다가가 예수의 옷자락을 잡은 여인에게 놀라운 치유와 감동이 일어났듯이 예수의 옷자락이라도 잡으려는 사람에게는 놀라운 구원과 치유의 기적이 일어날 것입니다.

죄로 인해 자신의 생명 에너지가 누수되는 죄인들은 마가복음 5장의 혈루증 앓는 여인처럼 주님의 옷자락이라도 잡으면 나을 것이라는 믿음을 갖고 주님을 향해 나아가야 합니다. 이런 사람들에게 성경은 결코 추상적인 언어가 아닙니다. 이런 사람들은 정말 형편없는 설교에도 은혜를 받습니다. 그래서 설교가 은혜롭지 않은 것은 마음이 매우 부요(?)하기 때문일 수도 있습니다. 심령이 가난한 사람들은 교리만 건전하다면 어떤 설교를 들어도 은혜를 받습니다. 심지어 신학대학원에 갓 들어가 성경 통독도 하지 않은 사람이 한 설교에도 은혜를 받습니다. 물론 목사의 설교에 은혜 못 받는 사람이 죄악 되다고 보는 것은 지나칩니다. 다만 심령이 가난한 사람에게는 무미건조한 설교도 꿀송이처럼 달다는 것입니다. 시편의 기승전결 구조를 따라 출렁이는 인생의 사이클에 들어가본 사람들, 영혼의 밤 속에 빠져본 사람들, 바다 끝에 가서

하나님 나라 복음

음부에 자리를 펴고 사는 사람들에게는 예수가 발설하시는 한마디, 예수가 보여주시는 일거수일투족이 엄청난 무게를 가집니다. 이처럼 굽이치는 파도 속에 엎어진 자가 되고 유리방황하는 자가 되어보면 우리는 시편 언어를 통해 우리 영혼이 얼마나 쉽게 고양되는가를 경험합니다.

시편은 원시적 보복 감정, 야만적인 감정의 방출을 무제한 허용합니다. 우리 하나님은 오히려 그런 저주 어린 언어를 하나님을 향해서 토해내도록 유도하십니다. 이 저주를 사람에게 퍼붓지 말고 하나님께 토로하라고 하십니다. 시편 109편은 문자로 전송하기에는 너무 강한 말입니다. 자신의 대적의 집이 타인에게 빼앗기도록 간구하는 것은 하나님이 용납하시지 않습니다. 따라서 그런 저주는 사람 앞에서 하면 안 됩니다. 그것은 저주입니다. 하나님께 드리는 기도 때에나 할 수 있는 간청입니다. 하나님은 이런 저주 어린 기도를 하나님 당신께 토로하게 함으로써 영혼을 정화시켜주시고 거룩하게 고양시켜주십니다. 저주 어린 감정을 많이 가진 사람들은 원수 대적들에게 카카오톡이나 문자를 전송해서 대량 사상자를 낼 것이 아니라 하나님께 토로해보세요. 하나님께 저주 기도라도 많이 하고 나면 놀랍게도 영혼이 깨끗해집니다. 남을 미워하는 기도를 해도 하나님께 기도하면 영혼이 깨끗해집니다. 여러분 한번 실험해보세요. 정말 10분 이상 비난하고 저주할 만한 사람을 정해서 3일간 계속 그를 생각하면서 저주 기도를 하시고 여러분의 영혼이 얼마나 맑아지는지 확인해보십시오. 저주 언어도 하나님을 향한 토설 기도의 일부가 될 때에는 성화가 일어난다는 것입니다. 즉 저주 어린 기도일지언정 하나님을 향해 토해내고 나면 영혼에 거룩한 감수성이 생기고 하나님의 선하심과 인자하심이 마음에 침전됩니다. 이것이 시편 기도의 진수입니다. 하나님은 복수심과 야만적인 감정의 방출을 허용하면서 우리를 성화시키는 것입니다.

그래서 시편은 부재중인 하나님 나라를 경험하는 영혼의 생존, 연단, 성장, 성숙, 성화의 비망록입니다. 자기 죄 때문에 당하는 고난, 죄없이 당하는 자의 고난, 다른 사람의 죄를 뒤집어쓰는 대속적 고난 등의 세 가지 고난이 시편 안에 다 있습니다. 사실 우리 모두는 다윗과 같은 인생의 사이클을 그립니다. 우리도 대부분 순수한 한때가 처참하게 부서지는 것을 목격합니다. 좋았던 때, 영광의 정점을 향해서 치솟던 때, 순수하고 영광스러웠던 때가 죄로 인해 망가지고 굴욕적 연단을 받았던 때, 처참하게 전락하여 벌레처럼 버림받는 때가 우리 인생의 복잡한 사이클을 그립니다. 다윗을 용서하셨던 우리 하나님이 이런 사이클을 타고 추락하는 죄인을 용서하셨고 받아주셨습니다. 이 하나님의 복원력 넘치는 은혜로 반전을 이루고 성장과 성숙을 거듭해가는 것이 성도의 길입니다.

다윗을 의롭게 하신 하나님이 우리 또한 의롭게 하셨습니다. 시편 32편은 바로 죄 사함의 복음을 다룹니다. 32편은 바울이 로마서 4장에서 이신칭의를 예해할 때 인증했던 시편입니다. "자기 죄를 징치하지 않고 자기 죄를 인하여 정죄를 받지 않는 자는 복이 있도다"(1절). 죄짓고 하나님의 은혜로 갱생되는 다윗이야말로 모든 인류에게 희망이 됩니다. 이런 다윗의 인생도 하나님의 은총으로 재활·복구되었다면 우리 또한 재활·복구될 찬스가 있지 않겠습니까? 우리 가운데 누가 다윗처럼 이렇게 죄를 많이 지었습니까? 자기 부하를 가장 위험한 전선에 보내 전사하게 하고, 그 후에 그의 아내를 빼앗는 범행을 누가 감히 저지를 수 있습니까? 영화 〈대부〉 같은 데서나 나올 법한 장면입니다. 다윗만큼 이렇게 많은 죄를 범할 수가 없는 것입니다. 일단 남의 아내를 빼

하나님 나라 복음

앗는 것도 강심장이 아니면 못하는 짓인데 그녀의 남편을 죽이기까지 하다니요. 이것은 보통 인간이라면 생각지도 못할 죄악입니다. 이 같은 죄성의 폭발을 경험하기란 힘듭니다. 이런 다윗이 하나님의 은총으로 갱생되었다면 우리 모두에게도 희망이 있다는 것입니다. 그러니까 다윗같이 인간성의 가장 어두운 면을 드러낸 인간도 용서받고 복구되었다면 아무리 처참한 죄인도 희망이 있다는 것 아닙니까? 우리 각자는 오징어의 먹물이 터져 나온 것처럼, 혹은 연안 바다의 갯벌이 드러나는 것처럼 가장 저열한 인간성을 폭발시키는 죄를 지을 수 있는 뇌관을 안고 삽니다. 하나님이 다루시는 인간은 이처럼 언제든지 폭발할 수 있는 죄성 폭발형 피조물입니다. 시편의 하나님 나라 복음은 인간 갱생과 복구의 복음입니다. 다윗처럼 지저분하고 도덕적으로 재기 불가능한 파산을 경험한 사람의 인생도 고치고 정결하게 하며 우슬초로 깨끗하게 해주는 것이 시편의 하나님 나라 복음입니다. 그렇기 때문에 마르틴 루터는 1512년에 시편 강해를 할 때 믿음으로 의로워지는 이신칭의 복음을 발견했다고 흥분했습니다.

종교개혁자 마르틴 루터의 시편 강해와 복음 발견

마르틴 루터는 시편 31편에서 이신칭의의 복음을 발견했습니다. 루터가 1512년에 시편 31:1을 읽었습니다. "Deliver me in Thy righteousness." 루터가 읽던 라틴어 성경에는 이렇게 되어 있습니다. "He delivers me into Thy righteousness." 루터는 이 구절을 '그는 나를 공의에 던져 넣으신다'로 이해했습니다. 얼마 후 루터는 그것이 오해요 오독이었음을 깨닫게 되었습니다.[3] 이 구절은 '주의 공의로 나를 건지소서'라는 의미입니다. 건진다(deliver)는 말이 집어던진다는 의미도 갖고 있습니다. deliver A into B 하면 A를 B한테 집어던진다는 뜻이죠. 그러니까 루터는 '주는 나를 당신의 공의 속에 집어던지신다'는 의미로 이해한 것입니다. 이렇게 읽은 루터가 완전히 경기(驚氣)에 사로잡힌 것은 당연했습니다. 루터는 이 구절 때문에 너무 괴로워 유리 파편을 뿌려둔 로마의 라테란 성당에 있는 계단을 무릎을 꿇고 기어갔습니다. 그렇게 해서라도 죄책감을 이겨보려고 애썼습니다. 루터는 수도원 정신병이라고 하는 도덕적 쇄심증(鎖心症)에 걸려버린 것입니다. 도덕적 감수성이 너무 예민해서 이상한 생각이 한줄기만 스쳐가도 죄를 지었다고 생각하고 고해성사실로 달려갔습니다.

이런 루터의 자학적인 양심 가책증 때문에 요한 슈타우피츠라는 성 아우구스티누스 수도원장이 몹시 괴로워했습니다. 루터가 고해성사하자는 것 때문에 죽을 지경이었습니다. 모든 수도사들은 일주일에 한 번만 고해성사를 하면 되었습니다. 그런데 루터는 시도 때도 없이 고해성사를 하겠다고 찾아왔습니다. 그는 "아버지여 당구를 너무 오래 쳤습니다", "아버지여 포도주를 네 잔 연속 마셨습니다", 그리고 "참회할 때 채찍으로 등을 세차게 두드려야 되는데 그냥 잠이 들었습니다" 등등의 고해성사로 죄책감을 이겨보려고 했습니다. 루터는 양심의 고통을 못 이겨 온갖 시시콜콜한 죄를 두고 수도원장 슈타우피츠가 지칠 정도로 고해성사를 해댔습니다. 루터가 "아버지, 제가 죄를 지었습니다"라고 말하면, 슈타우피츠는 "너는 7분 전에도 왔지 않느냐?"라고 답합니다. "아닙니다. 아버지여, 7분 동안 또 죄를 지었습니다. 음란한 모

---

3) U. Saarnivaara, *Luther Discovers the Gospel*(rep. ed.; Concordia, 2005), 64-66, 92-126.

하나님 나라 복음

습의 여인이 제 눈앞을 스쳐 지나갔습니다. 심장이 쿵쿵거렸습니다. 저
는 벌써 간음한 것입니다." 이렇게 영혼과 속생각을 해부학적으로, 머
리털 자르듯이 분석하고 분석하여 자신이 얼마나 죄인인가를 보여주
려고 하자 슈타우피츠가 지쳐 루터에게 해결책을 제시하기에 이르렀습
니다. 슈타우피츠는 루터에게 공부를 시켰습니다. "너는 기도하지 말고
공부해라"라고 해서 루터가 에라스무스 신약성경을 읽기 시작했습니
다. "넌 절대로 기도하지 마라. 기도하면 또 나를 찾아와서 괴롭힐테니
까! 다만 어려운 헬라어 책 번역하면서 시간을 보내고 있어라." 루터가
에라스무스의 어려운 신약성경을 읽으면서 자기의 도덕적 쇄심증을 고
쳐갔습니다. 루터의 성경 원문 연구가 심화된 계기가 마련된 것입니다.
그 사이에 슈타우피츠 수도원장은 좀 쉬었습니다. 그런 과정에서 자신
의 불의를 보고 극단적으로 괴로워하던 젊은 루터는 하나님의 의(義)에
눈을 뜨게 되고 복음의 진리로 인도함을 받게 됩니다.

루터는 에르푸르트 성 아우구스티누스 수도원에서의 수도사 수련
을 마치고 비텐베르크 대학교 교수로 부임했습니다. 부임하자마자 시
편 강해를 시작했습니다. 이제는 자신의 도덕적 쇄심증을 극단적으로
악화시킨 시편 31:1을 다시금 해석하기에 이르렀습니다. 히에로니무스
가 번역한 불가타 성경에 따르면 이 절은 '주님은 나를 당신의 공의 속
에 던져넣으십니다'4)를 의미했습니다. 하나님의 불타는 진노를 증언하
는 본문이었던 것입니다. 그러나 그는 이제 31:1이 정반대의 의미를 가

---

4) 마르틴 루터는 시편 31:1을 주석하다가 이신칭의의 복음을 결정적으로 발견했다. 라틴어 성
  경의 이 구절을 "야웨여, 나를 당신의 심판적 의로 집어던지소서"라고 읽었다가 홀연히 성령
  의 조명을 받아, "야웨여 나를 당신의 의로 구원하소서"라고 읽게 된 것이다(Timothy F. Lull,
  Martin Luther's Basic Theological Writings, Augsburg Fortress, 1989, 157).

진 구절인 것을 깨닫게 되었습니다. 이 구절을 중심으로 루터는 오히려 '믿음으로 말미암아 의롭게 된다'는 종교개혁의 모토를 정초했습니다. 다윗의 인생을 묵상하면서 그 극한 파산에도 하나님이 함께하셔서 그를 재활·복구시키시고 믿음으로 말미암는 의의 증인으로 삼았다면, 하나님이 누구를 구원하지 못하겠느냐고 생각한 것입니다.

루터의 생각은 꼬리에 꼬리를 물고 풍요롭게 확장되었습니다. '누가 다윗보다 더 처참한 죄를 범할 수가 있겠는가? 다윗을 구원한 하나님은 모든 만민을 구원하는 하나님이다. 하나님은 어떤 시궁창에 굴러떨어진 인간도 구원할 수 있다.' 이 진리를 깨닫고 1512년에 시작된 시편 강해를 통해 처음으로 이신칭의, 즉 믿음으로 의롭게 되는 교리를 세웁니다. 그리스도의 의가 무엇을 의미하는지를 파악한 것입니다. 1517년에 면죄부 매매 행위에 대한 논쟁에 불을 붙이면서 그는 일약 종교개혁자가 되어버립니다. 면죄부는 돈으로 연옥에 간 조상을 천국으로 이주시키는 일종의 종교 유가증권이었습니다. 주화가 짤랑짤랑 소리를 내며 면죄부 모금함에 떨어지는 순간 죽은 조상이 연옥에서 천국으로 옮겨진다는 것입니다. 그러나 돈도 지옥에 있는 사람을 천국으로 보낼 수는 없었던가 봅니다. 충분히 성화되지 않다가 홍수의 강에 떠밀려 죽은, 연옥에 있다는 사람만 후손이 헌금하면 천국으로 올라갈 수가 있다는 것이었습니다. 예를 들어, 후손이 이만 불을 넣으면 미가엘 천사가 연옥에 있는 사람의 머리카락을 확 잡아서 천국으로 올려주고, 조상들은 "할렐루야! 천국 간다네" 하며 노래를 부른다고 믿었습니다. 루터는 이 면죄부가 종교 사기극임을 깨달았을 뿐만 아니라 고해성사로 도저히 자기 죄 문제가 해결되지 않는 것을 보면서 일곱 가지 성사 체계에 의한 구원론을 의심하기 시작했습니다. 다른 수도사처럼 고해성사로 죄 문제

하나님 나라 복음

가 해결됐다면 루터는 시편을 그렇게 열렬하게 읽지 않았을 것입니다.

　루터는 아무리 고해성사를 하고, 유리 박힌 라테란 바실리카 계단을 그렇게 오르내려도 죄가 해결되지 않자 시편을 읽고 또 읽었습니다. 그러다가 마침내 여호와 하나님이 다윗의 죄를 용서하시고 그의 부서진 인생을 복구해주신, 일방적으로 죄인을 의롭게 해주신 사실을 깨달으면서 자신의 죄 사함과 구원도 완전히 확신하기에 이릅니다. 돈을 가지고 죽은 조상을 구원하는 당시의 면죄부 신앙이 자기 안에 뜨겁게 파동치는 성령의 감동과 확신과는 너무 다름을 체험했습니다. 자신 안에 줄기차게 흐르는 하나님의 의를 경험하면서 면죄부는 틀렸다고 확신하게 되고, 면죄부가 맞다고 생각하는 사람은 자신과 토론하자고 나서면서 95개 논제를 비텐베르크성 교회 철문에다 써 붙였습니다. 그 사건이 종교개혁의 시초였습니다. 1517년 10월 31일에 일어난 일이죠. 이런 이신칭의의 복음 발견, 성령의 감동과 사죄 확신이 시편에서 나왔습니다. 그래서 종교개혁의 성경은 로마서나 갈라디아서, 히브리서가 아닙니다. 먼저는 시편입니다. 루터는 1511년에 시편 주석을, 1546년 2월 죽기 직전에 창세기 주석을 씀으로써 모든 믿음으로 말미암아 의롭게 되는 신학을 완성했습니다. 그래서 시편 주석이 최초의 주석이고, 창세기 주석이 제일 마지막 주석입니다.

흑암 중에 걷는 자라도 야웨 하나님을 의지하도록 돕는 시편의 하나님 나라 복음

제가 제일 좋아하는 시편은 139편입니다. 항상 즐겨 읽는 시편은 복음서를 압축해놓은 103편입니다. 그 다음이 예배당에 가고 싶을 때의 마음, 주일에 예배드리러 갈 때의 설레는 마음을 표현해주는 84편입니다. 그리고 죄책감이 납덩이처럼 무거워 내 영혼을 울릴 때는 시편 38과 51편을 읽거나 음송합니다. 국가적으로 슬픈 일을 당할 때에는 89편을 읽으면서 "여호와여 어디 계시나이까 어찌하여 이런 일이 일어나나이까"라고 물어봅니다. 엉터리 같은 재판으로 정의감을 훼손하는 판사들의 재판 기사를 읽을 때는 7편을 읽습니다(11절, "하나님은 의로우신 재판장이심이여, 매일 분노하시는 하나님이시로다"). 천재지변이 푸른 지구를 파괴할듯이 쇄도할 때는 46-48편을 읽습니다. 성경 구절을 암송하려고 펼 때는 토라 찬미송인 1, 19, 119편을 읽습니다. 먼 곳에 있는 교회 사경회에 참여하거나 명강의를 펼치는 대(大)학자들의 강연을 들으러 갈 때는 성전 순례 시편인 120-134편을 읽습니다. 안식일을 지키기 위해 6일 동안 일을 완료하려고 자신을 다그칠 때는 97편을 읽습니다. 너무 억울한 일을 당했거나 친구나 대적의 비방, 중상모략을 들을 때에는 57편을 읽습니다. 병들어 몸이 쇠약할 때 39편을 읽습니다. 그럼 말씀드린대로 시편 139편과 103편을 자세히 살펴보기 전에 먼저 하나님 나라의 관점에서 시편 일백오십 편 모두의 제목을 붙여봄으로써 시편의 세부 주제들을 살펴보겠습니다.

1권 부재중인 하나님 나라를 유리방황하는 영혼의 노래

1편 복되도다! 야웨의 율법을 즐겨 읽고 주야로 음송하는 의인들이여! 2편 너는 내 아들이라 3편 나의 대적이 어찌 그리 많은지요? 4편 나의 의의 하나님이여 응답하소서 5편 나의 왕, 나의 하나님이여 내가 부르짖는 소리를 들으소서 6편 여호와여 주의 분노로 나를 책망하지 마옵소서 7편 하나님은 의로우신 재판장! 매일 분노하시는 하나님이로다 8편 주의 이름이 온 땅에 어

하나님 나라 복음

찌 그리 아름다운지요! 9편 공의로 세계를 심판하심이여! 10편 여호와여 가난한 자들을 잊지 마옵소서 11편 여호와의 보좌는 하늘에 있음이여! 12편 여호와여! 충실한 자가 인생 중에 없어지나이다 13편 여호와여 어느 때까지니이까? 14편 어리석은 자는 하나님이 없다 하는도다 15편 여호와여 주의 장막에 머무를 자 누구오니이까? 16편 내게 줄로 재어준 구역은 아름다운 곳에 있음이여 17편 나를 판단하시며 주의 눈으로 공평히 살피소서 18편 나의 힘이 되신 여호와여 내가 주를 사랑하니이다 19편 여호와의 율법은 영혼을 소성시키며 여호와의 증거는 지혜롭게 하는도다 20편 네 마음의 소원을 허락하시고 네 모든 계획, 이루어주시기를! 21편 왕이 주의 힘으로 기뻐하며 주의 구원으로 크게 즐거워하게 하소서 22편 이스라엘의 찬송 중에 계시는 주는 거룩하시니이다 23편 여호와는 나의 목자시니 내게 부족함이 없으리로다 24편 영원한 문들아 들릴지어다 영광의 왕이 들어가시리로다 25편 여호와의 친밀하심이 그를 경외하는 자들에게 있음이여! 26편 여호와여 나를 살피시고 시험하사 내 뜻과 내 양심을 단련하소서 27편 여호와는 나의 빛이요 구원이시니 누구를 두려워하리요 28편 나의 반석이여 내게 귀를 막지 마소서 29편 여호와께서 홍수 때에 좌정하셨음이여! 영원토록 왕으로 좌정하시도다 30편 내 하나님이여 내가 주께 부르짖으매 나를 고치셨나이다 31편 나의 반석과 산성이신 주여! 주의 이름을 생각하셔서 나를 인도하시고 지도하소서 32편 허물의 사함을 받고 자신의 죄가 가려진 자는 복이 있도다 33편 의인들아 여호와를 즐거워하라 찬송은 정직한 자들이 마땅히 할 바로다 34편 여호와는 마음이 상한 자를 가까이 하시고 충심으로 통회하는 자를 구원하시는도다 35편 여호와여 나와 다투는 자와 다투시고 나와 싸우는 자와 싸우소서 36편 하나님이여 주의 인자하심이 어찌 그리 보배로우신지요 37편 온유한 자들은 땅을 차지하며 풍성한 화평으로 즐거워하리로다

38편 여호와여 노하심으로 나를 책망하지 마시고 분노하심으로 나를 징계하지 마소서 39편 주는 나를 용서하사 내가 떠나 없어지기 전에 나의 건강을 회복시키소서 40편 내가 왔나이다 나를 가리켜 기록한 것이 두루마리책에 있나이다 41편 가난한 자를 보살피는 자에게 복이 있음이여 재앙 날에 여호와께서 건지시리로다

2권 살아 계신 하나님의 땅에서 추방당한 영혼의 노래

42편 하나님이여 내 영혼이 주를 찾기에 갈급하니이다 43편 내 영혼아 네가 어찌하여 낙심하며 어찌하여 내 속에서 불안해하는가 44편 나의 왕이신 하나님이시여! 야곱에게 구원을 베푸소서 45편 하나님이여 주의 보좌는 영원하며 주의 나라의 규는 공평한 규이니이다 46편 하나님은 우리의 피난처시요 힘이시니 환난 중에 만날 큰 도움이시라 47편 하나님은 온 땅의 왕이심이라 지혜의 시로 찬송할지어다 48편 터가 높고 아름다워 온 세계가 즐거워함이여 큰 왕의 성 시온 산이 그러하도다 49편 사람은 존귀하나 장구하지 못함이여 멸망하는 짐승 같도다 50편 하늘이 그의 공의를 선포하리니 하나님 그는 심판장이심이로다 51편 우슬초로 나를 정결하게 하소서 내가 정하리이다 52편 포악한 자여 네가 어찌하여 악한 계획을 스스로 자랑하는가 53편 죄악을 행하는 자들은 내 백성을 먹으면서 하나님을 부르지 아니하는도다 54편 하나님이여 주의 이름으로 나를 구원하시고 주의 힘으로 나를 변호하소서 55편 하나님이여 내 기도에 귀를 기울이시고 내가 간구할 때에 숨지 마소서 56편 나의 유리함을 주께서 계수하셨사오니 나의 눈물을 주의 병에 담으소서 57편 내 영광아 깰지어다 비파야, 수금아, 깰지어다 내가 새벽을 깨우리로다 58편 통치자들아 너희가 정의를 말해야 하거늘 어찌 잠잠하냐 59편 진노하심으로 악을 소멸하사 하나님이 야곱 중에서 다스

하나님 나라 복음

리심을 땅끝까지 알게 하소서 60편 하나님이여 우리를 버려 흩으셨고 분노하셨사오나 우리를 회복시키소서 61편 내 마음이 약해질 때에 땅끝에서부터 주께 부르짖으리오니 나를 인도하소서 62편 나의 영혼이 잠잠히 하나님만 바람이여 나의 구원이 그에게서 나오는도다 63편 마르고 황폐한 땅에서 내 영혼이 주를 갈망하며 내 육체가 주를 앙모하나이다 64편 하나님이여 내 근심하는 소리를 들으시고 원수의 두려움에서 나의 생명을 보존하소서 65편 주께서 택하시고 가까이 오게 하사 주의 뜰에 살게 하신 사람은 복이 있나이다 66편 와서 하나님께서 행하신 것을 보라 사람의 아들들에게 행하심이 엄위하시도다 67편 주는 민족들을 공평히 심판하시며 땅 위의 나라들을 다스리실 것임이니이다 68편 하나님이 일어나시니 원수들은 흩어지며 주를 미워하는 자들은 도망하리이다 69편 하나님이여 나를 구원하소서 물들이 내 영혼에까지 흘러들어 왔나이다 70편 나는 가난하고 궁핍하오니 하나님이여 속히 내게 임하소서 71편 나는 항상 소망을 품고 주를 더욱더욱 찬송하리이다 72편 하나님이여 주의 판단력을 왕에게 주시고 주의 공의를 왕의 아들에게 주소서

3권 시온을 중심으로 온 세계를 다스릴 하나님 나라

73편 하나님의 성소에 들어갈 때에야 그들의 종말을 내가 깨달았나이다 74편 하나님이여 일어나 주의 원통함을 푸시고 우매한 자가 주를 비방한 것을 기억하소서 75편 오직 재판장이신 하나님이 이를 낮추시고 저를 높이시느니라 76편 하나님이 땅의 모든 온유한 자를 구원하시려고 심판하러 일어나시도다 77편 환난 날에 내 손을 들고 거두지 아니하였나니 내 영혼이 위로받기를 거절하였도다 78편 우리가 여호와의 영예와 그 능력과 그 행하신 기이한 사적을 후대에 전하리로다 79편 갇힌 자의 탄식을 주의 앞에 이

르게 하시며 죽이기로 정해진 자도 보존하소서 80편 만군의 하나님이여 주의 얼굴 광채를 비추사 우리가 구원을 얻게 하소서 81편 나는 너를 애굽 땅에서 인도하여 낸 네 하나님이라! 네 입을 크게 열라 내가 채우리라 82편 하나님이여 일어나사 세상을 심판하소서 모든 나라가 주의 소유이기 때문이니이다 83편 주의 광풍으로 그들을 쫓으시며 주의 폭풍으로 그들을 두렵게 하사, 여호와만 온 세계의 지존자로 알게 하소서 84편 나의 왕, 나의 하나님, 만군의 여호와여 주의 장막이 어찌 그리 사랑스러운지요 85편 인애와 진리가 만나고, 의와 화평이 서로 입맞추었으며, 진리는 땅에서 솟아나고 의는 하늘에서 굽어보도다 86편 주께서 지으신 모든 민족이 주를 경배하며 주의 이름에 영광을 돌리리이다 87편 나는 라합과 바벨론이 나를 아는 자 중에 있다 말하리라 보라 블레셋과 두로와 구스여 이것들도 시온에서 났다 하리로다 88편 여호와여 오직 내가 주께 부르짖었사오니 아침에 나의 기도가 주의 앞에 이르리이다 89편 의와 공의가 주의 보좌의 기초라 인자함과 진실함이 주 앞에 있나이다

4권 하나님 나라의 세상 복귀를 알리는 하나님 나라 복음

90편 주여 땅과 세계도 조성하시기 전 곧 영원부터 영원까지 주는 하나님이시니이다 91편 그가 나를 사랑한즉 내가 그를 건지리라 그가 내 이름을 안즉 내가 그를 높이리라 92편 악인들은 풀같이 자라고 흥왕할지라도 영원히 멸망하며 의인은 종려나무같이, 레바논 백향목같이 번성하리로다 93편 여호와께서 다스리시니 여호와의 능력은 많은 물소리와 바다의 큰 파도보다 크니이다 94편 세계를 심판하시는 주여 일어나사 교만한 자들에게 마땅한 벌을 주소서 95편 오라 우리가 굽혀 경배하며 우리를 지으신 여호와 앞에 무릎을 꿇자 96편 여호와께서 다스리시니 세계가 굳게 서고 흔들

리지 않으리라 그가 만민을 공평하게 심판하시리라 97편 여호와께서 다스리시나니 땅은 즐거워하며 허다한 섬은 기뻐할지어다 98편 땅을 심판하러 임하실 야웨, 그가 의로 세계를 판단하시며 공평으로 그 백성을 심판하시리로다 99편 여호와께서 다스리시니 만민이 떨 것이요, 그룹 사이에 좌정하시니 땅이 흔들릴 것이로다 100편 여호와 우리 하나님, 그는 우리를 지으신 이요 우리는 그의 백성이요 그의 기르시는 양이로다 101편 아침마다 내가 땅의 모든 악인을 멸하리니 악행자는 여호와의 성에서 다 끊어지리로다 102편 여호와께서 하늘에서 땅을 굽어보시사 갇힌 자의 탄식을 들으시며 죽이기로 정한 자를 해방하시는도다 103편 여호와께서 그의 보좌를 하늘에 세우시고 그의 왕권으로 만유를 다스리시도다 104편 주께서 물의 경계를 정하여 넘치지 못하게 하시며 다시 돌아와 땅을 덮지 못하게 하셨나이다 105편 여러 나라의 땅을 이스라엘에게 주신 것은 그들이 그의 율례를 지키고 그의 율법을 따르게 하려 하심이로다 106편 여호와 우리 하나님이여 우리를 구원하사 여러 나라로부터 모으시고 우리가 주의 거룩하신 이름을 감사하며 주의 영예를 찬양하게 하소서

5권 귀환 포로들의 연합과 동거 속에서 경험되는 영생의 나라, 하나님 나라의 복음

107편 여호와의 속량을 받은 자들은 이같이 말할지어다 여호와께서 대적의 손에서 그들을 속량하사 동서남북 각 지방에서부터 모으셨도다 108편 하나님이여 주는 하늘 위에 높이 들리시며 주의 영광이 온 땅에서 높임 받으시기를 원하나이다 109편 그들이 악으로 선을 갚으며 미움으로 사랑을 갚았사오니 악인이 그를 다스리게 하시며 사탄이 그의 오른쪽에 서게 하소서 110편 주의 권능의 날에 주의 백성이 거룩한 옷을 입고 즐거이 헌신하니

새벽 이슬 같은 주의 청년들이 주께 나오는도다 111편 여호와를 경외함이 지혜의 근본이라 그의 계명을 지키는 자는 다 훌륭한 지각을 가진 자이니 여호와를 찬양함이 영원히 계속되리로다 112편 정직한 자들에게는 흑암 중에 빛이 일어나나니 그는 자비롭고 긍휼이 많으며 의로운 이로다 113편 여호와 우리 하나님, 높은 곳에 앉으셨으나 스스로 낮추사 천지를 살피시고 가난한 자를 먼지 더미에서 일으키시며 궁핍한 자를 거름 더미에서 들어 지도자로 세워주시는도다 114편 이스라엘이 애굽에서 나올 때에 유다는 여호와의 성소가 되고 이스라엘은 그의 영토가 되었도다 115편 너희는 천지를 지으신 여호와께 복을 받는 자로다 하늘은 여호와의 하늘이라도 땅은 사람에게 주셨도다 116편 주께서 내 영혼을 사망에서, 내 눈을 눈물에서, 내 발을 넘어짐에서 건지셨나니 내가 생명이 있는 땅에서 여호와 앞에 행하리로다 117편 우리에게 향하신 여호와의 인자하심이 크고 여호와의 진실하심이 영원함이로다 118편 못 나라가 나를 에워쌌으나 내가 여호와의 이름으로 그들을 끊으리로다 119편 내가 잃은 양같이 방황하오니 주의 종을 찾으소서 내가 주의 계명들을 잊지 아니함이니이다 120편 여호와여 거짓된 입술과 속이는 혀에서 내 생명을 건져주소서 121편 여호와께서 너를 지켜 모든 환난을 면하게 하시며 또 네 영혼을 지키시리로다 122편 예루살렘을 위하여 평안을 구하라 예루살렘을 사랑하는 자는 형통하리로다 123편 여호와여 우리에게 은혜를 베푸시고 또 은혜를 베푸소서 심한 멸시가 우리에게 넘치나이다 124편 우리의 도움은 천지를 지으신 여호와의 이름에 있도다 125편 악인의 규가 의인들의 땅에서는 그 권세를 누리지 못하리니 이는 의인들로 하여금 죄악에 손을 대지 아니하게 함이로다 126편 눈물을 흘리며 씨를 뿌리는 자는 기쁨으로 거두리로다 127편 여호와께서 집을 세우지 아니하시면 세우는 자의 수고가 헛되며 여호와께서 성을 지키지 아니

하나님 나라 복음

하시면 파수꾼의 깨어 있음이 헛되도다 128편 여호와를 경외하며 그의 길을 걷는 자마다 복이 있도다 129편 무릇 시온을 미워하는 자들은 수치를 당하여 물러갈지어다 130편 여호와여 내가 깊은 곳에서 주께 부르짖었나이다 나의 부르짖는 소리에 귀를 기울이소서 131편 여호와여 내 마음이 교만하지 아니하오며 내가 큰일과 감당하지 못할 놀라운 일을 하려고 힘쓰지 아니하나이다 132편 여호와여 일어나사 주의 권능의 궤와 함께 평안한 곳으로 들어가소서 133편 보라 형제가 연합하여 동거함이 어찌 그리 선하고 아름다운고 134편 보라 밤에 여호와의 성전에 서 있는 여호와의 모든 종들아 여호와를 송축하라 135편 여호와께서 자기 백성을 판단하시며 그의 종들로 말미암아 위로를 받으시리로다 136편 우리를 비천한 가운데에서도 기억해주신 이에게 감사하라 그 인자하심이 영원함이로다 137편 예루살렘아 내가 너를 잊을진대 내 오른손이 그 수금 타는 재주를 잊을지로다 138편 여호와께서는 높이 계셔도 낮은 자를 굽어살피시며 멀리서도 교만한 자를 아심이니이다 139편 하나님이여 나를 살피사 내 마음을 아시며 나를 시험하사 내 뜻을 아옵소서 내게 무슨 악한 행위가 있나 보시고 나를 영원한 길로 인도하소서 140편 내가 알거니와 여호와는 고난당하는 자를 변호해주시며 궁핍한 자에게 정의를 베푸시리이다 141편 의인이 나를 칠지라도 은혜로 여기며 책망할지라도 머리의 기름같이 여겨 내 머리가 이를 거절하지 아니할지라 142편 여호와여 내가 주께 부르짖어 말하기를 주는 나의 피난처시요 살아 있는 사람들의 땅에서 나의 분깃이시라 하였나이다 143편 아침에 나로 하여금 주의 인자한 말씀을 듣게 하소서 내가 주를 의뢰함이니이다 내가 다닐 길을 알게 하소서 내가 내 영혼을 주께 드림이니이다 144편 여호와를 자기 하나님으로 삼는 백성은 복이 있도다 145편 왕이신 나의 하나님이여 내가 주를 높이고 영원히 주의 이름을 송축하리이다 146편여호와는 천지와 바다와 그중의 만물을 지으시며 영원히 진실함을 지키시며 억눌린 사람들을 위해 정의로 심판하시며 주린 자들에게 먹을 것을 주시며 갇힌 자들에게 자유를 주시는도다 147편여호와께서 예루살렘을 세우시고 이스라엘의 흩어진 자들을 모으시며 상심한 자들의 상처를 싸매시는도다 148편하늘의 하늘도 하늘 위에 있는 물들도 여호와를 찬양할지어다 그것들이 여호와의 이름을 찬양함은 그가 명령하시므로 지음을 받았음이로다 149편여호와께서는 자기 백성을 기뻐하시며 겸손한 자를 구원으로 아름답게 하심이로다 150편할렐루야 그의 성소에서 하나님을 찬양하며 그의 권능의 궁창에서 그를 찬양할지어다

시편 139편과 103편에 숨 쉬는 하나님 나라 복음

이렇게 풍성한 일백오십 편의 시편 중에서도 시편 139편이야말로 시편의 정수라고 생각합니다. 여기에는 시편 다섯 권의 모든 주제가 다 나타나기 때문입니다. 아까 제가 말씀드렸듯이 시편에는 자신의 죄 때문에 고난당하는 사람도 있고, 하나님의 거룩한 뜻 때문에 죄와 상관없이 고난을 당하는 사람도 있습니다. 한편 자신의 고난으로 다른 사람을 복되게 하는 사람도 있습니다. 시편 139편은 한 인간이 경험할 수 있는 가장 처참한 고난을 다룹니다. 밤에 사로잡힌 인간 영혼의 노래입니다. 시인은 인간이 경험할 수 있는 가장 밑바닥에서 자신의 영혼을 감싸 안으시는 하나님을 노래합니다. 시편 139편도 Mizmor le David입니다. 다윗을 위한 시편입니다. "여호와여 주께서 나를 살펴보셨으므로 나를 아시나이다. 주께서 내가 앉고 일어섬을 아시고 멀리서

도 나의 생각을 밝히 아시오며 나의 모든 길과 내가 눕는 것을 살펴보셨으므로 나의 모든 행위를 익히 아시오니 여호와여 내 혀의 말을 알지 못하시는 것이 하나도 없으시니이다." 하나님이 우리를 "안다"는 말은 인간 구원을 위한 하나님의 심리적 준비를 의미합니다.

시편 103:14을 한번 보세요. '여호와께서는 우리의 체질을 아시고 우리가 먼지임을 기억하셨습니다'(כִּי־הוּא יָדַע יִצְרֵנוּ זָכוּר כִּי־עָפָר אֲנָחְנוּ, 키-후야다 이츠레니 자쿠르 키- 아파르 아나흐누). '우리가 진토임을 기억하셨습니다.' 창세기 3:19에서 하나님은 아담에게 "너는 흙이니 흙으로 돌아가라"라고 말씀하시는데, 이때 '흙'이라는 단어가 바로 여기서 말하는 '먼지'입니다. 히브리어로는 아파르(עָפָר)입니다. '먼지여, 너는 먼지로 돌아가라'는 말입니다. 우리가 진토임을 기억하셨다는 것은 하나님이 우리를 창조할 때 처음부터 우리가 부서지기 쉬운 존재인 것을 예상하시고 신적 동정심을 무한히 비축해놓았다는 뜻입니다. 그래서 "여호와여 내 혀의 말을 알지 못하시는 것이 하나도 없으시니이다"라는 고백은 창조주 하나님 앞에서 피조물인 인간이 느끼는 절대 안전감의 토로입니다. 주께서 우리의 말과 생각, 동선과 예상 경로를 다 아시어 우리 앞뒤를 둘러싸시고 안수하신다는 말입니다. 시편 기자는 자신이 하나님께 완전히 포획당했다는 것을 직감했습니다. 하나님은 시인을 포획하신 후 그의 머리에 손을 대십니다. 영감과 계시의 빛을 주시는 것입니다. 이런 압도적인 신적 추적을 받으면 피할 수가 없습니다. 그래서 시인은 하나님 면전으로부터의 도피 행각의 무용성을 고백합니다. "내가 주의 영을 떠나 어디로 가며 주의 앞에서 어디로 피하리이까"(7절). 아담 이래 모든 아담적 인류는 하나님의 얼굴을 피하는 존재입니다. 아담도 하나님의 존전을 피해 무화과나무 뒤에 숨었고 가인도 하나님을 피해 유리방황했습니다. 시편 기자도 하나님을 피했습니다. 상상할 수 있는 격오지(隔娛地)까지 피할 생각에 잠깁니다. "내가 주의 영을 떠나 어디로 가며 주의 앞에서 어디로 피하리이까. 내가 하늘에 올라갈지라도 거기 계시며 스올에 내 자리를 펼지라도 거기 계시니이다 내가 새벽 날개를 치며 바다 끝에 가서 거주할지라도 거기서도 주의 손이 나를 인도하시며 주의 오른손이 나를 붙드시리이다." 하늘, 스올, 바다 끝은 상상할 수 있는 가장 먼 도피처입니다. 그러나 우리 하나님은 거룩한 무한 추적자입니다.5) 주의 오른손이 방황하는 영혼을 붙드십니다. 하나님의 지지와 지탱은 오른손을 통해 경험됩니다. 우리가 물처럼 쏟아져 우리 생각과 행동의 중심이 무너져내릴 때에도 우리 하나님은 우리를 붙들어주신다고 시인은 고백합니다. 대낮 같은 인생이 밤으로 돌변하는 경우에는 어떻게 될까요? 시편 기자는 대담하게 고백합니다. 어둠의 가장 깊은 심장부로 굴러떨어진다 하더라도 여전히 거기에도 하나님의 통치권이 미친다는 것입니다. "내가 혹시 말하기를 흑암이 반드시 나를 덮고 나를 두른 빛은 밤이 되리라 할지라도 주에게서는 흑암이 숨기지 못하며 밤이 낮과 같이 비추이나니 주에게는 흑암과 빛이 같음이니이다"(11-12절). 우리가 경험하는 흑암이 하나님께는 빛이 됩니다. 우리가 경험하는 어둠도 하나님의 자비와 인애를 소멸시킬 수 없습니다. 우리를 두른 빛이 밤이 된다 할지라도 그 밤을 다시 빛으로 만드는 하나님이 계시므로, 우리가 경험하는 모든 쓰레기 같은 부

---

5) 미국의 기독교 작가 켄 가이어(Ken Gire)는 프랜시스 톰슨(Francis Thompson)의 유명한 시 〈하늘의 사냥개〉를 중심으로 하나님의 거룩한 추적으로 구원받은 그리스도인들의 구원 일화를 삽화 형식으로 기록하고 있다(『영혼의 추적자』, 복있는사람 역간, 2012, 1-64).

하나님 나라 복음

정적 경험들이 밤의 경험들이라 할지라도 하나님이 둘러싸기만 하면 빛의 경험으로 바뀔 수 있다는 것입니다.

이처럼 시편은 지극히 변증법적인 역설적 병치 논리를 구사합니다. 우리가 경험하는 질병, 악몽, 파괴와 같은 모든 종류의 어둠 경험도 주님 안에서는 빛으로 바뀐다는 것입니다. 이것이 시편 신학의 핵심입니다. 그래서 17절에서 시인은 감격적으로 하나님을 찬미하지 않을 수 없습니다. "하나님이여 주의 생각이 내게 어찌 그리 보배로우신지요 그 수가 어찌 그리 많은지요 내가 세려고 할지라도 그 수가 모래보다 많도소이다. 내가 깰 때에도 여전히 주와 함께 있나이다." 23-24절에서 시인은 자신의 잠재적인 악을 통찰해달라고 간구합니다. "하나님이여 나를 살피사 내 마음을 아시며 나를 시험하사 내 뜻을 아옵소서 내게 무슨 악한 행위가 있나 보시고 나를 영원한 길로 인도하소서."

시편 139편이 말하는 빛과 어둠의 변증법은 실로 하나님 부재를 경험하는 사람들이 붙들어야 할 복음입니다. 시편에서 가장 많이 다루는 주제가 추격당하고 포박당하고 유린당하는 영혼의 고난입니다. 독일의 구약학자 클라우스 베스터만(Claus Westermann)은 만일 자신이 제2차 세계대전 때 연합군 포로수용소에 붙잡혀 있던 동안 시편을 읽지 않았다면 영적으로는 생존하지 못했을 것이라고 고백한 적이 있습니다.[6] 제2차 세계대전 때 포로수용소에 잡혀 있던 위르겐 몰트만(Jürgen Moltmann), 클라우스 베스터만 같은 신학자들은 한결같이 시편의 이 빛과 어둠의 변증법 복음을 읽고 묵상하면서 하나님에 대한 신앙을 유

---

6) B. W. Anderson, *Out of the Depths*(Westminster John Knox Press, 2000)의 서문 "시편과 예배 공동체"를 보라.

지할 수 있었다고 고백했습니다. 몰트만은 10대 후반에서 20대 초반의 포로수용소 시절에 시편을 읽고 살아났습니다.[7] 시편을 읽지 않은 모든 사람들은 신앙을 잃었거나 하나님에 대한 냉담자로 변했습니다. 우리가 익히 아는 것처럼 히틀러 치하에서 핑켄발데 고백교회 교역자 양성 신학원의 책임자 역할을 맡았던 디트리히 본회퍼도 시편 언어에 깊이 몰입하며 엄혹한 고난의 시절을 견디어냈습니다.[8] 시편에서 죽음을 이기는 그리스도의 부활을 본 것입니다. 본회퍼의 신앙과 신학의 중심 요소는 시편이 그리는 하나님의 새 창조, 재활·복구적 구원 의지입니다. 스물네 살의 청년(1930년 11월 9일) 본회퍼는 미국 유니온 신학교에서 한 설교에서 이런 말을 합니다.

제1차 세계대전의 종전이 선언된 1918년 11월 11일, 독일에서도 역사상 전례가 없었던 4년 동안의 끔찍한 전쟁이 막을 내렸습니다. 우리는 하나님이 원하시면 그런 시간이 결코 다시 반복되지 않기를 기도하고 있습니다. 그 4년 동안 독일의 장정들과 청년들은 꺾일 줄 모르는 강인함과 용기로, 자신의 의무를 다하겠다는 확고한 의지로, 엄청난 자제력과 조국을 향한 뜨거운 사랑으로, 미래에 대한 믿음을 품고 조국을 위해 책임을 다했습니다.…죽음의 사자는 거의 모든 집을 찾아왔고 그 집안으로 들어오려고 했습니다. 한번은 수천 명에 달하는 열일곱 열여덟 꽃다운 소년들이 불과 몇 시간 만에 몰살당했다는 소식이 날아들었습니다. 독일은 슬픔의 집이 되었습니다. 붕괴 직전이었

---

7) 시편이 몰트만에게 끼친 영향을 보려면 몰트만의 『희망의 신학』(대한기독교서회 역간, 2002)과 『몰트만 자서전』(대한기독교서회 역간, 2011)을 보면 된다.
8) 디트리히 본회퍼, 『신도의 공동생활』(대한기독교서회 역간, 2010).

하나님 나라 복음

습니다. 굶주림과 허약함은 온 민족을 소멸시켜버릴 듯 강력했습니다.[9]

본회퍼는 수천 명의 독일 청년들을 죽음으로 몰았던 제1차 세계대전이 독일인들의 오만과 하나님을 향한 불신에 대한 심판임을 인정했지만, 그 전쟁은 독일인들에 대한 연합군의 승리 사건으로 끝나서는 안 되며 독일인의 절대 유죄, 연합군의 절대 무죄를 선언하는 자기 의의 선포 사건이 되어서도 안 된다고 말합니다. 전쟁의 참화를 몸서리치게 겪은 독일인이 자기 나라의 평화를 위할 뿐만 아니라 온 세상의 평화를 위해 일하는 나라가 되어야 할 것을 역설합니다. "(오늘날 독일인들은) 새롭고 더 나은 고향을 위해 일할 것이며, 자기가 사는 나라의 평화를 위해 일할 것입니다. 그들은 온 세상의 평화를 위해 일할 것입니다."[10] 참혹한 전쟁의 어둠을 경험한 독일 청년 본회퍼가 평화의 빛을 역설한 것입니다. 제1차 세계대전의 참화를 반성하는 자리에서 다시는 전쟁이 일어나지 않는 세상을 꿈꾸게 됩니다. 영구적인 평화의 방책을 만들자고 호소하는 설교를 합니다. 인간 세상의 어둠이 하나님의 빛으로 바뀌려면 하나님의 자녀들이 하나님의 은혜로운 재창조의 위력을 적극적으로 신뢰해야 합니다.

여러분의 인생 이력서에서 지워버리고 싶은 경험들이 있습니까? 스올에 자리를 편 경험, 새벽 날개 치며 바다 끝에 가서 거주한 경험도 주님이 둘러싸고 재해석해주시면 빛이 될 수 있음을 기억합시다. 우리 자신을 흑암의 강보로 싸버린 모든 경험이 시편의 하나님 앞에서는 재

---

9) 디트리히 본회퍼, 『이땅에서 그리스도인으로 설 수 있을까』(좋은씨앗 역간, 2012), 96-97.
10) 본회퍼, 같은 책, 100.

해석되고 재활용됩니다. 우리에게는 어둠이지만 하나님 앞에서는 빛이 되고 구원 경험이 됩니다. 우리의 모든 어둠을 주 안에서 빛으로 만들어버리는 하나님, 이 대반전의 하나님이 시편의 하나님이기 때문에 시편이 얼마나 우리의 기도를 고양시키고 영적 설렘을 촉발하는지 모릅니다. 이런 시편이 바로 예수의 기도문입니다. 누가 우리를 어둠의 땅끝으로부터 산 자의 땅으로 생환시킵니까? 새벽 날개를 치며 바다 끝에 거하는 우리 피폐케 된 영혼을 정녕 당신의 오른손으로 붙드시며 우리의 죄와 저주를 대신 지고 산 자의 땅에서 끊어진 아사셀 염소, 예수 그리스도 아닙니까? 죄로 말미암아 모든 영광을 일순간에 잃고 아들에게 배반당하면서 감람 산 기슭으로 머리를 풀어헤치고 도망치던 다윗과 같은 영적 파산자를 소생시키신 분이 그리스도 아닙니까? 우리 하나님은 자기를 저주하면서 전락하던 다윗을 리사이클링(recycling)하십니다. 우슬초로 깨끗하게 하시고, 그의 죄를 말갛게 씻어주심으로써 영혼을 쇄신시켜주셨습니다. 다윗은 죄로 인해 오히려 새사람이 되었습니다. 시편에는 그가 토설한 죄책감과 영적 소생의 간증이 나란히 배치되어 있습니다.

따라서 예수 안에 거한다는 우리 그리스도인은 이런 처참한 전락을 당하고 원수 대적의 조롱을 받을 때에도 여전히 하나님의 사랑과 자비를 믿고 의지해야 합니다. 사울 왕가의 친족인 베냐민 지파의 유력자 시므이가 다윗에게 "너 무죄한 사람의 피를 흘린 비루한 자여, 꼴좋다. 저주받아 마땅한 자여"라고 말하며 다윗에게 돌을 던졌을 때에도 다윗은 말합니다. "하나님께서 그의 입을 통해서 저주하게 한다면 나는 저주를 받으리라." 다윗은 시므이의 저주를 온몸으로 받았습니다. 성령을 받은 다윗도 이렇게 처참한 죄를 지어 천길 낭떠러지로 굴

하나님 나라 복음

러떨어진다는 사실 앞에 우리가 위로를 받지만 한편 경계할 필요도 있습니다. 우리가 예수 믿고 평탄한 길만 가는 것이 아니라 이렇게 어처구니없고 어리석은 실수를 하면서 재기 불가능한 파산을 경험할 수 있다는 사실에 늘 깨어 있어야 하고, 실족하지 않기 위해 분투해야 한다는 말입니다. 이것이 우리 자신의 현실적인 실존의 자리이기 때문입니다. 워터게이트(Watergate) 사건에 연루되어 감옥살이를 하던 중 거듭난 찰스 콜슨(Charles Colson)은 죄로 전락하여 극한의 어둠에까지 갔다가 빛의 재활·복구를 거친 사람입니다. 닉슨(Richard Nixon) 대통령의 보좌관이었던 찰스 콜슨은 대통령을 한 시간 단위로 볼 수 있는 막강한 권력자였습니다. 막강한 안보 보좌관이었던 그는 국가의 이익이 아닌 대통령의 사익을 추구하기 위하여 미국 민주당의 전당 대회가 열리는 워싱턴 워터게이트 호텔에 도청 장치를 설치했습니다. 하지만 그의 범죄 행각은 발각되어 닉슨은 의회의 탄핵 결정 직전에 사임했고, 콜슨은 투옥되었습니다. 그 유망하고 야심만만했던 젊은 엘리트 보좌관은 나락으로 떨어졌으나, 감옥에서 창세기의 요셉을 만나고 예수를 영접하여 거듭난 그리스도인이 되었습니다. 찰스 콜슨은 그 후 '세계감옥전도협회'(Prison Fellowship Ministry)를 창설해 수인(囚人) 복음화에 진력했고, 〈브레이크포인트〉(Breakpoint)라는 시사 해설 방송과 칼럼을 통해 미국 사회를 분석하고 미국 기독교의 타락을 애통해하는 예언자적 논평가로 거듭납니다. 그가 만일 그 처참한 바닥에 굴러떨어지지 않았다면 하나님을 만나 구원받을 가능성이 없었을 수도 있습니다.[11] 죄를 짓고 스올에 떨어진 후에 하나님을 만나는 역설적인 경험을 한 것입니

---

11) 찰스 콜슨, 『백악관에서 감옥까지』(홍성사 역간, 2003).

다.『아바의 자녀』(복있는사람 역간, 2004),『사자와 어린양』(복있는사람 역간, 2002) 등의 책을 쓴 브래넌 매닝(Brennan Manning)의 영적 소생 과정도 유사한 궤적을 보여줍니다. 우리는 위의 두 책에서 이 사람이 얼마나 처참한 경험을 했는지, 얼마나 깊은 냉담과 의심에 굴러떨어졌는가를 볼 수 있습니다. 그는 자기를 혐오한 사람이었고 하나님에 대해서는 냉담한 사람이었습니다. 구원의 감격도 없는 주제에 여차여차하여 가톨릭 사제의 길에 들어섰으나 죽을 것 같은 영적 건조증과 황폐함에 시달렸습니다. 하나님께 엎드려 간구할수록 하나님과 멀어지는, 차갑게 식어가는 자신의 가슴을 느껴 절망했습니다. 그래서 결심하고 기도 정진에 들어갔습니다. 이제 사제의 길은 물론이요 신앙마저도 포기하려고 결심한 채 수도원 피정의 마지막 밤을 보내고 있던 그는 바다 끝에서 자신을 붙드시는 하나님의 오른손을 느꼈습니다. 그는 하나님 안에서 부서지고 새롭게 빚어졌습니다. 우리가 죄로 인해 추락하고 넘어져 스올의 깊은 굴에서 처절하게 부르짖으면 하나님의 응답은 반드시 옵니다. 하나님 안에서 소리치면 바다 끝, 다시 말하면 인간의 발자취가 닿지 않을 것 같은 무인지경의 광야에서도 하나님의 손은 우리를 붙드시며 우리를 재활의 땅으로, 영광의 자리로 회복시켜주신다는 것입니다. 그래서 시편은 우울증을 치료하는 향정신성의약품 같은 책입니다.

시편 103편에서는 하나님 나라 신학이 본격적으로 제시됩니다. 시편에서 "하나님이 통치하신다", "하나님이 심판하신다"라는 구절이 가장 많이 나오는 곳은 90-106편입니다. 90-106편은 하나님이 통치하시고 재판하시며, 거름 더미에서 연약한 자를 들어 올리사 대반전을 일으키신다는 고백이 자주 나옵니다. 103편으로 넘어가기 전에 119편을 꼭 기억하세요. 119편은 모두 176절, 22연으로 이루어져 있습니다. 이

22라는 숫자는 히브리어 알파벳의 개수입니다. 앞에서도 말씀드렸다시피 각 연은 동일한 첫 글자로 시작되는 여덟 절로 구성되어 있으며, 순서는 히브리어 알파벳순입니다. 이 시편의 저자는 독자나 청중이 이 시를 완벽하게 암송하게 하기 위해 이런 방식으로 저작했습니다. 이스라엘 사람들이 시편 119편 전체를 암송하도록 기대했다는 것입니다. 율법은 한 번 읽고 잊어버리는 것이 아니라 음송하고 심비에 새겨야 할 계명이라고 본 것입니다. 대개 각 연의 첫째 절과 둘째 절은 대구(對句)를 이루고 있습니다. 개역개정 성경에 따르면 1-2절은 이렇게 되어 있습니다. "행위가 온전하여 여호와의 율법을 따라 행하는 자들은 복이 있음이여 여호와의 증거들을 지키고 전심으로 여호와를 구하는 자는 복이 있도다." 1, 2절 자체도 각각 작은 대구(對句)를 이루는 두 소절로 구성되어 있습니다. 외우기가 좋게 되어 있습니다.

이 시편은 토라 찬미 시편으로서 하나님의 통치 부재를 느끼는 사람들에게 토라 준수를 격려하고 권고하는 데 초점을 맞춥니다. 각 연은 모두 다섯 갈래의 전제를 가지고 움직이고 있습니다. 첫째, 하나님은 인간의 도덕성에 호소하기보다는 당신의 압도적인 구원과 사랑, 자비와 은총을 상기시켜 토라를 준수하도록 초청하십니다. 둘째, 하나님의 율법은 속박이 아닌 자유를 줍니다. 율법과 언약은 거룩한 속박입니다. 그 거룩한 진리의 속박은 인간 자유의 심화와 확장을 가져다줍니다. 하나님의 토라를 암송하고 지키면 인간의 죄악 충동, 기회주의적 처세, 권력 숭배의 유혹과 위협으로부터 건짐을 받습니다. 셋째, 시편 119편의 주인공은 하나님의 율법을 지키기 힘든 역경에 처해 있습니다. 유리방황하는 양과 같고 압제적인 방백에 시달립니다. 그는 살아 계신 하나님과의 교제에서 끊어진 유배지의 성도입니다. 따라서 그는 성도의 풍성한 교제권으로부터 고립되어 있습니다. 그런 유배당한 영혼의 유일한 희락은 토라 음송과 준수입니다. 넷째, 부재중인 하나님 나라의 현존을 미세하게나마 느끼려면 토라를 준수하고, 음송하고, 실천하는 길밖에 없습니다. 마지막으로, 시편의 모든 구절에는 우리 인간의 연약함과 죄성을 체휼하시는 그리스도의 중보와 애휼이 숨 쉬고 있습니다. 시편 119편의 주인공이 경험한 고립, 격오지 유배, 극심한 고난과 신적 유기를 당한 고독감, 방백의 압제와 조롱 등은 우리 주님 예수 그리스도, 요셉, 예레미야, 그리고 욥과 같은 의인들의 경험이었습니다. 이 모든 고난의 원형은 우리 주 예수 그리스도의 십자가 고난이요 골고다를 오르는 고난이었습니다.

시편 119편에는 토라를 음송하며 준수하려고 애쓰는 고독한 독생자 그리스도의 숨결, 결단, 탄식이 배어 있습니다. 따라서 시편 119편은 그리스도 예수의 중보 기도문이라고 볼 수도 있습니다. 토라 찬미송인 시편 119편은 시편을 모세오경과 예언서와 밀착시켜 읽도록 유도합니다. 토라를 찬미하는 이유는 토라만이 극한 고난 가운데서도 하나님의 자녀로 살아갈 힘을 공급해주기 때문입니다. "고난당하기 전에는 내가 그릇 행하였더니 이제는 주의 말씀을 지키나이다. 주는 선하사 선을 행하시오니 주의 율례들로 나를 가르치소서"(67-68절). "나의 영혼이 주의 구원을 사모하기에 피곤하오나 나는 주의 말씀을 바라나이다. 나의 말이 주께서 언제나 나를 안위하실까 하면서 내 눈이 주의 말씀을 바라기에 피곤하니이다"(81-82절). "주의 말씀은 내 발에 등이요 내 길에 빛이니이다. 주의 의로운 규례들을 지키기로 맹세하고 굳게 정하였나이다. 나의 고난이 매우 심하오니 여호와여 주의 말씀대로 나를 살아나게 하소서"(105-107절).

시편 103편 묵상에 들어가기 전에 또 한 가지 드릴 말씀은 예수의 산상수훈 8복과 시편의 상관성에 관한 것입니다. 시편 일백오십 편을 압축하여 도치 구문으로 이루어진 여덟 개의 '복 선언'으로 만든 분이 바로 예수 그리스도입니다. "복이 있도다! 마음이 가난한 사람들이여 왜냐하면 하늘나라가 그들의 것이기 때문이다"(Μακάριοι οἱ πτωχοὶ τῷ πνεύματι ὅτι αὐτῶν ἐστιν ἡ βασιλεία τῶν οὐρανῶν, 마카리오이 호이 프토코이 토 프뉴마티 호티 아우톤 에스틴 헤 바실레이아 톤 우라논). "복 있도다"라는 말은 구약성경 시편의 복 선언 도치 구문에서 유래했습니다. "복 있는 사람은 악인들의 꾀를 따르지 아니하며"(אַשְׁרֵי־הָאִישׁ אֲשֶׁר לֹא הָלַךְ בַּעֲצַת רְשָׁעִים, 아쉬레 하이쉬 아쉐르 로-할라크 바아차트 러샤임). 시편의 엑기스를 보려면 마태복음 5장의 8복 선언을 읽으면 됩니다. 시편에서처럼 여기서도 복 선언은 모두 도치 구문으로 표현되었습니다.

시편 103편은 명시적으로 하나님 나라 신학을 선포합니다. 103편은 주기도문의 구조와 주제에 놀랍게 호응하는 시편입니다. 특히 주기도문의 첫 청원을 보세요. **"하늘에** 계신 우리 **아버지여 이름**이 **거룩히 여김**을 받으시오며 **나라**이 임하옵시며 **뜻**이 **하늘에서 이루어진 것처럼** 땅에서도 이루어지이다." 시편 103:19-20을 보세요. "여호와께서 그의 보좌를 하늘에 세우시고 그의 왕권으로 만유를 다스리시도다. 능력이 있어 여호와의 말씀을 행하며 그의 말씀의 소리를 듣는 여호와의 천사들이여 여호와를 송축하라." 여기가 바로 주기도문에 나오는 "뜻이 하늘에서 이루어진 것처럼"이라는 표현의 원적지(原籍地)입니다. 주기도문을 연구하는 사람들은 "뜻이 하늘에서 이루어진 것처럼 땅에서도 이루어지이다"를 해석할 때 시편 103:19-22을 상관시킵니다. "여호와께서 그의 보좌를 하늘에 세우시고 그의 왕권으로 만유를 다스리시도다. 능력이 있어 여호와의 말씀을 행하며 그의 말씀의 소리를 듣는 여호와의 천사들이여 여호와를 송축하라 그에게 수종 들며 그의 뜻을 행하는 모든 천군이여 여호와를 송축하라 여호와의 지으심을 받고 그가 다스리시는 모든 곳에 있는 너희여 여호와를 송축하라 내 영혼아 여호와를 송축하라"(시 103:19-22).

이 단락이 시편에 나타난 하나님 나라 신학, 즉 시편 90편에서 106편까지 계속 이어지는 하나님 통치 사상의 절정을 이루는 이유는 네 가지입니다. 첫째, 19절에서 하나님이 당신의 보좌를 하늘에 세우셨고, 정권으로 만유를 다스리신다고 선언합니다(הֵכִין כִּסְאוֹ וּמַלְכוּתוֹ בַּכֹּל מָשָׁלָה׃ יְהוָה בַּשָּׁמַיִם, 아도나이 뱌샤마임 헤킨 키스오/부말쿠토 바콜 마샬라—직역: 야웨께서 하늘에 그의 보좌를 세우시고/모든 영역에 그의 통치권을 세우셨다). 하나님 나라가 하늘에 섰습니다. '하늘'은 형이상학적 공간만을 가리키는 말이 아닙니다. "만유 위에"를 가리킵니다. 하늘은 결국 하나님께 완전히 순종하는 천군천사들의 거주지이자 하나님 지상 통치의 중심 보좌가 있는 곳이기도 합니다. 둘째, 하나님의 만유 통치는 그의 뜻을 듣고 순종해 집행하는 보좌 수종 천군천사들의 순종을 통해 매개됩니다. 그래서 이스라엘이 구약성경의 여러 군데에서 '하나님의 군대'로 불리고 있는 것입니다. 셋째, 하나님의 만유 통치는 천군천사들에게도 송축의 대상이 됩니다. 넷째, 이 하늘 천군천사의 보좌 수종 역할이 이스라엘에게 이양되고 위탁되었습니다. 이스라엘은 만군의 하나님이라고 불리는 야웨 하나님과 언약을 맺은 백성으로 땅에 하나님 통치를 매개하고 대리할 수종 천사로 부름받았습니다. 보좌에서 들리는 하나님의 말씀을 듣는 천군천사급 언약 백성을 통해 하나님은 만유를 통치하시고 하늘의 정사와 권세마저도 통치하실 것입니다. 이스라엘에게 기대되었던 이 역할은 나사렛 예수 그리스도에게 와서 100% 성취되었습니다. 예수 그리스도의 죽기까지 드린 십자가 순종은 정사와 권세, 보좌와 주관이라고 불리는 천사들의 반역을 근거 없게 만드는 위대한 승리요 그들을 무장해제하게 하는 사건이었습니다(고전 15:20-24; 빌 2:11; 엡 1:21-22; 6:12-13; 골 2:15; 벧전 3:19-22). 이처럼 시편 103편에는 신약성경의 하나님 나라를 이해할 수 있게 해주는 틀이 드러나 있습니다.

앞에서도 말씀드렸듯이, 시편은 다윗 인생의 기승전결에서 모든 신앙적 모티브를 가져왔기 때문에 많은 시편에는 "다윗에게 돌림"이라는 표제가 붙어 있습니다. 시편의 세 가지 주제 중 하나가 고난당하는 사람들을 대신해서 중보하는 기도자의 기도라고 했습니다. 시편에 나오는 모든 고난받는 자의 기도 언어는 결국 예수 그리스도의 기도 언어였다는 사실도 말씀드렸습니다. 대표적으로 시편 22편이 바로 그리스도의 중보기도문입니다.[12] 바로 "엘리 엘리 라마 사박다니"입니다. 직역하면 "나의 하나님 나의 하나님 어찌하여 나를 내동댕이치셨습니까?"입니다. 이것이 대표적인 그리스도 중보의 시편 기도 언어입니다. 그 다음은 시편 24편에서 나온 기도문입니다. "내 영혼을 주께 의탁합니다." 예수가 십자가에서 터뜨렸던 마지막 아우성인 "엘리 엘리 라마 사박다니" 다음에 발설된 기도문입니다. 예수가 십자가상에서 마지막 순간에 시편 언어를 음송하셨다는 말은, 예수가 시편 언어를 정통으로

---

12) 이 시편의 표제어에는 "아옐렛 핫샤하르"(אַיֶּלֶת הַשַּׁחַר)라는 곡조부기가 붙어 있다. 이는 "동틀녘의 암사슴"으로 번역될 수 있다. 표제어 히브리어 전체(לַמְנַצֵּחַ עַל־אַיֶּלֶת הַשַּׁחַר מִזְמוֹר לְדָוִד, 라므낫체아흐 알-아옐렛 핫샤하르 미즈모르 르다윗)를 직역하면 "악장을 위하여, 동틀녘의 사슴 가락을 따라, 다윗의 노래"이다(박동현, 『아쉬레 하이쉬』, 비블리카아카데미아, 2008, 132). 표제어를 볼 때 애통이나 격정적 슬픔을 표현하는 곡조라는 인상을 받는다.

완벽하게 암송하셨던 분임을 나타냅니다. 예수가 구사했던 시편 언어 중에서 가장 중요한 부분이 주기도문에 나오는 하나님 나라 사상인데 그 하나님 나라 사상이 바로 시편 103:19-22에 나옵니다. 19-22절 앞에 나오는 구절들을 자세히 읽어보면 놀랍게도 주기도문 분위기와 매우 유사한 사상, 생각의 흐름을 발견할 수 있습니다.

먼저 1-2절은 대구로 되어 있습니다. "내 영혼아 여호와를 송축하라 내 속에 있는 것들아 다 그의 거룩한 이름을 송축하라." "내 영혼"과 "내 속에 있는 것들"은 다 같은 것입니다(יְהוָה וְכָל-קְרָבַי אֶת-שֵׁם קָדְשׁוֹ: בָּרֲכִי נַפְשִׁי אֶת, 바라키 나프쉬 엣-아도나이/붜콜-크라바이 엣-쉠 카드쇼). 영혼은 "내 속에 있는 것들"과 같은 말입니다. "내 속에 있는 것들"은 '내 속의 모든 내장들'과 같은 말입니다. "속"이라고 번역된 히브리어는 케렙(קֶרֶב)으로, 창자, 내장, 오장육부를 가리킵니다. "내 영혼아 여호와를 송축하라, 내 오장육부야 다 그의 거룩한 이름을 송축하라." 영혼은 하나님 앞에 벌거벗은 속사람입니다. 말씀의 탐조등 앞에 훤히 노출된 존재라는 뜻입니다. 겉사람은 겉으로 알려진 자아, 포장된 인격입니다. 포장된 인격은 관료적 위계질서 아래에서 고분고분해진, 상업적 거래 현장에서 사근사근해진 겉모습을 가리킵니다. 인간은 포장된 인격, 겉모습으로 대부분의 낮 시간을 보냅니다. 영혼은 하나님의 제단 앞에 엎드린 내면 자아입니다. 영혼은 관료적 위계사회에서 축소와 위축을 경험한 자아입니다. 실패의 두려움, 인정받지 못하는 것에 대한 분노와 좌절감이 깃든 내면 자아입니다. 영혼은 의식과 사회적 교양 저 밑바닥에 있는 무의식 영역에 보존된 나의 인생 경험의 총화입니다. 영혼은 오장육부적 자아입니다. 오장육부는 수치심, 절망감, 열등감, 실패감, 분노, 아쉬움, 후회 등의 복합 감정으로 출렁거리는 역동적 자아입

　　　　　　　　　　　　　　　　　　　　　　　　하나님 나라 복음

니다. 모든 부정적인 감정이 똬리를 틀고 있는 심층 자아입니다. 시편 103편은 이 심층 자아, 영혼, 곧 오장육부가 여호와의 이름을 송축해야만 참 하나님 송축이라고 봅니다. 우리가 입술로만 하나님을 송축하는 것이 아니라 우리의 오장육부, 은밀한 감정들, 수치심, 불안한 정서까지도 하나님의 이름을 송축해야 한다는 것입니다. 그래야 하나님은 송축받으신다고 느끼십니다. 하나님은 송축받으신 후에 우리 마음에 당신이 우리의 찬양을 통해 송축받았음을 만족스럽게 여기시고 기뻐하신다는 신호를 보내주십니다. 마음에 빛을 뿌려주십니다. 당신의 얼굴빛을 비추어주십니다. 지혜와 명철의 영을 부어주십니다. 인자와 진리의 말씀을 보내주십니다. 신령한 교제권으로 이끌어주십니다. 대적의 팔을 치시고 이를 꺾어주십니다. 영혼을 두렵게 하던 주변의 파도와 광풍을 잔잔케 해주십니다. 절대 안전감과 평화가 쇄도하게 하십니다.

이런 의미의 야웨 송축이 바로 찬양이요 예배입니다. 이런 찬양을, 이런 경배를 드리고 싶지 않습니까? 우리 영혼, 오장육부가 여호와를 송축하면서 우리 마음은 하나님의 얼굴빛에서 쏟아져 나오는 은총과 치유의 광선으로 치유되기 시작합니다. "내 속에 있는 오장육부들아 그의 거룩한 이름을 송축하라." 먼저 예배자, 영혼, 오장육부적 심층 자아를 하나님의 존전으로 불러내시기 바랍니다. 영혼을 불러내는 것이 참 중요합니다. 그래서 시편에는 "내 영혼아"라고 부르는 말이 자주 나옵니다. "내 영혼아 네가 어찌하여 낙망하며 불안하여 하는가?" 이처럼 시편은 자기 영혼에 대한 해부학적 접근을 허용합니다. 하나님을 부르고 그의 거룩한 이름을 송축하라고 하는 시편 103:1이 주기도문에서는 거룩한 수동태로 바뀌어져 있습니다. "하늘에 계신 우리 아버지여 이름이 거룩히 여김을 받으시오며." 주기도문 첫 절과 시편 103편의 첫 절은 주제적 상관성을 드러냅니다.

하나님의 "거룩한 이름"은 시내 산에서 이스라엘이 금송아지 우상을 만들어놓고 야웨라고 부르며 경배했던 죄악을 용서하셨을 때 반포하신 이름입니다(출 34:6). 이 용서 사건이 하나님의 성품, 곧 이름의 정수를 아는 데 결정적인 계시였습니다. 이 원초적 용서 경험에서 이스라엘은 하나님이 죄는 미워하시되 죄지을 수밖에 없는 연약한 인간을 끝까지 사랑하신다는 것을 깨달았습니다. 그날 이후 이스라엘 역사는 하나님 이름에 담긴 신비를 터득해간 과정이었습니다. 시편 기자가 자신의 영혼을 향해 야웨의 모든 은택을 잊지 말라고 당부하는 것은 자연스럽습니다. 그래서 시인의 영혼은 자연스럽게 하나님이 지난날에 베풀어주신 모든 크고 작은 구원, 치유, 회복, 용서의 행적을 낱낱이 기억하기에 이릅니다. "내 영혼아 여호와를 송축하며 그의 모든 은택을 잊지 말지어다. 그가 네 모든 죄악을 사하시며 네 모든 병을 고치시며 네 생명을 파멸에서 속량하시고 인자와 긍휼로 관을 씌우시며"(2-4절). 이 구절은 다윗의 파란만장한 기승전결의 인생 경험을 가장 압축적으로 묘사했습니다. 이스라엘의 구원사는 하나님의 거룩한 이름에 의해 견인된 역사였습니다. 하나님을 알아가는 고난의 행정(行程)이자, 하나님의 신비로운 인격 탐험의 역사였습니다. 하나님을 알아가면 알아갈수록 하나님은 죄를 미워하시지만 자신의 언약 당사자인 이스라엘(죄악 된 인간대표자)을 구원하고 속량하여 재창조하시려는 의지를 더욱 선명히 하시는 분임을 발견할 수 있었습니다. 파기될 수 없는 신실성이 바로 하나님의 거룩한 이름의 정수임을 깨닫게 되었습니다. 다윗은 이런 하나님의 거룩한 이름의 신비를 온몸으로 경험했습니다.

다윗은 실로 이스라엘 민족의 집단 경험을 개인의 생애에서 압축

하나님 나라 복음

적으로, 전형적으로 경험했습니다. 죄 용서, 병 치유, 파멸로부터의 속량, 인자와 긍휼을 통한 왕적 위엄 회복 등 다윗 생애의 모든 단계에서 하나님의 역사가 나타납니다. 특히 하나님은 다윗을 두 번씩이나 파멸에서 속량해주셨습니다. 파멸은 히브리어로 샤하트(שׁחת)입니다. 완전히 부서지고 망가져 형체를 알아볼 수 없을 정도의 파괴를 의미합니다. 동시에 그것은 스스로 빠져나올 수 없는 깊은 웅덩이(pit)를 비유합니다. 아담 이래 인류는 죽음이라는 파멸의 수렁에서 스스로 빠져나오지 못합니다. 다윗에게 두 차례나 파멸이 찾아왔지만, 하나님은 그를 건지십니다. 한 번은 사울 왕의 질시와 박해로부터, 두 번째는 아들 압살롬의 쿠데타 파멸로부터 속량했습니다. 그때마다 인자와 긍휼의 면류관을 다윗에게 되씌워주셨습니다. "인자"(仁慈)는 헤세드(חסד)입니다. 헤세드는 계약적 의리를 가리킵니다. 다윗의 참혹한 죄에도 불구하고 하나님은 다윗을 선택하여 이스라엘 왕으로 세우고, 그의 왕가를 당신의 봉신(封臣) 가문으로 삼아주시겠다는 언약을 지켜주셨습니다(삼하 7:12-16). 다윗이나 그의 후손이 죄를 범해도 다윗의 왕통을 존속시켜주시겠다는 계약상의 의무를 다하신 것입니다. 결정적인 파멸의 순간마다 하나님은 다윗의 면류관을 회복시키셨습니다. 다윗이 아들 압살롬에게 왕위를 빼앗겨 약 2년 반 동안 예루살렘 바깥에 피신해 있었습니다. 2년 반 동안 이스라엘은 압살롬 천하가 되고 다윗의 모든 후궁들을 압살롬이 접수했습니다. 그러나 결국 수도 예루살렘을 장악한 압살롬 군대가 다윗 군대에게 패퇴하고, 다윗은 왕위를 되찾게 됩니다. 이것은 야웨 하나님이 다윗에게 되씌워준 인자와 긍휼의 면류관입니다. 하나님이 다윗에게 면류관을 되씌워주신 것은 그에게 왕위를 회복할 만한 마땅한 공로가 있어서가 아니라 다윗을 향해 하나님이 품었던 뜻과 보여주어야 할 계약적 의리를 입증하기 위함이었습니다.

아담 이래 우리 인간은 스스로는 빠져나올 수 없는 깊은 웅덩이로 굴러떨어졌습니다. 하나님이 건져주시지 않으면 스스로는 이 원시적인 야만으로 퇴행하는 죄악 충동, 욕망의 범람, 자기주장 의지, 맹목적 질주와 자기 영화화의 웅덩이에서 탈출할 길이 없습니다. 하나님만이 이 파멸에서 우리를 건져주실 수 있습니다. 이스라엘 역사, 아니 인류 역사는 파멸로부터 인류를 구원하시려는 하나님의 백절불굴 분투의 역사입니다. 에드워드 H. 카가 말했듯이, 역사가 진보한다고 하더라도 역사의 진보가 해결할 수 없는 세 가지가 있습니다. 첫째, 인간성 개선과 갱생 과제입니다. 둘째, 인간의 죄, 유한성, 질병, 죽음의 극복 문제입니다. 셋째, 시간의 속박에 매여 있는 인간 존재의 부패와 쇠멸 경향성입니다. 이것들은 역사의 진보(과학기술 문명의 진보)로도 해결할 수 없는 근원적 장애입니다. 하나님은 이 근원적 파멸로부터, 원시적이고 우주적인 역동성을 가진 죄악 충동으로부터 우리를 구하시려고 독생자를 보내주셨습니다. 하나님이 파멸로부터 우리를 건져주시는 것이 구원입니다. 우리가 만일에 아담 이래로 계속된 인류의 죄로부터 방치되고 유기되었다면 우리는 이미 우리의 죄로 말미암아 죽고 없어졌을 것이며, 인류 역사는 벌써 종적 없이 사라졌을 것입니다. 그런데 하나님은 아담 인류의 범죄로 산산조각 나 파멸로 질주하는 우리 인생을 건져주시고 독수리처럼 우리 청춘을 새롭게 해주셨습니다. 아담 인류가 파놓은 파멸이 우리의 운명이나 숙명이 아님을 하나님 경외로 일생을 경주했던 아브라함과 그의 후손들의 역사를 통해 보여주셨습니다. 또한 그 아브라함적 하나님 경외와 순종의 종말론적인 적분자이신

하나님 나라 복음

예수 그리스도 안에서 우리를 다시 하나님 자녀로 삼아주셨습니다. 예수 그리스도의 대속적 순종과 부활과 갱생을 통해 우리 청춘을 독수리처럼 새롭게 하십니다. 독수리처럼 새롭게 하신다는 말은 다시금 하나님의 뜻에 순종하는 백성의 성품으로 재창조해주신다는 것입니다. 하나님 보좌로 날아오르게 하셔서 하나님의 관점에서 인생과 역사를 조감하게 하십니다. 출애굽 때의 원천 구원 감격을 되살려주십니다. 다시 시내 산에 올라 하나님과 계약을 맺은 것처럼 감격시켜주십니다. 하나님이 우리를 독수리 날개로 업으셔서 언약 백성의 신분으로 갱신시켜주심으로써 독수리처럼 하나님 보좌로 새롭게 비상하게 하신다는 것입니다.

독수리처럼 새롭게 하신다는 말과 거의 동격으로 대구를 이루는 말이 "좋은 것으로 네 소원을 만족게 하신다"는 것입니다. 이 "좋은 것"은 전문용어입니다. 종주(宗主)-봉신(封臣) 조약에서 종주가 봉신에게 베푸는 모든 혜택이 "좋은 것"입니다. 하나님과 언약 관계를 돈독하게 지킬 수 있게 하는 일상적인 계약 준수의 인센티브, 수당, 혜택이라는 뜻입니다. "좋은 것"은 하나님이 얼마나 좋으신 종주인지를 실감하게 만드는 왕적 하사품이자 선물입니다. 종주가 봉신에게 베푸는 좋은 것은 '보호'였습니다. 하나님은 우리를 악마적 침략자들로부터 보호하시는 거룩한 종주입니다. 또한 "좋은 것"은 거룩한 종주와의 언약적 결속감을 증장시키는 데 유익한 것들입니다. 특별히 "좋은 것"은 돈을 가리키는 것은 아닙니다. 하나님을 향해 비상할 수 있는 영적 은혜입니다. 하나님을 향하여 기도하게 만드는 영적 집중력, 자기 비상의 능력입니다. 기도 응답, 거룩한 교제권 발견, 신앙을 지키기에 합당하면서도 좋은 대우를 받는 직장 취업, 좋은 배우자 발견 등이 "좋은 것"입니다. 하나님과의 언약적 결속을 강화시키는 데 도움이 되는 모든 것이 "좋은 것"입니다. 모든 좋은 것은 영적 고양을 일으키며 하나님과의 언약적 결속과 유대감을 증진시키는 것입니다.

　돈 많이 버는 것이 하나님과의 언약적 결속감을 강화시킨다면 그것은 "좋은 것"입니다. 그러나 돈은 많이 벌어도 영혼이 납덩이처럼 되어서 가난한 이웃 나사로가 자기 집 대문에 와서 먹을 것을 좀 달라고 소리쳐도 응답할 줄 모르는 영적 무감각에 빠진다면 그것은 "좋은 것"이 아니라 올무요 시험입니다(신명기 7-8장의 부와 풍요에 대한 미묘한 입장을 보세요). 나사로가 와서 구걸해도 대문을 닫아놓고 주지육림(酒池肉林)을 벌이는 부자처럼 되기를 원합니까? 누가복음 16장의 부자와 나사로의 비유는 어떤 부자가 천국에 갈 것인가를 짐작게 해줍니다. 나사로를 대문 안에 들여 형제자매처럼 대우하는 부자는 모세의 율법 심판을 통과할 수 있습니다. 그러나 자신이 주지육림의 잔치를 벌이며 호화롭게 살 때, 가난한 이웃 나사로가 대문 앞에 와서 양심을 두드리는 노크를 하는데도 거절하면 영생 상속의 가망은 가뭇없이 사라집니다. 나사로의 문 두드리는 소리가 들리지 않는 부자가 바로 사망의 잠을 자는 사람입니다. 문제는 돈이 있는데 도와달라고 소리치는 나사로가 아예 찾아오지도 않는 부자입니다. 그는 이미 나사로가 건너오기에는 너무 먼 동네에 살고 있다는 뜻입니다. 나사로의 노크 소리가 들리지 않는 집에 사는 사람이라면 그는 이미 죽었거나 필경 사망의 길로 질주하고 있는 사람입니다. 그러니까 "좋은 것"으로 우리 영혼을 만족게 해야 우리의 청춘이 독수리처럼 새로워진다는 사실을 명심하시기 바랍니다. 다윗은 긴 망명 시절 동안 자신의 청춘을 새롭게 하는 "좋은 것"들을 실컷 누렸습니다. 다윗의 경우 "좋은 것"은 광야 생활이었습

하나님 나라 복음

니다. 교부들과 사막의 은자 수도사들에게도 "좋은 것"은 고독, 은거, 가난, 청빈, 금욕이었습니다. 다윗의 친작(親作)으로 추정되는 시편들에는 자신의 영혼을 고양시켰던 "좋은 것"들이 무엇이었는지 짐작게 하는 구절들이 나옵니다.

시편 57:1입니다. "내가 이 재난을 피할 때까지 여호와의 날개 그늘 아래 피하리이다." 여호와의 날개 그늘, 전능자의 그늘(시 91:1), 그곳은 참으로 깊고 안전한 은신처입니다. 하나님의 보호를 내밀하게 경험하는 영적 공간입니다. 이방 여인인 룻이 고단한 인생살이로 지쳐갈 때, 야웨 하나님의 날개 아래 피신해 들어와 "좋은 것"들로 만족게 하시는 하나님을 만났습니다(룻 2:12). 시편 27:5에서 다윗은 자신의 영혼을 만족게 해준 "좋은 것"을 자랑합니다. "나의 하나님이 환난으로부터 나를 보호하시려 비밀한 초막에 나를 감추어주셨습니다." 바깥 세상에 재난이 한창입니다. 이때 하나님은 우리를 동굴 안으로 불러들여 기도하게 하십니다. 이것이 "좋은 것"으로 영혼을 만족게 하시는 하나님의 섭리입니다.

"좋은 것"은 영적 고양을 일으키는 사건, 장소, 사람, 교제권, 시간 등입니다. 하나님을 사모하게 만드는 것은 다 "좋은 것"입니다. 우리 인생의 절정기를 조성해주시는 하나님의 은밀한 섭리가 "좋은 것"들의 원천입니다. 신앙이 좋은 영적 선배와 멘토를 사모하게 만드는 것이 "좋은 것"입니다. 아파트 평수를 늘리고 괜히 비싼 차를 타서 다른 사람들의 보험료를 올리는 것이 "좋은 것"이 아닙니다. 사회적 공해 차량을 몰고 다니는 것이 자신의 영혼에 "좋은 것"이 아닙니다. 아우디나 벤츠 등 고급 외제차 때문에 일반 서민의 자동차 보험료가 엄청 올라갑니다. 비싼 외제차는 여기에서 말하는 "좋은 것"이 아닙니다. "좋은 것"은 영혼을 하나님의 옥좌로 상승시키는 것입니다. 즉 내 영혼이 독수리 날개 치듯 하나님을 향해 날게 만드는 것이 좋은 것입니다. "좋은 것"은 넓은 아파트도 아니고, 좋은 차량도 아니고, 강력한 인맥도 아닙니다. "좋은 것"은 우리 소원을 하나님의 소원과 일치시켜주는 것입니다. 우리 소원은 하나님의 소원이 되어 우리 청춘은 독수리처럼 하나님 보좌로 날아오르게 됩니다. 다윗은 이스라엘의 왕이 되려는 자신의 소원이 온 세계의 왕으로 세계를 통치하시고자 하는 하나님의 소원을 이루어드리는 것임을 확신했습니다. 다윗은 광야에서 생활할 때 독수리처럼 하나님의 뜻만을 추구하며 날아올랐습니다. 광야 생활이 없었다면 다윗 시편은 있을 수 없었습니다. 광야 생활이 다윗에게 끼친 영향은 그의 시편 여러 군데에서 고백되거나 술회됩니다.[13] 시편 22, 57, 142편 등이 그렇습니다. 특히 아둘람 동굴에서 착상된 시편 57편을 보세요. "내 마음이 확정되고 확정되었사오니 내가 노래하고 내가 찬송하리이다.…비파야 수금아 깰지어다 내가 새벽을 깨우리로다"(7-8절). 여기서 다윗은 날카로운 혀와 칼처럼 사나운 사자들 가운데 누워 있는 자신에게 하나님이 하늘로부터 인자와 진리를 보내주셨음을 찬양합니다. 자신을 거름 더미와 가난의 극지에서 들어 올리셔서 이스라엘의 치리자로 삼으신 하나님이 온 세계 만민을 통치하시기를 열망하게 되었다고 고백한 것입니다. 그렇습니다. 우리 하나님은 광야에서 "좋은 것"으로 소원을 만족게 하사 청춘으로 독수리 날개 치듯 올라가게 하십니다. 하나님이 "좋은 것"으로 우리 소원을 만족게 하시는 것은 바로

---

[13] 김회권, 『하나님 나라 신학으로 읽는 사무엘상』(복있는사람, 2009), 235-290. 특히 사무엘상 22-26장 강해 부분을 참조하라.

하나님 나라 복음

하나님의 소원이 우리의 소원이 되게 하시려는 목적 때문입니다. 이것이 바로 하나님이 우리를 다루시는 방법입니다.

하나님은 결정적인 위기의 순간에 우리를 파멸에서 건져내셨을 뿐만 아니라, 우리 일상의 죄와 허물까지도 참아주시고 인자하게 다스려주십니다. "자주 경책하지 아니하시며 노를 영원히 품지 아니하시리로다"(시 103:9). 이 9절이 바로 2절이 말하는 하나님의 거룩한 이름입니다. 인간의 죄악을 비례적 정의감으로 응징치 않고 용서하셔서 새사람으로 재창조해주시는 하나님의 거룩한 성품이 곧 하나님의 거룩한 이름입니다. 이 하나님의 거룩한 이름을 다윗만큼 깊고 풍성하게 깨달은 사람은 없을 것입니다. "우리의 죄를 따라 우리를 처벌하지는 아니하시며 우리의 죄악을 따라 우리에게 그대로 갚지는 아니하셨으니 이는 하늘이 땅에서 높음같이 그를 경외하는 자에게 그의 인자하심이 크심이로다"(시 103:10-11). 만일 하나님이 우리의 죄 하나하나마다 일대일로 응벌하셨다면 아무도 하나님 앞에 살아남을 자가 없었을 것입니다. 하나님은 기계적으로, 비례적으로 징벌하시지 않습니다. 우리의 죄와 허물에 불합리할 정도로 관대하시고 용납적입니다. 그러나 이것은 죄를 용납한다는 것이 아니라 죄를 지을 수밖에 없는 연약한 인간성을 참아주신다는 것입니다. 하나님의 일시적 죄 용서는 죄가 다시는 인간에게 붙지 못하도록 멀리 옮겨버리시는 사역의 서곡이었을 뿐이었습니다. "동이 서에서 먼 것같이 우리의 죄과를 우리에게서 멀리 옮기셨으며 아버지가 자식을 긍휼히 여김같이 여호와께서는 자기를 경외하는 자를 긍휼히 여기시나니"(시 103:12-13). 하나님의 죄 용서의 목적은 우리 죄과를 우리가 다시 만날 수 없게 멀리 옮겨버리시는 데 있습니다. 죄 용서의 근원적인 감정은 긍휼입니다. 하나님은 우리 인간 존재의 원천적 취약성을 아시며, 불쌍히 여기십니다. 14절은 그 감정의 실마리를 암시합니다. "이는 그가 우리의 체질을 아시며 우리가 단지 먼지뿐임을 기억하심이로다." 이것이 창세기가 노골적으로 말하지 않는 바를 해석한 것입니다.

창세기 2:7은 이렇게 말합니다. "하나님이 흙으로 사람을 지으사 그 코에 생기를 불어넣으셨으니" 이사야 2:22은 하나님이 그 코에 생기를 불어넣어 인간을 만드셨다는 창세기 2:7을 이렇게 해석합니다. "코에 야웨의 콧김을 불어넣어서 살려놓은 인생은 믿을 바가 못 된다." 창세기 2:7을 약간의 조롱하는 듯한 목소리로 재해석했습니다. 그에 비해 시편 103:14은 창세기 2:7을 신적 자애심을 유발하는 방향으로 재해석합니다. 하나님이 진토로 우리를 지었다는, 일견 중립적으로 보이는 그 본문을 시편 103:14은 동정심 가득 찬 하나님의 창조 손길로 은혜롭게 해석합니다. "그가 우리의 체질을 아시며 우리가 단지 먼지뿐임을 기억하심이로다." 하나님이 인간을 흙으로 만드셨다는 것은, 인간을 흙처럼 쉽게 부서지는 존재, 응집성이 매우 약하고 약속을 지탱하기에는 인격적 통일성을 구축하기가 매우 어려운, 산만하기 짝이 없는 불안정성의 존재로 만드셨다는 뜻입니다. 인간을 창조하실 때 범죄 가능성을 완전히 차단하고 만드신 것이 아니라 먼지처럼 쉽게 부서지는 존재로 만드신 것입니다. 그래서 하나님은 우리가 죄를 지었을 때 쉽게 용서하실 수 있는 마음을 아예 처음부터 비축해두셨습니다(엄청난 상해사망보험을 들어놓으셨습니다!). 우리가 단지 먼지 같은 존재, 먼지 자체라는 사실을 아신다는 것, 우리의 지극히 불안정한 체질을 아신다는 것은 신적 동정심의 원천입니다. 주기도문의 "우리를 시험에 들게 하지 마옵시고 다만 악에서 구하옵소서"라는 청원도 이런 인간

하나님 나라 복음

존재의 근원적 취약성을 아시는 주 예수 그리스도만이 드릴 수 있는 간구입니다. 예수는 인간 존재가 죄 짓고, 병들고, 죽을 수밖에 없는 운명에 묶여 있는 것 자체를 민망히 여기셨습니다. 동정심 가득한 메시아의 그 마음은 인간 창조의 순간에 드러난 성부 하나님의 동정심 가득한 시선에 이미 감지되었습니다.

이런 이유로 아버지가 자식을 긍휼히 여김같이 여호와는 자기를 경외하는 자를 긍휼히 여기십니다. "경외한다"라는 말은 하나님을 위해 가장 귀한 것을 제단에 바치는 모험을 감행하는 행동까지 포함합니다. 아브라함이 사랑하는 독자 이삭을 번제단에 바치라는 명령에 아멘으로 응답하고, 그 명령을 실행하는 데까지 나아갈 때 하나님은 그 경외 수준에 충격을 받으시고 인류 배반적인 당신의 명령을 스스로 철회하십니다. 하나님은 이런 방식으로 당시에 만연했던 맏아들 희생의 제사 제도가 당신의 원래 의도가 아니었음을 만천하에 공포하셨습니다. 하나님을 경외하는 삶은 하나님을 두려워하고 하나님을 삼가 내 마음대로 살지 않는, 조심성을 드러내는 삶입니다. 하나님을 두려워하는 삶은 하나님이 지으신 산천초목을 존중하고 자애롭게 돌보는 것을 의미하며, 이웃을 두려워하여 존경하는 것을 의미합니다. 또 어떤 맥락에서 하나님을 경외한다는 것은 하나님이 지으신 가난한 자들을 불쌍히 여기고 도와주는 것을 의미하며 이방의 악한 군주의 부당한 명령에 불복하는 것을 의미하기도 합니다. 하나님을 두려워한다는 것은, 나의 이웃을 축복하시고 번성케 하시는 하나님을 인정하고 그 결정에 승복하는 것입니다. 그러므로 이웃을 두려워하는 마음과 하나님을 두려워하는 마음은 거의 같습니다. 이웃을 존경하는 마음이 하나님을 함부로 대하지 않는 마음과 똑같습니다. 그래서 하나님을 경외하는 사람들은 이웃을 경외하고 배려하며 사랑하면서 살게 됩니다.

이렇게 하나님을 경외하는 삶이야말로 덧없는 인생에 유일무이한 영속적 가치를 부여합니다. 17-18절이 중요합니다. "여호와의 인자하심은 자기를 경외하는 자에게 영원부터 영원까지 이르며 그의 의는 자손의 자손에게까지 이르리니 곧 그의 언약을 지키고 그의 법도를 기억하여 행하는 자에게로다." 시편 103편은 하나님과 하나님을 경외하는 자들의 영원한 연합과 동거를 상상합니다. 하나님 나라는 하나님의 장막이 사람의 장막에 내려와 하나님과 인간의 연합 공존이 실현되는 곳입니다(계 21:3-5).

사랑하는 형제자매 여러분, 여러분은 지금 어떤 처지에 있습니까? 영적 극고점과 극저점 사이를 오르락내리락하는 다윗의 인생 사이클에 비추어볼 때 여러분은 현재 어떤 단계를 지나고 있습니까? 굽이치는 파도 같은 다윗의 격정적인 인생을 완벽하게 재활·복구시킨 하나님을 믿는다면 우리 인생을 완전히 재활·복구시키실 하나님도 못 믿을 이유가 전혀 없습니다.

결론적으로 다윗과 시편에 나타난 하나님 나라 복음은 무엇입니까? 처참한 죄로부터 완전히 재활·복구시키는 하나님, 인자와 긍휼로 면류관을 되씌우셔서 존엄한 하나님 형상을 완전히 회복하게 하시는 하나님의 복음입니다. 18절에 따르면 여호와의 언약을 지키고 그 법도를 기억하며 행하는 사람이 하나님 나라 운동의 중핵입니다. 그들은 하나님 통치를 받는 백성이자 영토이면서 동시에 하나님 통치를 세계 각처에 확산시키는 천군천사들입니다. 하나님은 하늘에 보좌를 세우시고 정권으로 만유를 통치하십니다. 이것은 모두에게 자명하게 느껴지는 명제가 아닙니다. 하나님이 이 우주와 세계를 통치하신다는 명제가 참임을 입증하려면 하나님이 이 세계를 통치하신다고 믿는 사람들에게 증명의 부담이 있습니다. 하나님의 세계 통치는 하나님 명령을 집행하는 천군천사의 민첩한 순종을 통해 구현되고 매개됩니다. 따라서 우리가 하나님 나라 운동을 한다고 하면서 하나님의 법도에 순종하지 않으면 하나님 나라는 통치력을 발휘할 수 없습니다. 세계의 기득권 권력자들에게 밀려난 망명 정부에 불과합니다. 하나님 나라는 하나님의 법도에 순종하는 시민이 일정량 확보될 때 비로소 그 존재를 인정받습니다. 대한민국 안에 순종하는 하나님 백성이 일정량 존재할 때 대한민국에서 하나님 나라는 실체가 되고, 일반 시민도 자신이 모르는 사이에 경제·사회 등 모든 영역에서 구현되는 하나님 통치의 혜택을 누리게 됩니다. 한국교회가 하나님의 통치를 받는 감미로운 순종 공동체로 독립적으로 존재하면, 한국 사회는 자신도 모르게 하나님 나라 통치의 혜택을 누리는 간접 수혜자가 됩니다. 교회는 하나님 나라의 1차적 통치를 받고, 교회 주변을 에워싼 세속 사회는 2차적 혜택을 받게 됩니다. 이 세상은 하나님의 일급 통치 지역과 이급 통치 지역, 그리고 삼급 통치 지역 등으로 구획될 것입니다.

출애굽기 19:5-6로 되돌아갑니다. "내 말을 듣고 내 언약을 지키면 너희는 내게 대하여 제사장 나라가 되고 거룩한 백성이 되리라." 우리 그리스도인과 한국교회가 여호와의 말씀을 듣고 그 언약을 지키면 다른 사람들을 하나님께로 이끌어가는 강력한 영적 자력 발출의 중심, 영적 자성의 원천으로 기능할 것입니다. 교회는 녹슨 쇠붙이처럼 파편화된 채 살아가는 무기력한 개개인들을 하나님께로 이끄는 영적 자력을 발휘하여 그들을 하나님 직할 통치의 수혜자로 만듭니다. 하나님께 순종하는 사람이 이 세상 사람들을 이끄는 진짜 지도자입니다. 하나님의 언약을 지키고 법도를 기억하며 행하는 그 사람이 한국교회의 큰 자산이고, 그런 사람이 매일 하나님의 통치를 은밀하게 받고 있는 사람들입니다. 우리는 지금 누가 하나님의 법도를 지키면서 매일 그 통치 명령을 수신하고 말없이 순종하는지를 자세하게 다 알 수는 없습니다. 그러나 한국교회 안에 아직도 생명력 넘치는 공동체들이 여기저기에 존재하고 있다면 그것은 분명 부단하게 순종하는 누군가가 쉴 새 없이 나타나고 있기 때문일 것입니다.

다시 다윗과 시편의 하나님 나라 복음의 토대 구절로 돌아갑니다. "여호와께서 그의 보좌를 하늘에 세우시고 그의 왕권으로 만유를 다스리사." 이것이 하나님 나라 사상입니다. 여호와께서 그의 보좌를 하늘에 세우시고 그의 왕권으로 만유를 다스리십니다. 이 만유 통치의 중보적 구현자가 천군천사입니다. 이 하늘에서 구현된 통치를 땅으로 확장시키기 위해 땅에서도 천군천사급 중보자가 필요했습니다. 아브라함의 후손인 이스라엘이 바로 하늘에서 구현된 하나님 통치를 땅에 확산시키려고 하나님이 택하신 지상의 천군천사였습니다. 출애굽기 19:5은 지상의 천군천사로 내정된 이스라엘 백성에게 거룩한 약속과 그 약속을 실현시킬 과업을 제시하십니다. "온 세계가 다 내게 속하였지만 너희가 내 말을 듣고 내 언약을 지키면 너희 이스라엘 백성은 특별한 의미로 내게 속한 백성이 된다. 원래 2차적인 의미로 나에게 속했던 온 세상 사람들을 나에게 이끌어오라. 군사적인 정복이 아니라 거룩한 백성의 정체성으로 유인하는 것이다. 거룩한 백성이 되어 열방을 나에게로 이끌어오라."

하나님 나라 신학에서 누가 하나님의 세계 통치를 매개하고 구현하는가가 참 중요합니다. 천군천사의 동시다발적인 활동이 하나님을 유

하나님 나라 복음

비쿼터스적인 분으로 믿게 만듭니다. 세계 만민이 동시에 드린 기도들을 누가 다 응답합니까? 말라위에서도 기도하고, 아프리카에서도 기도하고, 저 필리핀에서도 기도하면 이 많은 기도를 누가 다 일일이 응답합니까? 누가 각 개인의 기도 제목을 하나님께로 배달합니까? 가장 신속한 기도 응답에 관여하는 우주 택배 천사는 누구입니까? 가브리엘 천사입니다. 가브리엘 천사급 존재들이 하나님 나라의 지역화를 구현합니다. 하나님의 생각을 빛보다 더 빠른 속도로 민첩하게 수행하는 천사들입니다. 하나님이 생각하고 말씀하시는 순간 초광속 기동력으로 순종하는 천사들이 하나님의 지역 통치 계획을 구체적으로 집행하고 실행합니다. 천사론에 따르면 우리 인간은 각자 자신의 수호천사를 할당받았습니다. 그러니까 야곱의 수호천사가 야곱의 사닥다리 위를 왔다 갔다한 것이겠지요? 마태복음 18장에는 천사와 관련하여 매우 암시적인 말이 나옵니다. "삼가 이 작은 자 중의 하나도 업신여기지 말라. 너희에게 말하노니 그들의 천사들이 하늘에서 하늘에 계신 내 아버지의 얼굴을 항상 뵈옵느니라"(10절). '이 작고 어린 자(예수 그리스도의 방랑 제자)들을 절대로 멸시하지 마라. 이 작은 자를 지키는 수호천사가 매일 하나님을 대면하여 결재를 받는다. 이 작은 자의 수호천사가 매일 하나님께 그가 지상에서 당한 곤경을 보고한다'는 것입니다. 하잘것없이 작은 자의 운명도 하나님의 아주 진지한 관심사입니다. 왜냐하면 그의 천사가 하나님을 대면하여 그의 사정을 보고하기 때문입니다. 우리가 하잘것없는 소자를 대하면 그 천사가 우리가 하는 행위를 하나님께 보고합니다. 아주 놀라운 말입니다. 그래서 우리 하나님의 전능하신 세계 통치가 사실로 인정받으려면 천군천사가 동시다발적으로 순종해야 합니다. 우리는 하나님이 중력의 법칙을 초월하셔서 불전차를 타고 세계를 종횡무진하시는 줄 알았는데 에스겔 1장을 보니까 아니에요. 네 생물들이 엄청나게 빠르고 성실하게 날갯짓을 해서 하나님의 불전차를 운행하고 있었습니다. 네 생물들의 순종을 통해 하나님의 메르카바(Merkava) 불전차는 앞으로만 전진하고 뒤로 물러가지 않습니다. 하나님이 멋지게 하늘을 종횡무진하는 보좌를 타고 세계를 통치하시려면 그 밑에서 천군천사가 계속 날갯짓을 해야 한다는 뜻입니다. 우리 하나님의 전능하심은 천군천사의 순종을 통하여 매개되도록 한 전능하심이기 때문에 천군천사가 말씀에 순종하지 않으면 하나님은 전능하시지 않은 하나님으로 오해받을 수 있습니다.

이사야 59:1을 볼까요? "여호와의 손이 짧아 구원하지 못하였느냐?" 아닙니다. "너희 죄와 불순종이 내 능력이 드러나는 것을 방해했다"고 말씀하십니다. 죄와 불순종이 하나님 능력이 나타나는 것을 방해한다는 사실, 참 슬프고 안타까운 일이 아닐 수 없습니다. 전능하신 하나님이 만유를 통치하신다는 이 명제를 공증하려면, 여호와의 보좌 근처에서 여호와의 말씀을 듣고, 이해하고, 소화하여 집행하는 천군천사들의 연합적 순종이 반드시 필요합니다. 우리 하나님은 전능하시지만 일부러 천군천사의 도움이 필요하게 만들어두신 겸손하신 하나님입니다. 통계적으로 하늘에서 가장 중요한 기도 응답을 전달하는 천사는 누구입니까? 처녀가, 할머니가 아기를 낳을 것이라는 메시지는 주로 가브리엘 천사가 전달합니다. 그것은 가브리엘 천사장의 사명입니다. 가브리엘 천사는 성도가 작정 금식 기도할 때 기도 응답을 특별 배달합니다. 굉장히 어려운 과업을 설득시킬 때 가브리엘 천사가 나타납니다. 여러분 인생에 가브리엘 천사가 비교적 늦게(?) 나타나기를 바랍니다. 가브리엘이 나타났다는 말은 성(聖) 수태고지급의 메시지가 도착했다

하나님 나라 복음

는 말입니다. 영적 전쟁을 담당하는 천사는 미가엘 천사장입니다. 망명 시작 순간부터 얍복 강에서 환도뼈를 칠 때까지 파란만장한 야곱의 생애를 함께했던 천사는 누구입니까? 창세기 28장의 벧엘 돌베개 잠자리에 나타났던 천사들입니다. 탈진한 엘리야를 달래고 먹이는 일도 천사가 했습니다.

결국 하나님은 천군천사가 세계만방을 왔다갔다하면서 귀납적으로, 누적적으로 바친 순종을 통해서 세계 만유를 통치하신다는 것이 분명해졌습니다. 천사들에게 일을 맡기지 않고 홀로 일하시는 하나님보다 천군천사를 통해 일하시는 하나님이 더 전능한 하나님입니다. 천군천사의 각론적 순종을 총 적분해서 하나님 당신의 전능하신 통치를 입증하시려는 이유가 바로 여기에 있습니다. 천군천사들의 순종이 모여 하나님의 통치를 100% 구현할 때에야 비로소 하나님은 전능한 하나님으로 인정받습니다. 이 말은 오해하기 쉽습니다. 약간의 설명이 필요합니다. 우리 하나님은 천사의 매개와 순종 없이도 홀로 만유를 통치하실 수 있습니다. 하나님 홀로 유비쿼터스적 편재(遍在)를 증명하실 수 있고, 동시다발적으로 기도를 응답해주실 수 있습니다. 다만 우리 하나님은 천군천사를 통하여 기도 응답주기를 더 기뻐하십니다. 우리 하나님은 한국교회의 봉사 없이도 가난한 사람을 구출할 수 있고, 병자를 치유할 수 있습니다. 그런데 하나님은 한국교회의 '사람' 천군천사들을 통하여 당신의 능력, 인자와 자비를 드러내기 원하십니다. 우리의 기도를 통해, 우리의 순종을 통해 일하기를 기다리십니다. 때때로 하나님은 지체된 순종, 교회의 무감각과 무응답을 답답해하십니다. 그럼에도 불구하고 하나님은 당신의 전능을 천군천사들에게 나눠주시고 그들로 하여금 하나님의 일을 대신 집행하게 하기를 더 기뻐하십니다. "그러므로 그에게 수종 들며 그의 뜻을 행하는 모든 천군이여 여호와를 송축하라 여호와의 지으심을 받고 그가 다스리는 모든 곳에 있는 너희여 여호와를 송축하라 내 영혼아 여호와를 송축하라." 이 말은 '여호와의 말씀을 집행하고 행하는 모든 땅에 있는 천군천사들이여 그 뜻이 하늘에 이루어진 것처럼 땅에서도 이루어지도록 최선을 다해서 하나님이 이 세상을 통치하는 것을 모든 사람이 믿게끔 만들어주라'는 것입니다. 다시 말해 하나님이 하늘에 보좌를 설치하시고 만방을 통치한다는 확신을 주기 위하여 쉴 새 없는 순종을 바치는 천군천사급 성도들로 한국교회가 가득 차기를 원한다는 것입니다. 하나님이 다스리는 모든 곳에 하나님의 뜻에 순종하며 그 집행에 각고의 헌신을 쏟아붓는 천군천사급 성도들이 포진해 있기를 기도하는 것입니다.

이처럼 하나님은 너무 겸손하신 하나님입니다. 우리 하나님은 이런 방식이 아니고서도 당신의 전능하심을 드러내실 수 있고 세계만방을 통치할 수 있습니다. 그러나 우리 하나님은 이런 매개적 방법으로, 즉 천군천사와 인간의 순종을 인정해주는 방식으로 당신의 능력과 자비를 드러내기를 원하십니다. 그 덕에 인간이 드리는 순종의 의미가 덩달아 우주적 비중을 갖게 되었습니다. 하나님의 말씀에 순종하는 천군천사들과 천군천사급 성도들을 하나님 나라의 공동 창조자로 불러주신 것입니다. 그만큼 하나님은 우리의 말씀 경청, 말씀 이해, 말씀 체화, 말씀 순종을 원하십니다. 하나님은 아침마다 우리의 순종을 기대하십니다. 하나님은 우리에게 "두 발로 걷는 천군천사들이여, 을지로와 충무로와 테헤란로에서 여호와의 말씀을 행해다오"라고 호소하십니다. 하나님의 속마음을 풀어보면 이렇습니다. "너희의 장부 부기에서, 주식거래에서, 재판에서, 상거래에서, 인사고과에서, 모든 사소한 일상생활에서 여호와의 말씀을 실천해다오. 그러면 나의 능력이 만방에 드러나리라. 여호와의 손이 짧아서 구원하지 못하는 것이 아니며, 여호와의 능력이 없어서 구원하지 못하는 것이 아니다. 여호와의 능력과 여호와의 손이 되어줄 천군천사가 없어서 나 하나님은 세상을 통치하지 않는 것처럼 오해받는다." 각계각층에 포진한 천사급 성도의 말씀 순종과 실천이 다 한데 모아질 때 시편 103:19은 믿음직스러운 명제로 인정받을 수 있습니다. "여호와께서 그의 보좌를 하늘에 세우시고 그의 왕권으로 만유를 다스리시는도다."

결론

결국 시편은 천군천사급 성도의 순종을 통한 하나님 나라 복음을 이야기합니다. 여호와의 말씀을 듣고 행하는 천군천사가 반드시 일정 수 존재해야 합니다. 우리는 천사도 흠모하는 전도의 직분과 복음 사역을 위탁받은 지상의 천군천사들입니다. 그래서 주님이 이렇게 말씀하십니다. "아버지 하나님 당신의 뜻이 하늘에서 이루어진 것처럼 땅에서도 이루어지이다." 여기에 신적 수동태가 사용됩니다. 뜻이 누군가에 의해 이루어져야 한다는 것입니다. 시편 103편에 따르면 천군천사급 성도들에 의해서 하나님의 뜻이 땅에 이루어집니다. 하나님의 전능하심은 성도들의 파편적 순종을 통해서 적분되는 전능하심입니다. 다시 말해 그 전능하심, 편재하심은 각계각층에서 하나님 말씀을 경청하는 성도들의 사소해 보이는 일상적 순종이 합해질 때 증명됩니다. 천군천사와 천군천사급 성도들의 순종을 통해 당신의 전능을 드러내기를 원하시는, 전능하지만 또한 겸손하신 하나님을 찬양합니다. 하나님은 인간의 하잘것없는 순종에 우주적 의미를 부여하시고 우리의 순종을 격려해주십니다. 이렇게 좋으신 하나님이 우리 한국교회의 하나님 아버지이시고, 여러분과 저를 구원하신 하나님 아버지이십니다.

세종로와 을지로, 충무로와 퇴계로, 강남대로와 테헤란로 위 일터의 구체적 삶의 현장에서, 가정에서 천군천사가 되기 위해서는 일단 말씀을 들어야 하고, 납득해야 하고, 체화시켜야 합니다. 그러면 말씀이 육신이 되어 실천됩니다. 이 말씀 순종과 집행이 여호와를 찬미하고 여호와의 이름을 송축하는 가장 확실한 길입니다. 야웨 하나님의 거룩한 이름을 송축하고 찬미하는 상태가 되어야 자신도 모르게 순종이 터져 나옵니다. 여호와의 말씀이 내 심장에 노래처럼 내장되어야만 자신도 모르는 사이에 순종이 일어납니다. 자신도 모르게 예기치 않은 순종을 하게 되고, 멋진 기도 언어가 터져 나오고, 그 결과 우리가 거하는 곳의 세속 이웃들, 즉 을지로와 충무로와 테헤란로의 이웃들이 하나님 통치의 간접 혜택을 받게 됩니다. 이것이 바로 그리스도의 제자들이 세상의 빛과 소금이 되는 현상입니다. 결론적으로 다윗과 시편의 하나님 나라 복음은 천군천사급 순종을 통해 이뤄지는 하나님 나라 복음입니다. 즉 하나님이 보좌를 하늘에 세우시고 그 왕권으로 만유를 다스리신다는 이 명제를 참 명제로 만들기 위해서는 여호와의 율법을 음송하고 노래로 부르고 자유자재로 구사하면서 긴 기도를 하며 마침내 그것을 육화시키는 성도, 능력이 있어서 말씀을 집행하고 여호와의 명령을 수납하여 실시하는 도승지급 인물들이 엄청나게 많이 필요하다는 것입니다. 이것이 바로 시편의 하나님 나라 신학입니다.

결론적으로 여호와의 말씀을 즐거워하고 그 율법을 주야로 묵상하면서 암송하여 내면화시키는 성도가 하나님 통치의 구현자입니다. 시

하나님 나라 복음

편의 하나님 나라는 재기불능으로 난파된 죄인도 재활·복구시켜 다시금 은혜의 통치 아래로 초청합니다. 이 용서받은 의인들의 천군천사적인 순종을 통해 하나님은 당신의 통치를, 당신의 나라를 우주적으로 확산시킵니다. 하나님 나라는 율법에 대한 감미로운 순종을 통해 확장됩니다. 하나님 나라의 일꾼은 다윗처럼 기승전결의 구조를 가지면서 굽이치는 파도에 내맡겨진 것 같은 인생을 통해 몸소 하나님 통치(죄 사함, 갱생, 순종의 화신으로 성장)를 경험한 사람입니다. 아담 원죄의 규정력 때문에 파산하기까지 낮춰졌지만 스올과 바다 밑까지 내려오셔서 난파된 인생을 붙드시는 하나님의 재활·복구와 죄 사함의 은혜를 몸서리치게 경험한 사람인 것입니다. 이런 깊은 은혜와 재활·복구를 경험한 자들을 통하여 하나님의 통치가 확장됩니다. 시편은 이 땅에 하나님 나라가 충분히 구현되지 못하는 것 때문에 고통받으면서 하나님의 통치가 하늘에서 이루어진 것처럼 이 땅에서도 이루어지게 해달라고 소리치는 천군천사들의 탄원합창입니다.

앞에서 시편은 곡조가 붙은 토라, 음률로 표현된 모세오경이라고 했습니다. 시편이 말하는 토라는 하나님의 감미로운 구원사와 그것에서 도출되는 율법적 요구와 언약적 결속감으로 구성되어 있습니다. 시편이 노랫말로 재기술된 모세오경이 된 이유는 하나님의 구원사와 언약을 노래로 만들어 이스라엘의 심장 속에 새겨놓기 위함이었습니다. 시편 기자와 편찬자는 암송만이 순종을 유발한다는 것을 일찍이 터득했습니다. 암송된 말씀만이 순종을 유발합니다. 순종된 말씀만이 능력을 발출합니다. 능력을 발출한 말씀만이 이웃 사랑을 실천하게 하는 말씀입니다. 이웃 사랑을 실천하게 하는 그 말씀만이 이 세계에 하나님 나라 통치가 임할 것이라는 세계관적 확신을 고취시킵니다. 개인의 내면에 확신된 하나님 나라가 온 세계를 움직이는 우주적 하나님 나라로 성장되고 확대되어가는 것입니다. 이것이 이미 우리가 서론에서 언급했던 하나님 나라의 동심원적 확장입니다. 오늘부터 시편 한번 암송해보실래요? 제일 쉬운 시편 23편부터라도 한번 암송해보시기 바랍니다. 백문(百聞)이 불여일음송(不如一吟誦)입니다. 백 번 듣는 것이 한 번 소리 내어 음송하는 것보다 못합니다. "여호와는 나의 목자시니" 혹은 "복 있는 사람은 악인의 꾀를 좇지 아니하고" 등 쉬운 구절부터 시작하세요. 그리고 암송이 잘 안 된다고 절대로 머리나 조상 탓을 하면 안 됩니다. 시편 암송은 지성이나 기억력의 문제가 아닙니다. 하나님을 사랑하는 마음의 진정성과 처절성의 문제지, 결코 아이큐의 문제도 지성의 문제도 아닙니다. 하나님을 사랑하면 종내에는 기억할 수 있습니다. 제가 찬송가 가사나 곡조, 성경 구절 몇 장 몇 절을 많이 기억하는 이유도 동일합니다. 제가 사무치게 사랑하는 하나님 찬미곡이기 때문에 암송이 잘 되는 것입니다. 제가 찬송가 가사들을 하나하나 기억하고 마음에 두는 이유는, 그것이 우리 마음을 순식간에 하나님 보좌로 부양시켜주기 때문입니다.

다시 한 번 기억하시길 바랍니다. 노래로 곡조로 암송된 성경 구절만이 순종을 유발하고, 하나님 통치를 매개합니다. 순종을 유발하는, 즉 우리의 심장과 입술을 주장하는 성경 구절만이 능력을 드러냅니다. 이런 미분화된 순종이 누적되어 합해질 때 우리 하나님이 우주적으로 전능하신 하나님이시며, 하늘에 보좌를 설치하시고, 온 세계를 통치하시는 분이라는 명제가 참이라 입증될 수 있습니다. 우리의 순종이 합해져서 하나님이 하늘 위 보좌에서 세계를 통치하시고 지배하신다는 믿음이 온 누리에 충만하게 됩니다. 저는 한 번도 이 확신이 흔들린 적이 없었습니다. 우리가 을지로와 충무로와 테헤란로에서 가브리엘 천사급으로 신속하게 땅과 하늘을 왕래하며 하나님 명령을 집행하고, 미가엘 천사급으로 영적 전투를 수행할 때 하나님이 이 세상을 통치하신다는 사실을 세상 사람들이 깨닫기 시작할 것입니다. 우리 하나님의 자녀들이 하나님의 공의와 자비를 실현하려는 우주 왕래 천사가 되어서, 아우성치는 모든 곳에 하나님 현존을 드러내는 말씀을 증거하고 행하면, "하나님이 그 보좌를 하늘에 세우시고 만유를 통치하신다"는 이 고백은 만민의 상식이 될 줄 믿습니다. 그때 비로소 우리는 물이 바다를 덮음같이 하나님을 아는 지식이 온 세상을 가득 채우게 되는 비전이 실현될 수 있다는 믿음에 이를 것입니다.

3

예수의
하나님 나라 복음*

_김세윤

* 이 3장 부분은 이미 출간된 김세윤 교수의 몇몇 책들과 부분적으로 유사하거나 겹친다.

100년 남짓한 짧은 선교 역사에도 불구하고 한국교회가 세계 교회사에서 그 유래를 찾아보기 어려울 정도로 수적으로 급성장한 것은 주지의 사실입니다. 그러나 한국교회의 성장이, 과연 올바른 복음이 깊이 있게 선포된 결과로 나타난 것인가를 자문해보면 많은 회의가 드는 것도 사실입니다. 지금 우리는 한국교회가 심히 부패하여 온갖 추태를 노정하며 급격히 쇠락해가는 현상을 목도하고 있습니다. 이렇게 된 이유를 여러 가지로 분석할 수 있으나 가장 크고 근본적인 이유는 주 예수 그리스도의 복음을 통전적으로 이해하지 않고 파편적이고 임의적으로 이해한 것이며, 특별히 사도 바울이 가르친 칭의의 복음을 심각하게 왜곡시킨 것이 결정적인 원인이라고 말씀드릴 수 있습니다. 곧 하나님의 은혜와 믿음으로 의인된 자들의 삶을 낳는 복음을 도리어 온갖 부도덕과 불의를 조장하는 복음으로 전락시킨 것이 가장 심각한 이유입니다. 그러므로 우리는 더 늦기 전에 돌이켜 지금이라도 주 예수 그리스도의 복음에 대한 포괄적이고 깊은 이해를 통해 복음을 바르게 선포하고, 복음에 합당한 삶을 살고, 복음에 합당한 목회를 해야 할 것입니다. 그렇게 할 때, 주 예수 그리스도가 가져오신 하나님 나라, 하나님의 통치하심의 구원이 현재화됨을 보고 많은 사람이 과연 예수가 하나님의 아들이시고 주(主)이심을 알게 될 것입니다. 그리고 이를 통해 이루어지는 하나님 아들의 나라가 우리에게 구원을 가져온다는 것을 깨닫고 다시 복음을 경청하고 믿음의 순종을 하게 될 것입니다.

이번 주(2012년 10월 28일-11월 3일)는 개신교 종교개혁 495주년 기념 주간입니다. 개신교의 신앙 노선을 이어받은 분이라면 사도 바울의 복음 선포 양식에 익숙할 것입니다. 사도 바울은 하나님이 세상에 보내신 자신의 아들 예수 그리스도를 통해 사탄을 꺾으셨으며, 지금도 자기 우편에서 자기의 주권을 대행하는 아들 예수 그리스도와 그의 영을 통해, 그리고 그의 영으로 힘주심을 받은 그의 교회와 그의 백성을 일꾼으로 사용해 어떻게 사탄의 세력, 죄악과 고난의 세력을 극복해가는지, 또 종말에 어떻게 그 세력을 완전히 꺾으시고 온 세상의 구원을 완성하실 것인가를 설명합니다. 하나님의 통치가 우주와 역사 전체에서 벌어지는 악의 세력과의 싸움이라는 큰 틀을 신학적인 전문용어로 '묵시적 큰 틀'이라고 합니다. 바울은 이러한 묵시문학적 큰 틀을 견지하면서도 동시에 인간의 구원에 초점을 맞추어 복음을 선포합니다. 바꾸어 말하면 사도 바울은 주로 우리가 어떻게 의인이 되는가, 우리가 어떻게 의인으로 사는가, 그리고 결국 우리가 어떻게 하나님의 백성으로 그의 영광에 이르는가의 구도를 사용하며, 그것이 어떻게 그리스도의 죽음과 부활의 사건으로 가능해졌는가를 설명합니다.

바울의 이러한 복음 선포 양식에 익숙한 개신교 전통에서는 복음 또는 구원을 칭의, 성화, 영화라는 언어에 한정하여 이해하려는 경향이 있습니다. 그러나 이 세 단어들을 전통적인 신학이 확립한 이른바 구원의 서정의 틀 안에서, 즉 구원 여정상 서로 분리되는 단계들로 이해하기보다는 그것들이 말하고자 하는 바들의 통합성을 강조해야 하고, 나아가 하나님 나라의 관점에서 이해해야 그 본의를 바르게 살릴 수 있습니다. 그렇게 할 때 우리는 구원의 전 과정을 '의인되기', '의인으

하나님 나라 복음

로 살기', '의인됨의 완성을 받기'로 표현해서 과정의 통합성을 존중하고, 또 그것들을 각각 '하나님 나라로 들어간 하나님의 백성되기', '하나님의 백성으로 살기', '하나님 나라의 구원의 완성을 받기'로 이해할 수 있게 됩니다.

한국 개신교회 안의 절대다수의 신자들에게 하나님 나라에 대한 적절한 이해가 결여되어 있는 것이 현실입니다. 그들은 하나님 나라— 한문으로 표현해서 천국(天國)—를 역사의 종말에 주 예수의 재림과 함께 임할 유토피아적 실재로만 간주하여 먼 미래로 밀어버리든지, 아니면 죽어서 영혼이 가는 저 높은 곳의 실재라 생각하여 하늘 위로 쏘아 올림으로써, 결국 현재 우리의 실존과는 아무 상관이 없는 것으로 이해하는 경향이 강합니다. 바울의 칭의의 복음에 대한 오해와 함께 하나님 나라에 대한 이와 같은 오해도 한국교회가 부패하고 현실 세계에서 하나님의 구원의 힘을 드러내지 못하게 만드는 근본적인 원인이라 생각합니다.

첫 세 복음서들, 즉 공관복음서들이 잘 보여주듯이, 예수 사역의 핵심은 '하나님 나라의 복음 선포'였습니다. 그러나 하나님 나라 언어는 요한복음에서부터 줄어들기 시작합니다. 사도행전, 서신서들에 이르면 복음이 '그리스도가 우리를 위해서 죽고 부활했다, 예수가 그리스도다, 예수가 주(主)이시다, 하나님 아들이다' 등의 언어로 선포되는 것을 볼 수 있습니다. 이렇듯 사도들의 복음 선포는 전적으로 주 예수 그리스도의 죽음과 부활에 초점이 맞춰져 있습니다. 그래서 어떤 신학자들은 이것을 별개의 복음으로 생각했습니다. 예수는 하나님 나라의 복음을 선포했는데 그의 사도라는 사람들은 예수의 죽음과 부활, 그가 주(主)이시고 하나님 아들이라는 것이 복음이라고 했기 때문입니다. 19세기 말부터, 신약성경을 피상적으로 연구했던 일부 학자들은 사도들이, 그 중에 대표적으로 바울이 전혀 별개의 복음으로 예수의 복음을 왜곡했다고 공격했습니다. 그것이 오늘날까지 이어져 소위 지성인이라 자처하는 사람들조차도 신약의 복음을 그저 통속적인 저널리즘 수준에서 이렇게 이해하는 모습을 쉽게 볼 수 있습니다. 이는 아주 잘못된 것인데 이 강의를 통해 이런 오해를 바로잡고, 어떻게 사도들이 선포한 주 예수 그리스도에 대한 복음이 예수가 선포한 하나님 나라의 복음의 새로운 표현인가를 살펴보려고 합니다. 이를 위해서 먼저 예수의 하나님 나라 복음의 내용이 무엇이고, 왜 예수의 하나님 나라 복음이 그의 죽음과 부활에 초점을 맞춘 사도적 복음으로 새롭게 표현되었는가, 그것이 서로 어떻게 일치하는가를 알아볼까 합니다.

구약과 유대교적 배경

'하나님 나라'라는 숙어 자체는 구약과 유대교 문서에 거의 등장하지 않습니다. 그러기에 '하나님 나라'는 예수의 고유 언어라고 말할 수 있습니다. 그러나 예수가 그 언어로 표현하려고 했던 내용은 구약 신학의 중심에 속합니다. '하나님이 창조주로서 온 세상을 다스리신다, 하나님이 언약의 하나님으로서 그의 백성 이스라엘을 선택해 통치하신다, 모든 사람이 창조주 하나님의 통치를 받을 때 온 세상에 샬롬이 있다, 오직 거기에만 진정한 자유와 정의와 화평, 곧 구원이 있다'는 것이 구약의 중심 사상입니다. 그러나 그것을 '하나님 나라'라는 하나의 고정된 문구로 표현한 것은 아주 드문데, 예수는 그 언어를 활발히 쓰신 것입니다.

구약 전승이 진행되면서 신·구약 중간 시대, 신약 시대, 그리고 그 이후 랍비들의 신학 언어에서는 '오는 세대'라는 언어 양식이 발전하기 시작하는데, 이는 역사를 '이 세대'와 '오는 세대'로 구분합니다. '이 세대'는 사탄이 하나님의 통치권을 찬탈해 죄와 죽음으로 통치하는 때입니다. 이 세대 안에서 사탄은 인간을 현혹하여 자신의 뜻을 행하게 하고, 죄를 짓게 하며, 죽음으로 그 대가를 치르게 합니다. 바울은 그것을 로마서 6:23에서 "죄의 품삯은 사망이라"는 한마디로 정의합니다. 품삯은 용병에게 지급하는 노임입니다. 사탄이 우리 인간들을 자기 나라를 섬기는 용병들로 쓴다는 것입니다. 우리가 사탄을 왕으로 모시고 그의 나라를 위한 용병이 되어 창조주 하나님과 그의 정의와 진리에 맞서 싸우면, 그래서 죄를 많이 지으면 사탄이 우리에게 '죽음'이라는 품삯을 줍니다. 죽음은 필연적으로 고난을 유발합니다. 모든 고난은 죽음의 증상들입니다. 우리가 겪는 육신의 병고도, 사회적 갈등도, 경제적 빈곤도, 정치적 압제도 죽음이라는 힘의 증상들입니다. 이런 사탄의 죄와 죽음의 통치가 현실인 지금을 '이 세상' 또는 '이 세대'라 부른 것입니다.

그러면서 유대인들은 역사의 미래에 주가 오셔서 사탄의 힘을 완전히 꺾고 '이 세대'를 종결지으며 자신이 통치하는 구원의 세대를 가져오리라는 종말론적인 소망을 품고 살았는데, 그 시대를 '오는 세대'라고 부른 것입니다. 하나님의 통치가 이루어지는 '오는 세대의 생명'을 헬라어로 '세대들의 생명'으로 번역했는데, 여기의 '세대들의'라는 말을 다시 형용사로 표현하면 '영원한'이 됩니다. 그 후 서양 언어로 그것이 'the eternal life', 'everlasting life' 등으로 번역되었는데, 또 그것을 본받아 동양의 한자 문화권에서는 永生(영생)으로 번역하게 된 것입니다. 그러다 보니 '영생'은 '시간적으로 끝이 없는 삶'이라는 의미만 전달하는 경향이 있는데, 우리는 그것이 원래 하나님의 통치가 이루어지는 '오는 세대'의 삶을 지칭하는 것임을 잊지 말아야 합니다. 하나님이 통치하는 세대의 삶이기에 죄와 죽음이 없습니다. 결핍이 없습니다. 그것은 하나님의 충만함, 온전함에 참여하는 생명, 즉 신적 생명을 말하는 것입니다. 그러기에 '영생'은 구원을 지칭하는 말이며, 예수의 '하나님 나라'는 유대교의 '오는 세대'라는 개념과 내용적으로 상응합니다.

예수의 하나님 나라 복음 선포를 제대로 이해하려면 구약과 유대교의 네 가지 전제를 늘 염두에 두어야 합니다. 예수의 하나님 나라 선포의 첫 번째 전제는 창조 사상입니다. 하나님이 하늘과 땅을 창조하셨습니다(창 1:1). 고대 히브리인들의 세계관에 따르면 우주는 하늘과 땅으로 이루어져 있습니다. 하나님이 하늘과 땅을 지으셨으므로 당연히 하나님이 우주의 주(主)로서 온 우주를 다스리신다는 것이 창조 사상입니다. 하나님은 하늘과 땅을 창조하신 후 자신은 하늘에 좌정(坐定)하시고, 땅 위에는 자기 형상을 따라 만든 아담을 대리자로 세웠습니다(창 1:26, 28). 형상이라는 말의 가장 기본적인 의미는 대리자입니다. 즉, 하나님을 대신하여 이 땅을 잘 통치하고 관리하고 돌보도록 하나님의 대리자로 아담을 세운 것입니다. 그래서 아담이 하나님 나라의 부왕(副王; viceroy, vicegerent)입니다. 아담은 하나님이 자신을 대신하여 땅을 다스리도록 땅 위에 파송한 총독인 셈입니다.

예수의 하나님 나라 선포의 두 번째 전제는 타락 사상입니다. 타락 사상의 핵심은 하나님의 대리자인 아담이 하나님의 통치를 거부한 것입니다. 아담이 사탄의 사주를 받아, 자신을 이 땅 위의 부왕으로 세우신 하나님께 등을 돌리고 반란을 일으켰습니다. 아담이 하나님의 형상으로서 온 세상을 통치하게 되었는데, 결국 아담 스스로가 사탄에게 자기 통치권을 내주어 사탄의 종이 되고, 그래서 죄와 죽음의 통치 아래로 들어갔다는 것이 타락 사상입니다. 창세기 3장은 그 역설을 잘 설명합니다. 사탄은 아담에게 하나님의 명령을 어기고 선악과를 먹음으로써 "하나님같이 되라"고 충동질했습니다(창 3:5). 사탄은 아담에게 스스로의 힘으로 하나님 같은 존재가 되도록 아담의 자기주장 의지를 충동질한 것입니다. 사탄의 속임수에 빠져 아담(인간)은 하나님의 통치를 받아 하나님께 순종하고 의존하는 것을 거부하고, 스스로 하나님이 되고자 했습니다. 그래서 하나님의 명령을 어기고, 사탄의 말에 따랐습니다. 그 결과 아담은 하나님 같은 존재가 되기는커녕 도리어 사탄의 통치 아래로 굴러떨어져 버렸습니다. 그리고 땅 역시 아담과 함께 사탄의 통치 아래 들어갔습니다.

예수의 하나님 나라 선포의 세 번째 전제는 언약 사상입니다. 인간의 반역이라는 최악의 상황을 맞아 하나님은 타락한 인간을 방치하지 않으시고 그들에게 다시 하나님 노릇 해주심으로써 자기의 피조 세계를 구원하시는 구원 사역을 시작하십니다. 이것이 구약에서는 언약 사상으로 표현됩니다. 언약이란 하나님이 한 무리의 사람들을 선택하셔서 그들에게 하나님 노릇 해주시겠다고 약속하시는 것입니다. "내가 너희의 하나님이고 너희가 나의 백성이다." 하나님이 아브라함과 그의 자손 이스라엘을 택하시고 자기 백성으로 삼아 그들에게 하나님 노릇 하시겠다는 언약을 제정하신 것입니다.

구약에서는 하나님과 그의 백성 이스라엘 간의 언약 관계, 곧 하나님이 그의 백성 이스라엘에게 하나님 노릇 해주심을 표현하는 그림 언어를 다양하게 사용합니다. 그중 하나가 하나님이 '왕'이시고 이스라엘이 그의 '백성'이라는 것입니다. 또 출애굽기 4:22에서는 하나님이 '아버지'시고, 이스라엘이 그의 '맏아들'이라고 합니다. 하나님이 '목자'시고 이스라엘이 그의 '양 떼'인데, 하나님이 그들에게 어떻게 목자 노릇 해주시는지가 시편 23편에 잘 표현되어 있습니다. 하나님이 '신랑'이시고 이스라엘은 하나님의 사랑하는 '신부'이며, 하나님이 '농부'이시고 이스라엘은 하나님이 가꾸시는 '포도원'이며, 하나님이 '사령관'이시고 이스라엘은 그의 '군대'라고 하는 것들이 다 언약의 관계를 말하는 그림의 짝들입니다. 하나님이 언약의 주(主)로서 그 백성의 왕 노릇, 아비 노릇, 목자 노릇, 신랑 노릇 하시며 또 군대의 사령관으로서 사탄의 앞잡이들인 열방과의 싸움에서 승리하게 해주십니다. 하나님이 그의 백성을 보호하시고, 복 주시고, 생명의 길로 인도하시는 것이 다 하나님 노릇 해주시는 것입니다. 이렇게 이스라엘이 하나님의 통치 아래 하나님의 보호와 도움을 받는다는 것이 다 언약 신학의 표현입니다.

예수의 하나님 나라 선포의 네 번째 전제는 종말 사상입니다. 이스라엘에게 왕 노릇 해주시기로 약속하신 하나님이 드디어 역사의 종말에 이 땅에 오셔서 악의 세력을 다 멸망시키고 그의 백성을 구원하실 것이며, 자비와 공의로 통치하시는 '오는 세대'를 가져오시리라는 것이 종말 사상입니다. 이스라엘은 하나님의 계시를 역사적 경험을 통해 맛봅니다. 하나님이 선지자 나단을 통해 다윗과 언약을 맺으시고 세우신 왕조가 다윗 왕조입니다. 사무엘하 7:12-14을 이른바 나단의 신탁(예언)이라고 부르는데, '너의 수가 다하면 너의 씨를 일으켜 왕위에 앉히겠다. 그리하여 내가 너의 집안/왕조를 세우겠다. 그가 나를 대신하여 나의 백성 이스라엘을 통치하는 나의 아들로 삼겠다'는 내용이 나옵니다. 이때 '아들'이라는 말은 관계적인 언어로서 상속자라는 뜻입

하나님 나라 복음

니다. 언약 신학에 따르면 이스라엘이 하나님의 백성이고, 하나님이 이스라엘의 왕입니다. 그런데 그 하나님의 왕권을 땅 위에서 대행하는 인간이 다윗과 그의 씨, 곧 다윗의 자손들입니다. 그들이 하나님의 왕권을 '상속받아' 대행하는 것이니 그들을 하나님의 '아들'이라고 했습니다. 그래서 나단의 신탁에 근거해 다윗의 자손이 왕위에 오를 때에는 "너는 나의 아들이다, 오늘 내가 너를 낳았다"(시 2:7)라고 선포했고, 이를 통해 다윗의 자손은 하나님의 백성 이스라엘 위에 하나님의 통치를 대행하는 자로서의 법적·신학적 정통성을 확보하였습니다.

이런 식으로 다윗 왕조가 계승되다가 이스라엘의 패역함에 대한 하나님의 심판으로 결국은 다윗 왕조가 붕괴되고 이스라엘 백성은 바벨론의 노예로 끌려가게 되었습니다. 그 후 하나님 은혜로 다시 예루살렘에 귀환했을 때 이스라엘 백성은 하나님이 나단을 통해 주신 그 약속을 다시 한 번 지키셔서 다윗 왕조를 곧 재건하시고 이스라엘이 영광과 번영과 평화를 누리게 하시리라는 소망을 갖게 됩니다. 그런데 그것이 자꾸 지연됩니다. 페르시아, 알렉산더 제국과 그 후계 그리스 제국들, 로마 제국으로 이어지는 이방 강대국의 통치 아래서 신음하면서도 유대인들은 머지않은 장래에 이 소망이 이루어질 것을 믿으며 종말론적인 소망을 굳게 붙들고 살았습니다. 미래에 주가 오셔서 사탄과 그의 앞잡이 노릇 하는 열방을 깨뜨리고 온 세상을 통치하는 시대가 오며, 그때에 하나님이 직접 통치하시든지 아니면 다윗의 아들/자신의 아들 메시아를 통해서 통치하시든지 간에 정의와 평화와 번영의 시대가 열리리라는 기대를 갖게 된 것입니다. 그것이 '오는 세대'입니다. 하나님이 통치하시는 '오는 세대'가 이르면 모든 결핍과 압제와 불의와 죄악으로부터 해방되어 구원을 누릴 것이라는 기대를 가집니다. 이런 것들이 예수의 하나님 나라 복음 선포에 대한 구약과 유대교의 전제들입니다.

예수의 하나님 나라 선포

예수는 구약과 중간 시대의 문서들에는 거의 등장하지 않는 '하나님 나라'라는 숙어를 그의 선포의 중심으로 삼았으며, 그것과 더불어 전혀 새로운 개념들과 표현들을 사용했습니다. 이것은 예수가 앞서 살펴본 구약과 유대교의 사상적 배경을 이어받으면서도 동시에 자신만의 새롭고 독특한 가르침을 천명했음을 의미합니다. 이를 간단히 살펴보겠습니다.

가까운 장래에 올 하나님 나라

먼저, 예수는 묵시문학적 전승을 이어받아 종말론적 사건으로서 '오는 세대'를 여는 '하나님 나라'가 곧 임할 것을 선포하였습니다(막 9:1; 눅 21:3; 참고. 막 1:15; 마 10:7 = 눅 10:9, 11). 또한 제자들에게 하나님 나라가 빨리 오도록 기도하라고 가르쳤습니다. 이 점은 주가 가르쳐주신 기도에 잘 나타납니다. '주기도문'(마 6:9-13; 눅 11:2-4)은 예수가 선포한 하나님 나라 복음을 가장 잘 요약하여 표현하고 있습니다. 주기도문은 마태복음에 의하면 세 개의 '당신'-'우리' 청원들로 이루어져 있습니다. "당신의 이름이 거룩히 여기어지이다", "당신의 나라가 임하게 하소서", "당신의 뜻이 땅에서도 이루어지이다"가 세 개의 '당신' 청원입니다. 세 개의 '우리' 청원은 "우리에게 일용할 양식을 주소서", "우리 죄를 사하여주소서", "우리를 시험에 들게 하지 마소서"입니다. 세 개

하나님 나라 복음

의 '당신' 청원들 중 핵심은 "당신의 나라가 임하게 하소서"입니다. 그래서 예수는 제자들에게 하나님 나라가 빨리 임하게 해달라고 기도하도록 가르치신 것입니다. 그런데 주기도문의 모든 기도들은 하나님께 "이렇게 해주십시오" 하는 청원들이면서 동시에 "기도한 대로 살겠습니다" 하는 서약입니다. 따라서 "당신의 나라가 임하게 하소서"라는 기도는 동시에 "내가 당신의 통치를 받겠나이다"라는 서약을 내포합니다. "우리 죄를 사하여주소서"라는 청원은 "우리도 우리에게 죄 지은 자를 용서하겠습니다"라는 서약을 담고 있습니다. 이 서약은 기도에 아예 나와 있습니다. 한글 성경은 아람어 숙어를 문자적으로 번역하는 통에 "우리가 우리에게 죄 지은 자를 사하여준 것같이 우리 죄를 사하여주소서"라는 이상한 문장을 만들었는데 이는 옳지 않은 번역입니다. 이 구절은 "우리 죄를 사하여주소서. 그러면 우리도 우리에게 죄 지은 자를 사하여주겠나이다"로 번역해야 합니다. 우리에게 죄 지은 자에게 복수하려는 마음을 가지고 있는 것이 죄 아닙니까? 내게 잘못한 녀석을 몇 대 더 때려주겠다는 마음을 품고 있으면 그것이 죄입니다. 그런 마음을 품고 있는 상태에서 하나님께 우리 죄를 용서해주십사 기도하는 것은 공허한 말이 됩니다. 우리 죄를 용서해주시긴 하되 다만 지난번에 내 오른뺨을 때린 녀석만은 걸리기만 하면 한 다섯 대쯤 더 때려주겠다는 마음을 가진 이 죄만은 용서하지 말아달라는 말이 되기 때문입니다. 그러니까 죄를 용서해주시기를 비는 청원은 동시에 우리도 우리에게 죄 지은 자를 용서하겠다는 서약을 항상 담고 있습니다. 이것을 분명히 하기 위해 마태복음 6:14-15이 덧붙여진 것입니다. 아무튼 여기서 중요한 것은 "당신의 나라가 임하게 하소서"가 주기도문의 핵심 가르침이라는 것과, 이것이 하나님 나라가 임박했음을 의미한다는 것입니다. 한편 이것과 짝을 이루는 복음서의 말들이 "인자가 곧 온다"입니다(막 12:32; 마 24:42-50＝눅 12:46; 마 10:23; 25:13; 눅 18:8; 21:36). 이것 역시 하나님 나라 도래의 임박성을 의미합니다.

하나님 나라에 대한 묘사: 잔치와 상속

그렇다면 예수는 장차 올 하나님 나라를 어떻게 묘사했을까요? 유대 묵시문학과 요한계시록을 보면 묵시적 환상가가 하늘 궁전을 여행하면서 장차 이루어질 하나님 나라의 모습을 목격하는 것이 잘 나타나 있습니다. 묵시문학에서는 미래에 실현될 찬란하고 영광스러운 하나님 나라의 모습을 땅 위의 유비적인 언어로 그려내기 때문에 금, 은, 에메랄드, 큰 성, 어좌 같은 현란한 환상 언어들을 주로 사용하는 것이 주된 특징입니다. 또한 랍비 문서들을 보면 '오는 세상'이 이 세상에서 우리가 누리는 물질적 가치들이 극대화된 세상인 것 같은 인상을 갖게 됩니다.

그러나 예수는 이런 그림들을 쓰지 않았습니다. 예수가 묵시문학의 환상적인 언어와 랍비 문학의 물질적 언어를 피한 것은 하나님 나라의 초월성을 보호하는 동시에 그것의 신학적인 뜻에 집중하고자 함입니다. 하나님 나라는 궁극적으로 초월적인 것입니다. 물론 예수는 그것을 이 세상의 언어로 묘사할 수밖에 없었습니다. 하지만 이 세상의 것들은 어디까지나 하나님 나라에 대한 비유에 불과하지 그것의 실체일 수는 없습니다. 그러므로 우리는 그 비유들의 신학적인 의미에 집중해야지 그것들을 물질적인 것들과 동일시해서는 안 됩니다.

예수는 하나님 나라를 기본적으로 두 개의 그림들로 나타냈습니다. 하나는 잔치의 그림, 특히 잔치 중에서도 제일 흥겨운 혼인잔치입니다

(막 2:18-22 및 병행구절; 마 8:11-12＝눅 13:28-29; 마 22:1-10＝눅 14:16-24; 마 25:1-13; 눅 15:11-23). 또 하나는 상속의 그림입니다(마 5:3-4, 10; 눅 12:32-34). 예수는 하나님 나라를 '받다'라는 말을 즐겨 썼는데, 이는 상속받는다는 뜻입니다. 이 두 개의 그림이 말하고자 하는 바는 하나님의 백성이 예수가 선포한 하나님 나라에 들어가 하나님의 신적인 충만함, 부요함, 무한한 자원을 상속받음, 또는 그 자원에 참여함을 나타내고자 함입니다.

잔치 하면 어떤 모습이 떠오릅니까? 갖가지 맛난 음식이 잔뜩 쌓인 상이 즐비한 가운데, 배불리 먹고 마시고 흥겨워하며, 서로 주거니 받거니 권하며 사랑으로 교제하는 장면이 떠오릅니다. 이렇게 잔치는 풍요, 만족, 기쁨, 사랑을 상징합니다. 예수는 하나님 나라를 이런 것들이 있는 곳으로 그리고자 하여 잔치의 비유를 즐겨 쓴 것입니다.

인간은 한계성 속에 존재하므로 결핍의 존재입니다. 인간은 한계성과 결핍 때문에 불안, 불의, 갈등, 억압, 질병 등 갖가지 고난들을 겪습니다. 이 고난들은 죽음의 현재적 증상들이라고 할 수 있습니다. 이런 인간들에게 예수는 하나님 나라의 복음을 선포하여 그들이 하나님의 무한한 부요함, 곧 신적 충만을 '상속받고' 그 잔치에 참여하게 될 것을 약속한 것입니다. 인간이 결핍과 그것으로부터 오는 고난들로 누더기가 된 삶에서 벗어나 신적 충만으로 이루어진 삶을 얻게 된다는 것입니다. 하나님 나라의 이러한 신적 충만의 생명을 성경 숙어로 '영생'이라고 합니다. 영생이라는 말의 문자적 의미는 '오는 세상의 생명', 곧 '하나님 나라의 생명'이며 그 내용은 신적 충만, 곧 그의 무한한 부요하심, 전지전능하심, 영원하심, 무소부재하심, 자유하심에 참여하는 삶입니다. 그것이 바로 구원입니다.

예수가 전한 하나님 나라 비유들이 하나님 나라의 여러 면들을 단편적으로 드러내주는데, 탕자의 비유(눅 15:11-32)는 하나님 나라를 보다 포괄적으로 보여준다고 할 수 있습니다. 탕자의 비유는 아담(인간)의 타락을 염두에 두고 인간의 실존과 구원을 설명한 비유입니다. 하나님이 자기 형상을 따라 만든 아담을 자신을 대신하여 땅을 다스리는 대리자로 세웠습니다. 아담의 사명은 하나님을 신뢰하고 의존하는 가운데 하나님을 대리하여 땅을 다스리고 관리하며 돌보는 것입니다. 그러나 아담은 "네 스스로 하나님같이 되라"는 사탄의 유혹에 넘어갔습니다. 즉 자기의 내재적인 자원으로 자기의 안녕과 행복을 확보하고 스스로 자신의 존재의 절대적 주가 되겠다고 생각했습니다. 그리하여 하나님께 등을 돌립니다. 이렇게 인간이 자기의 힘과 지혜로 자신의 안녕과 행복을 확보할 수 있고, 자신의 존재 의미도 자기 안에서 찾거나 만들어낼 수 있다고 믿으며, 스스로가 자신의 존재의 주체라 선언하는 것이 곧 타락입니다. 그것이 곧 사탄의 꾐에 빠지는 것입니다. 그런데 그렇게 해서 과연 아담이 하나님같이 되었습니까? 하나님같이 되기는커녕 금방 결핍의 노예로 떨어졌습니다. 아담은 농사를 지었습니다. 그러나 그가 자기 지혜와 능력을 발휘해서 얻어내는 소출은 항상 인간적 실존을 기아선상에서 허덕이게 합니다(탕자의 비유가 우리의 아담적 실존을 그린 이야기라면, 거기 등장하는 큰아들은 누구를 지칭할까요? 그는 율법을 지켜 의를 얻으려는 유대인의 모습으로 나타나는 아담적 인간입니다. 그도 동생과 마찬가지로 자기의 내재적인 자원으로 살려고 하는 자이니, 그도 역시 아담/탕자입니다).

그러한 아담의 타락, 즉 인간의 타락을 탕자의 비유에서는 아들이 자기 몫의 재산으로 자기의 안녕과 행복을 확보하고자 부자 아버지에

하나님 나라 복음

게 등을 돌리고 멀리 떠난 것으로 표현했습니다. 즉, 창조주 하나님으로부터 분리되어 자신의 내재적 자원에 갇힌 인간의 모습을 그린 것입니다. 그래서 어떻게 됩니까? 탕자는 금방 결핍에 떨어져 이방인의 종이 되는데, 이는 인간이 사탄의 종이 된 것을 표현한 것입니다. 거지가 된 탕자에게 이방인이 무엇을 시킵니까? 예수는 여기서 굉장히 혹독한 언어로 비유하시는데, 이방인은 탕자에게 돼지 치는 일을 시킵니다. 예수의 이 비유를 듣고 있는 유대인들에게 돼지는 가장 더러운 짐승 아닙니까? 그런데 예수는 한 걸음 더 나아가십니다. 탕자는 돼지가 먹는 양식도 못 얻어먹습니다. 이렇게 타락한 아담, 아버지를 등지고 떠난 탕자는 죽음에 이르게 된 것입니다(눅 15:24, 32). 예수가 하나님 나라 복음을 선포하시면서 인간 실존을 그렇게 진단했습니다. 우리 모두가 아담적인 숙명 안에서 사탄의 죄와 죽음의 통치 아래 있다고 진단해주는 것입니다.

그런데 여기 기쁜 소식이 있습니다. 바로 하나님 나라의 복음입니다. 탕자의 비유에 나오는 아버지가 바로 그 기쁜 소식의 주인공입니다. 탕자의 아버지 곧 우리 창조주 하나님은, 곧 우리에게 하나님 노릇 해주시겠다고 약속하신 언약의 하나님은 인간의 아버지와 전혀 다릅니다. 인간 세상의 아버지들은, 자신의 재산을 창기와 함께 다 말아먹고 죽음에 이른 아들이 돌아오면 그를 매정하게 내칠 것입니다. 하지만 하나님 아버지는 돌아온 아들을 발견하자마자 먼발치에서부터 버선발로 뛰어나와 껴안고 입을 맞추며 환영합니다. 탕자에게 예복을 입히고 가락지를 끼웠습니다. 즉 상속자로 그의 지위를 회복시켰습니다. 이어 살진 송아지를 잡고 풍악을 울리는 큰 잔치를 베풀었습니다. 앞서 살펴본 것과 같이 하나님 나라를 비유함에 있어 '상속'과 '잔치'

는 같은 현실, 즉 신적 충만에 들어감을 말합니다. 탕자의 비유에서는 그것을 강조하기 위해 두 그림을 아예 합쳐서 표현한 것입니다. 예수는 하나님 나라를 인간들의 쓸데없는 호기심을 자극하는 묵시문학적이고 현란한 그림들로 묘사하는 것을 피하고, 상속과 잔치의 그림으로 그것의 진정한 의미를 설명했던 것입니다. 이것이 예수가 선포한 하나님 나라의 기쁜 소식, 곧 복음입니다. 예수는 이렇게 아담 이야기를 통해 인간 실존의 문제를 진단해준 후, 탕자와 같이 회개하고 믿음으로 하나님 나라로 들어오면 그곳에 죄의 용서와 구원이 있음을 이 비유의 상속과 잔치의 그림으로 설명해준 것입니다.

예수는 이 복음을 받고 탕자같이 죄를 회개하고 믿음으로 하나님 나라에 들어온 죄인들과 더불어 늘 먹고 마시는 잔치를 실제로 열었습니다. 이것은 회개한 죄인들에게, 완성될 하나님 나라에서 그들이 하나님의 잔치에 참여하게 될 것임을 보여주고 그것의 첫 맛을 보도록 하기 위한 것이었습니다. 예수는 이런 잔치를 자주 가졌습니다. 그리하여 경건하다고 자부하는 바리새인들과 서기관들이 예수를 탐식하는 자, 술 좋아하는 자, 죄인들과 창기들의 친구라고 비난하기까지 한 것입니다(마 11:19; 눅 7:34).

자신을 통한 현재적 실현: 치유, 죄인들의 회복

예수의 하나님 나라의 복음 선포와 그것에 믿음으로 응한 죄인들에게 하나님 나라의 구원을 잔치로 시위하며 약속하는 행동에는 그의 놀라운 자기주장이 담겨 있습니다. 예수가 무슨 자격으로 그렇게 할 수 있었겠습니까? 이렇게 물으면, 예수의 그런 행동들 속에는 자신이 하나님 통치의 대행자라는 주장이 은근히 담겨 있음을 알게 됩니다. 성경 숙어로 말하면 하나님 '아버지'의 대권을 '상속받아' 대행하는 '하나님의 아들'이라는 주장이 은근히 담겨 있다는 것입니다(마 11:25-27; 눅 10:21-22). 그것은 예수가 하나님께 기도하면서 하나님을 "아빠"라고 부르는 데서 잘 나타납니다. 또한 자신에게 죄 용서의 권한이 있다고 주장하는 데서도 표출됩니다(막 2:1-10). 예수는 자신이 선포한 하나님 나라 복음에 회개와 믿음으로 응하는 자들의 죄가 용서되었음을 선언합니다. 이에 대해 창조주 하나님만이 죄를 용서할 수 있는데 어떻게 네가 죄를 용서할 수 있느냐고 당시의 신학자들과 서기관들이 시비를 걸었습니다. 그러자 예수가 무엇이라고 선언합니까? 다니엘 7:13-14을 염두에 두고, 자신이 "그 '사람의 아들'"(인자)로서 땅 위에서 죄를 용서해줄 수 있는 대권을 하나님으로부터 위임받았다고 주장합니다. 이렇게 예수는 하나님의 아들로서 하나님의 구원의 통치를 대행한 것입니다.

복음서들은 예수가 하나님의 구원의 통치를 실행함을 시위하기 위해 귀신을 쫓고 병자들을 치유한 사건들을 부각시킵니다. 예나 지금이나 사람의 가장 절박한 문제들 중 하나는 육신의 병고로부터의 해방입니다. 그러므로 문둥병자를 고치고, 눈먼 자의 눈을 뜨게 하고, 지체장애인을 일으키는 등 육신의 병고를 치유하는 것이 구원의 힘을 시위하고 실체화하는 데에 가장 효과적입니다. 그래서 복음서 저자들은 영화에서 어떤 것을 강조하기 위해 카메라를 줌인(zoom in)하여 피사체를 클로즈업(close-up)하듯이 예수의 병자 치유 사건 몇 개를 부각시킵니다.

마태복음 12장, 마가복음 3장, 누가복음 11장에 나오는 소위 바알세불 논쟁에서 예수가 귀신을 쫓아내고 병자들을 치유하자 바리새인들과 서기관들은 예수가 바알세불, 즉 사탄의 힘을 빌려 병자를 치유하고 귀신을 쫓아낸다고 비방합니다. 그러자 예수는 그들에게 자신이 사탄의 힘이 아닌, 하나님의 영(마태복음)으로 또는 하나님의 손가락(누가복음)으로 그 일을 한다고 말씀하십니다. 사실 두 복음서들의 이 상이한 구문들은 모두 '초월의 하나님의 임재하시는 힘으로'라는 같은 뜻을 전합니다. 이스라엘이 출애굽할 때 초월의 하나님이 역사에 개입하셔서 그의 백성을 이집트에서 건져내셨는데, 이것이 하나님이 역사 안에서 자신의 백성을 위하여 손을 펴는 것입니다(참고. 출 14:31; 15:6). 그런데 초월하시는 하나님이 어떻게 땅 위에 임재해서 역사하십니까? 그의 영으로 임재하십니다. 따라서 '하나님의 영으로'와 '하나님의 손으로'가 실은 같은 말입니다. 초월의 하나님이 역사 안에서 예수를 통해서 자신의 구원의 힘을 행사하시는 까닭에 지금 예수가 하나님의 영의 담지자이시고, 하나님의 손 노릇을 하는 것입니다. 예수를 통해서 하나님의 영이 구원의 행위를 하는데 그것이 귀신을 쫓고 병자를 치유하는 것으로 시위됩니다. 그러니 초월의 하나님의 구원의 통치가 '지금 여기'에 현재적으로 나타나고 있습니다. 그런 의미에서 예수는 하나님 나라가 이미 왔다, 임했다고 말합니다. 예수는 하나님 나라가 '종말에 온다'는 미래적인 시제로 가르친 동시에, 이와 같이 지금 벌써 자기를 통해서 왔다고 선언한 것입니다.

그런데 예수가 특히 안식일에 자주 치유합니다. 그리하여 예수는 자신의 하나님 나라 운동이 아담의 타락으로 고장 난, 죄와 죽음의 통치 아래 떨어진, 그래서 죽음의 힘에 짓눌린 온 세상을 치유하여 첫 창조의 "심히 좋은" 상태를 다시 한 번 실현하는 것임을 보여줍니다. 다시 말하면, 자신이 사탄의 죄와 죽음의 통치 아래서 고난받는 인간들이 하나님의 통치 아래로 들어와 그 구원(치유)을 얻도록 하고, 그리하

하나님 나라 복음

여 온 세상을 하나님의 생명으로 충만하게 하는 분임을 나타냅니다. 이렇게 온 세상이 사탄의 죄와 죽음의 통치로부터 완전히 벗어나 하나님 나라의 생명으로 충만할 때, 온 세상은 다시 한 번 '심히 아름다운' 상태가 됩니다. 그때 첫 창조 때와 마찬가지로 안식이 있는 것입니다. 이렇게 안식일은 하나님 나라가 완성될 때에 대한 종말론적인 소망입니다. 예수는 하나님 나라를 가져오는 분입니다. 다른 말로 하면, 안식일을 가져오는 분입니다. 이 사실을 극적으로 시위하기 위해 예수는 당시 서기관들과 바리새인들의 엄청난 저항에도 불구하고 주로 안식일에 치유하는 것을 고집했습니다.

성경을 피상적으로 읽는 사람들은 예수가 문둥병자를 고치고 눈먼 자의 눈을 뜨게 하고 지체장애인을 일으키는 등의 치유만 행하신 것으로 아는데, 사실 예수가 제일 많이 한 치유는 죄인들의 회복입니다. 죄인들이 사탄의 나라에 순종하여 죽음을 품삯으로 받으며 사는 삶을 회개하고 믿음으로 하나님 나라에 들어오게 하는 것, 그리하여 그들을 하나님 백성 만들어서 이제는 하나님께 의지하고 하나님의 뜻에 순종해 삶으로써 하나님의 생명을 얻도록 하는 것이 예수가 제일 많이 한 치유입니다. 복음서들은 이런 사건 몇 개를 클로즈업합니다. 그중 하나가 누가복음 19장의 삭개오 이야기입니다. 이는 누가복음 18장의 부자 관원 이야기와 대조를 이룹니다. 예수가 보시기에 모든 계명을 잘 지켜왔다는 부자 관원은 계명들을 그저 외식적으로 지키면서 실제로는 재물로 자신의 안녕과 행복을 얻으려 하고, 즉 맘몬을 우상으로 섬기고(마 6:24; 눅 16:13), 그렇기에 이웃을 의와 사랑으로 대하기를 제대로 하지 못하는 사람이었습니다. 그래서 예수가 그에게 영생, 곧 하나님 나라의 생명을 얻기 위해서는 하나님 나라에 들어와서 하나님의 통치를 받으라고 가르친 것입니다. 즉 하나님 나라의 법이자 모든 계명들의 진정한 뜻인 이중 사랑의 계명(하나님을 혼신을 다하여 사랑하고, 이웃을 네 몸같이 사랑하라)을 진정으로 지키고, 지금까지 하나님 대신 실제로 사랑해 온 맘몬 우상을 청산하고, 재물을 팔아 이웃을 사랑하는 데 쓰라고 가르친 것입니다. 예수는 악독한 세리 삭개오에게도 같은 하나님 나라의 복음을 선포했습니다. 부자 관원은 예수의 하나님 나라로의 초청을 거부하고 자신의 맘몬 숭배의 길, 곧 사탄의 나라로 되돌아갔습니다. 그러나 삭개오는 예수의 하나님 나라 복음을 받아들이고 하나님의 통치를 받기로 결단했습니다. 그리하여 자신의 맘몬 우상숭배를 청산하고 자신의 재물로 이웃을 섬기는 삶을 살게 된 것입니다. 그래서 예수는 "오늘 이 집에 구원이 임했다"라고 선언하고, 그도 아브라함의 자손(하나님의 백성)이라고 말씀하셨던 것입니다. 그러고는 자신이 "그 '사람의 아들'"(인자)로서 잃어버린 자들을 찾아 구원하러 왔다고 했습니다. 예수는 세리 레위/마태의 집에서 잔치를 나누며 그를 제자로 삼을 때도 자신이 "죄인들을 부르러 왔다"라고 선언하셨습니다(마 9:9-13; 막 2:13-17; 눅 5:27-32).

이와 같이 예수는 죄인들을 하나님 나라로 회복시켜 하나님과도 올바른 관계를 갖고 이웃과도 의와 화평의 관계를 누리게 하며, 병자들도 치유하면서 종말에 올 하나님 나라가 이미 자신을 통해서 그 구원의 힘을 나타내고 있음을 가르쳤습니다.

여기서 중요한 것은 우리가 예수가 선포한 하나님 나라 복음과 치유의 관계를 포괄적으로 이해해야 한다는 것입니다. 예수의 치유 사역을 이야기할 때 육신의 병을 고치는 것뿐 아니라 우리 실존 전체를 온전케 함, 즉 죄인들의 회복까지 포괄적으로 이해해야 합니다. 그렇지 않고 예수의 치유 사역을 오로지 병자 치유에만 국한하려고 하니까 자꾸 신앙이 미신화되는 것입니다. 한국교회 일반에서 흔히 발견할 수 있듯이 치유 사역이 엉터리 성령론과 연결되어 미신화·무속화된 경우가 있습니다. 우리가 잊지 말아야 할 것은 많은 사람들을 고난으로, 심지어는 죽음으로 내모는 죄인(독재자, 악덕 기업인) 하나를 회개시키는 것이 암 환자 백 명을 치유하는 것보다 더 큰 생명 살리기(구원)의 역사라는 사실입니다. 하나님 나라가 선포되는 곳에 죄인들의 회복이든 질병 제거이든 어떤 형태로든 치유가 일어나야 합니다. 예수가 그의 제자들을 보낼 때 하나님 나라의 복음을 선포하고 병자를 치유하라고 하십니다. 치유가 일어나지 않았다면 하나님 나라 복음이 제대로 선포되지 않은 것입니다. 오늘도 마찬가지입니다. 오늘도 교회는 하나님 나라의 복음을 선포하며 삶의 모든 영역에 걸친 포괄적 치유가 일어나도록 해야 합니다.

하나님 나라의 도래

이미 출범한 하나님 나라, 종말에 완성될 하나님 나라

19세기 말부터 20세기 초반까지만 해도 예수와 하나님 나라 하면 늘 종말론적인 관점에서만 토론이 되었습니다. 요한네스 바이스(J. Weiss)와 알버트 슈바이처(A. Schweitzer) 등으로 대표되는 '철저한 종말론' (Thoroughgoing Eschatology) 학파의 학자들은 예수가 유대 묵시문학의 영향 아래 하나님 나라가 임박한 미래에 올 것으로 가르쳤다고 주장했습니다. 이에 맞서 도드(C. H. Dodd)와 그의 추종자들은 예수가, 하나님 나라가 이미 왔다고 보았다는 이른바 '실현된 종말론'(Realized

Eschatology)을 주장했습니다. 그러다가 1930년대쯤부터는 예수가 하나님 나라를 종말에 오는 미래적인 것이라고 하기도 했고 동시에 이미 자기를 통해서 실현됐다고 가르치기도 했다고 합의하기 시작했습니다. 그래서 오늘날 다수의 학자들은 하나님 나라의 도래에 관한 예수의 가르침을 '출범'(inauguration)과 '완성'(consummation)의 구도로 설명합니다.

배가 부산에서 출발하였는데 샌프란시스코에 아직 도착하지는 않았듯이, 예수의 하나님 나라에 대한 가르침도 같은 구도로 이해해야 한다는 것입니다. 예수의 오심과 함께 하나님 나라가 출범했습니다. 그러나 아직 온전히 이루어지지는 않았습니다. 하나님 나라는 예수의 재림 때가 되어야 비로소 완성될 것입니다. 그때 우리가 죄와 죽음의 세력으로부터 완전히 해방되어 하나님 나라의 충만한 생명에 도달합니다. 그것은 미래의 사건입니다. 지금 우리는 예수의 두 오심 사이에서, 다시 말하면 하나님 나라의 출범과 완성 사이에서 살고 있는 것입니다. 이미 출범한 하나님 나라의 구원의 덕(德)을 입으면서 치유와 회복을 체험하고 샬롬도 누리기 시작하지만 아직 온전히 누리지는 못합니다. 그런 이유로 그리스도인들도 병들고, 사고를 당하고, 기업이 파산하고, 온갖 갈등에 휘말리는 등 이 세상의 고난을 많이 겪습니다. 그러나 주의 재림 때, 곧 하나님 나라가 완전히 이루어질 때에는 이러한 죄와 죽음과 고난으로부터 완전히 해방됩니다. 그때 비로소 하나님의 충만한 생명, 즉 영생을 얻습니다. 하나님 나라는 이렇게 출범과 완성의 구도로 이해하면 됩니다.

예수는 바알세불 논쟁에서 자신의 치유를, 사탄을 결박한 상태에서 사탄의 나라에 포로로 잡혀 있는 자들을 해방하는 것으로 해석합니다(마 12:22-30; 막 3:22-27; 눅 11:17-23). 이렇듯 자신의 치유를 하나님

하나님 나라 복음

과 사탄의 대결, 전 우주적으로 벌어지는 하나님 나라와 사탄 왕국 간의 대결 구도로 설명합니다. 예수는 그의 하나님 나라 선포에 있어 이와 같이 묵시문학의 큰 틀을 유지했습니다. 예수가 그의 제자들을 모아 하나님 나라를 선포하고 병자를 치유하라고 파송합니다. 그 후 제자들이 돌아와서 우리가 당신 이름으로 하나님 나라를 선포했더니 귀신들이 굴복했다고 기뻐하며 자랑합니다. 그러자 예수가 사탄이 하늘에서 떨어지는 것을, 즉 하늘의 권좌에서 내쫓기는 것을 봤다고 말씀하는 것도 마찬가지입니다(눅 10:17-20). 이렇게 예수와 그의 제자들이 하나님 나라 선포를 통하여 사탄의 세력을 무찔러가고 있으니 하나님 나라가 임한 것입니다. 그러나 종말에 이르러서야 사탄의 세력이 완전히 꺾이고 하나님의 의와 생명의 통치만 유일한 실재로 드러나게 될 것입니다. 그것이 하나님 나라의 완성입니다. 그때, 더 이상 사탄의 죄와 죽음의 통치가 없을 때에 비로소 온 세상이 샬롬을 누리고 우리 인간과 모든 피조 세계가 신적 영광에 이릅니다. 신적 영광에 이른다는 말의 신학적 기본 의미는 하나님의 본질에 참여하는 것입니다. 구원받은 자들이 하나님같이 되어 하나님적인 생명을 얻는다는 말입니다. 예수는 이렇게 묵시문학의 큰 틀을 유지했고, 하나님 나라의 완성을 미래적인 것으로 가르치면서도 동시에 자신을 통해 이미 도래한 하나님 나라, 하나님의 구원의 통치가 현재 이곳에서 어떻게 실현되어가는지에 가르침의 강조를 뒀습니다.

현재적 도래의 방법

▶하나님의 초월에서 은혜로

하나님 나라 가르침에서 또 한 가지 중요한 것이 하나님 나라가 어떻게 오는가 하는 도래의 방법입니다. 이 점을 숙고하려면 예수의 언어에 관심을 가져야 합니다. 예수가 하나님 나라의 개념과 함께 즐겨 쓴 네 개의 동사들은 두 개씩 서로 짝을 이루고 있습니다. 먼저 하나님 나라가 '오다'의 언어가 있습니다. 이 '오다'의 언어와 서로 짝이 되는 것이 우리 인간이 하나님 나라에 '들어가다'의 언어입니다. 또 다른 두 개의 동사가 짝을 이룹니다. 하나님이 하나님 나라를 우리에게 '주십니다'(눅 12:32). 그것과 짝을 이루는 동사는 인간이 하나님 나라를 '받다'입니다. 이렇게 예수는 하나님 나라와 관련하여 '오다', '들어가다', '주다', '받다'의 네 가지 언어를 사용했습니다.

반면 우리가 하나님 나라와 함께 즐겨 쓰는, 하나님 나라를 '이루다', '확장하다' 등의 동사를 예수는 사용하지 않았습니다. 그런 언어가 당시 열혈당의 정신을 표현하는 것이기에 그랬을 것입니다. 열혈당은 하나님의 이름으로 사탄의 앞잡이인 로마 제국과 거룩한 전쟁(성전)을 벌여 이스라엘을 해방시키고 다윗 왕조를 재건하여 신정 체제를 이루는 것을 하나님 나라라고 생각했습니다. 예수는 그런 것을 진정한 구원으로 보지 않았습니다. 그것은 지배-피지배 구도 속에서 로마와 이스라엘의 자리바꿈일 뿐이지, 압제하고 압제당하는 악의 구조 자체가 해결되는 것이 아니기 때문입니다.

예수는 그런 용어들 대신 하나님 나라가 '오다', 하나님 나라에 '들어가다,' 하나님 나라를 '주시다', '받다'의 언어를 사용하셨는데, 그것으로 강조하는 것은 두 가지입니다. 하나는 하나님 나라가 초월로부터 온다는 것입니다. 하나님 나라는 인간이 힘을 모아서 이루어내는 내재적인 실재가 아닙니다. 이것이 중요한 이유는 하나님 나라가 초월해서 올 때만 고장 난 우주를 고칠 수 있고 진정한 구원을 이룰 수 있기 때

하나님 나라 복음

문입니다. 우주의 힘은 다 모아봤자 그 자체가 피조물적 한계성을 가지고 있으므로 우리를 온전케 할 수 없습니다. 즉 구원할 수 없습니다. 하나님 나라가 온다는 것은 그것이 은혜로 주어진다는 것입니다. 그래서 '오다'와 '주시다'는 하나님 나라의 초월성과 은혜성을 강조하는 언어입니다. 인간은 초월로부터 '오는' 하나님 나라에 '들어가고', 하나님 통치를 '받습니다.' 여기서 '받다'에는 상속받는다는 뜻도 있습니다. 곧 하나님의 은혜를 누림, 덕을 봄입니다.

그럼 예수가 전혀 사용하지 않았으니 우리도 하나님 나라를 '이루다', '확장하다' 등의 말을 절대로 사용할 수 없을까요? 꼭 그렇지는 않습니다. 선교적 의미로 제한적으로 사용할 수 있습니다. 하나님 나라 복음을 선포해서 더 많은 사람이 하나님의 통치를 받게 되는 것을 두고 하나님 나라를 '확장한다'는 언어를 사용할 수 있습니다. 또 우리 믿음의 순종으로 자유와 사랑이 확대되고 정의와 화평이 이루어지는 것을 두고 하나님 나라를 이룬다고도 할 수 있을 것입니다. 그러나 그런 언어가 하나님의 이름을 내걸었지만 실제로는 인본주의적으로 인간 스스로 이루는 것으로 오해를 불러일으키지 않도록, 즉 열혈당식의 신학을 만들어내지 않도록 항상 경계하면서, 하나님 나라의 초월성과 은혜성을 약화시키지 않는 한도 내에서 사용해야 합니다. 우리가 믿음의 순종을 통해 이 땅에서 하나님 나라의 샬롬을 이루고 자유와 정의와 화평을 더 증대시킨다 해도 그것은 오직 하나님의 영에 힘입어서 하는 것이며, 결국 하나님의 은혜로 이루어지는 것입니다.

▶**미미하게 시작하나, 점진적으로, 그리고 필연적으로**

앞서 본 바와 같이 하나님 나라는 궁극적으로 미래에 온전히 오는 것이며, '인자'(그 사람의 아들)가 하나님의 심판과 구원을 완성하러 올(재림할) 때 이루어질 것입니다. 그러나 예수는 지금 벌써 자신이 하나님의 대권을 위임받은 '인자'로서 하나님의 구원의 통치를 선포하고 치유와 회복으로 시위하고 있다고 했습니다. 그러니까 하나님 나라는 '인자' 예수와 함께 이미 왔고, 또 오고 있습니다. 우리가 거기에 들어갑니다. 하나님 나라에 들어가서 하나님의 통치를 받습니다. 그러면 하나님 나라의 구원이 첫 열매로나마, 부분적이고 단편적으로나마 실현됩니다. 점진적이지만 필연적으로 일어납니다. 그것이 예수가 많이 사용한 씨의 비유들이 말하고자 하는 것입니다.

예를 들면 겨자씨 비유와 누룩의 비유(마 13:31-33; 눅 13:18-21)가 그렇습니다. 이 두 비유들이 말하고자 하는 것은 하나님 나라가 겨자씨와 누룩처럼 미미하게 시작하지만, 점진적으로 그리고 필연적으로 자란다는 것입니다. 하나님 나라의 은닉성·점진성·필연성을 표현하는 것입니다. 겨자씨는 아주 작은 씨입니다. 그런데 그것이 땅에 심기면 큰 나무가 되어 많은 새들이 깃들 수 있는 안식처를 제공합니다. 그 속에 생명이 있기 때문입니다. 하나님 나라가 그와 같습니다. 한번 생각해보십시오. 예수의 하나님 나라 운동은 갈릴리의 어부들, 목수들, 세리 등 죄인들, 그리고 여자들 몇 명을 데리고 시작한 미미한 운동에 불과했습니다. 당시 유대와 갈릴리를 통치했던 로마 제국의 눈에는 말할 것도 없고 심지어 성전에 본거지를 두고 있던 사두개 제사장들의 눈에도 가소롭기 그지없는, 마치 겨자씨 한 알과 같은 것이었습니다. 시골의 무명 떠돌이 하나가 선지자 행세를 하며 하나님 나라 복음을 선포하고 제자들 좀 모아서 이곳저곳 유랑하며 운동을 벌이는데, 실은 완전히 무시해도 될 겨자씨 같은 것이었습니다. 그런데 그것이 어느샌가 점진적으로 자라났습니다. 비바람이 치고 서리가 내려도, 어떤 훼방에도 굴하지 않고 굳건히 자라서 마침내 큰 숲을 이루었고 지금은 온 세상의 새들이 거기서 구원의 안식처를 얻었습니다. 여기서 '새들'은 열방들을 말하는 랍비들의 숙어입니다. 그래서 성격 고약하기로는 세계적으로 유명한 우리 한민족도 뒤늦게나마 그 안에서 구원의 안식처를 얻었습니다. 예수의 겨자씨 같기만 했던 하나님 나라 운동이 오늘 우리가 목도하듯이 전 세계적으로 모든 민족에게 구원의 안식처를 제공하는 큰 나무가 되었습니다. 이렇듯 겨자씨 비유는 하나님 나라 외연의 확대를 말합니다.

누룩은 소량으로 은밀히 감춰져 있어 사람의 눈에 잘 띄지 않습니다. 그러나 그것이 점차, 필연적으로 반죽덩이를 부풀립니다. 누룩의 비유는 문화적 변화를 말합니다. 하나님 나라는 인간에게 새로운 세계관과 가치관을 갖게 하고 새로운 인간관계를 맺게 하며 정치 제도, 사회 제도, 경제 제도를 바꾸어서 자유와 정의와 화평이 증진되게 합니다.

지금 전 세계의 상황을 생각해보십시오. 이슬람 문명의 여성들은 아직도 자유를 철저히 억압당한 채 살고 있습니다. 인도의 10억 힌두 문명을 보십시오. 종교의 이름으로 인구의 정확히 3분의 1인 3억 3천을 불가촉천민이라 하여 완전히 노예로 묶어놓았습니다. 이것이 기독교 세계 밖의 현실입니다. 불과 100년 전 이 땅에서도 유교의 이름으로 여성들을 완전히 굴종시키고 대다수의 백성을 상놈으로 인권도 없는 존재로 살게끔 억압했습니다. 그런데 복음이 들어와서 반상을 철폐하고 여성을 해방시켰습니다.

복음이 제대로 선포되지 않으면 하나님 나라의 구원이 실제화되지 않습니다. 기독교 역사는 복음이 자유와 정의와 평화의 증진으로 하나님 나라의 구원을 실제화한 사례도 많이 보여주지만, 복음과 성경을 오용하여 도리어 억압의 구조를 만들어낸 사례들도 많이 보여줍니다. 복음이 무엇인지도 바르게 이해하지 못하면서 성경의 몇몇 문구를 자기가 원하는 대로 율법적으로 오용하는 일이 아직도 만연해 있습니다. 성경 66권에는 온갖 내용이 다 있습니다. 성경은 몇 천 년에 걸쳐 그때그때 하나님의 백성에게 주신 하나님의 말씀입니다. 하나님이 자기 백성의 삶의 다양한 정황에 적합하게 주신 말씀입니다. 성경의 이 책이, 그 책 내의 이 말씀이 어떠한 삶의 정황에 무슨 의미로, 무슨 의도로 주어졌는가에 초점을 맞추어 성경을 정밀하게 연구하는 것을 역사비평이라고 합니다. 그런데 역사비평을 하면 신앙과 교회가 전부 죽는다고 주장하며 창세기부터 요한계시록까지 전부 다 천편일률적인 방식으로, 역사적 정황과 아무 관계없이 문자적으로, 율법적으로 읽도록 가르치는 사람들이 있습니다. 그렇게 훈련된 사람들이 성경의 이 구절 저 구절을 단편적으로 인용하면 어떤 이단 사설, 복음의 진리에 반한 어떤 사상이라도 뒷받침하지 못할 것이 없습니다. 그런 사람들이 미국 남북전쟁 때 노아의 아들인 함과 그의 후손들은 그 형제를 섬기라는 (참고. 창 9:25) 창세기 말씀을 인용하며 함의 자손들인 아프리카 흑인들은 백인들의 노예가 되는 것이 성경적이라고 주장하기까지 했습니다. 오늘날 한국의 근본주의 교회에서도 같은 현상이 일어나고 있습니다. 과거 1960-1980년대에 사반세기간 지속된 군부의 무단통치 시절 보수 한국교회는 기독교의 이름으로, 성경을 오용하여 압제자의 불의한 통치를 얼마나 많이 옹호하고 인권유린을 지지했습니까? 오늘도 교회가 갈라디아서 3:28("너희는 유대인이나 헬라인이나 종이나 자유인이나 남자나 여자나 다 그리스도 예수 안에서 하나이니라")과 같은 복음의 원칙은 깨

하나님 나라 복음

닫지 못하고 고린도전서 11:3-16 등의 참 뜻은 등한시하면서, 오로지 고린도전서 14:34-35 같은 구절만을 율법으로 만들어 교회 안에서 여성을 억압하는 수단으로 악용하는 것입니다. 그 결과 여성들은 하나님에 대한 신실한 믿음을 가지고 있고 또 교회를 잘 섬길 수 있는 출중한 은사들을 받았음에도 불구하고 교회 리더십의 일원이 되지 못하고 식당 봉사 같은 허드렛일만 할 수밖에 없습니다.

복음이 이 땅에 들어와서 여성을 해방하고 반상도 철폐했다고 자랑하는 우리가 정작 오늘날 복음을 올바로 선포하고 복음에 합당한 삶을 살아 그것이 누룩같이 이 땅의 삶의 모든 영역들에서 변화를 일으켜 하나님 나라의 구원이 실제가 되도록 하고 있는지 깊이 반성해야 합니다.

▶하나님의 백성이 하나님의 통치를 받음으로써: 이중 사랑 계명

예수는 결코 영적 진공상태에서 하나님 나라 복음을 선포하지 않았습니다. 역사적으로 포로기 이후 유대 사회에서는 하나님의 언약의 법에 신실한 언약 백성으로 올바로 살기 위한 운동들이 많이 일어났습니다. 바리새 운동, 에세네파 운동, 열혈당 운동 등 하나님의 백성답게 살려는 부흥과 갱신 운동이 유대 사회 전반에 걸쳐 일어났습니다. 그런 회개와 부흥 운동 중 하나가 세례 요한 운동이고, 예수도 세례 요한 운동에 동참하면서 사역을 시작합니다. 그 후 예수는 세례 요한으로부터 독립하여 요한의 가르침을 일부는 이어받고 일부는 교정하면서 새로운 하나님 나라 운동을 시작합니다.

이 도식을 좀 단순화시키면 예수 시대에 다른 한편에는 바리새 운동이 있었습니다. 바리새 운동은 성별(聖別) 운동이었습니다. 하나님 나

라―랍비 언어로는 '오는 세상'―는 온 이스라엘이 회개하고 율법을 잘 지킬 때 온다는 것이 그들의 신학적인 답입니다. 바리새 운동은 율법의 엄격한 준수를 통해 개인의 성별과 경건을 철저하게 유지해서 하나님 나라가 오게 하는 것이었습니다. 이들은, 구약 레위기에 나오는, 본래는 예루살렘 성전에서 봉사하는 제사장들을 위한 정결의 법을 중산층 평신도들인 자신들에게까지 적용했습니다. 출애굽기 19:6에 이스라엘이 하나님의 제사장 나라라 했으므로 성전의 제사장들뿐만이 아닌 민족 전체가 제사장으로서 성화와 경건을 유지해야 한다고 생각했기 때문입니다. 사실 이스라엘이 제사장 나라라는 말의 진짜 의미는 그들이 열방의 제사장 노릇을 해야 한다는 것인데, 그 본의는 다 잊어버리고 개개인이 제사장같이 경건과 성별에 힘써야 한다고 이해했던 것입니다. 그래서 레위기에 세세히 규정된, 원래는 제사장들을 위한 율법들을 평신도인 자신들에게까지 적용했습니다. 따라서 그들은 음식 가리기, 부정 타는 일 피하기, 죄인들과 어울리지 않기, 문둥병자와 이방인들과 어울리지 않기, 십일조 열심히 하기 등에 굉장한 열심을 냅니다. 그래서 한번은 이를 두고 예수가 "자기 집 뜰에 있는 박하와 근채와 회향까지도 정확히 무게를 달아 십일조를 하지만 실제로는 그 법의 정신인 하나님 사랑과 이웃 사랑은 싹 망각한 위선자들"이라고 야단을 치신 적도 있습니다(참고. 마 23:23).

반면에 그런 소극적이고 수동적인 방식으로 하나님 나라를 도래시키려는 것을 못 참은 행동파들은 바리새 운동의 극우파 세력이라고 할 수 있는 열혈당 운동을 전개했습니다. 마카베오 형제들(Maccabees)이 셀레우코스 왕국으로부터 독립 전쟁을 벌일 때 여호수아-사사기의 성전(聖戰) 이데올로기를 부활시켜 아주 효과적으로 사용했는데, 열혈당

하나님 나라 복음

도 그것을 다시 부활시켜 하나님의 이름으로 사탄의 앞잡이 노릇을 하는 로마 제국의 세력을 다 몰아내고 다윗 왕조를 재건하며 신정 체제를 구축해야 한다고 생각했습니다.

　　예수의 하나님 나라에 대한 겨자씨와 누룩의 비유는 하나님 나라가 오는 것에 대해 위의 두 운동들이 가진 생각들과 대조해보아야 그 뜻을 더 잘 이해할 수 있습니다. 먼저 예수는 열혈당식의 무력 운동에 동조하지 않았습니다. 하나님 나라는 일순간에 무력 혁명으로 오지 않습니다. 농부가 씨를 뿌린 후 잠을 자는 동안 그저 비가 내렸을 뿐인데 곡식이 성큼 자라 있었다는 씨의 비유에서 알 수 있듯이 하나님 나라는 점진적으로 자랍니다. 예수가 하나님 나라가 이렇게 온다고 말씀하실 때는 열혈당의 혁명 이데올로기에, 혁명 신학에 반대하는 것입니다. 열혈당의 운동이 폭력을 그 수단으로 쓰기 때문이기도 하지만, 보다 근본적으로 그런 폭력적인 혁명은 치자/압제자(당시 로마)와 피치자/피압박자(당시 유다) 간의 자리바꿈만 가져올 뿐, 치자-피치자 간 억압의 구조 자체, 죄의 근본 문제는 해결하지 못하기 때문이었습니다. 한편 예수는 바리새식의 성화·경건주의에도 반대합니다. 오로지 자기 한 몸 거룩하고 경건하게 가꾸는 일에만 몰두하는 것을 비판합니다. 예수가 죄인들과 먹고 마시고, 죄인들의 죄를 용서하며, 그들을 하나님 나라로 영접하는 것이 바리새인들과 서기관들에게는 하나님을 모독하는 것이었습니다. 그래서 그들은 예수를 '탐식하는 자', '술 좋아하는 자', '죄인들과 창기들의 친구'라고 욕하면서 이단자로 낙인을 찍었습니다. 이들은 자신들끼리만 홀리(holy) 클럽, 게토(ghetto)를 만들어 외부 세계와는 단절하고 삽니다. 자신들 외에는 다 버림받은 자들이라 여기고, 자신들끼리 누가 더 율법을 잘 지키는지, 누가 더 성별의 생활을 하는지를 두고 서로 경쟁했습니다. 저는 그것을 '경건주의적 소극주의'라고 이름 붙였습니다. 이런 바리새인들의 경건주의적 소극주의는 하나님 나라의 샬롬을 실현하지 못합니다. 죄인들을 하나님 나라로 회복시키지 못하고, 사회에 하나님 나라의 샬롬, 정의와 화평을 실현시키지 못합니다.

지금 한국 보수 교회들은 바리새인들의 경건주의적 소극주의 정신으로 가득합니다. 교회 안에는 이름뿐인 그리스도인들도 많지만, 이른바 의식 있고 경건하다는 그리스도인들조차도 무엇을 하고 있습니까? 교회 안에 그리스도인들의 게토를 만들어서 모든 에너지를 자기 하나 깨끗하고 거룩하게 지키는 것에 몰두하고 있지 않습니까? 좀 단순화시켜 말하면 한국 그리스도인들에게 기독교 윤리란 '세 가지 안 하기'와 '세 가지 하기'입니다. '세 가지 안하기'는 '술·담배 안 하기', '불상이나 장승에 절 안하기', '제사 안 지내기'이고, '세 가지 하기'는 '주일 성수(주일에 교회에 가서 하나님께 경건하게 예배드리는 것)하기', '헌금 열심히 드리기', '전도와 선교 열심히 하기'입니다. 이것을 잘 실천하는 사람을 훌륭한 그리스도인이라고 합니다. 물론 그런 것도 다 해야 합니다. 그러나 우리 그리스도인들이 겨우 이런 것들만 잘 한다면 어떻게 이 땅에 하나님 나라가 오겠습니까? 거기에 무슨 하나님의 샬롬의 통치가 이루어집니까? 어떻게 한국 사회 안에 정의와 화평이 증진되고, 인권이 확대되고, 약하고 가난한 자들도 살 만해지고, 병자들이 치유를 받는 하나님 나라의 구원이 일어나겠습니까?

하나님 나라는 열혈당이 말하는 것처럼 무력 혁명을 통해, 오늘날 과격파 무슬림들이 이어받은 신의 이름으로 벌이는 성전을 통해 오지 않습니다. 또 바리새식, 에세네파식의 경건주의적·율법주의적 방식으로도 오지 않습니다. 하나님 나라는 복음을 받아 사탄의 통치에 등을

하나님 나라 복음

돌리고 하나님 나라로 들어간 하나님의 백성이 실제로 하나님의 통치를 받으며 살 때 이 땅에 임하는(실현되는) 것입니다. 즉 그들이 하나님 나라의 법을 지키며 살 때 임한다는 말입니다. 예수는 하나님 나라의 법을 "하나님을 혼신을 다하여 사랑하라"는 계명과 "이웃을 네 몸같이 사랑하라"는 계명으로 요약했습니다(마 22:35-40; 막 12:28-34; 눅 10:25-28). 그것은 구약 율법 전체의 정신입니다. 십계명의 첫 돌판에 새겨진 제1계명부터 제4계명까지는 하나님 사랑을, 둘째 돌판에 새겨진 제5계명부터 제10계명까지는 이웃 사랑의 내용을 담고 있습니다. 이렇게 율법의 근본 정신은 하나님 사랑과 이웃 사랑인데, 바리새인들과 서기관들은 율법의 이 본질은 도외시하고 고작해야 음식 가리기, 부정 타는 것 피하기 등 의식법들이나 정결법들에 몰두했습니다. 게다가 율법의 자구(字句)를 중심으로 아주 복잡한 종교적 시스템까지 만들어놓았습니다. 안식일에 몇 보까지 걸어야 안식일을 어기지 않는 것인지, 무엇까지는 먹어도 되고 무엇부터는 먹으면 안 되는지를 논쟁하는 것이었습니다. 그런 판국에 하나님과 이웃에 대한 사랑은 등한시되었던 것입니다. 바로 이것이 불행하게도 오늘 우리 한국 그리스도인들의 모습이라고 앞서 지적했습니다. 예수는 그러한 바리새인들, 서기관들을 신랄히 비판하며 음식 가리는 것을 모두 무시했습니다(막 7:15). 부정 타는 것도 다 무시했습니다. 그랬기 때문에 죄인들과 어울리고 먹고 마셨으며, 그들을 하나님 나라로 회복하는 일을 할 수 있었습니다. 예수는 이렇게 의식법들이나 정결법들은 완전히 무시하면서, 그의 하나님 나라 복음을 받아 하나님 나라로 들어와 하나님의 백성이 된 자들(곧 자신의 제자들)에게 하나님 사랑, 이웃 사랑의 이중 계명을 절대적인 요구사항으로 내세운 것입니다. 왜냐하면 이 이중 사랑 계명이 하나님 나라의 법이고, 그것을 지키는 것이 하나님의 통치를 실제로 받는 것이며, 그랬을 때 하나님 나라의 샬롬이 이 땅에 실현되기 때문이었습니다.

하나님 사랑의 반대말은 우상숭배입니다. 예수가 심각하게 경고한 우상숭배의 형태는 무엇입니까? 돌 조각, 나뭇조각에 절하는 것입니까? 예수의 고향 나사렛에서 불과 16킬로미터 떨어진 곳에 세포리스(Sepphoris)라는 큰 헬라 도시가 있었습니다. 당시 팔레스타인은 헬라화가 이미 300-350년 정도에 걸쳐 진행된 상태였고 로마 제국 치하에 있었습니다. 그러니 여기저기에서 헬라와 로마의 우상들을 흔히 볼 수 있었습니다. 그런데 예수는 그런 것에는 그다지 신경을 쓰지 않았습니다. 돌 조각, 나뭇조각에 절하는 우상숭배도 영적 독성이 있긴 하지만, 그것이 아주 치명적이라고 보지는 않은 것입니다. 예수가 심각히 경고한 우상숭배의 형태는 맘몬(돈)을 숭배하는 것이었습니다(마 6:24; 눅 16:13). 그것이 우리 삶에 죽음을 가장 크게 가져오는 것이기 때문입니다. 재물 때문에 형제가 싸우고, 부모와 자식이 법정에서 만나고, 사회 계층 간에 갈등이 일어나고, 민족끼리 전쟁을 합니다. 지난 2008년에 맘몬 우상을 모시던 월스트리트의 탐욕스러운 금융가들 몇 명 때문에 전 세계가 경제공황을 맞아 얼마나 많은 사람이 파산하고 실업자가 되어 자살의 궁지로까지 내몰렸습니까? 그런데 한국교회는 우상숭배를 장승이나 불상에다 절하는 것과 죽은 부모를 위해 제사하는 것 정도에 국한시켜 그것들은 하면 안 된다고 그렇게 강조하면서, 맘몬 숭배는 극구 조장하고 있는 것이 현실입니다. 교회마다 번영 신학의 나팔이 웅장하게 울려 퍼지고 있습니다. 겉으로는 예수의 이름을 내세우지만 속으로는 온갖 미신적 방법을 총동원하면서까지 인간의 탐욕을 키우고 있습니다. 장승에 절하지 않고 제사를 안 지내면 한국 사회에 하나님 나라의 샬롬이 일어납니까? 아닙니다. 맘몬이라는 근본적인 우상을 섬기지 않아야 사회 정의가 증진되고, 가진 자와 못 가진 자의 갈등도 줄어들어 사회가 화평하게 되지 않겠습니까?

하나님 나라는 추상적이고 관념적인 것이 아닙니다. 그것은 먼 미래, 종말로 밀어버릴 것도 아니고, 하늘 위로 쏘아 올려버릴 것도 아닙니다. 우리는 실존의 매 순간 사탄의 통치를 받을 것인가, 하나님의 통치를 받을 것인가의 선택의 갈림길에 놓입니다. 오늘 나의 실존의 순간순간이 하나님과 사탄의 각축장입니다. 바로 내 몸이 하나님과 사탄이 각기 "나의 통치를 받으라"며 경쟁적으로 각축하는 전장입니다. 하나님 나라의 백성이 된 우리는 매 순간 하나님의 법, 이중 사랑의 계명을 준수함으로써 하나님의 통치를 받아야 합니다. 그런데 삶에서 가치 판단과 윤리적 선택의 순간마다 사탄의 통치를 거부하고 하나님의 통치—이중 사랑 계명으로 오는 하나님의 통치—를 받는다는 말이 실제로 무엇입니까?

예를 들어 제가 자동차 부품을 생산하는 사업을 한다고 합시다. 사탄은 저에게 "비즈니스는 이익의 극대화가 목표이므로 가장 저렴한 가격으로 부품을 생산하여 가장 비싼 값으로 팔아 최대한 이익을 많이 남기고, 그리하여 돈을 많이 벌어 너와 네 가족의 안녕과 행복을 확보하라"고 속삭입니다. 그래서 공장도 날림으로 짓고, 정화조도 형식적으로 만듭니다. 담당 공무원에게 뇌물을 주면서 법적 기준을 어기고 환경을 오염하는 물질을 내뿜는 건물을 짓습니다. 그 안에서 오래 일한 사람들이 폐암, 간암에 걸릴 수밖에 없는 환경일지라도 지상 목표는 돈을 많이 버는 것이니 아랑곳할 필요가 없습니다. 굴뚝에서 나오는 발암 물질이 반경 20킬로미터 내의 신생아들을 백혈병에 걸리게 하고, 연약한 노인들을 암 환자로 만드는 것도 상관할 일이 아닙니다. 그렇게 지은 공장에서 염가로 생산한 부품이 부실하여 그것이 쓰인 차들이 쉽게 고장 나고 길에서 사고를 내어 사상자들을 많이 내도 괘념할 일이 아닙니다. 사탄은 그런 부품을 하나에 십만 원씩 받고 팔아서 돈을 많이 벌어 가족의 안녕과 행복을 확보하는 것이 지혜롭고 성공적인 삶이라고 속삭입니다. 이처럼 사탄은 날마다 우리가 맘몬 우상을 숭배하도록 부추기고, 이를 통해 이웃을 착취하고, 사회 정의를 파괴하고, 죽음을 확대하도록 요구합니다. 우리는 사탄의 죄를 짓게 하고 죽음으로 대가를 주는, 죄와 죽음의 통치에 날마다 노출되어 살고 있는 것입니다.

우리가 사탄의 통치를 받을 것인가, 하나님의 통치를 받을 것인가의 선택의 갈림길에 놓일 때, 하나님은 바로 그 갈림길에서 성령을 통해 우리에게 무엇이라고 말씀하십니까? "너, 아침에 주기도문 하지?" "네, 합니다." "뭐라고 하지?" "'당신의 나라가 임하게 하소서'라고 합니다." "그래? 그럼 너는 나의 나라가 네 삶에는 필요 없고 다른 사람들의 삶에만 임하도록 기도하느냐? 네 삶에도 임하도록 기도해야지. '당신 나라가 임하게 하소서' 기도하는 것은 너도 나의 통치를 받겠다고 서약하는 것이니, 너 역시 당연히 나의 통치를 받아야지." 이어서 성령은 우리에게 말씀하십니다. "또 '다가오는 하루를 위한 양식을 주소서'라고 기도하지? 그 기도가 무슨 뜻이지? 그것은 출애굽기 16장에 나오는 이스라엘 백성이 광야에서 만나를 먹는 이야기를 배경으로, 다가오는 하루를 위한 양식을 제공하는 하나님의 아빠 노릇 해주심을 믿고, 또 공중에 나는 새도 먹이시고 들에 피는 백합화도 입히시는 아빠의 은혜에 힘입어 살겠다고 청원하고 서약하는 기도란다. 출애굽기 16

장을 보면 하나님의 신실하심을 믿지 못해서 하루치가 아닌 3일분 만나를 주웠더니 만나가 다 썩어버린 일이 나온단다. 그러니 너도 맘몬 우상을 숭배하여 부실 공장 짓고, 부실하게 만든 제품을 비싸게 팔아 이웃을 착취하며 그들에게 죽음을 가져다주는 일을 하지 말고(사탄에게 순종하는 죄를 짓지 말고), 하나님을 사랑하여(즉 신뢰하고 순종하여) 공장도 안전하게 짓고, 견실한 제품을 만들어 정당한 이익만 남기는 가격으로 소비자들에게 공급하여 그들의 삶을 안전하고 행복하게 하라(이웃 사랑하라)." 하나님의 영은 우리에게 이렇게 말씀하십니다. 우리가 이러한 성령의 말씀을 듣고 순종하면 우리는 곧 이중 사랑의 계명을 지키라는 요구로 오는 하나님의 통치를 받는 것이고, 그것은 하나님 나라의 샬롬이 실현되게 하는 것입니다.

우리가 매일 부딪치는 윤리적 선택의 순간에, 사탄의 죄와 죽음의 통치를 받을 것인가 하나님의 의와 생명의 통치를 받을 것인가의 갈림길에 놓일 때, 맘몬을 미끼로 다가오는 사탄의 통치를 받으면 결국 죽음(과 그것의 증상들인 고난들—불의, 갈등, 쾌락주의 등)을 확산시키는 데 일조합니다. 하지만 그 순간에 성령은 우리에게 하나님의 통치를 받아 하나님을 사랑하고 이웃을 사랑하는 길을 택해야 한다고 일깨워주시고, 손해 볼까 파산할까 염려할 때 우리에게 하나님을 신뢰할 수 있는 믿음을 주시고 순종할 힘도 주십니다. 이렇게 성령의 도움을 받아 하나님을 신뢰하고 그의 통치를 받는 삶을 바울은 '믿음의 순종'이라고 합니다(롬 1:5). 우리가 하나님의 통치 아래에서 이렇게 믿음의 순종을 할 때, 이 땅에는 그만큼 하나님 나라의 치유와 회복이 이루어지는 것입니다.

하나님 나라는 겨자씨와 누룩같이 점진적으로, 그러나 필연적으로 오는데 여기에는 하나님의 백성이 하나님의 통치를 실제로 받는 것이 전제되어 있습니다. 우리가 삶의 모든 국면에서 하나님의 통치를 늘 의식하고 예수의 제자로서 예수의 가르침, 곧 하나님 사랑과 이웃 사랑의 가르침을 따라가는 삶을 살 때 비로소 하나님 나라가 겨자씨와 누룩같이 오는 것이지, 겨우 성경 몇 구절을 암송하고 그것을 이용하여 고작 자기 한몸 경건하게 가꾸는 것만으로는 하나님 나라가 오지 않습니다. 물론 그것도 안 하는 것보다는 낫습니다. 그런데 그것까지도 차라리 안 하는 것이 더 나을 때도 있습니다. 왜냐하면 영적으로 교만해지기 때문입니다. 경건의 모양을 내세워 영적인 교만에 빠져서 '내가 다른 사람보다 더 의롭다, 더 거룩하다'는 생각이 얼마나 많은 역작용을 가져오는지 모릅니다. (한국) 그리스도인들의 큰 약점 하나는 자기 의 주장하기, 자기 의 드러내기에 몰두하는 것입니다. 그리하여 그들에게는 관용과 동정심이 별로 없습니다. 이것이 바리새주의입니다. 이런 바리새적인 자기 의 주장과 비관용의 태도로 인해 그리스도인들은 다른 사람들의 눈에 겸손하고 사랑이 많으며 너그러운 사람들로 비치지 않고, 교만하고 위선적이고 독선적이며, 남을 정죄하는 데에만 적극적인 사람들로 비치는 것입니다. 이런 사람들이 하나님 나라의 백성이라면 그들의 삶을 통해 하나님의 샬롬의 통치가 어떻게 구현되겠습니까?

"그 '사람의 아들'", 곧 하나님의 아들로서 하나님 통치를 대행하고 하나님의 백성을 모음

예수는 어떻게 하나님 나라 복음을 선포하게 되었습니까? 복음서를 통해 역사적으로 확인할 수 있는 것은 예수가 세례를 받을 때 하늘이 열리고 계시가 주어졌다는 것입니다. 그때 성령으로 '기름 부음'을 받고

하나님 나라 복음

"너는 나의 아들이다, 오늘 내가 너를 낳았다"라는 음성을 듣는 놀라운 소명 체험을 합니다(마 3:13-17; 막 1:9-11; 눅 3:21-22). 유대 신학의 아주 중요한 원칙 하나는 모든 새로운 계시는 옛 계시에 의해 해석되고 정당화되어야 한다는 것입니다. 그래서 바울도 자신의 다메섹 계시의 체험을 성경에 의거해 해석했고, 초대 교회의 선지자들은 성령의 영감을 주장하며 하는 '예언'(주의 말씀 선포)들이 과연 성령의 계시인지 아닌지 '비판'(분별)해야 한다고 가르치는 것입니다(고전 14:29; 살전 5:19-21; 요일 4:1-6). 오늘날 우리도 그 원칙을 적용해야 합니다. 사람들은 곧잘 하나님의 음성을 들었다느니, 무슨 환상을 보았다느니 하며 어떤 영적 체험, 계시의 체험을 했다고 주장하는데, 그것이 과연 진정한 하나님의 계시의 체험인지, 복음의 진리와 일치하는지를 살펴보고(고전 12:1-3; 요일 4:1-6), 성경의 가르침에 비추어 해석해야 합니다.

예수도 수세 때에 새로운 계시의 체험과 소명 체험을 했습니다. 예수에게 있어서 성경은 구약입니다. 당연히 예수는 자신의 계시와 소명의 체험을 구약에 비추어 해석했습니다. 구약 본문 몇 개가 예수의 메시아적 자기 이해, 메시아적 프로그램의 이해에 결정적인 영향을 주었는데 그중 하나가 다니엘 7장입니다. 특히 다니엘 7:13-14이 아주 중요합니다. "내가 또 밤 환상 중에 보니 인자 같은 이가 하늘 구름을 타고 와서 옛적부터 항상 계신 이에게 나아가 그 앞으로 인도되매 그에게 권세와 영광과 나라를 주고 모든 백성과 나라들과 다른 언어를 말하는 모든 자들이 그를 섬기게 하였으니 그의 권세는 소멸되지 아니하는 영원한 권세요 그의 나라는 멸망하지 아니할 것이니라." 이것은 왕의 등극식 장면입니다. 우리말 성경의 다니엘 7:9에는 "왕좌가 놓이고"라고 되어 있는데, 실은 "왕좌들"이란 복수형이 정확한 번역입니다.

다니엘이 환상 중에 보니 하늘 궁정에 어좌(御座) 두 개가 놓여 있습니다. 옛적부터 계시는 노인의 모습으로 정좌하신 하나님 앞에 "인자 같은 이"가 나아옵니다. 앞서 다니엘 7:1-8에서 이방 왕들은 사자, 곰, 표범 등 짐승 같은 모습으로 그려졌는데, 이 존재는 "사람의 아들", 곧 사람 같은 모습으로 그려집니다. 그는 하늘의 구름을 타고 왔다고 말함으로써 자신이 신적 존재라는 것을 암시합니다. 그는 하나님 앞에 나와 하나님으로부터 그의 나라와 권세와 영광을 위임받습니다. 이렇게 다니엘은 환상에서 한 "사람 같은" 모습을 가진 제2의 신적 존재가 하나님의 통치권을 대행하는 분으로 하나님 우편 어좌에 등극하는 것을 보았습니다. 이 "사람 같은 이"를 구약의 숙어로 말하면 '하나님의 아들', 하나님의 대권의 상속자/대행자라 할 수 있습니다. 예수는 자신이 세례 때 받은 하늘의 계시를 이 본문에 의거하여 해석해서 자신이 곧 하나님의 "나라", 통치를 대행하고 실현하도록 세움 받은 하나님의 아들이라는 자기 이해와, 그리하여 다니엘 7:18-27이 제시하는 대로 "지극히 높으신 이의 성도들", 곧 하나님의 종말 백성을 창조하고 모아 그들이 하나님 나라의 영광에 이르도록(그림으로 말하면 하나님의 어좌에 오르도록) 하는 구원 사역을 감당해야 한다는 소명을 뚜렷하게 한 것 같습니다.

복음서들을 보면 예수가 자신을 항상 "인자"라 지칭하는데, 그것은 바로 다니엘 7장에 나오는 천상적 존재인 그 "사람의 아들"을 가리키는 말입니다. 그 칭호가 항상 정관사 '그'(the)와 같이 나오므로, 그것을 염두에 두면 한역 복음서들에 "인자"라는 말이 나올 때마다 "그 '사람의 아들'"로 이해해야 합니다. "인자" 또는 "그 '사람의 아들'"은 당시 메시아의 칭호로는 쓰이지 않는 것이었는데, 예수는 독특하게 그 용

하나님 나라 복음

어로 자신을 지칭한 것입니다. 그것으로 자신이 다니엘 7장에 나오는 "그" "사람의 아들 같은 이"임을, 즉 다니엘 7장에 나오는 하나님의 그의 백성에 대한 구원의 계획을 실현하는 분임을 암시하고자 한 것입니다. 다니엘 7장에서 극심한 핍박에도 불구하고 하나님의 언약에 끝까지 신실한 하나님의 백성을 "지극히 높으신 이의 성도들"이라고 하는데, 그 "사람의 아들 같은 이"가 그들의 대표요 상징으로서 결국 그들이 하나님의 나라를 받도록, 즉 하나님의 통치권과 영광에 참여하도록 하는 분입니다. 예수는 자신이 바로 "그 '사람의 아들(같은 이)'"로서 하나님의 통치권을 대행하면서 이 구원의 계획을 실현하는 분임을 암시한 것입니다. 예수는 다니엘 7장뿐 아니라 나단 신탁의 전승(삼하 7:12-14; 시 2, 89, 132편 등), 이사야 40-66장(특히 53장의 주의 종의 노래), 스가랴서 등에 의거해 자신의 메시아적 사역을 해석했는데, 예수의 하나님의 종말 백성을 창조하고 회복하려 한 하나님 나라의 복음 선포는 주로 이사야 40-66장과 함께 다니엘 7장에서 영감을 받은 것 같습니다.

하나님 나라 선포에 있어서 예수의 의도: 하나님의 백성 창조

예수가 하나님 나라의 복음을 선포한 의도는 한마디로 하나님의 통치를 받는 백성을 창조하고 모으려는 것입니다. "그 '사람의 아들'" 예수는 사탄의 나라에서 죄인들을 불러내어 하나님 나라로 불러들이러 왔습니다(막 2:17). 그래서 예수는 탕자의 비유 등에서 보는 바와 같이 지금 사탄의 통치를 받고 있는 우리의 아담적 실존의 재앙을 그려주면서 거기서 돌아서라고, 하나님 아버지는 우리를 책망하지 않고 용서하고 회복하여 그의 충만한 생명의 잔치에 참여하게 하시는 분이라고 설명하시며 하나님 나라로 들어오라고 부르시는 것입니다. 이렇게 예수의 하나님 나라 복음 선포는 한마디로 죄인들에게 하나님 나라에서의 구원을 약속하고, 그 구원을 치유와 죄 용서로 시위하면서 죄인들을 하나님 나라로 초대하는 것입니다.

그런데 같은 내용을 예수는 '새로운 성전을 짓기'라고도 설명했습니다. 여기서 자세히 설명할 수는 없으나 간략히 결론만 말하면, 예수의 성전 시위 사건(막 11:15-17)은 당시의 부패한 성전이 하나님의 심판으로 파괴되고 자신이 하나님의 아들로서 새 성전을 건축한다는 것을 시위한 표적적 행위였습니다(막 11:27-12:12). 예수의 그러한 주장과 시위가 그의 체포와 산헤드린 사형 판결의 주된 죄목이었습니다(막 14:55-64). 예수의 하나님 나라에 대한 이해가 당시의 타락한 성전에 대한 도전으로 나타나고 또 자신이 새로운 성전을 지음으로 표현되는데, 그것을 당시 집권자들이 신성모독의 죄목으로 옭아매어 예수가 거짓 메시아로 십자가에 처형되게 한 것입니다.

그렇다면 예수가 선포한 하나님 나라와 성전이 왜 같은 개념입니까? 앞서 우리는 예수가 하나님 나라를 선포한 진정한 의도가 하나님의 백성을 창조하고 모아 그들로 하여금 하나님의 구원의 통치를 받게 하기 위함임을 살펴보았습니다. 예수는 자신이 하나님 나라의 복음을 선포하여 하나님의 나라로 불러 모은 새로운 하나님의 백성의 공동체(교회)를 새로운 '성전'으로 보았습니다. 즉 성전을 돌과 나무로 이루어진 건물로 보지 않고 하나님의 종말의 백성의 공동체로 본 것입니다. 사실 이것도 구약에서 유래한 것입니다. 성전의 본래 뜻은 하나님의 거처지, 곧 '집'입니다. 언약에 근거하여 하나님이 그의 백성인 이스라엘 가운데 거하시므로, 구약은 이따금씩 이스라엘(또는 야곱)을 하나님

하나님 나라 복음

의 '집'(또는 '전')이라고 부릅니다. 하나님의 백성의 공동체가 하나님의 거처지, 즉 성전인 것입니다. 또한 예수 당시 에세네파 사람들도 타락한 예루살렘 성전을 부인하고 자신들의 공동체를 하나님의 성령이 거하시는 참 '성전'으로 이해했습니다. 예수가 자신이 창조하는 종말의 하나님의 백성의 공동체를 새로운 성전으로 이해한 것도 바로 이 전통 위에 서 있는 것입니다.

예수는 세례 요한으로부터 세례를 받을 당시 하늘로부터 성령이 임하셔서 "너는 나의 아들이다"라고 말씀하시는 계시와 소명 체험을 합니다(막 1:9-11 및 그 병행구절). 이것은 예수의 하나님의 아들, 메시아, 즉 하나님의 종말의 구원의 일꾼(agent)으로서의 소명인데(시 2:7), 예수는 그 메시아직(職)을 수행할 수 있도록 하나님의 영(성령)의 권능으로 '기름 부음'을 받은 것입니다. 그런데 예수는 이 체험을 구약과 유대교의 메시아적 대망의 가장 중요한 뿌리인 나단의 신탁(삼하 7:12-14)과 그것의 재해석의 전통에 비추어 이해했습니다. 나단의 신탁은 하나님이 다윗의 "씨"를 일으켜 다윗의 왕위에 앉히고 자신(하나님)의 "아들"로 삼겠으며, 그로 하여금 하나님 자신을 위한 "집"(성전)을 짓게 하겠다는 예언적 말씀입니다. 이 말씀은 일차적으로는 솔로몬에게서 성취되었고, 이어서 다윗 왕조가 존립하는 신학적 정당성의 근거로 작용하였으나(예: 시 2, 89, 132편), 주전 587년 유대 예루살렘이 멸망하면서 다윗 왕조가 붕괴된 이후에는 종말론적인 메시아 대망 사상으로 발전하게 됩니다. 즉 종말에 하나님이 다윗의 씨, 아들을 다시 일으켜 다윗 왕조를 다시 세우고 성전을 건축하게 할 것이라는 예언으로 이해되게 됩니다.

예수는 세례를 받을 때 자신이 바로 메시아적 대망을 성취하는 다윗의 아들/하나님의 아들로 임명되고 소명된 것을 깨닫습니다. 그러나 예수는 나단의 신탁을 성취하는 자신의 메시아적 과업을, 문자적으로 다윗 왕조를 재건하고 성전 건물을 건축하는 것으로 보지 않았습니다. 오히려 예수는 자신의 과업을 다윗 왕조가 이 땅에서 이루어야 했으나 그렇게 하지 못한, 하나님 나라(통치) 자체를 실현하는 것으로 이해했습니다. 그리고 예루살렘 성전이 이루어야 할, 그러나 제대로 이루지 못했던, 죄인들을 하나님께로 돌이키는 것을 성취하는 것으로 이해했습니다. 그래서 예수는 종말의 하나님의 완성된 통치 아래서의 구원을 사람들에게 약속하면서, 지금 여기서 회개함으로 사탄의 죄와 죽음의 통치에서 벗어나 하나님의 나라로 들어와, 성령의 도우심으로 이중 사랑의 계명을 지키라는 요구로 오는 하나님의 통치를 실제로 받으라고 한 것입니다. 이것이야말로 하나님의 통치를 실현하는 것이며, 동시에 죄인들을 하나님의 백성(자녀)으로 회복시키는 일로서 성전의 진정한 의미를 실현하는 일이었습니다. 이렇게 하여 하나님의 참 백성이 창조되고 그 가운데 하나님의 영이 임재하시는 그 공동체가 곧 진정한 '성전'인 것입니다.

예수의 죽음

그러면 예수는 어떻게 하나님의 새 백성을 창조하고 모아서 새로운 성전을 짓습니까? 두 단계로 합니다. 첫째 단계는 하나님 나라의 복음 선포를 통해서, 둘째 단계는 자신의 죽음을 통해서입니다. 우선 예수의 하나님 나라 선포는 약속과 초대의 행위입니다. 앞서 살펴본 것처럼, 예수는 하나님 나라 선포를 통하여 죄인들에게 회개함으로 사탄의 나라에서 벗어나 하나님의 나라로 들어오라고 말씀하셨습니다. 곧 예수는 죄인들을 하나님 나라의 '잔치'에 참여하게 하고, 초월의 하나님의 무한하고 충만한 자원들을 '상속'받게 해주겠다고 약속하시면서 그들을 초청하신 것입니다.

이렇게 하나님 나라의 복음을 선포하여 하나님의 종말의 새로운 백성을 창조하고 모아가던 예수는 자신이 부패한 유대 지도자들에 의해 죽임당할 것임을 반복해서 예고했습니다. 그리고 최후의 만찬 자리에서 그는 다가오는 자신의 죽음의 의미를 한 편의 극으로 설명해주었습니다. 최후의 만찬은 마가복음 14:17-25과 마태복음과 누가복음의 병행구절에 나옵니다. 최후의 만찬의 말씀 가운데서 마가복음 14:21이 주제 선언의 성격을 지닌 말씀입니다. "인자는 자기에 대하여 기록된 대로 간다." 여기서 '가다'라는 말은 (성경에 예언된 대로) 죽는다는 말입니다. 곧 내일 다가오는 자기의 죽음이 "인자", 즉 "그 '사람의 아들'"로서의 죽음이란 뜻입니다. 그것의 의미를 예수가 극, 드라마로 표현한 것이 최후의 만찬입니다. 구약을 보면 선지자들이 자기의 메시지를 상징적 행위로 자주 표현했습니다. 마찬가지로 최후의 만찬은 예수가 "그 '사람의 아들'"인 자신의 죽음의 의미를 그려주는 하나의 극입니다. 그래서 최후의 만찬의 시점, 그때 쓰인 재료들, 예수의 동작 하나하나가 다 상징성을 가집니다.

때는 유월절입니다. 유대인들에게 유월절은 첫 출애굽의 구원을 기념하고 또 종말에 그 유월절 구원이 재현되기를 희구하는 명절입니다. 그러므로 예수가 최후의 만찬을 유월절에 베푼 것은 자신의 다가오는 죽음이 종말의 유월절 구원을 가져오는 사건이라는 것을 나타내고자 함이었습니다. 예수는 떡(밥)과 포도주, 즉 음식으로 자신의 죽음을 상징하게 했습니다. 음식은 우리에게 생명을 주는 것입니다. 그러므로 내일 다가오는 예수 자신의 죽음이 종말의 유월절 구원의 재현으로서 사람들에게 생명을 주는 사건이라는 것입니다. 떡을 부수고 빨간 포도주를 붓는 동작은 (십자가에서의) 자신의 끔찍하고 잔인한 죽음을 상징하는 것이었습니다. 이렇게 예수는 최후의 만찬이라는 극으로써 다가오는 자신의 죽음의 의미를 설명했습니다. 다가오는 자신의 잔인한 죽음은 그의 하나님 나라 복음을 받아들인 제자들에게 종말의 유월절 구원의 사건이며, 그들에게 생명을 가져다주는 사건입니다.

이어서 예수는 그 극을 해설하기 위해 두 가지 말씀을 닫니다. "이 것은 내 몸이다.…이것은 많은 사람을 위해서 흘리는 나의 언약의 피다." 신학자들은 이 구절들을 '떡의 말씀'(the bread-saying), '잔의 말씀'(the cup-saying)으로 이름 지어 부릅니다. 특별히 잔의 말씀에는 풍부한 해설이 담겨 있는데, 분석하면 몇 가지 (구약) 성경 구절을 염두에 두고 말하는 것임을 알 수 있습니다. 첫째, "그 '사람의 아들'"은 성경에 예언된 대로 죽는다고 하는데, 이는 다니엘 7장을 염두에 둔 말입니다. 둘째, "많은 사람들을 위해서 흘리는"이라는 부분은 이사야 53:10을 인용한 것입니다. 이사야 53장은 이른바 네 번째 '주의 종'의 노래로서 '주의 종'이 자기 목숨을 쏟아부어 패역한 하나님 백성의 죄를 덮고 씻어서 그들을 의롭게 한다는 것입니다. 따라서 내일 다가오는 예수의 죽음이 이사야 53장의 주의 고난받는 종의 역할을 감당하는 속죄제사의 의미를 담고 있습니다. 예수의 피 흘림은 하나님 백성의 죄를 씻고 덮어서 그들을 다시금 하나님의 의로운 백성으로 회복하는 사건입니다. 셋째, "언약의 피"라는 말은 출애굽기 24:8에서 온 것인 동시에 예레미야 31:31-34의 유명한 "새 언약"의 예언과 이사야 42, 49장

하나님 나라 복음

에 나오는 '주의 종'의 노래들을 반영하는 것입니다. 모세는 출애굽한 이스라엘 백성을 시내 광야에 모아놓고 짐승의 피로 언약의 제사를 드린 후 그 피를 회중에게 뿌리면서 그것이 "언약의 피"라고 선포합니다. 그 "언약의 피"에 힘입어 이스라엘이 하나님의 백성이 된 것입니다. 언약을 세운다는 것은 하나님이 일단의 사람을 자기 백성으로 삼아 그들에게 하나님 노릇 해주심을 약속하는 것입니다. 따라서 언약을 체결한다는 것은 하나님 백성을 창조한다는 말과 항상 동의어입니다. 최후의 만찬의 잔의 말씀은 예수 자신의 다가오는 죽음이 속죄의 제사이면서 동시에 옛 시내 언약에 상응하는, 예레미야의 예언을 성취하는 새 언약의 제사로서 하나님의 의로운 새 백성을 창조하는 사건임을 말하는 것입니다. 그러니 그의 다가오는 죽음이 다니엘 7장에 예언된 "그 '사람의 아들'"의 소명, "지극히 높으신 이의 성도들"이 하나님 나라를 받게 하는 것을 성취하는 사건이라는 것입니다. 이렇게 예수는 자신의 죽음을 죄가 씻겨져 의롭게 된(하나님과의 올바른 관계로 회복된) 하나님의 새 백성을 창조하는 사건(새 언약의 제사)으로 설명했습니다. 그의 죽음이 바로 이런 구원의 사건이기에 그것은 종말의 유월절 구원으로서 생명을 가져다주는 것입니다.

그렇다면 우리는 예수가 선포한 하나님 나라와 그의 죽음과의 상관관계를 제대로 이해할 수 있게 됩니다. 간단히 말하자면 예수의 하나님 나라의 복음 선포와 그의 죽음은 '약속'과 '성취'의 관계에 있는 것입니다. 그의 하나님 나라의 복음 선포는 우리에게 사탄의 죄와 죽음의 통치로부터 해방된(즉 죄 용서된/의로운) 하나님의 백성으로 만들어주고, 그리하여 하나님의 신적 생명(영생)을 얻을 수 있게 해주겠다는 '약속'이고, 또한 하나님 나라로 들어오라는 '초대'였습니다. 그의 죽음은 이 '초대'에 응하는 사람들에게 이 '약속'을 성취하여 그들이 실제로 하나님의 백성(자녀들)이 되게 하는 속죄 제사와 새 언약의 제사였습니다. 따라서 예수는 그의 하나님 나라 선포로 '약속'한 바를 자신의 죽음으로 '성취'해주려 한 것입니다.

유대의 산헤드린은 예수가 사무엘하 7:12-14의 예언을 성취하는 다윗의 아들/하나님의 아들로서 새 성전을 짓겠다고 주장하고 하나님의 이름이 거하는 예루살렘 성전을 파괴하겠다고 위협하였으니 신성모독죄를 지은 거짓 메시아라고 예수를 정죄했습니다. 그리고 사형 언도를 내리고는 로마 총독 빌라도로 하여금 로마법에 따라 십자가형에 처하게 하였습니다. 유대교의 메시아 사상에 의하면 예수는 죽을 수가 없습니다. 메시아는 하나님의 복의 체현이기 때문입니다. 그런데 예수가 죽었습니다. 그가 어떻게 죽었습니까? 신명기 법(신 13, 17-18장)은 하나님의 말씀을 거짓되게 선포하여 하나님의 백성을 오도한 거짓 선지자는 돌로 쳐 죽이라고 규정하고 있습니다. 그런데 사두개 제사장들은 예수를 거짓 메시아, 거짓 선지자로 규정하고 그 법에 따라 처형해도 예수 운동을 종식시킬 수 없으리라고 보았습니다. 당시 유대 백성 사이에 널리 퍼진 신념 하나가 참 선지자는 패역한 세대에 의해 핍박받고 순교한다는 것이었으니, 자신들이 예수를 신명기 법에 따라 투석형으로 처리하면 그를 종말의 선지자 또는 메시아로 믿고 따르는 많은 무리가 그의 죽음을 보고 그가 참 선지자임을 더욱 굳게 확신하고 그 운동을 계속할 것이기 때문입니다. 죽임당한 세례자 요한의 운동이 종결되지 않고 지속되듯이 말입니다. 그래서 사두개 제사장들이 로마 총독 빌라도를 설득하여 예수를 십자가형에 처하게 한 것입니다. 그러기 위해서 제사장들은 '새 성전을 건축하는 다윗의 아들/하나님의 아들 메

하나님 나라 복음

시아'라는 예수의 주장을 자신들의 메시아 관에 따라 '다윗 왕조를 재건하는 이스라엘의 왕이라고 주장하는 것'이라고 빌라도에게 해석해주었습니다. 그리하여 빌라도로 하여금 예수가 로마 황제에 대해 유다의 독립을 꾀하는 대역죄를 지은 자라는 인식을 하게 한 것입니다. 로마법은 식민지 백성으로서 그런 죄를 저지른 자는 십자가형에 처하게 되어 있었습니다. 그런데 십자가 처형은 또 신명기 법에 의하면 하나님의 저주를 받은 사람의 표징입니다. 신명기 21:23이 당시 그렇게 이해되었습니다. 그래서 제사장들이 노린 것은 예수를 참 선지자요 참 메시아로 따르는 자들에게 '예수가 나무에 달려 죽었으니 하나님의 저주를 받고 죽은 것이 아니냐? 그러니 그가 거짓 선지자, 거짓 메시아임이 확실히 드러난 것이다'라는 인상을 주어 예수 운동을 완전히 종결하고자 한 것입니다.

그들의 이러한 주장에 신명기 21:23을 엄연한 하나님의 말씀, 하나님의 법으로 알고 있던 예수의 제자들도 어떻게 저항할 수가 없었습니다. 여러분, 베드로, 요한, 야고보의 입장에 서보십시오. 자기들이 종말의 선지자요 메시아로 믿고 따랐던 예수가 다윗 왕조를 재건하여 이스라엘의 자유와 정의와 번영을 가져오기는커녕 하나님의 저주를 받아 십자가에 달려 죽었으니 그가 거짓 선지자, 거짓 메시아라고 생각했을 것이고, 그의 제자로서 그의 운동에 참여했으니 하나님께도 죄를 짓고 로마 제국에도 반란의 동조자들 노릇을 한 셈이라는 인식이 생겨서 제자들도 실망과 공포 속에서 다 도망을 간 것입니다. 그들의 심정과 행태는 충분히 이해할 만한 것입니다.

예수의 부활과 사도적 복음 케뤼그마의 발생

그런데 하나님이 예수를 부활시키셨습니다. 다시 베드로와 요한과 야고보의 입장에 서보십시오. 죽음에서 일으켜진 예수를 보고 그들이 무엇을 깨달았겠습니까? 하나님이 예수를 옳다고 인정했다는 것 아니겠습니까? 이 부활이라는 사건은 신학적으로 아주 여러 가지로 깊이 있는 해석을 해야 하는 사건입니다. 부활은 일단 신적 사건입니다. 그것은 생명이 없는 데에서 생명을 일으킨 사건이므로 이 우주 내재의 힘을 다 모아도 일으킬 수 없는 사건이고, 우주 밖에 계시는 초월자, 우주보다 더 크신 전능자 하나님에 의한 것입니다. 그러니까 그리스도의 부활로 말미암아 생명을 지으신 창조주가 계심이 확인이 된 것입니다. 그래서 예수 부활 이후로 우리 그리스도인들이 이 세상이 하나님에 의해서 창조되었다는 것을 믿는 것도, 창세기에 그렇게 쓰여 있어 믿는 것이 아닙니다. 예수의 부활에 근거해서 믿는 것입니다. 그러니까 예수의 부활은 창조주 하나님이 역사의 무대에 성큼 걸어오셔서 스스로를 드러내시고 스스로를 계시하신 사건입니다. 생명을 빚는 분으로서, 즉 창조주로서 말입니다. 이러한 창조주 하나님이 예수를 죽은 자들 가운데서 일으키셨으니, 부활하신 예수를 본 그의 제자들은 하나님이 예수를 옳다고 인정했다는 것을 금방 깨닫지 않았겠습니까?

이 깨달음은 그들이 예수의 부활의 관점에서 예수의 죽음, 가르침, 행위들을 되돌아보게 하고 그 참 뜻들을 이해하게 하였으며, 예수의 주장들이 하나님에 의해 옳다고 확인되었다는 확신을 갖게 하였습니다. 그리하여 그들은 다음과 같이 깨닫게 된 것입니다. '예수가 하나님의 아들로서 하나님의 통치를 대행한다고 한 주장을 하나님이 옳다고 확인했다. 그러므로 예수가 과연 **하나님의 아들, 주이시다.**' 이 두 칭호들이 다 예수가 하나님의 통치권을 대행하는 분이라는 뜻을 나타내는데, '아들'은 예수의 하나님과의 관계, 즉 하나님으로부터 그의 대권을 상속받은 분으로서의 신분을 나타낼 때 쓰는 칭호이고, 그 대권을 대행하는 행위 자체에 초점을 맞출 때는 '주'라는 칭호를 씁니다. 예수가 '주'이십니다. 그러면 예수가 왜 죽었습니까? 자신의 죄 때문에 하나님의 저주를 받고 죽은 것이 아니라, 우리의 죄를 인하여 죽었습니다. 예수가 죽음 직전 최후의 만찬 때 자신의 죽음이 많은 사람을 위한 대속과 새 언약의 제사라고 설명했는데, 하나님이 그것을 옳다고 인정했습니다. 예수가 우리 대신 죗값을 치르고, 우리 죄를 씻어버리기 위해서 죽었습니다. 그리하여 우리가 죄를 용서받고 의인이 되어 하나님께로 회복되게 하셨습니다. 예수의 새 언약의 제사로 우리를 하나님의 백성, 자녀들이 되게 했습니다. 그러니 한마디로 예수가 우리를 위해서 죽었고, 종말의 구원을 이루신 분이므로 '메시아'이고, '그리스도'입니다. 이와 같이 예수의 부활을 체험한 그의 제자들은 그 관점에서 예수의 하나님 나라의 복음 선포와 치유 사역, 그리고 그의 죽음을 되돌아보면서 이와 같은 깨달음을 갖게 되어 그것을 믿고(곧 그렇게 신앙 고백하고) 선포하게 된 것입니다. 이러한 선포를 신학자들은 헬라어를 빌려 케뤼그마($\varkappa\eta\rho\upsilon\gamma\mu\alpha$)라고 부릅니다. 그러니까 예수의 하나님 나라 복음 선포와 죽음과 부활을 통하여 이와 같은 종말의 구원이 이루어졌다는 복음 선포(케뤼그마)가 기원한 것입니다.

　여기서 만연한 오해 하나를 풀고 가겠습니다. 예수가 '그리스도'라는 말이 무슨 뜻이냐고 물으면 신학을 공부한 많은 목사들도 보통 예수가 '머리에 기름 부음 받은 분'이라는 뜻이라고 단순하게 대답합니다. 그것은 헬라어 '그리스도'를 히브리어로 번역한 '메시아'의 문자 풀이밖에 안 되는 좀 무식한 답입니다. '머리에 기름 부음'은 구약 시대에 하나님의 일꾼을 세우는 의식으로 오늘날 목사 안수식에 비견되는 것이어서, 구약에는 그 의식을 통해 세움 받은 왕들, 제사장들, 선지자들이 많습니다. 그들이 다 보통명사로 사용된 '메시아'(머리에 기름 부음 받는 의식을 통해 세워진 하나님의 일꾼)라 할 수 있습니다. 이사야 45:1에서는 페르시아 왕 고레스도 하나님이 세우신 일꾼이란 뜻으로 '메시아'라고 합니다. 그러나 신·구약 중간 시대부터 '메시아'라는 말이 종말에 이스라엘을 구원하도록 하나님이 보내실 특별한 일꾼을 지칭하는 말로 쓰이게 되는데, 그때는 '메시아'가 '종말의 구원자'라는 고유명사가 되는 것입니다. 그래서 '예수가 메시아'라고 할 때는 그 칭호가 고유명사로 쓰인 것입니다. 즉 예수는 하나님이 세우신 '종말의 구원자', '하나님의 종말 구원을 가져오는 분'이라는 뜻입니다.

여러분, 다시 한 번 예수의 하나님 나라 복음 선포 운동에 동참하고 그의 죽음을 목격한 후 부활하신 예수를 만난 베드로와 요한과 야고보의 입장에 서서 생각해보십시오. 부활을 목격한 이후 그들에게 '예수가 하나님 나라의 복음을 선포하며 우리로 하여금 죄 사함 받은 하나님의 백성/자녀가 되어 구원(영생)을 얻도록 해주겠다고 약속했다'가 중요합니까, 아니면 '예수가 십자가에서 자신을 대속과 새 언약의 제사로 바쳐 그 약속을 성취했다'가 중요합니까? 둘 다 중요하지만, 후자가 더 중요하지 않습니까? 그래서 사도들은 예수 그리스도의 죽음과, 그것을 구원의 사건으로 확인한 그의 부활에 초점을 맞추어 복음을 선포하였던 것입니다. 알버트 슈바이처가 그것을 잘 표현했습니다. 예수 그리스도의 죽음과 부활이 하나님의 종말론적 구원의 사건의 절정

하나님 나라 복음

(봉우리)인데, 예수는 그 봉우리를 바라보며 그 구원을 예고하고 약속하면서 가신 것이고, 사도들은 그 봉우리를 되돌아보면서 선포한 것입니다. 예수의 하나님 나라 복음과 사도들의 그리스도의 죽음과 부활의 복음이 이렇게 연결되어 있으니 결국 하나의 복음인데, 사도들의 복음 선포에서는 전자가 후자로 전환될 수밖에 없게 되어 있습니다. 그래서 복음서들을 지나 사도행전이나 서신서들에 오면 사도들의 복음 선포에 있어 '하나님 나라' 언어는 드물게 나타나고, 대신 '우리(죄)를 위한 그리스도의 죽음과 부활'의 복음, 그런 그리스도가 '하나님의 아들, 주 이심'의 언어가 주로 나오는 것입니다.

예수의 죽음과 부활과 하나님 나라의 도래

예수가 하나님 나라의 복음을 선포하며 우리로 하여금 죄 사함 받아 하나님의 통치를 받는 그의 백성, 그의 자녀들이 되게 해주며 그리하여 그의 구원(영생)을 얻도록 해주겠다고 약속하였는데, 그가 십자가에서 자신을 대속과 새 언약의 제사로 드려 그 약속을 성취하였으므로, 그의 죽음은 하나님 나라 도래의 '근거'요 '방편'이 된 사건이었습니다 (참고. H. Schürmann). 앞서 우리는 예수가 어떻게 하나님 나라가 온다고 가르쳤는가를 생각해보았습니다. 거기에 덧붙여, 이제 우리는 하나님의 통치를 받는 하나님의 백성을 창조한 예수의 죽음과 부활로 말미암아 하나님 나라가 더 확실히 왔다, 더 뚜렷이 실현되었다고 말할 수 있는 것입니다.

초대교회는 예수의 부활을 시편 110:1의 예언의 성취로 보고 하나님이 그를 죽은 자들 가운데서 일으키셔서 자신의 우편 어좌에 높이시고 자신의 통치를 대행하는 분, '주'로 삼으신 사건으로 해석했습니다 (행 2:32-36; 롬 1:3-4; 빌 2:9-11; 히 1:3 등). 이 그림은 왕의 통치권을 대행하는 총리대신이 왕의 옆 좌석에 앉는 고대 근동의 궁중 의식을 그림으로 써서, 예수가 하나님의 아들로서 하나님의 통치권을 상속받아 대행하는 분, 즉 '주'가 되심을 말하고자 하는 것입니다. 땅 위에 계실 때 이미 하나님의 아들로서 하나님의 주권을 대행한다고 주장한 예수가 그 주장이 하나님에 대한 신성모독이라 하여 죽임을 당했으나 하나님에 의해 일으켜지고 하나님 주권의 대행자로 확인되었다는 것입니다. 그래서 하나님 주권의 대행자로서 지금 온 세상 위에 하나님의 통치를 대행하고 있습니다. 예수의 부활 후 성령 강림을 체험한 초대교회는 하나님 우편에 높임 받은 '주' 예수가 성령을 통해 이 세상에 오시고 그의 교회를 보호하시며, 인도하시며, 힘주시고, 일꾼으로 사용하셔서 세상에 하나님의 통치를 실현해가신다고 이해했습니다. 그러니까 주 예수 그리스도의 재림과 함께 종말에 온전히 올 하나님의 나라가 그의 성령을 통한 현재적 통치로 실현되어간다고 본 것입니다.

4

바울의
하나님 나라 복음*

_김세윤

* 이 4장 부분은 김세윤 교수의 책 『칭의는 무엇이고, 성화는 무엇인가?』(두란노, 2013 출간 예정)와 부분적으로 유사하거나 겹친다.

예수의 하나님 나라의 복음과 바울의 칭의의 복음

20세기 신약학계에서 가장 큰 영향력을 행사한 루돌프 불트만(Rudolf Bultmann)은 사도 바울이 역사적 예수를 전혀 알지 못했으며, 그의 가르침도 전혀 알지 못했을 뿐 아니라 알려고 하지도 않았다고 주장했습니다. 그는 사도 바울의 신학은 예수가 존재했다는 전제만 있으면 되는 것이며 부활하신 예수가 그리스도, 주, 하나님의 아들이라는 사도적 복음이 중요한 것이지, 역사적 예수의 삶과 가르침을 연구하여 사도적 복음을 뒷받침하려 하는 것은 옳지 않다고 주장했습니다. 불트만은 그럼에도 불구하고 바울의 칭의의 복음, 즉 '율법의 행위 없이 은혜와 믿음으로만 의인이라 칭함 받음'의 복음은 놀랍게도 예수의 하나님 나라 복음과 일치한다고 말합니다. 예수는 바리새인들과 서기관들의 율법주의를 비판하고, 한편 죄인들이 자신의 하나님 나라의 복음에 믿음으로 응할 때 율법의 행위 없이도 하나님의 백성이 되어 하나님 나라의 구원에 참여할 것임을 약속하고, 그들과 먹고 마시는 잔치를 나누었습니다. 이렇듯 예수의 하나님 나라 복음도 하나님의 전적인 용서의 은혜에 의한 구원을 약속하고, 믿음으로 그것을 덕(德) 입음을 가르친 것입니다. 그런 점에서 불트만은 바울의 칭의론이 예수의 하나님 나라 복음과 놀랍게 일치한다고 강조했습니다. 바울이 예수의 가르침을 전혀 몰랐고 또 알려고 하지도 않았지만 바울의 칭의의 복음이 예수의 하나님 나라 복음과 일치한다는 것은 대단히 역설적인 주장입니다. 많은 신약학자들이 불트만의 견해에 동의했고, 1960년대에 에버하르트 융엘(Eberhard Jüngel)은 자신의 『바울과 예수』(이화여대출판부 역간, 1982)라는 책에서 불트만의 논지를 발전시키기도 했습니다.

하나님의 아들의 나라의 복음

바울이 인용하는 예루살렘 교회의 복음 · 롬 1:3-4

그러나 지금 우리는 불트만과 융엘이 생각했던 식의 단순한 차원에서만이 아닌 훨씬 더 깊은 의미에서 바울의 칭의의 복음이 예수의 하나님 나라 복음에 상응한다는 것을 살펴보려고 합니다. 정확히 말하면 바울의 칭의의 복음은 예수의 하나님 나라 복음의 구원론적인 표현입니다. 이것이 우리가 논증할 명제입니다. 바꾸어 말하면 바울의 칭의론을 예수의 하나님 나라 복음의 틀로 이해해야 왜곡 없이 올바로 이해한다는 것입니다. 지금까지 개신교 전통에서는 바울의 칭의의 복음을 예수의 하나님 나라 복음과 무관하게 해석하다 보니 칭의의 의미를 편향적으로, 또는 왜곡해서 이해했습니다. 그 결과 칭의론은 의인으로서의 삶이 없으면서도 의인으로 자처하는 사람들을 양산하는 교리, 심지어는 의인으로서의 삶을 방해하는 교리로 전락해버렸습니다. 그래서 대다수 개신교인들은 믿음을 윤리와 분리해서 이해하고, 윤리는 없어도 믿음만 있으면 자신들이 최후의 심판 때 하나님의 진노로부터 구원을 받을 것이라고 생각합니다. 이것이 오늘날 한국교회 비극의 가장 근본적인 원인입니다. 이를 극복하기 위해서는 바울의 칭의의 복음을 예수의 하나님 나라 복음의 구원론적 표현으로 올바로 이해하는 것이 중요합니다.

로마서 1장에는 복음에 대한 정의가 두 가지 나옵니다. 2-4에 하나가 나오고, 16-17절에 또 하나가 나옵니다. 우리는 로마서 1:16-17에 나오는 복음의 정의에 아주 익숙합니다. "이 복음은 모든 믿는 자에게 구원을 주시는 하나님의 능력이 됨이라…복음에는 하나님의 의가 나타나서." 이 복음의 정의는 모두가 다 알 것입니다. 이 정의는 로마서의 명제입니다. 그래서 로마서를 이 명제를 강의한 것으로 주석을 많이 합니다. 이런 접근이 과히 틀리지는 않습니다. 그리고는 여기에 하박국 2:4의 "의인은 그의 믿음으로 말미암아 살리라"까지 덧붙여 로마서 전체의 프로그램 명제로 삼습니다. 이런 로마서 1:16-17의 복음의 정의는 루터의 바울 복음 재발견의 결정적인 단서가 됐고, 로마서의 프로그램 명제이며 그러기에 개신교 전통에서 가장 아끼는 구절들이기도 합니다.

그런데 바울은 로마서 1:2-4에서 이미 복음을 정의했습니다. 바울은 자신이 하나님의 복음을 선포하도록 택정된 사도라고 하면서 복음을 이중 삼중으로 정의합니다. 복음은 첫째로 하나님의 복음입니다. 자신이 사도로서 선포하는 복음의 저자가 하나님이시라는 말입니다. 다음은 구원사적으로 복음을 정의합니다. "이 복음은 하나님께서 성경에 선지자들을 통해서 미리 약속하신 것이라." 이 복음이 선지자들을 통해서 주신 하나님의 종말의 구원에 대한 약속의 성취라는 것입니다. 복음을 이렇게 구원사적으로, 계시사적으로 정의했습니다. 셋째로는 복음을 내용적으로 정의합니다. 그것이 3절 시작 부분에 있습니다. "이 복음은 하나님의 아들에 관한 것이다." 하나님의 아들이 복음의 내용이라는 것입니다. 그리고는 3b-4절에 두 관계절로 되어 있는 신앙고백을 인용하는데, 모든 주석가가 그 신앙고백은 예루살렘 교회의 최초의 신앙고백들 중 하나라는 데에 동의합니다.

"복음은 하나님의 아들에 관한 것인데"까지는 바울의 말입니다. 그 다음부터는 예루살렘 교회의 신앙고백을 인용합니다. "이 아들은 육 신적으로는 다윗의 씨로 탄생하였고." 우리말 성경은 "다윗의 혈통"이 라는 말을 사용했는데 이는 옳지 않은 번역입니다. 정확히 말하면 다 윗의 "씨"입니다. 혈통이나 씨나 의미는 같지만 여기서는 "씨"라는 단 어가 중요합니다. "다윗의 씨로 탄생했고 성결의 영으로 죽은 자들 가 운데서 일으켜져서 권세를 행사하는 하나님의 아들로 선언된 분이 다." 여기도 역시 번역 하나가 잘못되었습니다. "능력으로 하나님 아들 로 선언된 분이다"라고 되어 있는데, "능력으로"라는 말은 "선언되었 다" 또는 "등극했다"라는 동사를 수식하는 부사구가 아니고 "하나님 의 아들"을 수식하는 형용사구입니다. 그래서 능력 혹은 권세를 행사 하는 하나님 아들로 선포되었다는 말이 됩니다. 예수는 육신적으로는 다윗의 씨에서 태어난 분입니다. 그리고 죽은 자 가운데서 부활하시어 하나님의 대권을 대행하는 하나님의 아들로 선언된 분입니다. 하나님 의 대권을 대행하는 하나님의 아들은 다른 말로 하면 바울이 부연하듯 "주"(主)입니다. 하나님의 주권을 대행하시는 분이 주 예수 그리스도라 는 것입니다. 그런데 "다윗의 씨"라는 말을 바울이 두 번 사용합니다. 한 번은 로마서 1:3, 또 한 번은 로마서 15:12에서 사용합니다. 따라서 그들은 로마서 전체를 감싸는 수미상관구조(inclusio)를 만듭니다. 사실 로마서는 복음을 기독론적으로 전개한다기보다는 칭의론적으로, 혹은 구원론적으로 전개합니다. 그럼에도 로마서는 "다윗의 씨"라는 말을 처음과 마지막에 두면서, 하나님의 아들 예수 그리스도를 통한 구원이

하나님 나라 복음

예수 그리스도의 메시아적 구원의 사건임을 전제합니다. 그리하여 로마서 전체에서 설명하는 그리스도의 구원이 예수가 메시아로서 성취한 종말론적인 구원인 것을 밝히는 것입니다.

바울이 인용한 예루살렘 교회의 신앙고백은 실은 사무엘하 7:12-14에 나오는 나단의 신탁에 근거한 신앙고백입니다. 하나님은 이스라엘의 초대 왕인 사울을 버리고 대신 다윗을 자기 백성 이스라엘을 통치할 왕으로 세우셨습니다. 다윗이 각고의 수고 끝에 마침내 왕권을 안정시키고 왕궁을 근사하게 짓고는 이어서 하나님의 집, 곧 성전을 지으려고 준비를 많이 했습니다. 그때 하나님이 선지자 나단을 통해 다윗에게 직접 성전을 짓지 말라고 말씀하시고는, 대신 다윗의 수명이 다하면 "그의 씨를 일으켜 왕위에 앉혀 그의 집을 세우겠고 그로 하여금 나를 위해 집을 짓게 하겠다"는 약속을 하십니다. 다윗의 "씨"를 이스라엘의 왕으로 삼고 그의 "집"을 세우시겠다는 하나님의 이 약속은 다윗 왕가/왕조를 세우겠다는 것입니다. 이어서 "내가 그의 아비가 되고 그가 나의 아들이 될 것이다"라고 하시는데, 그것은 다윗의 자손을 하나님을 대신하여 하나님의 백성 이스라엘을 합법적으로 통치하는 자, 하나님의 아들로 삼겠다는 말입니다. 이때 "아들"의 기본 의미는 상속자입니다. 하나님의 대권을 상속받아 대행하는 자가 하나님의 아들입니다. 그래서 이스라엘의 왕이 하나님의 아들입니다. 이것은 언약의 하나님의 통치권을 대행하는 자라는 뜻입니다. 또한 "그로 하여금 나를 위해서 집을 짓게 하겠다"라고 하셨습니다. 여기서 "집"은 하나님의 집, 성전을 말합니다. 이것이 다윗 왕조를 성립시키는, 요즘으로 말하자면 정통성을 확보하는 방식입니다. 민주국가에서는 권력의 정통성이 다수의 국민의 투표에서 나옵니다. 그러나 하나님 백성의 공동체인 이스라엘의 신정 체제에서는 통치의 정통성이 하나님의 임명에서 나옵니다. 하나님이 다윗 가문을 선택하여 그의 씨로 왕위에 앉게 하고, 하나님의 통치를 대행하는 자로 삼으니 그가 하나님의 아들입니다. 이것이 솔로몬을 통해서 일단 성취됩니다. 그래서 다윗의 "씨", 자손이 이스라엘 왕의 대를 잇기 위해 왕위에 오를 때에 시편 2:7에서 보는 바와 같이 나단의 신탁에 근거하여 "너는 나의 아들이다, 오늘 내가 너를 낳았다"라고 선언합니다. 그렇게 다윗의 후손들이 이스라엘의 왕으로, 하나님의 대권을 대행하는 자로 등극합니다. 예수의 세례 때 바로 시편 2:7이 하늘에서 울려 퍼진 것으로 복음서들은 증언합니다.

다윗 왕조가 이렇게 성립되었는데, 얼마 못 가 북왕국 이스라엘, 남왕국 유다로 갈라지고 맙니다. 북왕국 이스라엘의 왕조는 곧 종식되고 결국 앗시리아의 침공으로 소멸됩니다. 남왕국 유다에서도 다윗 왕조가 아주 지리멸렬하게 진행되다가 급기야는 바벨론의 침공으로 종말을 맞습니다. 바벨론의 뒤를 이어 페르시아가 근동의 패권국가가 되고 난 후 페르시아의 왕 고레스가 바벨론에 잡혀왔던 유다의 포로들을 성지로 귀환시켰습니다. 그러자 성지로 귀환한 유대인들 가운데 하나님이 나단을 통해서 다윗에게 주신 언약이 다시 한 번 성취되리라는 기대가 부풀었습니다. 바벨론에서 포로로 잡혀갔던 사람들을 데리고 성지로 귀환한 지도자들 중 한 명인 스룹바벨이 바로 다윗의 씨였습니다. 다윗 가문의 왕자, 다윗의 씨인 스룹바벨이 귀환한 포로들의 리더로 제사장 예수아와 함께 성전 건축하는 일을 하게 됩니다. 나단의 신탁에 의하면 하나님이 다윗의 씨를 일으켜 다윗의 왕위에 앉히고 그로 하여금 성전을 짓게 하신다는데, 스룹바벨이 귀환한 이스라엘 백성을 데리고 성전을 재건한 것입니다. 그 모습을 보고 사람들은 나단의 신탁이 다시 한 번 성취되어 다윗 왕조가 재건되며, 유다가 독립을 얻고, 다윗 시대와 같이 패권 국가가 되어 번영과 화평이 이루어질 징조라고 생각했습니다. 다시 말하면 메시아적 열망이 스룹바벨의 성전 건축 프로젝트를 중심으로 피어오른 것입니다(참고. 슥 3-6장).

그런데 실제로 다윗 왕조가 재건됐습니까? 아닙니다. 그 후에도 이스라엘은 페르시아의 통치를 계속 받다가 알렉산더 대왕의 등장 이후에는 그리스 제국의 통치를 받습니다. 알렉산더 사후에는 처음에 이집트의 알렉산드리아에 근거를 두었던 프톨레마이오스 왕조의 지배를 받았고, 주전 198년부터는 시리아의 안디옥에 근거를 두었던 셀레우코스 왕조의 극악한 통치를 받았습니다. 하지만 그러면 그럴수록 유대 백성은 하나님이 언젠가는 약속대로 다시 한 번 다윗의 씨를 일으켜 왕위에 앉히고 다윗 왕조를 재건하며, 이스라엘에게 태평성대를 주어 모든 열방을 굴복시키고 이스라엘을 섬기는 종들로 만들어 이스라엘이 패권국가로 번영을 누릴 것이라 믿었습니다. 이것이 바로 당시 널리 유행하던 메시아 사상입니다. 그래서 사무엘하 7:12-14이 유대 메시아 사상의 가장 중요한 뿌리들 중 하나가 된 것입니다. 여기에 메시아의 칭호가 다 나옵니다. 다윗의 아들, 다윗의 씨, 다윗의 가지, 하나님의 아들 등이 다 당시 널리 회자되던 메시아의 칭호들입니다.

신약성경은 예수 그리스도를 통해 유대교의 메시아 대망의 뿌리인 나단의 신탁이 성취되었다고 밝힙니다. 예수가 육신적으로는 다윗의 씨로 나시고, 메시아로 오셔서 앞에서 살펴본 바와 같이 하나님의 통치를 대행하는 하나님의 아들로서 하나님 나라의 구원을 약속하면서 사람들이 하나님 나라에 들어오도록 부르고 초대했습니다. 그리고 십자가에 자신을 대속과 새 언약의 제사로 바치셔서 우리를 하나님의 의로운 새 백성으로 만들었습니다. 그런데 하나님이 그를 죽은 자들 가운데서 일으켰습니다. "성결의 영으로는 죽은 자 가운데서 일으켜져서"(롬 1:4). 이 부활을 두 가지로 해석합니다. 하나는 하나님이 예수가 옳다고 선언했다는 것입니다. 다른 하나는 시편 110:1의 예언대로 하나님이 그를 죽은 자 가운데서 일으켜서 자기 우편에 앉히신 것입니다. "너의 씨를 내가 일으켜서 내 왕위에 앉힌다"라고 한 사무엘하 7:12의 문자 그대로 하나님이 예수를 죽은 자 가운데서 "일으켜서" 자기 우편에 앉히어 하나님 통치를 대행하는 자신의 아들로 선언하시고, 시편 110:1이 말하는 것처럼 "주"가 되게 하셨습니다. 땅 위에서의 역사적 예수는 자신이 하나님 아들임을 간접적으로 은근히 시사했지만, 부활하신 예수는 이제 당당히 하나님의 아들로 선포된 것입니다. 예수의 죽음과 부활을 체험한 그의 제자들은 예수가 나단의 신탁과 시편 110:1의 예언들을 성취하여 하나님 우편에 앉아 하나님의 대권을 상속받은 하나님의 아들, 그의 통치권을 행사하는 주(主)가 되심을 깨닫고 선포하게 된 것입니다. 그것이 복음입니다. 바울은 복음이 이와 같이 하나님의 아들에 관한 것이라고 정의합니다. 이것이 복음의 기독론적 정의입니다.

한편 우리에게 익숙한 로마서 1:16-17에는 복음의 구원론적 정의가 나옵니다. 여기 보면 복음은 모든 믿는 자들에게 구원을 가져다주는 하나님의 능력(힘)입니다. 위의 기독론적 정의는 이 구원론적 정의와 상관이 없는 것처럼 보입니다. 하지만 이들이 사실은 하나의 복음이라는 것을 터득하는 것이 중요합니다. 그것을 터득하는 것이 바울의 칭의의 복음의 진정한 의미를 올바로 이해하는 길입니다. 로마서 1:3-4은 예수의 제자들이 하나님 나라 복음을 선포한 예수의 죽음과 부활을 체험하고, 그의 부활은 하나님이 예수가 진정으로 하나님 나라, 곧 하나님

하나님 나라 복음

의 통치를 대행하는 메시아, 하나님의 아들이라는 것을 확인한 사건인 동시에 그를 자신의 우편에 높여 만유의 주가 되게 한 사건이라고 해석하고는, 예수가 하나님의 아들로서, 또 만유의 주로서 지금 현재 하나님의 통치를 대행하는 분이라고 고백한 것입니다. 이것은 예수의 하나님 나라 복음을 그의 죽음과 부활에 비추어 새롭게 표현한 것입니다. 예수의 '하나님 나라(통치)의 복음'이 그의 죽음과 부활 후 사도들에 의해 '하나님 나라(통치)를 대행하는 하나님의 아들의 복음, 만유의 주, 예수 그리스도의 복음'으로 전환된 것입니다.

예루살렘 교회의 신앙고백/복음의 풀이 · 고전 15:23-28

로마서 1:3-4에 나오는 하나님 아들의 복음, 즉 '하나님 아들이 하나님의 주권을 대행함'의 복음을 조금 더 풀어 설명한 것이 고린도전서 15:23-28입니다. 이 본문은 요한계시록 본문이나 누가의 복음 선포 양식과 동일하게 시편 110:1을 열쇠 본문으로 사용하는데, 그리스도가 하나님에 의해 부활되어 하나님 우편에 높여지고, 그리하여 하나님의 아들로서 하나님으로부터 통치권을 위임(상속)받아 현재 그것을 대행하며 사탄의 세력들을 소탕해간다는 것입니다. 그것은 원수들을 발등상(발판)으로 만듦을 말하는 시편 110:1을 적용한 표현입니다. 이 시는 원래 다윗이 노래한 것으로 되어 있습니다. "여호와께서 (메시아인) 나의 주에게 이르시되, 내가 너의 원수들을 너의 발등상으로 만들 때까지 내 우편에 앉으라." 발등상은 왕이 왕좌에 앉을 때 발을 얹어놓는 상입니다. 이는 원수들을 완전히 굴복시킨다는 말입니다. 하나님이 메시아를 자기 우편에 등극시켜 그를 통해 사탄의 세력을 완전히 굴복시켜 발등상으로 만든다는 것입니다. 그리스도가 하나님에 의해 일으켜져 하나님 우편에 높여지고, 하나님의 아들로서 하나님의 통치권을 위임받아 현재 그것을 대행하며 사탄의 세력을 소탕해감으로써 결국은 그들의 주도 아래 반란 상태에 있는 온 세상을 평정합니다. 마지막 원수인 죽음까지도 없앰으로써 하나님의 아들의 임무가 완성되면 그도 하나님 아버지께 위임받은 통치권을 돌려 드립니다. 그리하여 온 우주는 창조주 하나님의 통치 아래 들어와 샬롬이 이루어지게 됩니다. 이것이 로마서 1:3-4의 하나님의 아들의 복음을 고린도전서 15:23-28에서 바울이 풀어 설명한 것입니다.

바울을 위시한 신약의 복음 선포자들은 주 예수 그리스도가 사탄의 모든 죄와 죽음의 세력들을 소탕하는 작업을 완수하여 하나님 나라가 온 땅에 온전히 이루어지게 하는 시점을 그의 재림 때로 봅니다. 그러니까 예수 그리스도가 부활, 승천하여 하나님의 대권을 행사하는 하나님의 아들, 곧 만유의 주로 하나님의 우편에 등극한 시점부터 그의 재림 때까지의 기간, 그러니까 현재가 예수가 하나님의 아들로서 하나님의 주권을 대행하여 사탄의 죄와 죽음의 세력들을 소탕해가는 기간입니다.

예수의 하나님 나라 선포와 십자가의 죽음과 부활은 제2차 세계대전 당시인 1944년 6월 6일 영미 연합군이 프랑스의 노르망디 해안에 상륙해서 독일군을 결정적으로 무찔렀던 D-day의 승리, 전쟁의 승패가 결판난 날(Decision Day)에 해당합니다. 이제 그리스도는 하나님의 통치를 대행하는 하나님의 아들로서 그의 주권을 행사해서 마치 연합군이 베를린을 향해 가면서 그 사이에 저항하는 독일군을 소탕해가는 것과 같은 일을 하십니다. 그래서 마지막에는 하나님 아들 그리스도가 하나님의 저항 세력을 완전히 소탕해 온 피조 세계를 평정합니

하나님 나라 복음

다. 마침내 온 세계를 최후의 원수인 죽음에서 건져내 신적인 생명이 충만하게 합니다. 그럴 때에 온 세상이 하나님께 회복되고 하나님의 절대 창조 주권에 굴복하며 예수 자신도 그의 통치권을 하나님 아버지께 되돌려 드립니다. 그때가 주 예수 그리스도가 재림하는 때인데, 이 것은 비유하자면 1945년 5월 8일 연합군이 독일의 수도 베를린을 점령함으로써 독일이 항복하고 민주 세력이 유럽에서 최종 승리를 거둔 V-Day(Victory Day)에 해당하는 날입니다.

이런 구도로 복음을 선포하는 것이 요한계시록입니다. 바울도 요한계시록과 마찬가지로 하나님 나라의 실현이라는 복음 선포의 틀을 유지합니다. 바울의 편지들에는 '하나님 나라'라는 말이 여덟 번 나옵니다(롬 14:17; 고전 4:20; 6:9, 10; 15:50; 갈 5:21; 골 4:11; 살전 2:11-12; 살후 1:5). 거기에 두 번에 걸쳐 사용된 "하나님 아들의 나라"라는 표현까지 (고전 15:24; 골 1:13) 해서 총 열 번이 나옵니다. 많은 학자들은 바울이 하나님 나라를 '여덟 번밖에' 안 쓴다고 하는데, 사실 정확히 표현하자면 바울이 '하나님 나라'라는 말을 '여덟 번이나' 또는 '열 번이나' 쓴다고 해야 옳습니다. '하나님 나라'는 앞서도 언급했듯이 구약과 유대교에서도 드문 개념이고 신약에서도 복음서들 밖에서는 흔치 않은 개념입니다. 그런데 바울이 그것을 여덟 번이나 썼습니다. 그만큼 그 개념이 바울에게 중요했고, 바울의 모든 복음 선포의 큰 틀이었음을 암시합니다. 바울의 언어를 제대로 이해한다면 우리는 그가 예수를 특히 '주'라 지칭할 때는 항상 '하나님 나라'의 틀을 염두에 두고 있었다는 것을 이해해야 합니다. 그 칭호는 예수가 하나님의 주권을 대행하는 분임을 나타내기 때문입니다.

하나님 나라의 복음의 구원론적 표현으로서의 칭의론

• 롬 1:2-4/15:12: 8:31-39; 16:20

고린도전서 15:23-28은 하나님 나라(하나님의 아들의 나라)의 복음을 말합니다. "그의 아들을 통해 하나님은 피조 세계 전체를 평정하여 다시그의 통치권 아래 회복시킵니다." 이것은 로마서 1:3-4에 인용된 예루살렘 교회의 복음에 대한 바울의 해설입니다. 바울은 복음을 주로 칭의론의 범주로 설명하는 로마서를 이 다윗의 아들/하나님 아들의 통치의 복음을 인용함으로써 시작하고 결론 맺음으로써(롬 15:12), 즉 칭의론의 복음을 메시아/하나님의 아들 예수의 통치의 복음의 틀로 에워쌈으로써, 로마서에서 자신이 펼치는 칭의론의 복음이 하나님(의 아들의) 나라(통치)의 복음이라는 묵시적 큰 틀을 가지고 있음을 시사하는 것입니다. 로마서 8:31-39에서도 마찬가지입니다. 31절에서 "하나님이 우리를 위하시면 누가 우리를 대적하리요"로 시작하는 바울의 승리의 연설은 35절 이하에서 "누가 우리를 그리스도의 사랑에서 끊으리요? 환난이나 곤고나 박해나 기근이나 적신이나 위험이나 칼이랴?···내가 확신하노니 사망이나 생명이나 천사들이나 권세자들이나 현재 일이나 장래 일이나 능력이나 높음이나 깊음이나 다른 어떤 피조물이라도 우리를 우리 주 그리스도 예수 안에 있는 하나님의 사랑에서 끊을 수 없으리라"로 이어집니다. 여기 등장하는 여러 가지 악의 세력들이 바로 사탄의 세력들입니다. 바울이 사탄의 세력들의 이름을 나열하면서 우리가 하나님의 아들 그리스도로 말미암아 그들에 대항해 넉넉히 승리하고 말 것을 외치는 것으로 칭의의 복음 선포는 절정을 이룹니다. 그때가 되면 인류만 죽음을 극복하고 하나님의 영광과 충만한 생명을 얻는 것이 아니라, 로마서 8:18-23에서 볼 수 있듯이 피조 세계 전체가 죽음의 세력으로부터 구속받습니다. 이렇게 로마서에서 바울은 "다윗의 씨"로 난 메시아, 하나님의 아들로 선포된 예수 그리스도가 만유의 주가 되어 하나님의 통치를 대행하여 이러한 구원을 이룰 것을 설명하고, 말미(롬 16:20)에는 "샬롬을 가져오시는 하나님이 사탄을 쳐 부수어 자기 발 아래 두시리라"는 확신을 표시함으로써 그의 복음 강해를 마무리합니다. 여기 "화평을 가져오시는"이라는 구절이 나오는 데, 이것은 개인의 심령 안에서 누리는 심리적 평안이나 인간관계에서의 갈등 해소 등만 말하는 것이 아니라, 온 우주적으로 온전하고 원만한 상태, 곧 "샬롬"을 말하는 것입니다. 하나님이 죽은 자 가운데서 일으켜 자기 우편에 높이신 하나님의 아들 예수 그리스도를 통해 사탄의 세력들을 다 제거함으로써 온 우주에 하나님의 통치를 회복하고 하나님의 샬롬이 있게 한다는 말입니다. 고린도전서 15:23-28에서 피력한 사상과 동일하지요.

앞서 살펴본 대로 예수의 하나님 나라 선포는 하나님 왕국과 사탄 세력의 우주적 영역에서의 투쟁이라는 묵시적 틀을 갖고 있습니다. 그러면서도 그는 죄인들의 죄 용서와 하나님 나라로의 회복(하나님의 백성 됨/자녀 됨)에 초점을 두었습니다. 바울도 마찬가지입니다. 바울도 지금 살펴보는 바와 같이 하나님이 그의 아들을 통해 사탄의 죄와 죽음의 통치를 쳐부수고, 그의 의와 생명의 통치를 이루신다는 묵시적 큰 틀을 가지고 있습니다. 그러면서도 바울은 사탄의 나라의 백성, 사탄의 종 노릇 했던 죄인들이 어떻게 죄를 용서받고 하나님과의 올바른 관계로 회복되는가를 설명하는 칭의론이나 화해론 또는 입양론 등으로 복음을 선포하여 인간론적·구원론적 초점을 강조합니다. 그는 예수와 마찬가지로 우리 개개 죄인들의 구원을 하나님과 사탄의 대결, 선과 악의 우주적 스케일에서의 대결이라는 묵시적 큰 틀 안에서 생각하는 것입니다. 이렇게 바울의 칭의의 복음은 하나님 나라와 사탄 나라의 대결인 묵시문학적 틀 안에서 이루어지는 구원에 관한 것으로서, 하나님 나라 복음의 구원론적 표현입니다.

사탄의 나라에서 하나님 아들의 나라로의 전이: 구속, 죄 사함(칭의)

• 골 1:13-14

골로새서 1:13은 "하나님이 우리를 사탄의 흑암의 권세에서 건져내서 그의 사랑하는 아들의 나라로 옮겼다"라고 합니다. 이곳에 "사랑의 아들의 나라"라는 말이 나오는 것은 하나님의 아들 주 예수 그리스도가 현재 통치권을 대행하고 있으므로 '하나님 나라'가 '하나님 아들의 나라'로 가시화되고 있기 때문입니다. 하나님이 사탄의 나라에서 우리를 건져내어 그의 사랑하는 아들의 나라로 옮겼으니 '주권의 전이' (Lordship transfer, Lordship change)를 한 것입니다. 지금까지 사탄을 알게 모르게 왕으로 모시고, 그의 뜻을 좇아 죄를 짓고 사망으로 품삯을 받으며(롬 6:23) 살던, 사탄의 죄와 죽음의 통치 아래 있던 우리를 하나님이 그의 아들 예수 그리스도를 통해 건져내어 그분의 나라로 옮겼다는 것입니다. 그러니까 이 역시 예수 그리스도가 선포한 하나님 나라의 복음과 같습니다. 예수 그리스도의 하나님 나라 선포는 우리가 회개함으로 사탄의 나라에서 나와 믿음으로 하나님의 의와 생명의 통치로 들어가면 거기에 구원이 있다는 것입니다. 그 구원을 상속과 잔치의 그림으로 그려줍니다. 다시 한 번 탕자의 비유를 생각해보시길 바랍니다.

예수는 죄와 죽음으로 통치하는 사탄의 나라에서 회개하고 나와서 의와 생명으로 통치하시는 하나님 나라로 들어와 구원을 얻으라고 우

하나님 나라 복음

리를 초청했습니다. 하나님이 이 부름에 응한 사람들을 사탄의 나라에서 건져내어 하나님 나라, 곧 그의 통치를 대행하는 자신의 아들의 나라로 옮겼습니다. 사탄의 나라에서 하나님의(하나님의 아들의) 나라로 옮긴 것을 14절에서는 "구속"(redemption), 즉 '사탄의 속박으로부터 해방시킴'이라고 합니다. 그리고 그것을 다시 "죄 사함"이라 해석합니다. 이렇게 사탄의 나라에서 건짐을 받고 하나님 나라로 들어와 하나님을 주로 섬기고, 하나님의 통치를 받는 삶을 사는 것이 칭의입니다. 칭의론은 하나님 나라 복음을 인간론적 측면에서 본 것입니다. 전 우주적으로는 하나님이 그의 아들을 통해 사탄을 무찔러가는데, 그것이 우리 개인에게는 사탄의 통치에서 건짐 받아 하나님의 통치 아래로 회복됨으로 나타나는 것입니다. 그래서 사탄의 나라에서 하나님 나라로 옮겨진다는 묵시적 사건을 죄 용서에 초점을 맞춰 선포합니다. 사탄을 섬겼던 죄를 용서받고 하나님과의 올바른 관계를 회복하고 하나님의 통치를 받음, 그것이 칭의입니다. 여기서 우리는 바울의 칭의론이 예수의 하나님 나라 복음의 구원론적 표현인 것을 더 확실히 알게 됩니다.

바울이 반영하는 예수의 하나님 나라 복음

앞서 우리는 불트만, 융엘 및 여러 학자가 바울의 칭의 복음이 예수의 하나님 나라의 복음에 상응한다는 것을 인정하면서도, 바울이 역사적 예수의 가르침에 대해서는 무관심했다고 주장한 것을 보았습니다. 이런 주장은 바울이 예수의 하나님 나라에 대한 가르침을 알지도 못하면서 놀랍게 그것과 똑같은 복음을 가르치게 되었다는, 이해하기 어려운 '기적'을 주장하는 것입니다. 그러나 우리는 사실 바울이 그의 서신들 여러 곳에서 예수의 하나님 나라 복음을 반영하고 있는 것을 볼 수 있습니다. 앞에서 지적했듯이, 바울은 '하나님 나라'라는 말을 총 여덟 번 사용합니다. 거기에 두 번에 걸쳐 사용된 '하나님 아들의 나라'라는 표현까지(고전 15:24; 골 1:13) 합하면 총 열 번을 사용합니다. 이 현상을 두고 불트만의 영향을 받아 바울의 예수 전승에 대한 지식이나 의존을 최소화하려는 학자들은 바울이 예수의 열쇠 언어인 '하나님 나라'를 '여덟 번밖에 안 썼다'라고 말하기를 즐깁니다. 그러나 사실을 정확히 표현하려면 '열 번이나 썼다'라고 해야 합니다. '하나님 나라'는 구약 에도 한 번 나올까 말까 하는데다 유대교 문서에도 잘 나오지 않는다 는 사실을 상기하면, 우리는 바울이 '하나님 나라'라는 말을 대단히 많 이 쓴 셈이라는 것을 알게 됩니다. 뒤에 지적하겠지만 바울이 예수가 하나님 나라와 관계하여 주신 가르침들(예컨대 이중 사랑의 계명, 산상수 훈 말씀들)과 그의 행태(죄인들을 용서하고 잔치를 나눔) 역시 잘 알고 있었 던 것을 확인할 수 있습니다. 공관복음서들에 나오는 '하나님 나라'와 '그 사람의 아들'(인자)이라는 언어들은 서로 떨어져 사용되지만, 상응 하는 개념들입니다. 그러므로 바울이 예수의 '그 사람의 아들'(인자)에 대한 말씀들을 자주 인용하고 있다는 것(살전 1:10; 3:13; 4:15-16; 5:3; 고 전 9:19-23; 10:33; 갈 2:20 등)도 바울이 예수의 '하나님 나라'에 대한 가 르침들을 잘 알고 있었다는 견해를 뒷받침합니다. 이렇게 바울이 예수 의 하나님 나라의 복음을 잘 알고 있었기에, 비록 '칭의', '화해', '입양' 등의 언어로이긴 하지만 결국 예수의 하나님 나라의 복음과 같은 복음 을 선포하게 된 것입니다.

고린도전서 15:24, 골로새서 1:13에서 본 것같이 바울은 하나님 나 라 개념을 묵시적 틀로, 창조주 하나님과 사탄의 대결의 구도로 설명 합니다. 예수 역시 하나님 나라 복음을 선포하면서 죄인들의 회복에

하나님 나라 복음

집중했지만 사실은 그것 자체가 사탄의 나라를 허물어가는 것입니다. 예수가 병자들을 치유하고 귀신을 쫓는 것을 내재하는 하나님의 힘으로—누가복음에 의하면 하나님의 손가락으로, 마태복음에 의하면 하나님의 영으로—이 땅의 강한 자, 사탄을 묶어 그의 포로로 잡혀 있는 사람들을 석방해가는 것으로 표현합니다. 제자들이 하나님 나라 복음을 선포하고, 병자를 치유하고 돌아와서 자기들이 귀신도 정복했다고 하자 예수는 사탄이 하늘에서 떨어지는 것을 봤다고 말합니다(눅 10:17-18). 이처럼 예수는 하나님 나라의 묵시적 큰 틀을 유지하면서 사탄의 나라에 대한 하나님 나라의 승리를 죄인들의 회복, 구원에 초점을 맞추어 설명했습니다. 이 점은 주기도문에서도 볼 수 있습니다. "당신의 나라가 임하게 하소서"와 "우리를 이제 사탄의 시험에 떨어지지 않게 하소서, 그 악한 자로부터 우리를 보호하소서"가 수미상관구조를 이루는데, 그 사이에 "우리에게 일용할 양식을 주소서"와 함께 "우리 죄를 용서하소서"가 들어 있습니다. 하나님 나라의 도래는 하나님이 사탄의 나라에서 우리를 건져내고, 우리에게 죄 용서와 생명 주심의 은혜를 베푸시는 것입니다. 우리는 앞에서 예수가 어떻게 죄인들을 불러 하나님 나라로 회복시켜 그 구원을 누리게 하는 데에 자신의 사역을 집중시켰는가를 살펴보았습니다. 그가 사탄의 나라에서 돌이켜(회개하여) 하나님 나라로 들어온 죄인들과 잔치를 나눔으로써, 어떻게 종말의 하나님 나라에서 누릴 구원을 선취하게 하였는가를 보았습니다. 예수가 하나님 나라의 복음을 선포하여 사탄의 나라를 박멸해가는 것은 죄인들을 사탄의 나라에서 건져내어 하나님 나라로 회복시킴입니다. 그래서 부정적 용어로 말하면 사탄의 나라를 극복하는 것이고, 긍정적 용어로 말하면 하나님의 통치를 실현하는 것입니다. 하나님 나라는 죄 용서와 죄인들의 회복으로 나타납니다.

예수가 죄인들을 사탄의 나라에서 불러내어 하나님 나라로 회복시키러 왔습니다. 바울도 골로새서 1:13에서 하나님이 그분의 아들을 통해 우리를 사탄의 흑암의 권세에서 건져내어 하나님 나라로, 사랑의 아들의 나라로 옮긴다고 했습니다. 이것이 칭의의 언어로는 죄 용서를 받는 것입니다.

하나님의 아들이 우리를 사탄의 나라로부터 건져내어 하나님의 나라로 이전시킴은 우리가 지금까지 사탄과 우상들을 섬긴 죄를 용서함이며, 살아 계신 참된 하나님, 곧 우리의 창조주와의 올바른 관계로 회복시킴입니다. 그리하여 우리를 더 이상 죄와 죽음의 통치를 하는 사탄 나라의 백성으로 사탄의 종노릇 하며 살지 않게 하고, 의와 생명의 통치를 하시는 참 하나님 나라의 백성, 하나님의 통치를 대행하는 그의 아들 '주' 예수의 종으로서 살게 하였습니다. 바울은 이러한 '주권의 전이'(Lordship transfer)를 '칭의'라고 합니다.

나아가 예수의 하나님 나라 복음 선포의 또 하나 중요한 점은 제자도의 요구입니다. 제자도란 우리가 사탄의 나라에서 옮겨져 하나님 나라로 들어왔으니 마땅히 하나님의 통치를 받으라는 요구입니다. 그것은 하나님 백성답게 사는 것으로서, 바꿔 말하면 하나님의 법을 준행하는 것입니다. 예수는 하나님의 법을 "혼신을 다해 하나님을 사랑하고 이웃을 네 몸같이 사랑하여 선한 열매를 맺어야 한다"라는 두 마디로 요약했습니다.

이 제자도의 요구와 바울의 칭의의 복음의 관계론적 의미는 무엇입니까? 우리는 하나님과의 관계가 회복되었으면 당연히 하나님의 통치를 받아야 합니다. 그러려면 하나님의 법, 그리스도의 법을 지켜야 합니다. 고린도전서 9:21에서 바울은 우리가 더 이상 모세의 법 아래 있지 않고 하나님의 법, 그리스도의 법 아래에 있다고 합니다. 그 그리스도의 법이 하나님 사랑, 이웃 사랑의 '이중 사랑의 계명'입니다. 바울은 이것을 갈라디아서 6:2에서 다른 방식으로 말합니다. "너희가 짐을 서로 지라 그리하여 그리스도의 법을 성취하라." 우리는 이 이중 사랑의 계명, 곧 그리스도의 법을 지킴으로써 의의 열매를 맺어야 합니다(빌 1:12). 이것이 산상수훈의 말미에 나오는 '하나님의 통치를 받고 이중 사랑의 계명을 준행하여 선한 열매를 맺음'과 같은 내용입니다(마 7:16-20). 이렇게 칭의론은 예수의 하나님 나라 복음을 구원론적으로 표현한 것입니다. 지금까지 우리는 로마서 1:3-4의 하나님의 대권을 대행하는 하나님 아들의 복음과 1:16-17의 칭의론적 해석이 별개의 복음이 아닌 하나의 복음임을 알아보았습니다.

예루살렘 교회의 복음에 대한 바울의 이해 · 롬 1:3-4

이제 로마서 1:3-4의 하나님의 대권을 대행하는 하나님 아들의 복음과 1:16-17의 칭의론적 복음이 어떻게 서로 연결되는지 어렴풋이 깨닫기 시작할 것입니다. 앞서 우리는 바울이 로마서 1:3-4에서 인용한 예루살렘 교회의 "하나님의 아들"의 복음을 어떻게 고린도전서 15:23-28, 로마서 8:31-39, 16:20, 골로새서 1:13 등에서 강해하는가를 보았습니다. 이 구절들은 예수 그리스도가 부활하시어 하나님의 대권을 행사하는 하나님의 아들로 등극했다는 로마서 1:3-4의 생각을 강해한 것들입니다. 그 본문이 담고 있는 다른 내용들, 즉 하나님의 아들이 다윗의 씨로 육신의 세계에 오심과 그의 죽음의 의미는 로마서 5:8-10, 8:3-4, 32-34, 갈라디아서 2:20, 4:4-5 등과 연결해서 이해해야 합니다. 그래야 로마서 1:3-4의 '하나님의 아들'의 복음을 온전히 이해하게 되는 것입니다.

로마서 1:3b-4의 두 관계사 절들이 담고 있는 예루살렘 교회의 복음 자체는 아직 하나님 아들의 선재 사상을 뚜렷이 담고 있지 않습니다. 그러나 바울이 "복음은 하나님의 아들에 관한 것"이라고 언급하는 앞의 서문(롬 1:3a)부터 그 두 절들을 읽으면, 바울이 예루살렘 교회의 복음을 인용하면서 선재한 하나님의 아들이 이 세상에 다윗의 씨, 곧 메시아로 탄생했다는 것을 시사함을 알게 됩니다. 그래서 우리는 바울이 로마서 이전에 쓴 갈라디아서 4:4-5에서 이미 사용하였고, 이제 곧 이어서 쓸 로마서 8:3-4에서 사용할 '보냄의 형식'(the sending formula)을 여기서 염두에 두고 있음을 알 수 있습니다. '하나님이 그의 선재한 아들을 보내셨다, 우리를 구원하기 위해서'(참고. 요 3:17; 요일 4:9-10). 그러니까 바울은 '하나님의 아들'을 내용으로 하는 예루살렘 교회의 복음을 이해할 때, 그것이 단순히 하나님이 그리스도를 부활시키고 자신의 우편에 등극시켜 자신의 아들로 선포하고 자신의 구원의 통치권을 대행하게 했다는 것(롬 1:4)뿐 아니라, 그리스도가 사실은 선재한 하나님의 아들로서 하나님으로부터 이 세상에 보냄 받아 다윗의 아들로 성육신하신 분이라는 것도 의미한다고 본 것입니다. '보냄의 형식'은 하나님의 아들 예수 그리스도가 이 세상에 하나님의 전권대사로 보냄 받아 하나님의 계시와 구원 사역을 집행하신 분임을 나타내는 문장 형식입니다.

또 예루살렘 교회의 복음은 당연히 다윗의 아들/하나님의 아들의 '죽음'도 그 내용의 일부로 삼고 있습니다. 이것과 관련해서도 바울이 그것을 어떻게 이해하였는가를 생각해보아야 합니다. 그러면 이번에도 우리는 그가 이전에 쓴 갈라디아서 2:20에서 이미 사용하였고, 이제 곧 로마서 8:32에서 사용할 '넘겨줌의 형식'(the giving-up formula)을 의식했을 것이라고 짐작할 수 있습니다. '하나님이 우리를 사랑하셔서 그의 아들을 대속의 죽음에 넘겨주셨다, 우리를 구원하기 위해서'(참고. 요 3:16). '넘겨줌의 형식'은 항상 하나님의 우리에 대한 사랑을 강조함과 함께 나옵니다.

로마서 1:3-4이 예루살렘 교회의 복음이라고 할 때, 우리는 그 교회나 바울이 그 복음을 선포하면서 단순히 거기 명문화된 두 문장들만 되풀이한 것으로 오해하기 쉽습니다. 바울은 고전 15:3b-5a에 사도들의 공통 복음을 "그리스도가 우리 죄를 위해 죽었다는 것", "그가 장사되었다는 것", "그가 사흘 만에 일으켜졌다는 것", 그리고 "그가 게바에게 나타났다는 것" 등의 네 구절로 요약합니다. 성경을 좀 단순히 읽는 사람들은 바울과 다른 사도들이 복음을 선포할 때 이 네 구절만 되풀이한 것으로 오해할 것입니다. 그러나 심지어 가장 단순하게 전도하는 CCC 형제들도 그들의 4영리를 가지고 전도할 때 단순하게 그 네 문장들만 되풀이하지 않고, 하나하나를 부연 설명하지 않습니까? 우리는 신약성경에 요약된 복음 선포(케뤼그마) 양식들도 이같이 이해해야 합니다. 그것들은 문자 그대로 복음의 '요약'들입니다. 그러므로 사도들이 선포한 복음은 문장 전체로서 이해해야 할 뿐 아니라, 그 문장 내의 요소들 하나하나가 예수 그리스도의 삶과 죽음과 부활의 사건을 펼쳐 기술하고, 그것이 어떻게 우리의 구원을 이룬 사건인가를 부연해서 설명한 것으로 이해해야 합니다. 그러니까 사도 바울이 로마서 1:3-4에 인용된 예루살렘 교회의 복음으로 복음을 선포할 때, 예수 그리스도가 어떻게 하나님 나라의 복음을 선포하고 어떤 구원의 사역을 하였는가, 어떻게 죽음을 맞게 되었고 어떻게 부활하여 그의 제자들과 자신에게 나타났는가 등과 함께, 앞서 분석한 대로 그가 그의 서신들 이곳저곳에서 펼치는 '보냄의 형식', '넘겨줌의 형식', 그리고 부활하신 그리스도가 하나님의 대권자 되심 등의 내용들로 부연 설명하면서 선포했을 것으로 이해해야 합니다.

이렇게 이해하는 것이 옳다는 것은 로마서 5:8-10에서 확인됩니다. 그곳에서 바울은 그리스도, 하나님의 아들의 대속의 제사(그의 "피")로 인하여 우리가 의롭다 함을 받고(칭의) 하나님과 화해되었다고 합니다. 그런데 바울은 우리가 아직 죄인들이고 하나님의 원수들일 때에 하나님이 우리를 사랑하셔서 이런 구원을 이루어주셨다고 합니다. 곧 위에 말한 '넘겨줌의 형식'을 여기에서 이렇게 풀어 말하고 있는 것입니다. 바울은 이어서 그리스도, 하나님 아들의 "죽음"으로 우리가 칭의되고 하나님께 화해되었으니, 그의 "생명"으로 우리가 하나님의 진노로부터 구속될 것이라고 말합니다. 여기 하나님 아들의 "죽음" 다음에 나오는 하나님 아들의 "생명"은 그의 부활의 생명을 뜻합니다. 예수가 하나님 아들로서 죽으신 사건이 우리 죄를 씻고 덮는 대속의 제사가 되어 우리는 죄 사함을 받고 하나님과의 올바른 관계로 회복되었습니다. 곧 의인의 신분을 얻었고(칭의), 하나님과 화해되었습니다. 여기 우리 죄를 위한 대속의 제사로서의 하나님의 아들의 "죽음"은 로마서 1:4에 암시한 하나님의 아들 예수 그리스도의 죽음의 의미를 설명한 것인데, 로마서 8:3-4, 32-34에서 '보냄의 형식'과 '넘겨줌의 형식'으로 좀 더 설명됩니다. 우리를 하나님의 진노로부터 구원할 하나님의 아들의(부활의) "생명"은 로마서 1:4에서 언급한, 하나님의 아들인 그리스도 예수의 부활/승천을 통하여 하나님의 대권자 되심을 두고 하는 말인데,

하나님 나라 복음

로마서 8:34에서 설명합니다. '하나님의 아들이 최후의 심판 때에 하나님의 재판정에서 우리를 위해서 중보(변호)할 것이다. 그리하여 우리를 하나님의 진노로부터 최종적으로 구출할 것이다.' 이것이 칭의의 완성입니다. 그것이 이미 데살로니가전서 1:10에 함축되어 나타납니다. 데살로니가의 그리스도인들이 믿은 복음은 종말에 하나님의 아들이 하늘로부터 와서 우리를 하나님의 진노로부터 구출한다는 것이었습니다. 하나님의 아들이 최후의 심판에서 최종적으로 우리의 칭의를 완성하는 분입니다. 그런데 그 칭의의 시작은 그의 죽음에서 이루어진 속죄 제사를 통해서였습니다. 하나님의 아들이 우리를 위한 대속 제사로 자기 목숨을 내어주어 우리가 죄를 용서받고 하나님과의 올바른 관계로 회복되었습니다. 그 결과 우리가 하나님의 통치에 들어가게 되었습니다. 그것이 우리가 이미 얻은 칭의이고 구원입니다. 하지만 이 구원, 칭의의 완성은 종말까지 유보되어 있습니다. 그것은 종말의 최후의 심판 때에 완성될 것입니다. 그때는 우리를 이미 의인이다 선언하신 하나님이 재판장이시므로 아무도 우리를 참소할 수 없습니다. 사탄을 완전히 무찌르고 승리하시고 부활하신 하나님의 아들 예수가 우리를 위해 중보(변호)하실 것이므로 어떤 사탄의 세력도 우리를 참소할 수 없습니다. 그런 까닭에 우리가 그들을 대항해서 넉넉히 이기고도 남는다는 것이 로마서 8:31-39의 가르침입니다. 그렇게 해서 우리의 칭의가 완성됩니다. 이와 같이 바울은 로마서 1:3-4에 요약된 '하나님의 아들'의 복음을 로마서 5:8-10에서 부연 설명하고, 로마서 8:3-4, 31-39에서 더 설명합니다. 뒤집어서 말하면, 바울이 로마서 1:3-4에서 '하나님의 복음'을 '하나님의 아들'을 내용으로 하는 복음이라고 정의하며 예루살렘 교회의 복음 선포 양식을 인용할 때, 그는 그것이 갈라디아서

나 데살로니가전서에서 이미 설명했을 뿐 아니라, 앞으로 로마서 5:8-10과 8:3-4, 31-39 등에서 더 자세히 설명할 하나님의 아들의 죽음을 통한 칭의의 시작과 그의 부활/승천을 통한 칭의의 완성을 담고 있는 것으로 보았다는 것입니다.

기독론적 복음롬 1:3-4과 구원론적 복음롬 1:16-17의 일치

이렇게 보면 우리는 로마서 1:3-4에 기독론적으로 표현된 복음과 1:16-17에 구원론적으로 표현된 복음이 일치하는 것을 쉽게 이해할 수 있게 됩니다. 바울은 로마서 1:1-4에서 성경에 선지자들을 통하여 주셨던 약속들의 성취인 "하나님의 복음"은 "하나님의 아들"을 내용으로 하고 있는 것이라고 말하고는, 그 복음을 기본적으로 예루살렘 교회의 신앙고백을 인용하여 정의하는데, 그 복음을 거기에 함축된 것으로 간주할 수 있는 그의 "하나님의 아들" 예수에 관한 사상들—바울 자신이 앞서 쓴 편지들에 표현했고(살전 1:10; 고전 15:23-28; 갈 2:20; 4:4-5 등), 그리고 곧 로마서에서 또 다시 피력할(롬 5:8-10; 8:3-4, 32-34; 참고. 골 1:13-14) 사상들—과 통합하여 다시 한 번 정리하면 다음과 같습니다. '하나님이 선재하신 그의 아들을 보내어 육신이 되게 하시되 **다윗의 씨**로 나서 메시아, 곧 종말의 구원자 사역을 감당하게 하셨습니다. 즉 하나님이 그의 아들로 하여금 사탄의 죄와 죽음의 통치 아래 떨어진 인류와 세상을 구속하여 자신의 나라로 회복시키는 일을 감당하게 하셨습니다'(이것이 로마서 1:3이 내포하는 '보냄의 형식'—갈 4:4-5; 롬 8:3-4—의 내용입니다).

하나님은 메시아 예수로 하여금 하나님 나라의 복음을 선포하고

하나님 나라 복음

죄인들을 회복하는 일을 하게 하고는, 그를 대속의 제사로 넘겨주셨습니다(이것이 로마서 1:4의 하나님의 아들의 '죽음'에 대한 언급이 내포하는 '넘겨줌의 형식'ㅡ롬 8:32; 갈 2:20ㅡ의 내용입니다).

로마서 1:4의 내용은 다음과 같습니다. "하나님은 그의 아들을 대속의 제사로 내어주셨고, 또 그를 죽은 자들 가운데서 일으키심으로써 그가 과연 자신의 사자 메시아인 것을 확인했을 뿐 아니라, 자신의 우편에 높이셔서 **대권을 행사하는 자신의 아들**로 선언하셨습니다(시 110:1; 삼하 7:12-14). 그리하여 하나님의 아들 예수 그리스도는 만유의 **주**가 되어 하나님의 통치를 대행하여 죄와 죽음을 유발하는 사탄의 통치를 멸망시키고 그로부터 인류와 세상을 구속하여 하나님 나라로 회복시키는 사역을 성령의 힘으로 감당하고 있으며, 나아가 최후의 심판 때에 하나님의 백성을 위해 중보(변호)할 것입니다. 그리하여 우리의 칭의를 완성하고 우리로 하여금 사망을 포함한 모든 악의 세력에 대항하여 승리하게 하실 것입니다"(롬 8:34-39; 고전 15:23-28).

이 복음이 선포될 때, 즉 하나님이 자신의 아들을 통하여 이렇게 이루신 구원의 사건을 설명할 때, 하나님의 의(義)가 계시됩니다. "'복음'에는 하나님의 의가 계시된다"(롬 1:17). 여기서 하나님의 "의"는 기본적으로 관계론적 의미를 가지고 있습니다. 성경에서 의의 기본 의미는 '관계에서 나오는 의무를 수행함'입니다. 모든 관계는 그 관계 속에 있는 파트너들에게 상대에 대한 의무를 지웁니다. 가령, 부자 관계는 아버지에게는 자식을 잘 양육할 의무를, 자식에게는 아버지를 공경하고 순종할 의무를 지웁니다. 부부 관계 역시 남편과 아내에게 각각 서로에 대한 의무를 지웁니다. 목사와 회중, 의사와 환자, 다스리는 자와 다스림을 받는 자, 선생과 학생, 사업가와 고객 등 모든 관계는 그 속에 있는 파트너들에게 의무를 지웁니다. 그 관계가 지우는 의무를 성실하게 감당하는 것이 바로 **의**입니다. 그러니까 의는 '관계에 신실함'이라고 할 수 있습니다. 아버지가 자식을 잘 양육하고 자식이 아버지를 공경하고 순종하면, 그래서 서로가 자신의 의무를 다하면, 즉 아버지와 자식이 공히 의로우면, 그들은 원만한 관계를 갖습니다. 그 관계의 원만함이 '샬롬'입니다. 그러니까 의가 샬롬을 낳는 것입니다. 거꾸로 불의는 무엇입니까? 그 관계에서 나오는 의무를 신실하게 다하지 못하는 것입니다. 그러면 관계가 단절될 수밖에 없습니다. 이런 불의는 갈등과 다툼을 유발합니다.

하나님은 이스라엘을 선택하시고 자기 백성으로 삼으면서 그들에게 하나님 노릇 해주시겠다고 약속하셨습니다. '내가 너희의 하나님이고 너희가 나의 백성이다.' 하나님의 창조 행위도 그런 언약을 내포한 것입니다. 즉 창조주 하나님으로서 자신의 모든 피조물들을 돌보시겠다는 약속 말입니다. 하나님과 그의 언약 백성 이스라엘 사이의 언약의 관계는 다양한 그림들로 표현됩니다. 아버지 노릇, 왕 노릇, 목자 노릇, 포도원 농부 노릇, 신랑 노릇, 전쟁의 사령관 노릇 해주신다는 그림들이 하나님이 이스라엘의 하나님 노릇 해주심을 표현하는 그림들입니다. 시편 23편이 노래하듯이 하늘과 땅을 지으신 하나님이 그의 백성에게 신실히 목자 노릇 해주실 때, 하나님은 자신의 "의"를 나타내시는 것이며, 그의 백성은 어떤 삶의 정황 속에서도 그의 샬롬을 누리게 됩니다.

로마서 1:3-4에서 바울은 "복음"은 "하나님의 아들에 관한 것"이라고 정의하고는, 앞에서 살펴본 대로 하나님이 어떻게 그의 아들을 보내어 다윗의 씨, 곧 메시아로 나게 하고, 그의 죽음과 부활/승천을 통하여 사탄의 세력을 꺾고 우리를 자신의 의로운 백성/자녀들로 회복하는가를 예루살렘 교회의 복음 선포 양식을 빌려 설명했습니다. 이 하나님 아들에 관한 이야기(narrative)가 "복음"입니다. 이 "복음"을 선포하면, 곧 하나님이 그의 아들을 통해서 이루신 구원의 이야기를 하면, 거기 하나님의 "의"가 나타납니다. 하나님의 자기 백성 이스라엘에 대해, 우리 피조물들 모두에 대해 하나님 노릇 해주심, 즉 창조주로서 우리를 신실히 돌보심이 나타납니다. 이것이 로마서 1:17에서 바울이 말하는 바입니다. 우리는 아담(탕자)같이 하나님께 등을 돌리고 우리의 내재 자원으로, 우리 멋대로 살려다 사탄의 종이 되어 죽음에 떨어졌습니다. 우리는 이렇게 우리의 창조주 하나님에 대한 우리의 의무를 다하지 못하였습니다. 곧 우리는 '불의'하였습니다. 그리하여 그 대가로 사탄의 죄와 죽음의 통치 아래 떨어진 것입니다. 그런데 "하나님의 아들"을 내용으로 하는 "복음"은 하나님은 그래도 우리를 포기하지 않으시고 우리에게 끝까지 하나님 노릇 해주셨다는 것을 보여줍니다. 그 "복음"은, 탕자의 비유에 나오는 아버지가 탕자를 저버리지 않고 먼 발치에서부터 버선발로 나와서 그를 영접하여 아들(상속자)로 회복시키고 큰 잔치를 베풀어주듯이, 하나님은 불의한 우리를 정죄하지 않고 우리에 대한 창조주로서의 의무를 다하셨음을 나타냅니다. 이처럼 "복음"은 하나님의 "의"를 계시합니다.

이 "의"는 하나님이 우리 피조물과의 관계에서 나오는 당신 쪽의 의무, 곧 아비 노릇 해주심 또는 목자 노릇 해주심을 다함이니 하나님의 우리(와의 관계)에 대한 '신실하심'과 동의어라고 할 수 있습니다. 그런데 창조주 하나님에 대해 우리가 '불의'하여, 곧 죄로 말미암아 사탄의 죽음의 통치 아래 떨어졌음에도 불구하고 하나님이 끝까지 하나님 노릇 해주시니(하나님의 의/신실하심), 이 하나님의 "의"는 그의 '은혜'(거저 베푸는 구원의 선물)라고밖에 말할 수 없습니다. 그러므로 하나님의 "의", 하나님의 '신실하심', 하나님의 '은혜'는 다 동의어가 되는 것입니다.

"하나님의 의"는 이와 같이 '불의'한 우리에 대해 하나님이 창조주로서 피조물을 돌보심을 다하심이니, 그것은 자신에게 대항한 우리의 '불의'를 용서하시고 우리를 자신과의 올바른 (원만한) 관계로 회복시키는 것까지 포함합니다. 하나님이 자신에게 '불의'한 우리 피조물을 창조주로서 돌보시되 끝내는 자신의 아들 예수 그리스도를 속죄제로 십자가의 죽음에 넘겨주어 우리 죗값을 치르고 그것을 씻어버리게 하기까지 하셨으니, 하나님이 그의 아들을 보내고 십자가의 죽음에 넘겨주시고 부활시킴으로써 이룬 구원의 사건("하나님의 아들에 관한 복음")에는 "하나님의 의"가 계시되는데(나타나는데; 롬 1:17; 3:21-26), 이 복음을 믿는(받아들이는) 자에게는 이 복음이 계시하는 "하나님의 의"(그리스도를 통한 하나님의 돌보심/구원하심)가 효력을 발생하여 그의 죄가 용서되고, 그는 '의인'으로 칭함을 받게 됩니다.

로마서 1:3-4, 16-17에 있는 복음의 두 정의들이 이렇게 연결되는 것입니다. 하나님이 그의 아들을 보내셔서 다윗의 씨로 태어나게 하고, 대속의 제사로 죽음에 넘겨주고, 부활시켜 자신의 구원의 통치를 대행하게 하고, 종말에는 우리를 위해 중보하여 우리의 구원을 완성하게 하셨다는 이야기가 복음인데, 그것이 선포될 때 우리의 죄를 용서하고 우리를 하나님과 올바른 관계로 회복시키기까지 하는 하나님의 하나님 노릇 해주심(창조주로서 그의 피조물인 우리를 돌보심), 즉 "하나님의 의"가 계시됩니다(롬 1:17). 이 선포된 복음을 받아들이는 것이 믿음의 근본 의미입니다(고전 15:1-11). 우리가 이 복음을 믿으면(곧 받아들이면), 이 복음이 선포하는 하나님의 구원의 사건("하나님의 의")이 효력을 발생해 구원을 받게 됩니다. 즉 우리의 죄가 용서되고 우리가 의인이 되는 것입니다. 그러므로 복음은 그것을 믿는 자에게 "구원을 주는 하나님의 능력"입니다(롬 1:16). 이것은 전적으로 하나님의 하나님 노릇 해주심("하나님의 의"), 곧 우리 죄를 용서하고 우리를 하나님과 올바른 관계로 회복시키는, 하나님 편에서 베푸신 일방적인 은혜에 의한 것이므로, 그 복음을 믿는 자는 누구나 구원을 얻게 됩니다. 하나님의 구원이 오로지 그의 의/은혜에 의한 것이므로(sola gratia), 그리고 우리가 그 하나님의 의를 선포하는 복음을 받아들일 때 믿음으로만(sola fide) 덕을 보는 것이므로, 구원을 얻는 데는 우리 개개인이 가진 것이나 성취한 것은 아무 소용이 없고, 인종, 성별, 신분 등에 따른 차별이 있을 수 없습니다(롬 1:16; 갈 3:28).

칭의의 법정적 의미와 관계론적 의미

'칭의'는 기본적으로 하나님에 의해 '무죄 선언됨', 또는 '의인이라 칭해짐'이라는 법정적 의미를 가지고 있습니다. '무죄 선언' 또는 '죄 용서'는 복음을 믿어 얻는 구원을 부정적 용어로 표현하는 것이고, '의인이라 칭함 받음'은 긍정적 용어로 표현하는 것입니다. 우리가 그리스도의 구원의 행위, 곧 예수가 십자가에서 자기 자신을 우리를 위한 대속의 제사로 바치고 하나님에 의해 부활되었다는 복음을 받아들이고 믿으면 그의 대속의 은혜가 우리에게 효력을 발생하여 율법의 행위가 없어도 우리 죄가 용서되고, 의인으로 칭함 받게 된다는 것입니다. 이것이 칭의의 법정적 의미입니다. 그런데 앞서 살펴보았듯이 '의'에는 법정적 의미만 있는 것이 아니라 보다 더 근본적으로 관계론적 의미가 있습니다. 칭의의 법정적 의미는 '죄가 용서됨'이고, 관계론적 의미는 '하나님과의 올바른 관계가 회복됨'입니다. 전통 신학에서는 칭의를 법정적 의미로만 해석하여 '의인이라 칭해짐'을 단순히 하나님의 법정에서 '너는 무죄다, 그러니 의인이다'라고 선언하는 것만 의미한다고 생각했습니다. 그러나 우리는 '의'의 관계론적 의미를 염두에 두고 '의인'이라 선언함(또는 '의인'이라는 신분을 줌)은 '하나님과 올바른 관계에 서 있는 자', 즉 '하나님과의 올바른 관계에 회복된 자'라고 선언하는 것으로 이해해야 합니다. 그리고 '하나님과의 올바른 관계로 회복된 자'로 선언되었다는 말은 창조주 하나님의 통치를 받는 백성, 하나님의 아버지 노릇 해주심을 덕 입는 자녀가 되었다는 말임을 깨달아야 합니다.

칭의의 복음을 하나님/하나님 아들의 나라의 관점에서 이해하기

'칭의'는 '주권의 전이'다

앞서 살펴본 로마서 8장과 골로새서 1:13-14의 암시에서, 그리고 지금 살펴본 대로 로마서 1장의 두 복음의 정의들(1:2-4, 16-17)이 같은 의미를 가졌다는 사실에서, 그리고 '칭의'가 법정적 의미뿐 아니라 관계론적 의미도 포함한다는 사실에서, 우리는 바울의 칭의의 복음을 하나님 나라 또는 하나님 아들의 나라의 관점에서 이해해야 함을 깨닫게 됩니다. 다시 요약하건대, '칭의'(justification)는 하나님이 자신의 아들을 대속의 제사로 넘겨주심으로써 인류의 죄('불의') 문제를 해결하시고 그들이 자신과 올바른('의'의) 관계로 회복되게 한 구원의 행위(복음)를 믿음으로써(받아들임으로써), 그 하나님의 구원의 행위의 덕을 입어 죄를 사함 받고 하나님과의 올바른 관계로 회복되는 것입니다. 하나님과의 올바른 관계로 회복된다는 말은 창조주 하나님의 통치를 받는 사람이 된다는 말입니다. 그러므로 칭의는 지금까지 사탄의 통치를 받고 살았던 죄(하나님에 대한 '불의')를 사함 받고, 하나님의 통치를 받는 사람, 곧 '의인'(창조주 하나님과 올바른 관계에 서 있는 사람)이 된다는 말입니다. 그러니까 칭의는 사탄의 나라에서 하나님 나라로의 이전, 곧 '주권의 전이'(Herrschaftswechsel/Lordship-change/Lordship-transfer)를 의미합니다 (Ernst Käsemann).

그런데 우리가 이미 로마서 1:3-4, 고린도전서 15:23-28, 골로새서 1:13 등에서 본 대로, 하나님이 자신의 통치권을 부활하신 자신의 아들 예수 그리스도에게 위임했으므로 하나님의 나라는 현재 하나님의 아들의 나라로 나타납니다. 그러므로 칭의는 죄와 죽음으로 통치하는 사탄의 나라에서 의와 생명으로 통치하시는 하나님의 아들 주 예수 그리스도의 나라로 옮겨지는 것입니다. 그래서 골로새서 1:13-14은 이러한 주권의 전이가 곧 (사탄의 나라로부터의) '구속'이요 '죄 사함'(부정적 용어를 사용한 칭의의 다른 표현)이라고 하는 것입니다. 우리가 복음을 믿을 때 '칭의', 곧 '주권의 전이'가 이루어지는데, 우리는 세례식을 통하여 우리의 믿음을 공식화하기에 세례 때 그 '주권의 전이'를 극으로 표현함으로써 그것이 이루어진 것을 확인합니다. 로마서 10:9-10이 바로 이것을 가르칩니다. 이 구절들에서 바울은 초대교회의 세례 때의 신앙고백을 인용합니다. 세례 때 초대 교인들은 "하나님이 그리스도를 우리를 위한 대속의 제사로 죽음에 넘겨주시고 죽은 자들 가운데서 다시 일으켜 자신의 주권을 대행하게 했다"는 것을 그들의 심장으로 믿고, 그러기에 "예수가 주시다"라고 입으로 고백했습니다. 이 신앙고백으로 그들은 그 복음이 선포하는 하나님의 구원의 행위의 덕을 입어 칭의되고 사탄의 나라에서 하나님의 아들 주 예수 그리스도의 주권의 영역으로 이전되어, 현재 그의 구원의 통치를 받을 뿐 아니라 최후의 심판 때는 그의 중보에 힘입어 구원의 완성을 받게 되었습니다. 초대교회의 세례 양식인 침례는 사탄의 죄와 죽음의 통치 아래 있었던 아담적 죄인들로서의 자신들이 그들을 위해서 대신/대표적으로 죽은 그리스도와 함께 죽고 장사되었음을 '물속에 잠김'으로 극화하고, 그리스도와 함께 새로운 삶으로, 즉 하나님의(하나님의 아들의) 통치를 받는 의로운 삶으로 이전되었음을 '깨끗이 씻긴 몸으로 물위로 떠오름'으로 극화하였습니다 (롬 6:1-14).

이렇게 칭의는 사탄의 죄와 죽음의 나라에서 하나님의 아들 주 예수 그리스도가 대행하는 하나님의 의와 생명의 나라로 이전됨입니다. 지금까지 살펴본 대로 바울은 하나님의 구원의 통치가 사탄의 죄와 죽음의 통치를 꺾었다/꺾어간다/완전히 꺾을 것이라는 하나님 나라 복음의 묵시적 큰 틀을 유지하면서도, 그리고 그것을 "예수가 하나님의 아들이다", "예수가 주시다" 등의 양식으로 선포하면서도, 하나님의 통치를 받아 인간이 누리게 되는 구원에 초점을 맞추어, 즉 하나님 나라 구원의 인간론적 적용에 초점을 맞추어 복음을 선포하는데, '칭의'는 그럴 때 그가 주로 쓰는 용어입니다. 이렇게 바울의 '칭의의 복음'은 예수가 '하나님 나라의 복음'을 선포하면서 죄인들이 죄를 용서받고 하나님의 의로운 백성으로 회복되는 구원에 집중하시는 것과 정확히 일치합니다.

하나님 나라 복음

바울은 우리가 사탄의 죄와 죽음의 통치에서 구속되어 하나님(의 아들)의 구원의 통치로 이전됨으로써 얻게 되는 구원을 표현하기 위해 칭의 외에 몇 가지 범주들 또는 그림 언어들을 더 사용합니다. 그중 하나가 '성화'입니다. 이때의 성화는 사람들이 흔히 구원의 서정에서 칭의 다음에 오는 것으로 이해하는 성화(하나님의 거룩한 백성으로 살기)를 뜻하는 것이 아니라, 우리가 세례를 받을 때 일어나는 '하나님께 바쳐지기', 그래서 하나님의 소유된, 거룩한 백성, 곧 '성도들(saints)이 되기'를 뜻합니다(고전 1:2; 롬 1:7; 15:25, 31; 고전 6:11; 16:1; 고후 1:1; 9:1; 빌 1:1; 살전 4:7 등). 죄 문제가 해결되어 하나님과의 올바른 관계로, 즉 하나님의 나라로 회복되어 하나님의 백성이 되었음을, 특히 하나님의 거룩성을 염두에 두고 말하고자 할 때는 '성화'라는 언어를 사용합니다. 우리가 얻은 하나님과의 올바른 관계가 사랑과 화평의 관계임을 나타내기 위해서는 '화해'의 언어를, 우리가 하나님의 창조주의 무한한 부요함을 덕 입을 수 있는 관계임을 나타내고자 할 때는 '입양' 또는 '자녀(상속자)들이 됨'의 언어를 사용합니다. 하나님과 올바른 관계로 회복되어 죄 사함을 받고 하나님과 사랑의 교제를 나누는 하나님의 거룩한 백성이 되는 것, 그의 신적 생명을 상속받을 수 있는 그의 자녀들이 되는 것은 태초에 하나님의 통치를 거부하고 사탄의 통치 아래 들어간 아담의 숙명을 극복하는 것입니다. 그 뜻을 나타내기 위해 바울은 '새 창조'의 언어도 사용합니다. 이것이 바울의 구원론적 그림 언어들인데 의미는 모두 같습니다. 그러니까 칭의, 성화, 화해, 입양, 새 피조물 됨 등은 우리가 십자가에서 죽으시고 부활하신 하나님의 아들 예수 그리스도를 통해 창조주 하나님과의 올바른 관계로 회복됨, 즉 창조주 하나님의 의와 생명의 통치를 받는 존재가 됨, 그리하여 하나님의 충만에 참여하여 신적 부요함으로 이루어지는 생명, 신적 생명, 곧 영생을 얻게 됨을 풍부하게 설명하기 위해 바울이 동원하는 그림 언어들입니다.

신약성경에 모아진 바울의 서신들에 의하면, 그 그림 언어들 가운데 '칭의'가 가장 많이 사용됩니다. 외견상으로는 이방 선교의 상황에서 이방인들도 율법을 지켜야 한다는 유대주의자들의 요구에 맞서 논쟁한 내용이 그의 서신들에 많이 남아서라고 볼 수도 있지만, 보다 더 근본적인 이유는 죄(즉 하나님과의 관계를 파괴하는 것)가 인간의 근본 문제라는 성경적 관점에서 볼 때 칭의의 범주가 '무죄로 선언됨'과 '의인 됨'(하나님과의 올바른 관계가 회복됨)을 뜻하므로 그것으로 구원을 설명하는 것이 가장 효과적이기 때문입니다. 즉 '화해'나 '입양' 등 다른 그림 언어들은 회복된 하나님과의 올바른 관계의 성격을 다양하고 풍부하게 그려주지만, '칭의'는 하나님과의 올바른 관계를 회복함 그 자체를 가리키는 보다 근본적인 개념이기 때문입니다. 또 '칭의'는 그리스도가 그의 대신적 죽음으로 우리의 죗값을 우리 대신 치러 이룬 구원과 가장 밀접히 연결되는 그림 언어여서 그리스도의 구원의 은혜성을 가장 잘 표현하기 때문이기도 합니다. 그러나 칭의도 결국 하나님 나라 구원의 인간론적 적용의 한 범주이자 그림이라면, 우리는 그것도 성화나 하나님의 자녀로 입양됨과 마찬가지로 '하나님 백성 되기', '그의 백성으로서 살기', '하나님 나라에서 완성된 구원을 얻기'의 구도로 이해해야 합니다. 그래야 칭의론이 왜곡되지 않습니다.

하나님 나라의 옴, 또는 구원의 종말론적 구조와 칭의

우리는 앞서 하나님 나라의 옴/실현이 종말론적인 유보의 구조 속에 있음을 살펴보았습니다. 예수 그리스도가 오셔서 하나님 나라 복음을 선포하고, 대속과 새 언약의 제사로 자신을 바치고, 죽은 자들 가운데서 일으켜지심으로 하나님 나라가 이미 출범(inauguration)했습니다. 사탄은 그리스도 사건으로 결정적으로 패배했습니다. 그러나 사탄이 막강한 힘을 가지고 죄와 죽음으로 통치하는 이 세대가 여전히 지속되고 있는 가운데 하나님의 아들 예수 그리스도 우리 주께서는 사탄의 잔여 세력을 소탕해가고 있으며, 그가 재림하여 그 일을 완결할 때 하나님 나라가 완성(consummation)됩니다. 이것이 하나님 나라의 출범과 완성의 구도입니다. 하나님 나라가 출범과 완성의 구조를 가지고 있다는 것은 우리가 받은 구원도 같은 구조를 가지고 있다는 것을 뜻합니다. 즉 우리가 이미 출범한 하나님 나라의 혜택을 받았지만 예수의 재림을 통해 하나님 나라가 완성되는 종말까지 우리 구원의 완성이 유보되었습니다. 이것을 구원의 종말론적인 유보라고 합니다. 우리가 이미 (already) 구원의 '첫 열매'를 받았으나(롬 8:23), '아직'(but not yet) 완성을 받지 못했습니다. 그것은 그리스도의 재림 때 완성되는 구조입니다. 그러므로 우리는 하나님 나라의 옴/실현의 세 단계를 설정할 수 있습니다. 그리스도 예수의 사역, 죽음, 부활로 이미 출범한 과거, 하나님의 아들 주 예수 그리스도가 하나님의 영(성령)의 힘으로 그의 교회를 일꾼으로 사용하여 하나님의 구원의 통치를 펼쳐가고 있는 현재, 주 예수 그리스도의 재림으로 하나님 나라가 완성되는 미래입니다. 이 구조에 맞추어 바울은 구원론도 세 시제로 가르칩니다. 바울 서신에서는 구원이라는 동사가 나올 때 세 가지 시제가 나옵니다. 우리가 이미 구원을 받았고, 지금 구원을 받아가고 있고, 종말에 구원의 완성을 받을 것이라는 과거, 현재, 미래의 세 시제로 나타납니다. 이것을 잘 모르고 성경을 읽으면 헷갈리게 됩니다. 이미 구원을 받았다고 하는 구절이 있는

가 하면, 종말에 구원을 받을 것이라고 하는 구절도 있으니 말입니다. 이렇게 세 시제가 있는 이유는 그리스도가 이루신 구원이 종말론적 유보의 구조를 가지고 있기 때문입니다.

우리에게 가장 익숙한 칭의의 범주로 말하자면 우리는 믿음으로 말미암아 이미 의인이라 칭함 받았습니다. 즉 죄 사함을 받고 하나님과의 올바른 관계로 회복되었습니다(롬 5:1, 9; 6:7; 8:30; 고전 6:11). 그리하여 이미 하나님과 화해되고(롬 5:10-11), 하나님의 정죄로부터 해방되었습니다(롬 8:1-2). 이것은 구원의 과거입니다. 그러나 우리는 종말에 칭의의 완성을 얻게 되며(갈 5:5), 그때 하나님의 심판석 앞에서 하나님의 아들 주 예수 그리스도의 중보(변호)로 하나님의 정죄·진노로부터 온전히 해방되고 책망할 것이 없는 자로 견고히 설 것입니다(롬 5:9-10; 8:32-34; 고전 1:6-8; 살전 1:10; 3:13). 이것이 구원의 미래입니다. 그러므로 우리는 회복된 하나님과의 올바른 관계 속에 서서 하나님께 나아갈 수 있게 되었는데(롬 5:1-2), 계속 그 관계에 서 있어야 하고(고전 10:12), 계속해서 "의의 열매"를 맺어가야 합니다(빌 1:11). 우리가 그리스도를 믿음으로 하나님께 죄 용서를 받아 하나님과의 올바른 관계가 회복되었습니다. 달리 말하면 우리가 하나님 나라로 들어갔으며 하나님의 통치를 받기 시작했다는 말입니다. 그런데 그 통치가 가져오는 구원의 완성은 미래에 받습니다. 그러므로 미래의 구원의 완성을 받기 위해서는 지금 여기서 하나님과의 올바른 관계에 서 있어야 합니다. 다시 말해 하나님의 의와 생명의 통치를 받으며 살아가야 합니다. 이것이 구원의 현재입니다.

1980년대에 바울 신학을 새로운 관점에서 보자는 운동이 일어난 이래, 신학자들은 유대교를 정의할 때 쓰는 숙어인 하나님과의 언약의 관계에 '들어감'(getting in)과 '서 있음'(머무름, staying in)이 바울의 칭의론의 구조를 설명하는 데도 유용하다는 것을 알게 되었습니다. 우리가 믿을 때, 세례 때 얻는 칭의는 하나님 나라로 진입함, 들어감입니다. 즉 하나님의 통치를 받기 시작하는 것입니다. 그리고 종말에 그 칭의가 완성될 때까지 우리는 하나님 나라 속에 계속해서 머물러 서 있어야(지속해야) 합니다(롬 5:1-2; 고전 15:1-2). 넘어지지 않게 조심해야 합니다(고전 10:12).

'칭의'와 '성화'

전통 신학에서는 바울의 구원론의 세 시제를 칭의, 성화, 영화라는 구원의 서정의 세 단계들로 구분하여 고찰하였습니다. 믿음으로 이미 의인이라 칭함 받은 우리가 거룩하게 삶으로써 성화를 이루어 끝내는 하나님의 영광에 이른다는 것입니다. 이러한 구도로 설명하고자 하는 실체가 아주 틀린 것은 아닙니다. 그러나 그것이 바울의 언어 사용을 정확히 반영한다고는 볼 수 없습니다. 여기에 문제가 있습니다. 이미 본 바와 같이 바울은 칭의/의인 됨의 언어를 구원의 전 과정에 적용합니다. 구원의 시작점에 칭의를 적용할 뿐 아니라, 하나님과의 올바른 관계에 서 있음을 칭의의 현재로 표현하고, 최후의 심판에서 하나님의 아들의 변호를 통해 진노로부터 건져냄을 받는 순간을 칭의의 완성으로 생각합니다.

　마찬가지로 바울은 '성화'(sanctification)라는 말을 세 경우에 적용하는데, 첫째는 믿음/세례로 하나님께 바쳐진, 또는 하나님의 소유된 백성으로 만들어진 사건, 곧 성도(거룩한 이, saint)가 된 사건을 지칭할 때 사용합니다(고전 1:2; 롬 1:7; 15:25, 31; 고전 6:11; 16:1; 고후 1:1; 9:1; 빌 1:1;

살전 4:7 등). 이것은 성화의 과거입니다. 둘째는 성화의 현재로서 '하나님의 거룩한 백성으로서 살기'입니다. "너희 몸을 하나님께 산 제사로 바치라"(롬 12:1). "성화가 너희들에게 두신 하나님의 뜻이라. 우상숭배하지 말고 음행에 빠지지 말고 이웃의 것을 탐내지 말고 성령의 도움으로 성화를 이루어가라"(살전 4:1-8). 이것이 하나님의 거룩한 백성으로 사는 것입니다(참고. 롬 6:15-23; 고전 3:17; 6:1-11, 19; 7:34; 고후 1:12; 살 2:12; 3:12-13; 5:23). 성화의 과거와 현재는 칭의의 과거와 현재, 즉 믿음으로 하나님과의 올바른 관계로 회복되기/하나님의 통치를 받는 하나님의 백성 되기와 하나님 백성으로 살기/그리스도의 주권에 순종하며 살기/계속 의인으로 살기와 같습니다. 성화의 현재는 칭의의 현재와 마찬가지로 하나님의 백성으로 의의 열매 맺기를 의미합니다. 셋째로, 바울은 성화를 최후의 심판 때 완성되는 것으로 말합니다. "우리 주 예수께서 그의 모든 성도와 함께 강림하실 때에 하나님 우리 아버지 앞에서 거룩함에 흠이 없게 하시기를 원하노라"(살전 3:13). 바울은 보통 하나님의 최후 심판석 앞에서 우리가 책망할 것이 없는 자로 하나님의 진노로부터 온전히 구원받을 것을 칭의의 언어로 표현하는데(롬 5:8-10; 고전 1:6-8; 빌 1:10-11), 그것을 성화의 언어로도 표현하는 것입니다.

바울은 이와 같이 칭의의 언어와 성화의 언어를 동의어로 쓰며 구원의 세 단계(과거, 현재, 미래)에 공히 적용하였습니다. 칭의 다음에 성화가 오는 것이 아닙니다. 둘은 같은 실재를 말하는 다른 그림 언어들입니다. 다만 칭의는 죄를 하나님의 뜻에 불순종함, 그리하여 하나님의 징벌(진노)을 초래하는 것으로 이해하고, 구원을 그러한 죄의 문제를 해결하는 것으로 표현하고자 할 때 쓰는 그림 언어로서 법정적 뉘앙스를 더 강하게 나타내는 반면, 성화는 죄를 우리로 하여금 거룩한 하나님께 나아가지 못하게 하는 세상의 오염으로 보고, 구원을 그러한 죄의 문제를 해결하는 것으로 표현하고자 할 때 쓰는 그림 언어로서 제의적(cultic) 뉘앙스를 더 강하게 나타내는 차이가 있습니다. '제의적'이라는 말은 하나님께 드리는 제사 또는 예배 의식(cult, rite)과 관련이 있다는 의미입니다. 가령 고린도전서 6:11에서 바울은 우리가 "주 예수 그리스도의 이름으로" 세례를 받을 때에 그의 주권의 영역으로 들어가고 성령을 받았으며 "씻김을 받고, 성화되었으며, 칭의되었다"고 말합니다. 여기 "씻김을 받고, 성화되었으며"는 부정적 용어(세상으로부터 분리되고 정화됨)와 긍정적 용어(하나님께 바쳐짐)로 표현한 성화의 두 짝들로서 함께 "세상의 오염으로부터 정화되어 하나님께 헌신되었으며"를 뜻합니다. 그것을 바울은 또 다른 그림 언어로 부연하는데, 그것이 '칭의되었다'입니다. '칭의됨'은 성화의 두 짝들에 각각 상응하는 '죄 사함'과 '하나님과의 올바른 관계로 회복됨'을 표현합니다. 이렇게 성화와 칭의는 사실상 동의어입니다. 칭의 다음에 성화가 일어나는 것이 아닙니다. 둘은 세례 때 함께 일어납니다. 세례 때 우리가 받는 구원을 죄 사함을 받고 하나님과의 올바른 관계로 회복됨이라는 관점에서는 '칭의'라고 하고, 죄(오염) 씻음을 받고 거룩한 하나님의 백성으로 바쳐짐으로 볼 때는 '성화'라고 합니다. 둘 다 우리가 거룩하고 의로운 하나님과의 올바른 관계로 회복됨, 그의 거룩하고 의로운 백성 됨을 뜻하는 말입니다.

바울은 칭의를 '의인으로 살기'를 함축한 단어로 사용합니다. 그러나 우리는 그의 이방 선교의 상황에서 유대주의자들과 벌인 율법의 역할에 대한 논쟁을 반영하여 바울이 그 개념을 '믿는 자' 되는 시점에 적용하는 것 같은 인상을 많이 받습니다. 또한 바울은 "이제는 너희 지체를 의에게 종으로 내주어 거룩함에 이르라(또는 "너희 지체를 성화를 위하여 의에게 종으로 내어주라")…그러나 이제는 너희가 죄로부터 해방되고 하나님께 종이 되어 성화를 위한(또는 거룩함에 이르는) 열매를 맺었으니, 그 결국은 영생이라"라는 문장들도 사용합니다(롬 6:19, 22). 바울 서신서 전체를 통틀어 이러한 문장은 로마서 6장의 이 두 절들에만 나오는데, 이 절들의 영향을 받아 전통 신학에서는 성화를 주로 현재 의의 열매를 맺어감의 뜻으로 이해하고, 칭의 뒤에 있는 구원의 한 과정으로 인식한 것 같습니다. 그러나 사실은 이것은 칭의에 있어 하나님과의 회복된 의로운 관계에 계속 '서 있음'의 문제(하나님/주 예수 그리스도의 통치를 계속 받음의 문제, 하나님의 백성답게, 또는 의인으로 삶의 문제—살전 2:12; 빌 1:27)입니다. 이와 같이 성화는 칭의의 구조 속의 현재적 삶을 지칭하는 또 하나의 동의어적 어휘이지, 칭의와 구조적으로 분리되어 칭의 다음에 오는 구원의 단계가 아닙니다.

칭의를 이렇게 '믿는 자' 된 순간부터 현재를 거쳐 최후의 심판 때까지의 구원의 전 과정을 포괄적으로 지칭하는 것으로 생각하고 하나님의 최후의 심판 때 비로소 완성되는 것으로 이해해야지, 전통적인 구원의 서정론에 의거하여 믿는 자 된 순간에만 적용하고, 그 후에 성화가 있는 것으로 논하면, 칭의의 현재적 과정(전통적인 신학이 말하는 성화의 과정)이 등한시됩니다. 그러면 윤리(의로운 삶)가 없는 칭의론이 되고 맙니다. 한국의 진지한 그리스도인들은 성화의 필요성을 강조하지만, 대다수 신자들은 은혜로만, 믿음으로만 이미 의인으로 칭함 받음에 자만하고, 심지어 어떤 이들은 그것을 예정론과 성도의 견인론으로 뒷받침하여 구원파적 안일에 빠지기까지 합니다. "성경은 하나님이 태초부터 구원받을 자들을 선택하여 구원을 주시기로 예정하시고, 그 예정에 따라 구원하신 자들은 끝까지 지켜주신다고 하는데, 나는 하나님의 은혜를 덕 입어 이미 의인이라 칭함 받았으니, 나는 구원받기로 예정된 사람이고, 그러기에 하나님이 최후의 심판 때까지 지켜주시리라. 그러니 이제 어떤 경우에도 구원의 확신만 가지고 있으면 된다"(이 말은 대개 '그러니 아무렇게나 살아도 상관없다'는 생각을 암묵적으로 내포합니다). 구원파는 이러한 생각이 복음의 진리라는 확신을 가지고 담대히 주장합니다. 그러나 구원파를 이단이라고 말하는 많은 정통 목사들도 사실상 이렇게 가르치는데, 그들은 좀 슬그머니 가르친다는 차이만 있습니다. 그러니까 많은 목사들이 가르치는 칭의론은 의인으로서의 삶이 없이도 의인으로 자처하기가 되어버립니다. 어떤 진지한 성도들은 칭의된 후에는 꼭 성화가 있어야 한다면서 거룩한 삶에 열심을 냅니다. 그들은 성화를 위해 열심히 교회 봉사하고, 죄 짓지 않고 양심적으로 살려고 하며, 사랑을 많이 실천하려 하는데, 그러한 삶을 칭의의 현재적 과정으로 이해하지 않고, 이미 칭의된 자들로서 자신들이 장차 하늘나라에서 '상급'을 받게 된다는 생각과 연결하여 이해합니다. 즉 성화를 상급 신학의 구도 속에서 이해하는 것입니다. 이것이 지금 한국교회에 만연한 구원론의 구도입니다. "구원(칭의)은 은혜로 모든 믿는 자들이 이미 받은(또는 받기로 확정된) 것이다. 그들 중에서 신앙생활을 열심히 한 사람들은, 다시 말해 성화에 열심을 낸 사람들은 구원에 더하여 **상급**을 받는다." 그래서 우리 개신교도들이 중세 가톨릭 교회의 공로신학·상급신학에 빠져버렸습니다. 이것이 지금 우리의 영성을 심각히 왜곡하고 있습니다. 전통 신학이 말하는 성화가 사실은 칭의의 현 단계라는 것을 제대로 이해하면, 우리는 우리가 은혜로/믿음으로 이미 받은 칭의가 최후의 심판 때 비로소 완성된다는 것을 의식하여, 칭의된

(의인이라 칭함 받은) 자로서 의롭게 살려고 더 노력할 것입니다. 그러나 성화를 칭의와 근본적으로 구분되는, 칭의 뒤에 오는 구원의 한 단계로 이해하면, 우리가 이미 칭의를 받았으니 설령 성화가 부족하여 장차 하늘에서 상급을 못 받아도 최소한 구원은 이미 확보한 것이니 그것으로 되었다고 자만할 것입니다. 그런 생각을 가진 사람들이 현재의 삶에서 "의의 열매"를 맺으려는 노력을 게을리 할 것은 뻔한 이치입니다.

이런 왜곡을 피하기 위해서라도 우리는 바울의 칭의의 복음을 하나님 나라의 복음의 관점에서 설명해야 합니다. 전통 신학의 구원의 서정론에 근거하여 칭의와 성화를 서로 구분되는 구원의 두 단계로 이해하기보다는, 칭의를 하나님 나라에로 '진입함', 하나님 나라 속에 '서 있음'(즉 하나님의 통치를 받으며 살기), 하나님 나라의 '구원의 완성을 받기'라는 구원의 전 과정을 총칭하는 하나의 범주로 이해하면, 윤리적 요구, 즉 의로운 삶에 대한 요구가 칭의에 구조적으로 함축되어 있다는 사실을 더 잘 드러낼 수 있다는 이점이 있습니다. 이 외에 또 하나의 이점이 있는데, 전통 신학의 성화론은 우리로 하여금 개인 윤리, 곧 개인적인 경건하고 정결한 삶(겸손, 정직, 사랑을 베풂, 특히 성적 정결 등)을 이루는 일에만 관심을 집중시키게 하는 반면, 칭의를 하나님 나라의 범주로 이해하면 칭의의 현재적 과정(전통 신학에서 말하는 성화), 즉 하나님의 통치를 받는 삶의 윤리적 요구가 사회윤리를 포함한다는 것을 의식하게 되는 것입니다. 칭의를 하나님 나라의 범주로 이해하면 자연히 하나님의 통치가 온 세상에 실현되는 것에 관심을 갖게 되기 때문입니다. 바울은 로마서 8장에서 피조 세계 전체가 썩어짐의 노예가 되어 울며 탄식하고 있다고 합니다. 하나님 나라가 실현되어 피조 세계 전체가 사탄의 죄와 죽음의 통치로부터 해방될 날을 기다리고 있다고 합니다. 그러니까 칭의론을 하나님 나라 복음의 인간론적·구원론적 표현으로 이해하면 우리 삶뿐 아니라 전 사회적·전 세계적·전 우주적인 하나님 나라의 실현에 관심을 갖게 됩니다. 그리하여 우리가 오늘 '의인으로서 사는 것'은 이 사회에 하나님의 의와 화평(샬롬)이 이루어지도록, 더 나아가 온 피조 세계가 갱신되도록 노력해야 함도 내포한다는 것을 깨닫게 됩니다.

의인으로 살기: 하나님의 통치를 받는 하나님의 백성으로 살기
(전통 신학의 '성화')

의인이 된 사람은, 즉 하나님 나라에 진입한 사람은 이제 하나님 나라에 서 있어야 합니다(롬 5:1-2). 하나님 나라에 진입한 사람은 하나님과의 올바른 관계 속에, 즉 그의 나라에, 그의 아들의 주권 아래 서 있어서 날마다 그 통치를 받아야 합니다. 그렇지 않으면 넘어질 수 있습니다. 즉 하나님과의 올바른 관계에서 탈락할 수 있습니다. 바울은 이것을 출애굽한 이스라엘을 예를 들어 경고합니다(고전 10:1-12). 그들도 구원의 첫 열매를 받았습니다. 홍해를 건넜고, 구름 아래 있었습니다. 즉 우리의 세례와 성령 받음에 해당하는 구원의 체험을 했습니다. 그들은 만나와 므리바의 물, 즉 성령이 공급하는 영의 양식을 먹었습니다. 그들도 우리의 성만찬에 해당하는 체험을 했다는 말입니다. 그러나 그들은 약속된 구원의 땅 가나안을 향하여 나아가는 도정에서 광야를 지나는 동안 우상숭배와 음행에 빠져 하나님과의 올바른 관계에 서 있지 못하고 다 넘어져 죽었습니다. 바울은 이것이 우리를 향한 경고의 예표라고 하면서, 이렇게 경고합니다. "그런즉 선 줄로 생각하는 자는 넘어질까 조심하라"(고전 10:12). 우리도 세례를 통해 하나님 나라로 회복되었습니다. 그 결과 성령을 받고 영의 양식을 먹는 하나님의 백성이 되어 종말에 있을 구원의 완성을 향해 나아가는데, 계속해서 하나님의 통치를 받아 하나님의 은혜를 덕 입는 관계에 서 있어야 합니다. 그래야 종말에 하나님 나라의 완성에 이릅니다. 지금 여기서 더 이상 하나님의 통치를 받지 않고 하나님과 올바른 관계에 서 있지 않으면 넘어지고 맙니다.

바울은 똑같은 경고를 로마서 11:17-24에서도 하고 있습니다. 하나님은 이스라엘에 주신 자신의 언약을 신실히 지켜 메시아(종말의 구원자) 예수를 보내시고 그를 통해 구원을 이루어주셨는데, 유대인들은 그 메시아 예수를 믿지 않고 거부하였습니다. 그것은 그들이 그 언약 관계의 자신들 쪽의 의무, 곧 하나님의 은혜를 믿고, 의지하고, 그의 선한 뜻에 순종하는 일을 하지 않은 것이요 그 언약의 관계에 '서 있음' 또는 '머묾'을 하지 않은 것입니다. 그래서 바울은 그들이 하나님의 백성의 줄기에서 떨어져 나간 가지들이 되었다는 것을 밝히고, 하나님의 의(언약에 신실하심)에 의해 의인된 우리에게 경고하는 것입니다. 우리도 하나님의 은혜에 힘입어 사는 그 의의 관계에 신실히 서 있기를 지속하지 않으면(곧 의롭게 살지 않으면, 하나님께 의지하고 순종해야 하는 우리 쪽의 의무를 다하지 않으면), 우리도 유대인들과 마찬가지로 내쳐지게 될 것이라고 말입니다. 그러기에 우리는 "계속 믿음의 반석 위에 굳건히 서서 우리가 들은 복음의 소망에서 흔들리지 않아만" 최후의 심판 때 "거룩하고 흠 없고 책망할 것이 없는 자"로 하나님 앞에 세워지게 될 것입니다(골 1:21-23).

우리의 현재적 실존에서 하나님의 통치를 받지 않으면서, 즉 하나님께 의지하고 순종하는 삶을 살지 않으면서, 주 예수 그리스도를 '믿는다'고 하면, 그것은 '헛되이 믿는 것'인데, '헛된 믿음'으로 하나님의 구원을 덕 입을 수 없다는 것은 자명한 이치입니다. 복음이 약속하는 하나님의 구원을 덕 입게 하는 진정한 믿음은 복음을 받아들여 세례 때 한 번 "예수 그리스도가 우리를(우리 죄를) 위해서 죽고 부활하셨다, 예수가 주시다"라고 고백하는 것으로 끝나는 것이 아니라, 그의 죽음과 부활의 복음을 받아들임으로 얻게 된 하나님과의 올바른 관계 속에 계속 서 있는 것까지 포함하는 것입니다. 이것이 바울이 고린도전서 15:1-2에서 강조하는 바입니다(참고. 롬 5:2).

그러므로 우리의 온전한 구원/칭의가 종말에 얻는 것으로 유보된 상태에서, 오늘 우리는 두렵고 떨림으로 하나님과의 올바른 관계에 서 있어야 합니다. 우리 실존의 순간순간마다, 가치판단과 윤리적 선택의 순간마다, "예수가 주시다"라는 우리의 신앙을 실재화(actualization)하여 주 예수가 대행하는 하나님 나라의 통치에 순종해야 합니다. 삶의 매 순간 우리는 사탄의 통치를 받을 것인지 하나님의 통치를 받을 것인지의 갈림길에 서게 되는데, 이때 초월의 성령께 은혜와 힘을 구해야 합니다. 그러면 성령이 우리의 실존의 윤리적 선택의 순간마다 하나님을 사랑하고 이웃을 사랑하는 길을 깨우쳐주면서, 맘몬 우상 숭배와 이웃 착취로 자신의 안녕과 행복을 꾀하라는 사탄의 통치를 거부하고 그 이중 사랑의 계명을 지켜 하나님의 통치에 순종할 수 있는 힘을 주십니다. 그럴 때에만 우리는 칭의된 자들로서 율법의 정당한 요구를 성취하는 의인의 삶을 살게 됩니다(롬 8:3-4).

갈라디아서 5장에는 육신을 좇는 삶과 성령을 좇는 삶이 대조되어 나옵니다. '육신을 따라 사는 삶'은 사탄의 통치를 받는 삶으로서 온갖 악행들, 즉 육신의 일들(우상숭배, 음행, 분쟁, 시기, 쟁투)을 하는 것이고

(갈 5:19-21), 성령을 따라 사는 삶은, 곧 하나님/하나님의 아들 주 예수 그리스도의 통치를 받는 삶으로서 "성령의 열매"(사랑과 기쁨과 화평과 오래 참음과 자비와 선함과 신실함과 온유와 절제)를 맺습니다(갈 5:22-23; 우리말 성경에서 '충성'이라고 번역된 말은 '신실함'으로 바로잡는 것이 좋습니다). 성령을 받아 "예수가 주시다"라고 고백하고(고전 12:3), 성령이 가르쳐 주는 대로 주 예수의 주권(즉 그가 대행하는 하나님 나라의 통치)에 순종하여 하나님을 사랑하고 이웃을 사랑하는 삶을 살면 이와 같은 '성령의 열매들'을 맺습니다. 여기 열거된 '성령의 열매들'이 대개 도덕적인 덕목들임을 유의하십시오. 그것들은 모두 하나님과 이웃과의 올바른 관계에서 나오는 행위이고 복됨입니다. 그래서 빌립보서 1:11은 그것들을 '의의 열매들'이라고 합니다. 내용적으로 보면 '의의 열매들'입니다. 그런데 우리가 그런 열매들을 오로지 성령의 깨우쳐주시고 힘주심에 의해 맺을 수 있으므로 그들을 '성령의 열매들'이라고도 하는 것입니다. 우리는 의인으로서, 즉 하나님과 올바른 관계에 서 있는 자로서, 하나님의 영이며 주 예수 그리스도의 영인 성령의 도우심으로 하나님의 통치를 받는 삶을 삶으로써 '의의 열매'를 맺어가야 하는 것입니다.

바울의 이 가르침은 산상수훈의 말미에 나오는 예수의 가르침에 상응합니다(마 7:15-23). 예수가 열매를 보면 나무를 안다고 말씀하신 후, 주 예수 그리스도를 믿고 성령의 힘으로 선지자 노릇도 하고 이적도 행한다고 떠들면서 실제로는 불의하고 악한 행위를 하는 사람은 거짓 선지자라고 일갈하십니다. 그런 거짓 선지자는 '나쁜 열매'를 맺는 나무와 같아서 하나님의 심판의 불에 던져지리라는 것입니다. 하나님의 은혜로 하나님의 백성 된 자들은 산상수훈의 가르침, 곧 하나님의 법을 지킴으로써 '선한 열매'를 맺어야 합니다.

모든 율법을 이중 사랑의 계명으로 요약한(마 22:35-40; 막 12:28-34; 눅 10:25-28) 예수는 산상수훈에서 자신의 하나님 나라 복음을 받아들인 제자들에게 이중 사랑의 계명을 중심으로 한 하나님 나라의 법을 가르치면서, 맘몬 숭배를 배격하고 전적으로 하나님께 의지하고 순종하며(마 6장), 또 이웃을 사랑하되 원수까지도 사랑하여(마 5:38-48; 6:14-15), 바리새인들과 서기관들의 의보다 더 나은 의를 이루라고 요구합니다(마 5:17-20). 주 예수 그리스도의 이 가르침을 따라 사는 것이 제자도이고, 이것이 의인의 삶입니다. 바울 역시 이중 사랑의 계명을 하나님의 법 또는 그리스도의 법이라 부르면서(고전 9:21; 갈 5:14; 6:2), 산상수훈의 말씀들을 반영하는 말들을 사용해 은혜/믿음으로 의인 된 자는 그 법을 준행하며 살아서 의의 열매를 맺어야 한다고 가르칩니다. 실제로 바울은 산상수훈의 말씀을 많이 인용합니다(롬 12:9-21; 13:8-10; 고전 4:11-13). 이를 통해 우리는 바울이 예수의 하나님 나라 복음만 안 것이 아니고 예수의 하나님 나라의 법, 곧 산상수훈에 대해서도 아주 잘 알았다는 것을 알 수 있습니다. 이렇게 바울은 그의 칭의의 복음에 따른 칭의/의인된 자들의 삶을 예수의 하나님 나라의 복음에 따른 하나님의 백성/예수의 제자들의 삶에 완전히 일치시켜 가르친 것입니다.

예정과 성도의 견인, 그리고 탈락의 가능성

우리가 얻은 구원의 탈락의 가능성을 언급하면 많은 성도들은 교회에서 그렇게 배우지 않았다고 이야기합니다. 그러나 한 번 받은 구원은 영원한 구원이고, 한 번 칭의되면 최후 심판에서 그 칭의가 자동적으로 확인된다고 믿는 것은 실은 구원파적 신앙관입니다. 특히 장로교 전통에서 그것을 예정론과 결부시켜 강조하는데, 문제는 성경은 거기에 동의하지 않는다는 것입니다. 오히려 성경은 하나님이 그리스도를 통해 우리와의 관계를 회복시켜놓았는데(칭의), 종말에 그 구원이 완성될 때까지 우리가 이 관계에 서 있어야 하며, 그렇지 않고 자꾸 곁길로 가면 구원의 은혜에서 탈락한다고 가르칩니다(고전 10:12). 이것이 엄연한 성경의 가르침입니다.

구원의 은혜에서 탈락할 가능성을 바울 서신 이외에 제일 무시무시한 언어로 선포하는 구절은 히브리서 6:1-10입니다. 여기 보면 한번 세례를 받아 빛을 체험하고 죄 씻음을 받은 자가 배교하면, 신앙에서 뒷걸음질치면 다시 회개하게 할 수 없다고 합니다. 매우 엄중한 경고가 아닐 수 없습니다. 그래서 그 구절을 읽고서 몹시 당황하는 사람들이 가끔 있습니다. 그런 사람들은, 구원의 은혜에서 탈락할 수 있다고 되풀이하여 경고하는 히브리서 저자가 그것 때문에 걱정하는 사람들에게 하나님의 신실함이 우리의 구원을 지켜준다는 확신을 주며 살살 달래기도 한다는 사실을 유념해야 합니다. 히브리서에서는 이 경고와 달램의 형식이 2장부터 12장까지 계속 반복됩니다. 저자는 1장에서 하나님의 아들 예수 그리스도의 복음을 요약하고는, 곧 2장 초두(1-4절)에서 너희가 이 위대한 복음을 저버려 멸망의 강물에 떠내려갈까 걱정이라는 경고를 합니다. 그리고는 곧 하나님이 너희를 위해 하늘에서 변호하고 중보하시는 대제사장으로 예수를 세우셨다는 대제사장 기독론을 펼치며 확신과 위안을 주며 달랩니다(2:17-3:1). 이러한 경고와 달램이 편지 내내 계속 교차합니다[(2:1-4, 17-3:1); (3:12; 4:1, 11-13/4:14-16+5:1-10); (6:1-8/6:20+7:1-10:18); (10:26-31/32-39); (12:14-17/18-24); (12:25-27/28-29)]. 그래서 저는 히브리서를 '경고와 달램의 시리즈'라고 합니다. 탁월한 설교자는 양쪽을 다 가르칩니다. 신자가

하나님 나라 복음

믿음에서 뒷걸음질칠 때마다 하나님은 오래 참으시는 가운데 성령으로 그를 회개시키고 되돌려놓지만, 실존의 선택의 순간마다 성령의 인도하심에 따르기를 계속 거부하고 끝까지 신앙에서 뒷걸음질치면 언젠가는 되돌아올 수 없는 낭떠러지로 떨어질 수도 있다는 것이 엄연한 성경의 가르침입니다.

그런데 로마서 8:28-39을 보면 하나님이 우리를 끝까지 지켜주신다고 합니다. 하나님이 우리를 만세 전부터 구원으로 예정하시고, 우리를 부르시고, 의인으로 만들 계획이 있었으므로 우리가 하나님의 영광에 이를 때까지, 구원의 완성에 이를 때까지 지켜주신다고 말합니다. "누가 우리를 그리스도 안에 있는 하나님의 사랑에서 끊을 수 있으리요!"라고 외치며 바울이 웅변을 쏟아냅니다. 이 우주 안에 있는 어떤 세력도 하나님의 사랑에서 우리를 끊을 수 없다는 것입니다. 전통 신학에서는 이런 하나님의 지켜주심을 '성도의 견인'이라고 합니다. 그러나 앞서 살펴본 것처럼 '타락의 가능성' 또한 엄연한 성경의 가르침입니다(참고. 히 6:9-20). 그렇다면 하나님이 지켜주시는데 어떻게 구원의 은혜로부터의 타락/탈락이 가능합니까?

표면적으로 보면 논리적 모순이 있습니다. 이렇게 성경에는 표면적으로는 논리적으로 모순되는 가르침이 여럿 있습니다. 이런 때는 이 둘 사이의 논리적 긴장을 해소하기 위해 그중 어느 하나만을 택하고 다른 하나를 약화시키면 안 됩니다. 아르메니안 식으로 예정과 성도의 견인의 교리를 약화시켜서도 안 되고, 칼뱅주의 식으로 타락의 가능성을 사실상 부인해서도 안 됩니다. 후자는 사변적이고 기계적인 예정론을 견지하기 위해서 다음과 같은 논리를 펴기도 합니다. "진정으로 예정된 자는 타락할 수 없다. 고로 신앙생활하다가 배교하고 방탕한 삶을 살고 있는 저 목사나 장로는 진정한 믿음을 가지고 산 것이 아니라 **단지 겉으로 믿는 자 같이 보이는 생활**(only apparent faith)을 한 것이다. 아니면 그의 현재의 방탕한 삶은 **단지 겉으로 타락/탈락으로 보이는 것**(only apparent fall)이고 결국은 하나님의 지켜주심으로 돌아서서 구원을 받게 된다." 이런 식으로 성경의 타락/탈락의 가능성에 대한 경고를 무력하게 만드는 것은 성경을 바르게 공경하는 태도가 아닙니다. 어떤 교회사의 인물도 성경보다 더 위대하거나 더 큰 권위를 가지고 있지 않습니다. 예컨대, 칼뱅이 가르쳤다고 생각하는 (조금 일방적인) 예정론을 추종하기 위해 구원의 은혜로부터 탈락할 가능성이 있다고 하는 성경의 분명한 가르침을 피하거나 경시하는 것은 옳지 않습니다. 종교개혁의 대원칙 중 하나가 '성경대로만'(sola scriptura)입니다. 교회의 전통보다 성경이 더 중요한 것입니다. 그런데 (한국) 장로교가 자신도 정확히 인지하지 못하는 사이에 중세 가톨릭의 신학 방법에 빠졌습니다. 중세 신학자들이 토마스 아퀴나스의 신학에 맞추어 성경을 해석했던 것처럼, 지금 (한국) 장로교의 일부는 오로지 칼뱅 또는 이른바 '칼뱅주의' 신학에 맞추어 성경을 해석하려고 합니다. 칼뱅이 위대한 성경학자이고 신학자인 것은 분명하지만 그가 모든 진리를 다 터득한 것은 아닙니다. 칼뱅 이후 지난 500년 동안의 많은 신학자들도 성경의 상당한 진리들을 새롭게 발견했습니다. 우리는 '성경대로만'의 원칙에 굳건히 서서 우리 이전의, 또 우리와 동시대의 신학자들이 산고(産苦) 끝에 찾아낸 신학적 진리들을 겸허하게 경청하고 수용할 수 있어야 합니다.

성경이 가르치는 예정론/성도의 견인론과 타락/탈락의 가능성에 대한 경고는 그들이 주어진 의도를 존중하면서 통합하여 이해해야 합니다. 그렇게 하여 두 가르침들을 논리적 긴장 가운데 함께 유지하는 것이 건강한 신앙입니다. 탈락의 가능성을 말하는 고린도전서 10:12의 의도는 신실한 제자도, 또는 의인/성화의 삶을 촉구하기 위한 것입니다. 그렇게 살지 않으면 하나님과의 올바른 관계에서 탈락할 수 있다고 출애굽 세대의 예를 들어 경고하는 것을 우리는 앞에서 자세히 살펴보았습니다. 예정론/성도의 견인론을 펼치는 로마서 8:28-39의 의도는 구원을 받았지만 여전히 사탄의 죄와 죽음의 통치에 노출되어 고난받는 성도들에게 구원의 확신과 위로를 주고자 하는 것입니다. 이 가르침은 하나님의 주권자적 은혜에 기초를 둔 본문입니다. 이 본문이 말하고자 하는 바, 하나님이 우리를 지켜주신다는 것을 확실히 하기 위해 이럴 때는 항상 예정론을 먼저 펼칩니다. "내가 의인이라 칭함 받음은, 그래서 지금 하나님과 올바른 관계에 서 있음은 하나님이 영원 전부터 나를 택하여 부르시고, 그가 정한 때가 되어 복음을 듣게 하시고, 자신의 영(성령)으로 나의 눈을 띄워 복음의 진리를 깨닫게 하시고, 그리스도를 믿게 하시어 그 구원의 덕을 입게 하심에 의해서다. 그러니까 나의 구원은 전적으로 하나님의 은혜에 의한 것이다." 우리가 알기 전에 성령이 미리 오셔서 구원의 은혜를 베푼 것을 '미리 와서 역사하시는 은혜'(prevenient grace)라고 합니다. 우리의 구원은 처음부터 끝까지 전적으로 하나님의 은혜에 의한 것이므로 신적 구원이고, 신적 구원이기에 온전한 구원이며 확실한 것입니다. 만약 우리의 구원에 우리의 인간적 지혜나 선행이 조금이라도 공헌한다면 그것은 구원이 될 수 없습니다. 모든 인간적인 것은 불완전하기 때문입니다. 우리의 구원은 전적으로 하나님의 은혜에 의한 것이므로, 그것은 하나님의 충만에 의한 구원이고, 온전하고 확실한 구원인 것입니다. 그러므로 예정론/성도의 견인론을 약화시키는 구원론은 '은혜로만'의 진리를 약화시키며 인간의 선행에 일부 의지하는 구원론이어서 구원의 확신을 줄 수 없는 것입니다. 전통적으로 아르미니우스의 가르침을 따르는 신학이나 교단들이 그런 구원론을 가르친다고 의심을 받고 있는데, 그것은 성경적이지 않습니다.

이 진리를 말하는 것이 예정론입니다. 이 진리를 예정론으로 펼칠 때는 우리에게 구원의 확신과 위안을 주기 위해서입니다. 우리의 구원은 처음부터 끝까지 하나님의 은혜에 의한 것이고, 하나님은 '미쁘신'(신실하신) 분이시니(고전 1:9), 그가 우리의 구원을 끝까지 지켜주신다고 말하기 위함입니다. 언약의 관계에 신실한 하나님은 설령 내 믿음이 가끔 약해져 하나님과의 관계에 신실하지 못해도(하나님의 통치에 순종을 잘 못해도) 그런 나를 버리지 않고 끝까지 지켜주신다는 것입니다. 예정론은 우리가 사탄의 죄와 죽음의 통치에 노출되어 시험과 고난 속에 있을 때, 그리하여 우리의 구원에 대해 회의가 생기고 불안해질 때, 구원은 영원한 하나님의 예정에 의한 것인데, 하나님은 신실하셔서 자신의 약속(또는 뜻한 바)을 끝까지 지키시는 분이라는 것을 상기시키기 위해 펼치는 교리입니다. 하나님이 나에게 끝까지 하나님 노릇 해주셔서 나를 구원의 완성에 이르게 하시는 분임을 가르치기 위해 펼치는 교리입니다. 따라서 예정론은, 구원은 알파부터 오메가까지 오로지 하나님의 은혜로만 이루어지는 것이라는 복음의 진리와 하나님은 신실하신 분이라는 복음의 진리, 이 두 교리들의 산물입니다.

바울은(바울만 아니라 성경 전체가, 특히 히브리서가) 하나님이 베푸시는 전적인 은혜에 의한 구원과 더불어 타락의 가능성이라는 두 가지 가르침을 함께 가르치는데, 이들이 일으키는 논리적 긴장을 의식하며

하나님 나라 복음

그들을 함께 견지할 때 우리는 건전한 신앙을 가질 수 있습니다. 지금 우리가 하나님의 주권을 의식하고 거기에 순종해야 함을 자각하면서, '내가 이렇게 살면 안 되는데…', '내가 과연 성령의 인도하심에 따라 하나님과 이웃을 사랑하고 살고 있는가?'라는 마음을 갖는 것이야말로 우리가 하나님과의 올바른 관계에 서 있고 성령의 깨우침을 받고 있다는 증거입니다. 성령이 우리 실존의 매 순간 우리의 죄를 일깨워주고, 그 죄를 회개하게 하고, 올바로 살고자 하는 의지를 주기 때문에 우리는 이렇게 자신을 성찰할 수 있습니다. 그럴 때 우리는 우리의 구원에 대해서 과도하게 걱정하고 불안해하는 대신, 예정론과 성도의 견인론을 가르치는 성경의 본문들을 읽으면서 구원의 확신을 회복하고 위로를 받으며 성령의 인도함에 따라 의인으로서의 삶을 더 신실하게 살겠다고 결단하면 됩니다. 반면에 '나는 예수 믿어 구원받았다, 그런데 성경은 그것이 하나님의 예정에 의한 것이고 하나님이 그것을 끝까지 지켜주신다고 한다, 그러니 이제부터는 아무렇게나 살아도 된다'는 자만과 방종에 빠진 사람들은 자신이 과연 하나님과의 올바른 관계에 서 있는가, 그의 통치를 받아가고 있는가, 이렇게 살다가 하나님의 은혜를 떠나 넘어지지 않을까를 반성해야 합니다. 그런 사람들은 한 번 빛을 보고 구원을 맛본 자가 배교하면 두 번째 구원이 없다는 히브리서 6:1-10의 경고를 심각히 받아들여야 합니다. 하나님의 은혜를 헛되이 믿을 수 있고, 그래서 넘어질 수 있다는 바울의 가르침을 진지하게 읽고 회개하는 가운데 신실한 믿음의 순종을 결단해야 합니다. 이렇게 예정론/성도의 견인론과 타락/탈락의 가능성에 대한 교리 간에 생기는 논리적 긴장을 유지하면서 두 교리들을 함께 견지하는 것이 건강한 신앙입니다. 그렇지 않고 이성적·합리적으로 둘을 조화시키기 위해서 어느

한쪽을 약화시키려고 하는 것은 옳지 않습니다.

우리가 주변에서 흔히 볼 수 있듯이, 어떤 사람들은 성경의 예정론을 그것이 의도하는 바와 관계없이 왜 하나님은 어떤 사람들은 구원하기로 예정하고 어떤 사람들은 그렇게 하지 않았는가와 같은 쓸데없는 질문을 하면서 스스로 미로로 빠져들어 가는데, 이 역시 바람직한 태도가 아닙니다. 너무나 오랫동안 일부 신학 전통에서 예정론을 그 의도와 관계없이 사변적으로 가르침으로써 많은 성도들로 하여금 그런 질문을 갖고 괴로워하게 했습니다. 그러나 바울은 신자에게 구원의 위안을 줄 목적으로, 구원의 첫 열매 받은 우리는 고난을 받는 가운데서도 종말의 완성을 향해 가는 것이니 걱정하지 말라고 로마서 8장에서 이야기합니다. 이에 반해 한국의 그리스도인들에게는 평안함이 없습니다. 오히려 그리스도인들이 더 불안해하는 것을 쉽게 볼 수 있습니다. 하지만 우리에게는 구원의 '안위'(Gelassenheit)가 있어야 합니다. 마치 어린아이가 엄마 품에서 아무 근심과 걱정 없이 평안함을 누리는 바로 그 모습이 우리 삶에 있어야 합니다. 신실한 하나님의 은혜의 손에 내가 붙들려 있고, 사탄을 이긴 하나님의 아들이 나를 보호하시고 인도하시며, 그의 영이 나를 지킬 뿐만 아니라 그의 아들이 나를 위하여 최후 심판에서 변호하신다는 것이 복음 아닙니까? 그리고 그 복음의 은혜를 누리는 그리스도인들이 삶 가운데 참된 평안을 누리는 것은 너무나 당연하지 않습니까?

하나님 나라의 구원의 완성을 얻기('칭의'의 완성: '영화')

종말에 하나님의 아들 주 예수 그리스도는 사탄의 세력을 최종적으로 멸망시키고 온 우주가 하나님의 나라(통치) 아래 회복되게 하실 것입니다(고전 15:23-28; 롬 8장). 그때 온 땅은 죄와 죽음(부패)으로부터 완전히 구속(해방)되어 하나님의 영광과 생명으로 충만하게 될 것입니다(이렇게 완성된 하나님 나라를 그린 것이 요한계시록 19-22장에 나타나는 환상입니다). 그때 최후의 심판에서 하나님의 아들 주 예수 그리스도의 복음을 믿어 하나님(아들)의 나라에 속해왔던 사람들은 '의인'으로 최종 판결을 받게 되고, 하나님의 백성/자녀들로서 하나님의 영광에 참여하고 영생을 얻게 됩니다.

이렇게 장차 완성될 하나님 나라에서 온전한 구원을 얻는 것은 전통 신학의 구원의 서정에서 말하는 '영화'에 상응하는 것입니다. 로마서 8장에서 바울은 주 예수 그리스도의 재림으로 하나님 나라가 완성될 때 비로소 우리가 하나님의 심판석 앞에 서서 하나님의 아들 예수 그리스도의 대속의 죽음과 중보(변호)에 힘입어 칭의(무죄 선언)의 완성을 받을 것이고, 그리하여 하나님의 진노로부터 최종적으로 해방될 것이라고 선언하며(롬 8:31-34; 참고. 롬 5:8-10; 살전 1:10; 고전 1:6-8; 살전 3:13), 그것이 우리를 하나님의 사랑에서 분리시키고 우리에게 고난과 죽음을 가져오는 사탄의 세력에 대한 완전한 승리를 거두는 것이며(롬 8:35-38), 그때 우리는 하나님의 '맏아들' 그리스도와 같은 형상으로 변화되어 하나님의 영광을 얻는다고 말합니다(롬 8:29-30). 그리스도가 하나님의 '형상'이므로(고후 4:4; 골 1:15) 우리가 그리스도와 같은 '형상'이 되는 것은 하나님같이 된다는 말과 동의어이고, 하나님의 '영광'을 얻음은 하나님의 본질(초월자로서 거룩하시며, 무한하시며, 온 세상의 통치자이심)에 참여한다는 말입니다. 성경에서 말하는 하나님 '영광'의 기본 의미는 하나님의 본질, 신성의 본질이 드러난 상태를 의미합니다. 하나님의 신성의 본질이 드러날 때 그 위대함과 경이로움에 탄복해서 무릎을 꿇고 칭송하는 것입니다. 그것이 하나님의 '영광'입니다. 구약에서는 그것을 거대한 구름덩이에 찬란하게 비치는 빛으로 형상화하여 그 빛이 나타날 때 하나님이 나타났다(theophany)고 하며, 그때에 하나님의 '영광'을 보았다고 합니다. 주 예수 그리스도의 재림으로 하나님 나라가 완성되고, 그래서 하나님의 위대하신 위엄이 드러날 때 우리도 그 '영광'을 보고, 그 '영광'에 참여하게 됩니다. 곧 하나님의 신성에 참여하게 됩니다. 이를 다른 말로 하면 하나님의 형상인 그리스도, 하나님의 맏아들의 형상을 얻음입니다. 하나님의 맏아들 예수의 중보로 우리가 하나님의 형상을 회복합니다. 하나님의 형상을 회복한다는 것은 하나님같이 된다는 것입니다. 그때 마침내 우리는 우리의 인간성·피조물성의 한계를 벗어나 하나님의 초월(신성)에 참여하게 되는데, 그것이 영생·신적 생명입니다. 인간성의 제한성이 가져오는 결핍, 아픔과 슬픔이 없는 온전함에 이르는데, 그것이 구원입니다. '하나님과 같이 됨'은 옛 신학 언어로는 apotheosis(또는 theosis)라고 하는데 그것이 구원의 완성입니다. 이것은 하나님과의 올바른 관계 회복, 의인 됨, 곧 하나님 자녀 됨(입양)의 구원이 완성되어 하나님의 충만함을 상속받고 하나님과 같이 된다는 것입니다. 바울은 이와 같은 '하나님과 같이 됨' 또는 '하나님의 신성을 얻음'을 '하나님의 창조주로서 온 세상을 통치하심에 참여함', '하나님과 함께 세상과 천사들까지 다스림'으로 표현하기도 합니다(고전 6:2-3).

'칭의', '화해', '성화', '입양'은 바울이 많이 쓰는 구원의 그림 언어들입니다. 이런 그림 언어들로 말하고자 하는 실재는 다 같습니다. 바로 하나님과의 올바른 관계 회복입니다. 하나님의 통치를 받는 하나님의 백성 됨, 그리하여 하나님의 신적 충만, 곧 영광에 참여하여 신적 생

하나님 나라 복음

명을 얻는 것을 말하는 것입니다. 예수의 언어로 말하면 하나님의 상속자, 그의 잔치에 참여하는 자가 되는 것입니다. 로마서 8장에서 예수가 그의 하나님 나라 복음 선포로 약속한 구원이 종말에 이렇게 완성된다고 가르치는 것입니다. 더 나아가 바울은 예수가 선포한 하나님 나라가 완성될 때 우리 인간뿐 아니라 피조 세계 전체가 사탄의 죄와 죽음의 통치로부터 구속된다는 것을 잊지 않고 강조합니다(롬 8:18-22, 38; 참고. 고전 15:23-28).

아담이 스스로 하나님이라 주장하면서 하나님같이 되려 했을 때 도리어 사탄의 죄와 죽음의 통치 아래로 떨어지고, 그와 함께 온 세상이 타락했습니다. 그러나 인간이 자신의 연약한 피조물성을 인정하고 하나님의 창조주 되심을 인정하며, 하나님의 자신의 아들 예수 그리스도를 통한 하나님 노릇 해주심, 곧 하나님의 의와 생명의 통치에 의지하고 순종할 때 하나님의 신성에 참여하게 됩니다. 바울은 이 역설을 빌립보서 2:6-11의 그리스도의 찬송시에서 두 개의 상반되는 존재 방식들을 표현한 그림으로 설명합니다. 아담적 존재 방식과 새 아담인 그리스도의 존재 방식입니다. 아담은 스스로 하나님같이 높아지려다 사탄의 종으로, 인간 이하로 떨어졌습니다. 그리스도는 하나님의 아들이지만 하나님과 동등됨을 취할 것으로 또는 누릴 것으로 여기지 않고 스스로를 비워 십자가에 죽기까지 철저히 순종하였습니다. 그러므로 하나님이 그를 지극히 높이셔서 모든 이름 위에 뛰어난 이름, 즉 하나님의 이름인 '주'를 주셨습니다. 그래서 하늘의 천사들이나 땅 위의 인간들이나 땅 아래의 악령들까지도 다 "예수가 주이시다"라고 부르짖게 했습니다. 아담은 자기를 주장하며 스스로를 높여 하나님같이 되려다가 사탄의 노예로 떨어지고 비인간화되었지만(창 3:5), 예수는 자기

를 부인하고 하나님께 순종함으로써 하나님의 이름을 받아 하나님과
같이 되셨습니다. 예수 그리스도를 통해 사탄의 죄와 죽음의 통치로부
터 구속되고 하나님의 의와 생명의 통치 아래로 이전된 우리는 옛 아
담적 삶의 방식을 버리고 그리스도 예수가 보여준 새 아담적 삶의 방
식으로 살아야 합니다. 주 예수 그리스도를 믿는 '의인'이 된 사람은 이
렇게 삶으로써 종말에 완성될 하나님 나라에서 하나님의 영광(신성)에
참여하고 그의 신적 생명, 곧 영생을 얻게 됩니다.

하나님 나라 복음

5

주기도문에
나타난
하나님 나라 복음

_정현구

6너는 기도할 때에 네 골방에 들어가 문을 닫고 은밀한 중에 계신 네 아버지께 기도하라 은밀한 중에 보시는 네 아버지께서 갚으시리라 7또 기도할 때에 이방인과 같이 중언부언하지 말라 그들은 말을 많이 하여야 들으실 줄 생각하느니라 8그러므로 그들을 본받지 말라 구하기 전에 너희에게 있어야 할 것을 하나님 너희 아버지께서 아시느니라 9그러므로 너희는 이렇게 기도하라 하늘에 계신 우리 아버지여 이름이 거룩히 여김을 받으시오며 10나라가 임하시오며 뜻이 하늘에서 이루어진 것같이 땅에서도 이루어지이다 11오늘 우리에게 일용할 양식을 주시옵고 12우리가 우리에게 죄 지은 자를 사하여 준 것같이 우리 죄를 사하여 주시옵고 13우리를 시험에 들게 하지 마시옵고 다만 악에서 구하시옵소서 나라와 권세와 영광이 아버지께 영원히 있사옵나이다 아멘(마 6:6-13).

1예수께서 한 곳에서 기도하시고 마치시매 제자 중 하나가 여짜오되 주여 요한이 자기 제자들에게 기도를 가르친 것과 같이 우리에게도 가르쳐주옵소서 2예수께서 이르시되 너희는 기도할 때에 이렇게 하라 아버지여 이름이 거룩히 여김을 받으시오며 나라가 임하시오며 3우리에게 날마다 일용할 양식을 주시옵고 4우리가 우리에게 죄 지은 모든 사람을 용서하오니 우리 죄도 사하여 주시옵고 우리를 시험에 들게 하지 마시옵소서 하라 5또 이르시되 너희 중에 누가 벗이 있는데 밤중에 그에게 가서 말하기를 벗이여 떡 세 덩이를 내게 꾸어 달라 6내 벗이 여행중에 내게 왔으나 내가 먹일 것이 없노라 하면 7그가 안에서 대답하여 이르되 나를 괴롭게 하지 말라 문이 이미 닫혔고 아이들이 나와 함께 침실에 누웠으니 일어나 네게 줄 수가 없노라 하겠느냐 8내가 너희에게 말하노니 비록 벗 됨으로 인하여서는 일어나서 주지 아니할지라도 그 간청함을 인하여 일어나 그 요구대로 주리라 9내가 또 너희에게 이르노니 구하라 그러면 너희에게 주실 것이요 찾으라 그러면 찾아낼 것이요 문을 두드리라 그러면 너희에게 열릴 것이니 10구하는 이마다 받을 것이요 찾는 이는 찾아낼 것이요 두드리는 이에게는 열릴 것이니라(눅 11:1-10).

기도를 보면 그 종교가 보인다

기도는 종교의 가장 보편적인 요소입니다. 모든 종교는 기도를 통해 그 종교가 구하는 것을 추구하므로, 기도의 내용을 보면 그 종교를 알 수 있습니다. 그 종교의 속살이 보이는 것입니다. 이를테면 기도에서 해탈을 많이 구한다면 그 종교는 대단히 현세 도피적이라는 것을 알 수 있습니다. 또 기도에서 세속적 복을 많이 구한다면 그 종교가 기복적 종교라는 것을 알 수 있습니다. 즉 기도를 보면 그 종교의 수준이 보이고 기도의 내용을 보면 그 종교가 무엇을 말하는지를 알 수 있다는 것입니다. 그런 의미에서 기도는 매우 중요합니다.

예수님이 탄생하셨던 1세기의 팔레스타인은 역사의 모순이 응집되어 있었던 곳입니다. 그러므로 유대인들은 그 어느 때보다 많이 기도했습니다. 시편에는 기도문이 많기 때문에 당시 유대인들은 시편으로 기도문을 만들어 기도하는 경우가 많았습니다. 또한 '카디쉬'라는 기도문을 만들어 기도하기도 했고, 18가지 기도 제목을 나열한 '18번 기도'라는 기도를 드리기도 했습니다. 이때 기도했던 내용 중에는 유대 종교의 특징을 이루는 기도도 있었지만 로마의 압제로부터의 해방, 즉 이스라엘의 민족적 구원과 관련한 기도 역시 있었습니다.

그런 기도들이 드려지고 있던 어느 날, 유대 광야에서 한 사람이 혜성처럼 등장합니다. 바로 세례 요한입니다. 세례 요한은 광야에서 유대인을 향해 세례를 받으라고 외쳤습니다. 당시 근동의 많은 종교들은 그리스·로마 신화와 관련된 종교들로서 도덕적으로 굉장히 문란했습니다. 그래서 도덕적으로 비교적 건실한 유대교로 개종하려 하는 이방인들이 소수였으나 존재했고, 그들이 개종할 때 세례를 받기도 했습니다. 그런 면에서 세례는 이방인들을 위한 것이었습니다. 그런데 세례 요한이 광야에서 유대인을 향하여 세례를 받으라고 외쳤던 것입니다. 그러자 그 광야의 외침이 아주 어려운 시대를 살아갔던 유대인들에게 뭔가 굉장히 찔림이 됐고 호소력을 가졌던 것 같습니다. 그래서 많은 사람이 요한을 따르기 시작했습니다. 언급한 대로 유대 사회에서는 이미 그들 나름의 기도문이 계속 발전하고 있었는데, 어떤 내용인지 지금은 알 수 없지만 요한도 또 하나의 기도문을 가르친 것 같습니다. 이렇게 기도를 알려준 요한이 투옥되고, 나중에는 헤롯에 의해 참수를 당합니다. 그런데 요한의 제자들 일부가 예수님의 제자가 됩니다.

요한의 제자들이었다가 예수님의 제자가 된 이들이, 기도하시는 예수님을 보고 이렇게 부탁합니다. "요한이 자기 제자들에게 기도를 가르친 것과 같이 우리에게도 가르쳐주옵소서"(눅 11:1b). 기도에 관하여 가르칠 때, 그 내용은 대략 두 가지입니다. 하나는 무엇을 기도해야 하는가, 즉 기도의 내용이고, 또 하나는 어떻게 기도해야 하는가, 즉 기도의 방법입니다. 예수님은 기도의 내용에 관해서는 주기도문을 가르쳐주셨고, 기도의 방법에 관해서는 '여행중에 찾아온 한 벗의 이야기'를 비롯한 여러 비유를 말씀하십니다.

기도, 타인을 향한 자비의 실천

마태복음에서 예수님은 중언부언지 말라, 외식하지 말라, 자신의 골방에서 기도하라고 말씀하시면서, 기도를 종교적 공로로 생각했던 유대인들을 향하여, 기도는 하나님 그분을 대면하는 것임을 가르치셨습니다. 누가복음에서는 하나의 비유를 들어 기도의 방법이라는 주제를 더 깊이 가르치십니다. 어떤 사람에게 밤중에 손님이 찾아왔습니다. 그 손님은 먼 거리를 오랫동안 걸어 친구의 집을 찾아왔기 때문에 밤늦게 도착했고, 도중에 제대로 먹지 못한 상태였습니다. 주인은 이렇게 찾아온 친구를 그냥 재울 수 없어 음식을 준비하려고 하나, 집에 아무런 먹을 것이 없었습니다. 그래서 찾아온 친구를 위해 떡을 구해야겠다는 생각을 가지고 이웃집을 찾아가는데, 아주 늦은 밤이라 이웃집 사람들은 모두 잠들어 있었습니다. 굉장히 곤란한 상황입니다. 이런 상황에서도 주인은 자기에게 찾아온 손님을 위해 이웃집 문을 두드립니다. "여보게, 문 좀 열어주게. 지금 멀리서 친구가 찾아왔는데 떡 세 덩이만 빌려주게나." 이웃집 사람은 이렇게 대답합니다. "우리 가족이 다 지금 자려고 누웠는데 이렇게 나를 귀찮게 하는가." 그럼에도 불구하고 계속 문을 두드리자 이웃은 그 강청함을 인해 떡을 주게 됩니다.

이 비유를 통해 예수님은 기도는 이렇게 하는 것이라고 가르쳐주셨는데 여기서 종종 오해가 발생합니다. 그 오해란, 기도는 강청하고 떼를 쓰면서 원하는 것을 얻는 것이라는 해석입니다. 그러나 누가복음

하나님 나라 복음

내용을 가만히 보면, 떡을 구하는 사람의 강청은 자기를 위한 것이 아니었습니다. 그는 자기를 위해서가 아니라 곤란에 처한 이웃을 위해 구했습니다. 여행을 하다가 밤늦게 도착한 친구는 사실 어렵고 기도가 필요한, 세상을 살아가는 수많은 사람을 상징한다고 말할 수 있습니다. 생명의 양식이 필요한 보편 인류를 의미한다고 봐도 좋습니다. 바로 이런 사람을 향한 이타적인 마음, 그들을 먹이려는 애타는 마음과 실천이 곧 기도라는 것입니다.

'기도는 자기 욕망 추구의 도구이기 전에 자비의 실천'이라는 것이 누가복음의 이 이야기가 알려주는 기도에 관한 매우 중요한 교훈입니다. 기본적으로 이런 마음을 가지고 드리는 기도가 하늘에 상달된다는 것입니다. 예수님이 주기도문을 가르치실 때, 하늘에 계신 '내 아버지여'라고 하지 않고 '우리 아버지여'라고 기도하게 했는데, 이 '우리'라는 단어가 같은 맥락 속에 있습니다. '내' 아버지여 하지 않고 '우리' 아버지여 합니다. 기도의 제목 속에 나의 기도도 있지만, 타인을 위한 기도가 있어야 한다는 것입니다. 기도는 테크닉의 문제가 아니라 이런 마음을 가지는 것입니다.

또 우리는 기도하면, 그것도 '강청하면', 구한 바가 반드시 이루어질 것이라 기대하기가 쉽습니다. 하지만 기도는 그런 것이 아닙니다. 기도는 금방 응답되는 경우가 드물고, 대부분의 경우 응답에 상당히 긴 시간이 필요합니다. 우리는 하나님이 전지전능하시니 하늘에서 요술을 부리듯 금방 기적적인 응답을 주실 것이라 생각합니다. 하지만 기도의 메커니즘은 상당히 복잡합니다. 관계의 깊은 그물망 안에서 누군가의 마음이 감동되고 그 사람이 자기의 의지를 따라서 행동하는데, 그것이 나에게 기도 응답이 되는 것입니다. 내가 맺고 있는 이러한 수

많은 관계의 그물과 아무런 상관없이, 하늘에서 선물이 떨어지는 식으로 기도가 응답되는 것이 아닙니다. 기도에는 인내가 필요하고, 또한 중요하다는 가르침이 들어 있습니다.

온몸으로 드리는 기도

기도의 방법에 관한 누가복음의 가르침 속에 우리가 잘 아는 "구하라, 찾으라, 두드리라"(눅 11:9)라는 말씀이 있습니다. "구하라, 찾으라, 두드리라"는 세 동사의 나열에는 점층적 강조법이 사용되고 있기도 하지만, 기도의 방법에 있어서의 다양성을 말해주기도 합니다. 구하는 것은 입으로 합니다. 입으로 필요를 간구하는 것이 기도입니다. 보통 우리는 교회당에서 눈을 감고 입으로 구하는 기도만을 기도의 범주에 넣습니다. 그러나 예수님은 이어서 "찾으라"고 하십니다. 찾는다는 것은 현실 문제의 해답을 찾기 위해 발로 뛰어다니는 것입니다. 즉 실천, 행동, 노력 역시 기도라는 것입니다. 눈을 감고 입으로 구하는 것만이 기도가 아닙니다. 기도를 마친 후에 일어나서 현실에서 기도의 마음으로 걸어다니며 해결을 구하는 것도 기도입니다.

다음은 "두드리라"입니다. 두드린다는 것은 일차적으로 행동을 말하는 것이지만, 이 행동은 응답에 대한 기다림을 포함합니다. 그러므로 이것은 기도의 응답이 더디더라도 포기하지 않고, 이루어질 것을 믿고 기다리는 것을 의미합니다. 대부분의 기도는 빨리 응답되지 않습니다. 그런 응답되지 않은 상황 속에서도 포기하지 않고 문을 두드리는 기다림과 인내가 필요한데, 이런 긴 기다림도 기도라는 것입니다.

기도는 새벽 기도회에 나가서 "하나님 도와주세요"라고 부르짖는

하나님 나라 복음

것부터, 하나님이 기도를 응답해주실 것을 기대하는 마음으로 내가 할 수 있는 현실적인 노력을 하는 것, 당장 이루어지지 않아도 상당한 기간 기다리는 것까지를 총체적으로 포함합니다. 기도의 방법이란 '응답받는 기도의 1, 2, 3단계'와 같은 그런 특별한 것이 아닙니다. 기도는 기본적으로 타자를 위한 사랑의 실천이요 입으로만이 아닌 발로도 드리는 것이며 열리지 않는 것처럼 느껴지는 문 앞에 서서 기다리는 것입니다. 그런 점에서 기도는 온몸으로, 또한 온 삶으로 드리는 것입니다.

제자들은 예수님으로부터 기도의 공식과 같은 것을 기대했지만 예수님은 그런 것은 전혀 말씀하지 않으셨습니다. 오히려 기도는 바른 자세와 마음가짐임을 알려주신 것입니다. 마태복음에서 기도의 기본 자세를 먼저 알려주시고 주기도문 내용을 말씀하셨다면, 누가복음에서는 기도의 내용을 먼저 알려주시고 그 방법을 알려주셨습니다.

시대를 초월한 기도문

기도의 내용은 사람에 따라, 상황에 따라 굉장히 다양할 것입니다. 그런데 주님은 주님이 이 땅을 거니셨던 1세기부터 다시 오실 때까지, 주님을 믿는 모든 사람이 시대를 초월해 항상 해야 할 기도를 알려주셨습니다. 이 기도 속에는 예수님이 가르치시고자 하는 진액이 다 들어 있습니다. 실제로 주기도문을 하나하나 살펴보면 그 속에 주님의 모든 가르침과 교훈이 집약되어 있음을 발견하게 됩니다.

주기도문은 크게 두 부분으로 나누어져 있습니다. 한 부분은 하나님에 관한 기도이고, 다른 한 부분은 사람에 관한 기도입니다. 전반부는 "하늘에 계신 우리 아버지여"란 부름으로 기도가 시작되어, "이름이 거룩히 여김을 받으시오며", "나라가 임하시오며", "뜻이 하늘에서처럼 땅에서도 이루어지이다"라는 세 가지 기도로 되어 있습니다. 이 세 가지 제목은 다 하나님과 관련된 기도 제목이라고 볼 수 있습니다. 또 이어지는 "일용할 양식을 주시고", "죄를 용서하게 해주시고", "시험에 들게 하지 마시고 악에서 건지소서"라는 후반부는 사람에 관한 기도 제목에 해당됩니다. 이렇게 주기도문은 크게 두 부분으로 나눌 수 있고, 그 두 부분에 들어 있는 개별적 기도를 다 합하면 총 여섯 가지가 됩니다. 만약 사람에 관한 기도 제목 중에서 "시험에 들게 하지 마시고"와 "다만 악에서 구하옵소서"를 두 가지로 본다면 일곱 가지가 될 것입니다.

이 여섯 혹은 일곱 가지 기도 제목을 하나씩 깊이 마음을 담아 묵상하면서 기도하면, 기도가 잘 안 될 때 기도의 문이 열립니다. 정말 너무나 소중한 기도 제목입니다. 우리는 이 주기도문을 단순히 일곱 가지 기도 제목의 나열이라고만 보아서는 안 됩니다. 왜냐하면 이 기도 제목들은 서로 긴밀히 연결되어 있기 때문입니다. 우리는 주기도문에 나타난 여섯 가지 혹은 일곱 가지를 늘 잊지 말고 기도해야 하지만, 동시에 이 여섯 혹은 일곱 가지 기도 제목들을 하나로 묶어주는 핵심 제목을 깨달아야 합니다. 즉 이 여섯 혹은 일곱 가지 제목은 결국 무엇을 구하라고 하는 것인지를 알아야 한다는 말입니다. 주기도문은 우리가 예수님을 믿고 난 후부터 매일 그리고 평생 구해야 할 제목을 알려주신 모범 기도문인데, 여기에 담긴 핵심 간구 제목을 알아야 예수님이 우리에게 가르친 기도를 바로 깨닫게 되는 것입니다. 그리고 이것을 알 때 신·구약 성경을 관통하는 흐름이 보이고, 기독교란 종교의 수준과 깊이가 보이는 것입니다.

하나님 나라 복음

초월과 내재

먼저 "하늘에 계신 우리 아버지여"라고 기도를 시작합니다. 여기의 하늘은 천국을 말하는 것이 아닙니다. '하늘'은 하나님과 인간의 차이를 말하기 위해서 쓰신 것입니다. 인간은 땅에 있고, 하나님은 하늘에 계십니다. 하나님은 절대자이시고, 인간은 유한자입니다. 하나님은 법칙을 초월하시는데, 인간은 법칙 아래에 있습니다. 이처럼 하나님과 인간 사이에는 뛰어넘을 수 없는 절대 간격과 질적 차이가 있습니다. 그러므로 "하늘에 계신 하나님"이라고 부르는 것은 우리가 기도하는 대상이 초월자이심을 상기시켜줍니다. 우리보다 조금 더 힘이 있고, 좀 더 지혜가 있는, 즉 그저 상대적으로 우월한 분이 아닙니다. 기도의 대상은 초월자이신 하나님이십니다. 그분께 기도드리는 것입니다.

그런데 '하늘에 계신' 분은 또한 우리의 '아버지'이십니다. 그러므로 '하늘에 계신'으로 표현되는 초월적 하나님은 또한 우리의 '아버지'로서 이 세상에 내재하시는 분이십니다. 우주를 초월해 계신 분이 이 우주 속으로 들어오셔서, 더 나아가 기도하는 나의 소리를 들을 수 있도록, 내게 귀를 대고 있을 만큼 가까이 계신다는 것입니다. 즉 하나님은 초월하시면서 동시에 내재해 계시는 분입니다.

하나님이 초월자가 아니라면 우리가 아무리 기도해도 우리의 기도를 들어줄 능력이 부족하고, 또 내재하는 분이 아니라면 능력이 있으나 내 기도에는 관심을 기울이실 이유가 없습니다. 초월자이면서 내재자일 때 비로소 하나님은 우리의 기도를 듣는 하나님이 되시는 것입니다. 그래서 주기도문은 "하늘에 계신 아버지여"라고 부르게 합니다. 그래서 멀리 계시면서 동시에 가까이 계신, 초월자 하나님이시면서 내재

자 아버지이신 그분을 바라보게 하고, 그분께 구하게 합니다.

이름이 거룩하게 여김을 받으시오며

기도의 대상이신 하나님을 부른 뒤에 제일 먼저 나오는 기도가 "이름
이 거룩히 여김을 받으시오며"입니다. 이 땅에 하나님의 이름을 망령
되이 일컫는 일이 워낙 많다 보니, 우리는 이 기도 제목을 보면서 하나
님의 이름이 거룩히 여김을 받게 하기 위해 이렇게 기도해야 한다고
생각합니다. 그러나 혹시 우리가 기도해서 하나님이 더 거룩해지시기
를 바란다면 오산입니다. 왜냐하면 하나님의 거룩은 '절대 거룩'이라
더 거룩해지실 수가 없기 때문입니다. 하나님은 점점 더 높아지실 분
이 아니라 이미 최고로 높으신 분입니다. 그러니까 이 기도는 하나님
이 더 거룩해지고 하나님이란 존재가 더 높아지게 해달라는 뜻이 아닙
니다. 오히려 이미 완전히 거룩하시고 가장 높으신 분을 향하여 기도
해야 한다는, 기도자의 바른 태도를 강조한다고 할 수 있습니다.

　　김세윤 교수는 "이름이 거룩히 여김을 받으시오며"를 설명하면서,
이것을 당시 유대 전통과 맥락에서 풀어야 한다고 『주기도문 강해』(두
란노, 2011)에서 강조했습니다. 사실상 기도를 가르치신 주님도 유대 전
통 속에 깊이 뿌리내리고 있었고, 제자들도 구약부터 내려오는 유대
전통의 큰 물줄기 속에서 영성을 훈련해가고 있었던 사람들이었으므
로, 이 부분을 유대의 기도 전통 속에서 읽는 것이 필요합니다. 김 교수
는 "하나님이 거룩히 여김을 받으시오며"란 내용은 십계명 제3계명의
맥락에서 읽어야 한다고 말합니다. 십계명에 있는 "하나님의 이름을
망령되이 일컫지 말라"라는 계명 때문에, 유대인들은 하나님의 이름

을 부를 때마다 대단히 경건한 마음을 가졌습니다. 필사자가 하나님의 이름을 쓸 때는 펜을 씻고, 목욕재계를 한 후 쓸 만큼 하나님의 이름에 대한 경외감이 충만했습니다.

그런데 기도자가 그런 하나님을 아버지라고 부른다는 것을 생각해 보십시오. 우리는 익숙하게 하나님을 아버지라고 부르지만, 사실 하나님을 '아빠'라고 부른다는 것은 혁명적인 일입니다. 하나님은 자신을 아버지로 부르게 허락하셨지만, 아무리 하나님을 친밀한 용어로 부른다 할지라도 여전히 우리는 하나님의 초월성과 내재성 속에 담긴 하나님의 사랑을 기억하고 경건한 경외심을 가지고 그 이름을 불러야 합니다. 그런 점에서 "이름이 거룩히 여김을 받으시오며"라는 기도문은 하나로 독립된 간구 제목이라기보다는 기도하는 자의 경건한 마음가짐을 촉구하는 기도인 셈입니다.

나라가 임하시오며

다음에 이어지는 기도는 "나라가 임하시오며"입니다. 사실상 주기도문 중 간구의 기도는 여기서부터 본격적으로 시작합니다. 하나님 나라에 대한 기본적 이해를 가지고 있는 사람들도 있지만, 여전히 하나님 나라에 대한 오해가 많습니다. 성경에는 "나라가 임하시오며"로 나와 있지만, 도리어 '내가 하나님 나라에 가게 해주시고'라는 생각을 하면서 기도하는 분들이 많기 때문입니다. '나라'는 영어로는 'Nation'입니다. 이런 번역 때문에 '나라'를 현대적인 국가 개념으로 생각하기 쉽습니다. 하지만 원어는 'Kingdom'입니다. 그러므로 이 기도는 하나님이 왕으로서 'dominate', 즉 통치하실 것을 구하는 기도입니다. 이 간구를 풀어 쓰면, 하나님이 왕이 되어달라는 기도입니다. 하나님이 왕으로서 이 땅을 다스려달라는 기도를 하는 것입니다.

우리는 역사적 경험으로 인해 통치라는 단어를 들으면 약간의 거부 반응이 생깁니다. 특히 우리가 근·현대에서 경험했던 통치가 백성을 섬기는 통치가 아닌, 지배하는 통치였으므로 하나님의 '통치'라는 말을 부정적으로 받아들일 수도 있습니다. 실제로 역사 속 대부분의 통치 행위는 백성의 자유를 뺏고, 그들을 통치자를 위한 수단으로 삼는 것이었습니다. 그러나 하나님의 통치는 은혜의 통치입니다. 하나님의 통치는 통치받는 사람을 가장 자유로운 존재, 가장 성숙한 존재로 만들며 그 사람을 가장 그 사람답게 만드는 통치입니다. 이 기도문은 이런 자비로운 통치, 은혜의 통치, 하나님의 헤세드가 있는 통치, 인격적인 하나님의 통치가 임하기를 간구하는 기도입니다.

이어서 기도하는 내용은 "뜻이 하늘에서 이루어진 것같이 땅에서도 이루어지이다"입니다. 여기에 나오는 '하나님의 뜻'을 구하는 기도를 '개별적 사안에 대해 미리 결정되어 있는 하나님의 뜻'을 구하는 것으로 오해하면 안 됩니다. 오히려 주기도문 앞뒤 맥락에서 이해해야 합니다. 그러면 "하늘에서처럼 땅에서도 아버지의 뜻이 이루어지이다"라는 기도의 의미는 무엇입니까? 먼저 하늘이라는 곳이 어떤 곳인지 생각해보아야 합니다. 성경의 '하늘'은 황금 보석으로 꾸민 사후의 어떤 영역을 말하는 것이 아닙니다. 하늘은 '하나님의 뜻이 거부당하지 않고 온전히 실현된 곳'입니다. 하나님의 뜻이 완벽하게 이루어지는 곳이 하늘인데, 이 땅도 그런 하늘처럼 되기를 원한다는 것입니다. 이 기도에서 하늘과 땅은 대조를 이루고 있습니다. 땅은 하나님의 뜻이 거부당하고 배척당하고 있는 곳입니다. 땅에는 하나님의 뜻을 배척하

하나님 나라 복음

는 존재가 있습니다. 하나님의 형상으로 만들어진 인간과 사탄입니다. 이 기도는 하나님의 통치에 대한 두 인격적 존재의 배척이 있는 바로 이 땅이 하나님의 뜻이 온전히 이루어지는 하늘처럼 되기를 비는 것입니다. 그런 점에서 "나라가 임하소서"와 "뜻이 이루어지이다"는 기본적으로 같은 의미라고 할 수 있습니다. 즉 하나님의 다스림이 이 땅에 임하기를 구하는 것입니다. 이는 "나라가 임하소서"라는 내용이 마태복음에는 "나라가 임하옵시며 뜻이 하늘에서처럼 땅에서도 이루어지이다"로, 누가복음에는 "나라가 임하시오며"로만 나오는 데서 확인할 수 있습니다. 마태복음은 "나라가 임하소서"를 두 개의 진술로, 누가복음은 하나로 표현했는데 마태복음이 누가복음보다 훨씬 더 조직화되어 있다고 할 수 있습니다.

기도는 산문이라기보다는 운문에, 글보다는 노래에 가깝습니다. 기도는 하나님께 올려드리는 일종의 시와 노래라고 볼 수 있는데, 마태복음의 주기도문에도 일종의 운율이 담겨 있습니다. 하늘에 관한 기도 세 가지, 인간에 관한 기도 세 가지가 나오면서 하나의 운율을 만듭니다. 그래서 "나라가 임하시오며 뜻이 하늘에서 이루어지이다"라고 했다고 볼 수 있습니다. 어쨌든 전반부 세 가지 기도의 핵심은 "나라가 임하소서", 즉 "하나님이 다스려주소서"라는 것입니다.

통치가 임해야 할 땅

이제 주기도문의 후반부를 봅시다. 후반부는 "일용할 양식을 주시고 죄를 사해주시고 시험에 들게 하지 마소서"로 시작합니다. 후반부는 하나님에 대한 내용을 담은 앞부분과는 뚜렷이 구별되며, 사람에 관한 내용을 담고 있습니다. 그러면 두 부분은 완전히 구별된 별개의 내용일까요? 아니면 이 두 부분을 이어주는 연결고리가 있는 것일까요?

주기도문은 이 두 부분을 연결하고 있습니다. 그래서 두 부분을 통해 궁극적으로는 통일된 하나의 기도를 드리도록 가르치고 있습니다. 본문을 보면 그런 연결성을 발견할 수 있습니다. 전반부는 "아버지의 나라가 이 땅에서도 이루어지이다"로 끝납니다. 그러다 후반부는 갑자기 "일용할 양식을 주시고 죄를 용서해주시고 시험에서 건져주소서"란 간구로 넘어갑니다. 전반부에서 언급되었던 "통치가 임해야 할 땅"을 단지 '추상적인 곳이나 일반적인 세상'이라고 생각할 수 있습니다. 하지만 주기도문을 가만히 보면 그렇지 않습니다. 그 땅은 아주 구체적인 곳으로서, 기도자가 기도하는 바로 그 자리입니다. 기도자가 기도를 위해 서 있는 실존적 현실입니다. 그곳이 바로 아버지의 뜻과 통치가 이루어져야 할 땅입니다.

사람이 발을 딛고 살아가는 땅은 어떤 곳입니까? 결국 경제적인 문제로 고민하고 있는 현실입니다. "일용할 양식을 주소서"라는 기도가 나오는데, 이는 인간이 경제적인 문제로 고뇌하고 고통받는 삶의 땅에 아버지의 나라와 통치가 임하게 해달라는 기도입니다. 또 "죄를 용서해주소서"라고 기도합니다. 이는 인간관계 문제로 얽히고설킨 이 삶의 땅에 하나님의 통치가 임하기를 기도하는 것입니다. 또한 "시험에 들게 하지 마소서"라고 합니다. 이것은 사람을 넘어뜨리는 유혹이 많은 이 땅에 하나님의 통치가 임하기를 기도하는 것입니다. 예를 들면 이렇습니다. 인터넷은 잘 사용하면 아주 좋은 이기가 되지만, 잘못 사용하면 잔인한 흉기가 됩니다. 세상 대부분의 것들은 선하지도, 악하지도 않습니다. 중립적입니다. 그것들은 사람을 더 성숙하게 하는 훈련이 될 수도 있고, 반대로 사람을 타락시키는 유혹이 될 수도 있습니다. 충분히 선한 도구로 사용될 수 있는 것이 유혹 속에서는 악의 도구가 됩니다. 돈도 마찬가지입니다. 중립적 도구인 돈은 잘 사용하면 좋은 일에 쓰일 수 있지만 잘못하면 수많은 사람을 비극에 빠뜨리는 흉기가 될 수도 있습니다. 그러니까 우리에게 다가오는 모든 사건은 우리를 하나님께 더 가까이 가게 하는 기회도 되지만 우리를 타락하게 만드는 유혹도 될 수 있습니다. 그러므로 유혹이 가득한 이 땅 위에 아버지의 다스림이 임하기를 소원한다고 기도하는 것입니다. 그리고 악과 구조적인 악이 존재하고, 악한 자인 사탄이 활동하고 있는 이 땅에 사는 우리역시 하나님의 다스림을 받게 해달라고 기도합니다.

이처럼 주기도문은 우리에게 여섯 혹은 일곱 가지를 기도하라고 가르칩니다. 하지만 흐름을 자세히 살펴보면 그 제목은 다음과 같이 정리될 수 있습니다. "하나님의 다스림을 받게 해주소서. 그리하여 내가 서 있는 이 땅을 다스리게 해주소서." 한마디로 주기도문은 한 가지를 구하고 있습니다. 하나님 나라입니다. 주기도문이 구하는 전반부 기도 내용인 "하나님이 나를 다스려주소서"와 후반부 기도 내용인 "내 삶의 땅을 다스리게 해주소서"는 성경 전체를 관통하는 원리가 됩니다.

문제의 뿌리

주기도문은 하나님의 다스림을 구하는 기도입니다. 기도의 제목이 많을 텐데 예수님은 왜 '하나님의 다스림'을 시대에 관계없이 믿는 모든 사람이 반드시 구해야 할 핵심적인 기도 제목으로 가르치셨을까요? 이

점을 생각해볼 필요가 있습니다. 그 이유는 인간이 경험하고 있는 수많은 문제가 바로 하나의 뿌리에서 나왔기 때문입니다. 그 하나의 잘못된 뿌리에서 수많은 죄악의 열매가 맺히기 때문입니다. 열매의 종류는 많지만 뿌리는 하나입니다. 그 하나의 뿌리는 다름 아닌 하나님의 다스림을 거부하는 불순종입니다. 문제의 핵심인 뿌리를 해결해야 참된 응답이 주어지기에, 먼저 하나님의 다스림을 구하라는 것입니다.

창세기는 모든 것의 시작을 알려주는 책입니다. 죄의 시작을 다루는 창세기 3장의 타락 사건을 보면 죄의 성격이 무엇인지를 정확하게 발견할 수 있습니다. 그곳에 에덴동산이 나옵니다. 에덴동산은 단순한 동산이 아니라, 하나님 나라의 초기 모델입니다. 그곳에 다스림을 받는 백성으로 아담과 하와가 있었습니다. 그리고 그들이 거하는 땅인 에덴이 있었습니다. 그 땅에는 하나님의 다스림을 뜻하는, 선악과 명령으로 상징되는 하나님의 법이 있었습니다. 그런데 아담이 에덴에서 선악과를 따서 먹습니다. 선악과 사건의 의미는 이렇습니다. 선악과는 '선과 악을 알게 하는 나무의 열매'입니다. 선악과를 금지한 명령은 마치 하나님이 선과 악을 분별하는 것 자체를 나쁜 것으로 여기신 것처럼 보입니다. 하지만 그렇지 않습니다. 선악과를 먹는다는 것은 사람이 선과 악을 '알게 되었다'는 것이 아니라, 사람이 선과 악을 '결정하게 되었다'는 것입니다. 즉 하나님이 정하신 선과 악의 구분을 따르지 않고, 자기 자신이 선과 악을 구분 짓는 입법자의 역할을 하겠다는 것입니다. 이것이야말로 하나님의 다스림을 거부한 행위입니다. 이렇게 하나님의 다스림을 거부했기에 에덴에서 쫓겨난 것입니다. 이처럼 인간 죄의 뿌리에는 하나님이 다스리시는 것에 대한 거부와 반역적 독립 선언이 들어 있습니다.

　　　　　　　　　　　　　　　　　　　　　하나님 나라 복음

예수님이 기도를 가르치실 때 "중언부언하지 말라"고 하셨습니다. 중언부언하지 말라는 것은 똑같은 내용의 기도를 반복하지 말라는 의미 그 이상을 담고 있습니다. 옛날 사람들은 인격적인 신 앞에 기도한다는 의식이 약했기 때문에, 기도할 때 주로 주문을 외웠습니다. 주문을 외움으로 신이 기도를 꼭 들어주게 만들고자 하는 일종의 종교적 주술을 행했습니다. 이것이 '중언부언'입니다. 이것은 인간이 기도로 신을 조종해 자기의 욕망을 성취하겠다는 의도를 담고 있는 것입니다. 인간의 타락은 이렇게 종교에까지도 깊이 들어가 있습니다. 이처럼 신의 다스림을 받지 않으려는 것이 인간의 가장 근본적인 문제라면, 인간 문제를 푸는 핵심은 그 뿌리를 뽑아내고, 하나님의 다스림을 받겠다는 기도를 하는 것입니다. 그런 점에서 예수님은 근원적 기도를 가르쳤다고 할 수 있습니다.

진정한 응답

주기도문은 기도의 진짜 응답이 무엇인지를 알려줍니다. 기도의 응답은 내가 원하는 것을 받는 것이 아니라, 하나님 나라라는 큰 맥락에서 볼 때 하나님의 통치를 받아 내 삶의 땅을 다스리는 것입니다. 이것이 진짜 응답받은 것입니다. "일용할 양식을 주시옵고"라는 기도를 생각해보십시오. 기도를 했더니 내게 필요한 양식이 주어졌습니다. 표면적으로 기도가 응답됐습니다. 그러나 여전히 내일에 대해 염려한다면, 아직 기도의 응답을 받은 것이 아닙니다. 경제적 삶의 현실을 다스리고 있지 못하기 때문입니다. 그러나 하나님 아버지가 보살펴주실 것을 믿고 하나님을 신뢰하며 산다면, 그는 하나님의 통치를 받음으로 경제 현실이라는 땅을 다스리는 자로 살아가는 것입니다.

우리는 물질이 많음에도 더 많이 가져야 한다는 욕망에 이끌려 살아갈 수 있습니다. 그렇다면 그는 비록 일용할 양식이 풍족하더라도 기도의 응답을 받지 못한 것입니다. 그는 물질이라는 땅을 다스리지 않고, 도리어 물질에 지배당하고 있기 때문입니다. 모든 것의 주인이 하나님이라 여기고 하나님의 뜻을 따라 그 물질을 기꺼이 사용할 수 있다면, 그때 그는 물질이라는 땅을 다스리는 사람으로 살아가는 것입니다. 그때야 비로소 그는 일용할 양식을 구하는 기도의 참 응답을 받은 것입니다. 하나님의 다스림을 받아 경제 현실이라는 땅을 다스리고 있기 때문입니다.

용서의 문제도 마찬가지입니다. 주기도문에 나타난 용서의 가르침의 핵심은 "내 죄를 용서해주소서"의 기도가 아닌, "내가 남의 죄를 용서하게 해주소서"의 기도입니다. 사실 남을 용서하는 것만큼 어려운 것도 많지 않습니다. 내 죄를 용서해달라는 기도는 쉬운데, 남의 죄를 용서하게 해달라는 것은 정말 어렵습니다. 하나님이 자기를 용서해주신 것에 감격하고 기뻐한다고 할지라도, 그가 남을 용서하지 않는다면 그는 온전한 응답을 받은 것이 아닙니다. 기도의 진짜 응답은 나를 용서하신 그 사랑의 엄청난 무게와 은혜 때문에 나를 미워하는 사람을 기꺼이 용서하는 것입니다. 그렇다면 그는 하나님의 사랑의 다스림을 받아, 인간관계라는 복잡한 갈등의 땅을 정복하고 다스리며 살아가고 있는 것입니다. 이렇게 할 때 그는 진짜 응답을 받은 것입니다. 바로 그의 삶의 땅에 하나님 나라가 임한 것입니다.

그러므로 예수님이 가르치신 기도의 내용은 두 가지입니다. 첫째는 위로 하늘의 다스림을 받는 것, 둘째는 아래로 땅을 다스리는 것입

하나님 나라 복음

니다. '하나님의 다스림을 받아 내 삶의 현실을 다스리며 살게 해주소서.' 이것이 주기도문의 핵심 내용이자, 구약과 신약을 통한 하나님의 말씀 전부에 흐르는 가장 중요한 메시지입니다.

하나님의 형상으로 산다는 것

종종 '믿고 산다는 것이 무엇인가'라는 질문을 하게 될 때가 있습니다. 신앙생활을 '하나님의 다스림을 받아, 내가 딛고 있는 땅을 하나님의 뜻대로 다스리며 사는 것'이라고 말해도 좋겠습니다. 이것이 하나님이 우리에게 요구하시는 삶의 모습입니다. 이렇게 살게 하려고 하나님이 우리를 창조하셨습니다.

창세기의 인간 창조 기사를 보십시오. 하나님이 인간을 만드셨을 때, 굉장히 원대한 목적을 가지고 만드셨음을 볼 수 있습니다. 창조 세계는 어마어마하며, 볼수록 기가 막힌 세계입니다. 그런데 이 창조 세계가 창조의 절정인 인간을 위하여 봉사하도록 만들었으니 인간을 향하신 하나님의 목적이 얼마나 큰지를 알 수 있습니다. 그런데 인간을 창조하신 하나님의 목적은 바로 인간이 하나님의 형상, 즉 하나님을 닮는 것이었습니다. 창세기 1:26이 인간 창조에 대해서 이렇게 말씀합니다. "하나님이 이르시되 우리의 형상을 따라 우리의 모양대로 우리가 사람을 만들고 그들로 바다의 물고기와 하늘의 새와 가축과 온 땅과 땅에 기는 모든 것을 다스리게 하자 하시고." 하나님이 인간을 하나님의 형상으로 창조하셨는데, 하나님의 형상의 의미에 대한 신학자들의 견해가 다양합니다. "우리의 형상을 따라 우리의 모양대로"에서 형상과 모양이라는 두 가지 단어가 나온다고 하여 의미를 둘로 나누기도

했습니다. 그런데 최근 성경신학이 발전하면서 이 의미가 보다 뚜렷해졌습니다. 창조 세계 가운데 하나님은 왕 중의 왕으로 계십니다. 그 왕이 자신을 닮은 존재를 만들었습니다. 하나님을 대신해 하나님의 뜻을 따라 땅을 다스릴 수 있는 존재로 인간을 만들었습니다. 즉 인간을 하나님을 대리하는 작은 왕들로 만들었다는 것입니다.

고대 사회는 황제를 신의 형상이라고 불렀습니다. 오직 황제만이 신의 형상이었습니다. 그런데 성경은 모든 인간이 하나님의 형상으로 창조되었다고 합니다. 이것은 당시로는 상상할 수 없는 혁명이었습니다. 당시는 남성 중심 사회였으니 남자가 하나님의 형상이라고 하는 것까지는 생각해볼 수 있었을지도 모릅니다. 그런데 성경은 여자도 하나님의 형상이라고 말합니다. 요즘은 당연한 이야기지만, 그 시대에는 굉장한 이야기였습니다. 우주의 왕이신 하나님은 우주의 모든 영역을 다스리시고, 인간은 하나님이 할당한 일정한 영역을 다스리는 책임을 맡은 것입니다. 그런 점에서 하나님의 형상으로 창조된 인간은 청지기입니다. 인간은 자기의 땅에서 죄에 지배당하며 사는 것이 아니라, 하나님을 따라 다스리는 왕으로 살아가도록 만들어졌습니다.

다스림을 받아 다스리다

그러면 우리가 하나님의 형상을 입은 왕처럼 살아가는 비결이 무엇입니까? 하나님께는 그분보다 높은 존재가 없습니다. 하나님 위에 왕이 없습니다. 그러나 인간은 다릅니다. 인간에게는 왕이 있습니다. 하나님입니다. 하나님 외에는 그 어떤 존재도 인간 위에 있어서는 안 됩니다. 오직 하나님만이 위에 계십니다. 하나님은 인간이 하나님의 은혜와 지혜와 능력의 다스림을 받아 삶의 땅에서 하나님의 형상으로 왕 노릇 하도록 만드신 것입니다. 그러니까 하나님의 형상을 회복하는 길은 예수님이 가르쳐주신 주기도문대로 사는 것에 달려 있습니다. 이것을 삶의 현실에 적용해야 합니다. 삶이 굉장히 힘들고 고달파, 순간순간 여러 상황과 그 상황이 주는 감정이 우리를 지배합니다. 그러나 하나님이 나를 자비와 은혜로 다스려주시기를 기도하면서 다스림을 받게 되면, 어려운 상황과 염려가 밀려올 때도 하나님을 의지하며 감사할 수 있습니다. 우리가 그분의 통치 아래 있다면 풍랑이 이는 바다와 같은 삶이라고 해도 그 바다를 딛고 가는 왕처럼 살아갈 수 있습니다. 주기도문은 우리에게 하나님의 형상을 회복시켜주시려는 하나님의 의도를 이루게 하는 것입니다.

계명을 지키는 길

십계명도 살펴보십시오. 십계명 중에는 '하지 말라'는 계명이 많습니다. 그래서 우리는 십계명을 어떤 일을 '하지 말라'고 하는 내용의 계명으로 읽지만, 사실 십계명이 그렇게 쓰인 것은 당시의 사회·문화적 수준이 그 정도밖에 되지 않았던 것을 감안했기 때문입니다. 최소한의 가이드라인을 정하다 보니 "거짓말하지 말라"와 같은 부정적인 명령어를 사용했지만, 하나님의 의도는 "거짓말하지 말라"에서 끝나지 않고, "참을 말하되 이웃을 사랑하는 마음으로 진실을 말하라"와 같은 적극적인 명령까지 그 속에 포함합니다. "살인하지 말라" 역시 "그 형제를 사랑하는 마음으로 헌신하라"는 적극적인 명령을 담고 있습니다. 그래서 십계명을 제대로 지키는 것은 매우 어렵습니다. 칼뱅이 십계명 주석을 굉장히 길게 했는데, 그것은 예수님을 믿고 의롭게 된 사람이 성화되어갈 때 중요한 도구가 십계명이라고 여겼기 때문입니다. 십계 명은 소극적 명령에 한정하면 지키기 어렵지 않을 것같이 보이지만 적 극적 명령까지 더하면 굉장히 깊어서, 제대로 지키는 것이 얼마나 어 려운지 모릅니다.

그런데 어떻게 하면 십계명을 지킬 수 있습니까? 제1계명부터 제4 계명까지가 하나님에 관한 계명이고, 제5계명부터 제10계명까지의 여 섯 가지 계명이 인간에 관한 계명입니다. 처음 네 가지 계명은 "내 앞 에 다른 신을 두지 말라", "신상을 만들지 말라", "하나님의 이름을 망 령되이 일컫지 말라", "안식일을 어기지 말라"입니다. 이 네 가지 계명 은 한마디로 말하면 "하나님의 다스림이 내게 임하게 하소서, 하나님 이 나의 왕이심을 온전히 고백하며 살게 해주소서"라는 뜻입니다. 이 것은 주기도문 전반부 내용과 같습니다.

제5계명부터 제10계명까지에는 인간에게 일어나는 수많은 종류 의 문제가 다 들어 있습니다. 이 계명을 어기지 않고 사는 삶이 곧 바 른 삶입니다. 즉 삶의 문제에 정복당하지 않고, 오히려 다스리며 사는 것입니다. 하나님의 통치를 받을 때 우리는 내 삶, 내 땅을 다스리며 갈 수 있습니다.

언약궤, 하나님의 통치 의자

구약에는 언약궤에 관한 기록이 나옵니다. 이스라엘 진영의 정중앙에 성막이 있었고, 성막 제일 안쪽의 지성소 안에 언약궤가 있었습니다. 언약궤는 아카시아 나무로 만든 상자인데, 이 속에 십계명을 넣어두었습니다. 지성소 안에 놓인 이 언약궤는 무엇을 의미할까요?

언약궤라는 상자를 보면, 그 위에 권능의 천사를 상징하는 날개 넷이 세워져 있습니다. 역대상 28:2에 보면 이런 말씀이 나옵니다. "이에 다윗 왕이 일어나 이르되 나의 형제들, 나의 백성들아 내 말을 들으라 나는 여호와의 언약궤 곧 우리 하나님의 발판을 봉헌할 성전을 지을 마음이 있어." 다윗이 성전을 짓고 싶은 마음이 있어서 성전 지을 준비를 하는데, 그 이유가 하나님의 발판인 언약궤를 봉헌하고 싶어서입니다. 보통 왕의 의자가 높기 때문에 왕의 다리를 두는 발판을 둡니다. 그런데 그 발판이 바로 언약궤입니다. 언약궤가 발판이라면 언약궤 위에 세워진 네 갈래의 날개는 왕이 앉은 의자의 다리에 해당됩니다. 즉 언약궤 위에 하나님이 앉아 계신 왕좌가 있다는 뜻입니다.

언약궤는, 비록 우리 눈에 보이지는 않지만 그 언약궤를 발판 삼아 하나님이 왕좌에 앉아 계신다는 것을 보여줍니다. 왕좌에 앉아서 무엇을 하십니까? 그 의자에 앉아 쉬는 것이 아니라, 통치하십니다. 지성소에 언약궤가 있다는 것은 지성소에 하나님의 통치 의자가 있다는 것을 말합니다. 즉 이스라엘 백성 중에 하나님이 왕으로 통치하고 계심을 보여줍니다. 성전의 언약궤는 이스라엘 백성에게 이렇게 말하고 있는 셈입니다. "왕이신 하나님의 통치를 받으라. 그럴 때 너희들이 하나님의 거룩한 백성이 된다." 이것이 바로 지성소 속에 언약궤를 둔 의미입니다.

이스라엘은 전쟁에 나갈 때 가끔 언약궤를 어깨에 메고 나갔습니다. 언약궤를 하나님의 이동용 왕좌로 만든 것입니다. 레위인의 어깨에 메인 언약궤는 백성을 승리로 이끄는 하나님의 이동용 지휘소가 된 것입니다. 이런 의미를 지닌 언약궤가 이스라엘 진영 가운데 있습니다. 여호와 하나님의 통치를 잘 받을수록 그들은 전쟁에서 이기며 강한 백성이 되었습니다. 그들은 하나님의 언약적 선한 영향력을 온 세계에 뻗칠 수 있는 제사장 민족이 된 것입니다.

사울과 다윗 이야기

언약궤는 하나님의 통치를 의미합니다. 사울이 왕이 되었을 때 이스라엘은 언약궤를 빼앗긴 상태였습니다. 블레셋과 싸우다가 패배하자 엘리의 두 아들은 언약궤가 자신들을 이기게 만들어줄 것이라 생각하고 가지고 나갔습니다. 그러나 그들은 또다시 패하고 언약궤를 빼앗깁니다. 사실 언약궤는 요술 상자가 아닙니다. 언약궤는 하나님을 신뢰하라는 의미인데, 하나님을 신뢰하지 않고 언약궤 자체를 요술 방망이처럼 믿고 나갔습니다. 그러자 하나님이 언약궤를 빼앗기도록 하셨습니다. 이후 사울이 왕이 되었지만 그는 언약궤에는 관심이 없었습니다. 이것은 그가 자기 위에 계신 하나님의 다스림을 받으려는 생각은 하지 않고, 자기 힘으로 통치하려고 했음을 상징한다고 볼 수도 있습니다.

한번은 전쟁을 하고 돌아오는데, 백성이 "사울이 죽인 자는 천천이요 다윗이 죽인 자는 만만이다"라고 말합니다. 이 말 한마디에 질투심이 화살처럼 사울의 가슴에 꽂혔습니다. 하나님의 지배를 받지 않았던 그는 결국 질투심의 지배를 받아 쓰러지고 말았습니다. 대단한 것에 지배받았으면 또 모르겠는데, 왕이라는 자가 고작 질투심에 지배를 받은 것입니다. 그렇게 보면 사울은 겉은 왕인데, 실제로는 평생 종으로 살았습니다. 실제로 하나님의 다스림을 받는 사람은 어떤 상황에서도 위대하게 살 수 있지만, 그렇지 않으면 겉으로는 굉장히 잘 사는 것

하나님 나라 복음

같이 보여도 대부분 욕심이나 경쟁심이나 시기심의 지배를 받아 살아가게 됩니다. 그러다가 인격적 성숙도 변화도 없이 인생이 끝나버리는 경우가 많습니다.

그러나 다윗은 어떻게 했습니까? 왕이 되자마자 그가 행한 첫 번째 국가적 시책이 언약궤를 가져오고, 언약궤를 위한 성전을 봉헌하려고 했던 뜻입니다. 언약궤를 찾아오려고 했다는 것은 그에게 하나님의 다스림에 대한 사모함이 있었다는 뜻입니다. 사실 그는 이전부터 하나님의 다스림을 구하며 살았습니다. 다윗은 어려운 상황에 많이 처했습니다. 이럴 때 대다수의 인간은 그 상황이 주는 수많은 부정적 감정의 지배를 받기가 매우 쉽습니다. 한 인간이 삶의 최고의 경지와 최저의 경지 가운데 일어나는 수많은 종류의 감정의 파도를 어떻게 통제하고 다스릴 수 있을까요? 그가 지은 수많은 시편들이 보여주듯이 다윗은 그 감정을 영적인 시로 승화시킬 수 있었습니다. 그것은 그가 상황과 감정에 지배당하지 않고 오히려 그것을 다스렸기 때문입니다. 다윗이 썼던 시편들은 다윗이 여러 외적 상황, 내적 감정들과 싸워 이겨 얻은 영적 전리품에 해당합니다. 다윗은 하나님의 다스림을 받았기 때문에 그 절망의 감정까지도 다스릴 수 있었습니다. 이것은 사울이 질투에 지배당했던 모습과 얼마나 다릅니까? 다윗은 진작부터 하나님 나라의 원리대로 살고 있었던 것입니다. 이처럼 주기도문의 가르침은 성경을 관통하는 하나님 나라의 삶의 원리입니다.

이스라엘 역사

이스라엘 역사도 하나님 나라의 원리를 보여주는 텍스트에 해당합니다. 우리가 많은 민족 중 하필 이스라엘 역사를 공부하는 이유가 있습니다. 하나님이 이 민족의 역사를 하나님의 계시를 담고 하나님이 누구이신가를 보여주는 도구로 삼았기 때문입니다. 그런 점에서 이스라엘 역사가 우리에게 참 중요합니다. 구약은 이스라엘의 역사입니다. 그런데 다양한 역사 중에서 원형 역사가 있습니다. 신·구약의 여러 역사적 사건들은 결국 이 원형 역사가 여러 형태로 변주되면서 계속되는 것이라고 볼 수 있습니다. 예수님이 40일간 광야에서 시험받으신 것도, 유월절에 십자가에서 죽으신 것도, 오순절에 성령이 임하신 것도 전부 이스라엘 역사라는 틀 안에서 반복됩니다. 이스라엘 역사라는 하나의 작은 이야기에서 더 큰 본질적 역사, 예수 그리스도의 역사, 인류의 역사, 전 우주적 역사까지 나선형으로 확장되어가는데, 그 원형이 이스라엘 역사인 것입니다.

이스라엘 역사는 세 가지 단계로 구분됩니다. 첫 번째 단계는 이집트에서의 역사입니다. 그 다음은 광야에서의 역사, 또 하나는 가나안에서의 역사입니다. 이집트에서의 역사는 파라오의 지배를 받는 역사입니다. 잘못된 왕의 지배를 받는 역사입니다. 많은 사람이 자기를 포함한 하나님 아닌 존재에 지배받아 영적 의미에서 사실상 노예로 살고 있습니다. 죄의 노예요, 죽음의 노예입니다. 성경이 인간을 '죄의 종'이라고 하는 것은 영적으로 인간이 사실상 이집트에 살고 있다는 것입니다. 이집트에서의 역사는 이스라엘 민족에게 일어났던 한 번의 구체적 역사이지만 영적으로는 온 세대를 통틀어 인간을 이해하는, 인간을 바라보는 하나의 렌즈가 됩니다. 두 번째는 광야에서의 역사입니다. 출애굽 했음에도 불구하고 방황합니다. 누가 주인입니까? 여전히 자아가 주인입니다. 자아가 주인이 되어 방황하는 역사가 광야의 역사입니다.

세 번째는 가나안에서의 역사입니다. 가나안은 젖과 꿀이 흐르는 땅이라고 하는데, 사실 이 말에는 하나님의 수사학이 들어 있습니다. 가나안은 역설적으로 가장 타락하고 가장 어둡고 가장 절망적인 곳이었습니다. 당시 하나님이 가나안을 약속의 땅으로 주셨는데, 이스라엘 백성이 40년을 방황합니다. 이것이 하나님의 시간표였습니다. 이스라엘은 그들의 잘못으로 40년을 방황한 셈인데, 가나안의 측면에서 보면 가나안 땅이 견딜 수 없어 토해내고 싶을 만큼 가나안 원주민들의 죄가 관영하는, 이른바 임계점에 이를 때를 기다린 것입니다. 이스라엘 백성이 40년 동안 광야에서 방황하고 마침내 가나안을 정복하던 바로 그때가 정확하게 가나안 땅이 더 이상 가나안 백성의 죄악을 견디지 못하고 토해내는 때입니다. 하나님의 우주적 역사에서 보면, 이스라엘 백성에게는 방황이 필요해서 40년을 방황시켰습니다. 가나안은 가나안대로 죄가 관영할 때를 보다가 두 가지가 마주치게 되는 것입니다.

그래서 이스라엘이 가나안을 정복했는데, 하나님이 가나안 땅을 젖과 꿀이 흐르는 땅으로 만들어놓은 후 들어와서 살게 하신 것이 아니라는 것을 알아야 합니다. 가나안 땅은 말 그대로 죄가 가장 관영한 곳입니다. 가장 어두운 곳에 하나님의 다스림을 받는 하나님의 백성이 들어갑니다. 하나님의 백성이 들어가면 가나안이라는 가장 어두운 곳이 젖과 꿀이 흐르는 가장 이상적인 곳으로 변화되는 것입니다. 죄의 다스림을 받음으로 땅이 토하고 싶어할 만큼 어둡고 지옥 같았던 곳이 하나님의 다스림을 받는 사람들이 들어가자 젖과 꿀이 흐르는 땅이 되었다는 것입니다. 이것이 주는 메시지가 무엇입니까? 지금 어느 땅에 머무느냐는 중요하지 않고, 어느 땅에 머물든지 누가 통치하느냐에 따라 삶의 질이 달라진다는 것입니다. 핵심은 바로 여기에 있습니다. 가나안 땅은 주기도문이 성취된 것을 이야기하는 것입니다. 가나안이라는 미움, 원망, 갈등, 음란, 폭력의 문화 속에서도 영향을 받거나 물들지 않고 하나님의 다스림을 받아 오히려 주변을 한 사람씩 변화시키고 바꾸어나가는 사람 속에 하나님의 나라가 임합니다. 그 사람의 땅에 임하는 것이 하나님 나라입니다. 하나님 나라 원리가 바로 이렇게 성경 속에서 여러 사건을 통해 연결됩니다.

온유한 자

예수님이 산상수훈 이야기를 하셨습니다. 팔복으로 시작되는 예수님의 산상수훈은 우리에게 복을 가르치는 내용이 아닙니다. 팔복은 천국의 원리를 가르치는 것입니다. 팔복의 의미를 잘 알아야 하는데, "심령이 가난한 자", "애통하는 자"란 사실은 하나님의 다스림을 받는 사람의 심령 상태를 말하는 것입니다. 그중 하나님 나라의 원리를 잘 알려주는 내용이 "온유한 자는 복이 있나니 저희가 땅을 기업으로 받을 것임이요"라는 구절입니다. "온유한 자"는 성품이 온순하고 유순한 사람이 아닌, 하나님의 뜻이라면 무조건 순종하는, 하나님의 다스림 앞에서 유순한 사람입니다. 그 온유한 사람이 땅을 다스린다는 것은 그가 주어진 삶의 현실을 다스리며 왕처럼 살아간다는 뜻입니다. 온유한 자는 땅을 다스립니다.

민수기 12:3에 "이 사람 모세는 온유함이 지면의 모든 사람보다 더하더라"라고 했는데, 모세는 원래 성격이 불같은 사람입니다. 그러나 광야 40년의 용광로 속에서 제련되어나온 다음 성품이 굉장히 유순하게 바뀌었습니다. 사실 성격이 바뀌었다기보다는 하나님의 말씀에 순

하나님 나라 복음

종하는 체질로 바뀐 것입니다. 온유하게 되었습니다. 그래서 비로소 이스라엘 백성을 인도할 수 있는 지도자 자격을 얻었습니다. 하나님의 다스림을 받는 사람이 다른 사람을 다스릴 수 있습니다. 자신을 다스릴 줄 아는 사람이 가정도 잘 다스린다는 말처럼, 하나님께 훈련을 잘 받았기 때문에 백성을 인도할 수 있는 지도자가 될 수 있었습니다. 그러나 백성이 불평하고 사사건건 시비를 걸며 권위에 도전하자 모세는 분노합니다. 백성이 물이 없다고 불평하자, 하나님이 바위를 명하라고 하셨는데, 그는 지팡이로 바위를 쳐버렸습니다. 이때 모세는 하나님의 다스림을 받은 것이 아니라 분노의 다스림을 받은 것입니다. 이후 하나님은 모세가 이 사건 때문에 가나안 땅에 들어가지 못할 것이라 말씀하셨습니다. 이것은 하나님 나라의 중요한 원리를 보여주는 사건입니다. 가나안은 하나님의 다스림을 받은 사람이 주어진 땅을 다스리며 사는 곳입니다. 그런데 모세는 이때 하나님의 다스림을 받지 않았습니다. 이런 사람은 가나안에 들어갈 수 없다는 것입니다.

사도 바울은 에베소서에서 "오직 술 취하지 말라 이는 방탕한 것이니 오직 성령의 충만을 받으라"고 했습니다. 성령충만에 관련된 구절을 둘러싼 에베소서 4, 5, 6장은 부부 관계, 부자 관계, 노사 관계, 국가와의 관계 등 삶의 다양한 현실들이 나옵니다. 부부를 향하여 "피차 복종하라", 부모를 향하여 "자녀를 노엽게 하지 말라", 자녀에게는 "부모에게 순종하라"고 합니다. 그런데 이런 인간관계의 현실이 나오는 본문의 중심에서 "오직 성령의 충만을 받으라"는 명령이 주어집니다. 성령의 충만은 성령의 다스림을 받는 것입니다. 성령의 다스림을 받으면 부자 관계, 부부 관계, 노사 관계와 같은 현실의 땅에 속한 여러 문제를 다스리면서 살 수 있다는 것입니다. 문제와 갈등에 정복당하는 것이 아니라, 성령의 다스림을 받아 그 문제를 하나님의 뜻에 따라 다스림으로 가나안을 젖과 꿀이 흐르는 땅으로 변화시켜가는 것이 곧 하나님 나라가 임하는 것입니다.

우리는 이 땅에서 다스림을 받아 다스리는 왕 같은 존재로 부름 받았습니다. 에베소서 2:5-6에 보면 이런 말씀이 나옵니다. "허물로 죽은 우리를 그리스도와 함께 살리셨고 또한 함께 일으키사 그리스도 예수 안에서 함께 하늘에 앉히시니." 유명한 중국 전도자 워치만 니 (Watchman Nee)가 에베소서를 강의하면서 『좌행참』(생명의말씀사 역간, 2000)이라는 얇은 책을 썼습니다. 그중 좌(坐)는 '앉다'라는 뜻입니다. "예수 그리스도 안에 함께 하늘에 앉히시니"라고 되어 있는데, 여기서 앉히신다는 말은 그냥 쉽게 한다는 것이 아닙니다. 왕의 의자에 함께 앉는다는 의미입니다.

사도신경에도 "예수께서 하늘에 오르사 전능하신 하나님 우편에 앉아 계시다가 거기로부터 산 자와 죽은 자를 심판하러 오시리라"고 되어 있습니다. 예수님이 하나님 우편에 앉아 계신다는 것은 편한 소파에 앉아 쉬고 계신다는 뜻이 아닙니다. 하나님의 통치 의자에 함께 앉아 계신다는 뜻입니다. 주님은 십자가에 죽으시고 부활하시고 승천하신 다음 지금도 하늘에서 통치하고 계십니다. 그런데 에베소서는 예수님이 그러하신 것과 같이, 신자들도 영적으로 그리스도 안에서 하나님이 하늘에 앉히셨다고 합니다. 그리스도가 하나님 옆에 앉아서 다스리듯이, 우리도 영적으로 그리스도 옆에 앉아서 다스린다는 뜻입니다. 우리는 다스림을 받아 주어진 삶의 땅을 다스릴 왕 같은 제사장으로 부름을 받은 것입니다.

그의 나라와 의를 구하라

우리는 하나님 나라가 임하도록 기도합니다. 하나님 나라가 지금 이곳에 임한다는 것은 우리가 성령의 다스림을 받아 삶의 다양한 문제에 정복당하지 않고 오히려 염려를 감사로 바꾸며, 문제를 기도로 돌파해 나가고, 사고를 만나도 절망하지 않고, 상처를 입어도 오히려 치유자가되어 주어진 삶의 땅을 다스리는 자로 살아간다는 것입니다. 그러므로 우리가 가장 우선적으로 구해야 할 것이 바로 모든 상황 속에서 하나님의 다스림을 받는 것입니다.

솔로몬이 성전을 준공한 다음에 일천 마리 양으로 엄청난 제사를 드렸습니다. 그 자리에서 하나님은 솔로몬에게 구할 것을 물으셨습니다. 솔로몬은 "듣는 마음을 종에게 주사 주의 백성을 재판하며 선악을 분별하게 하옵소서"(왕상 3:9)라고 대답합니다. 하나님은 그 대답에 매우 흡족해하셨습니다. 하나님이 정말 원하는 기도를 드렸다고 말씀하신 것입니다. 그래서 하나님은 솔로몬이 구하지 않은 것까지도 주겠다고 하셨습니다. 솔로몬이 구한 것은 '듣는 마음'이었는데, 그 듣는 마음은 바로 순종하는 마음이요, 하나님의 다스림을 받는 것입니다. 실제로 솔로몬이 하나님의 말씀을 듣고 그분의 다스림을 받았을 때 그는 백성을 잘 다스릴 수 있었고, 하나님은 그가 구하지 않은 것까지도 채워주셨습니다.

주기도문이 나오는 마태복음 6장의 마지막 부분은 이 말씀으로 끝납니다. "너희는 먼저 그의 나라와 그의 의를 구하라 그리하면 이 모든 것을 더하시리라"(마 6:33). 하나님은 기도할 때 이 한 가지를 구하라고 하십니다. 먼저 그의 나라와 의를 구하는 것입니다. 그의 나라와 의는 그분의 다스림입니다. 주기도문 전반부의 "하나님의 다스림을 구하라"
와 같은 내용입니다.

그의 나라와 의를 구하면 이 모든 것을 더해주신다는 것은 이렇게
기도하면 하나님이 우리가 원하는 대로 다 들어준다는 의미가 아닙니
다. 주기도문 후반부에 나오는 것처럼 삶의 현실에서 왕처럼 다스리며
살게 해준다는 것입니다. 우리는 우리를 향한 하나님의 뜻을 알 수 있
습니다. 신구약 성경에 흐르는 큰 줄기는, "우리는 하나님의 다스림을
받아야 하고, 다스림을 받는 만큼 다스릴 수 있다"는 것입니다. 우리가
구해야 할 매일의 첫 번째 기도 제목은 '하나님의 다스림'입니다. "하
나님이 나를 다스려주셔서 내가 딛고 있는 땅과 역사를 주님의 뜻대로
다스리며 살게 해주소서"라는 기도를 드려야 합니다. 이런 기도를 드
리고, 이런 기도를 살아낸다면, 그렇게 기도하는 사람을 통해 그 사람
이 서 있는 삶의 땅에 하나님 나라가 임합니다. 하나님 나라를 구하며
살아나가는 사람의 가슴 속에, 그리고 그 사람의 현실의 땅에 하나님
나라가 임할 때 비로소 이 땅에 하나님 나라가 임하게 됩니다.

예루살렘은 유대 종교의 중심지였습니다. 당시 헤롯은 금을 칠한
성전을 짓고 있었습니다. 수많은 양이 제물로 바쳐지고 있었습니다. 제
사장들이 형식적으로 많은 제사를 드렸지만 마음속에 진짜 하나님의
다스림을 간절히 구하는 사람은 없었습니다. 모두 형식적이었습니다.
그런데 다스림을 참으로 구하는 소수가 주변부에서 나타나기 시작했
습니다. 베드로, 요한과 같은 어부 몇 사람이 예수님을 통해 하나님의
나라를 받아들이기 시작한 것입니다. 그러자 역사가 완전히 바뀝니다.
이스라엘 백성은 예루살렘이야말로 역사의 중심지이고, 그곳에서부터
역사가 일어난다고 생각했는데 새로운 역사는 갈릴리, 즉 주변부에서

하나님 나라 복음

일어났습니다. 어디서부터 하나님 나라의 진정한 역사가 일어나고 역사가 동심원을 그리면서 확장됩니까? 하나님의 다스림을 잘 받고 삶에서 순종하며 살아가는 한 사람이 있는 곳에서부터 하나님의 나라가 일어납니다. 그러니 주변부가 중심부가 되고 중심부가 주변부가 되는 변화가 일어나는데, 핵심은 주기도문이 말한 바 하나님 나라의 원리를 제대로 깨닫고 이 기도를 드리며 살아가는 사람이 있느냐에 달려 있다는 것을 깨달을 수 있습니다.

결론

우리는 주기도문이 보여준 '하나님의 다스림을 받게 하소서, 다스림을 받아 다스리게 하소서'라는 분명한 두 가지 원리가 어떻게 구약과 신약에 흐르는가를 살펴보았습니다. 주기도문을 통해 앞으로 무엇을 기도하고 어떤 삶을 추구해야 하는가 하는 교훈을 얻으시고, 예수님이 가르치신 대로 의미를 제대로 알고 주기도문을 간구함으로 주기도문이 말한 것처럼 우리의 삶의 땅을 다스리면서 승리하며 살아갈 수 있기를 진심으로 바랍니다.

하나님 나라 복음

신구약을 관통하는 하나님의 다스림

Copyright ⓒ 김세윤·김회권·정현구 2013

1쇄 발행	2013년 6월 25일
9쇄 발행	2020년 11월 6일

지은이	김세윤·김회권·정현구
펴낸이	김요한
펴낸곳	새물결플러스

편 집	왕희광 정인철 노재현 한바울 정혜인 이형일 나유영 노동래 최호연
디자인	윤민주 황진주 박인미 이지윤
마케팅	박성민 이원혁
총 무	김명화 이성순
영 상	최정호 곽상원
아카데미	차상희

홈페이지	www.holywaveplus.com
이메일	hwpbooks@hwpbooks.com
출판등록	2008년 8월 21일 제2008-24호
주 소	(우) 04118 서울시 마포구 마포대로19길 33
전 화	02) 2652-3161
팩 스	02) 2652-3191

ISBN 978-89-94752-46-4 03230